खारा पानी

डॉ संजय कुमार

BlueRose ONE.com
Stories Matter
NewDelhi • London

BLUEROSE PUBLISHERS
India | U.K.

BlueRose ONE.com
Stories Matter
NewDelhi • London

For permissions requests or inquiries regarding this publication, please contact:

BLUEROSE PUBLISHERS
www.BlueRoseONE.com
info@bluerosepublishers.com
+91 8882 898 898
+4407342408967

ISBN: 978-93-6783-193-9

Cover Design: Sadhna Kumari
Typesetting: Pooja Sharma

First Edition: October 2024

मेरी एकल दुहिता प्राची

और

हाल के वर्षों में उन्माद के शिकार अनगिनत
लोगों को सप्रेम समर्पित

आभार

इस पुस्तक के लिखने के लिए मैं अपना आभार सर्वप्रथम उन अनगिनत लोगों के प्रति प्रकट करना चाहूंगा जिनकी पीड़ा ने मुझे लिखने को प्रेरित किया । इसमें उत्तर प्रदेश के दादरी के अखलाख, राजस्थान के पशुओं के व्यापारी पहलू खां और सामुहिक बलात्कार और तत्पश्चात नृशंस हत्या की शिकार जम्मू के कठुआ की 7 वर्षीय अबोध बच्ची कुछ गिने चुने नाम हैं। अपना अगला आभार मैं अपने मित्रों और शुभचिंतकों के प्रति प्रकट करना चाहूंगा जिन्होंने मुझे अपने विचारों को क्रमबद्ध लिखने को प्रेरित किया। पुनः मैं अपने उन मित्रों और शुभ चिंतकों को विशेष आभार व्यक्त करना चाहूंगा जिन्होंने मुझे अपने आलेखों को पुस्तक के रुप में प्रकाशित करने को प्रेरित किया ।

अपना अगला आभार मैं संगणन प्रशिक्षक कुंदन जी, अपने अनुज राजीव और अपने निजी सहायक आशुतोष कुमार (राजा) को देना चाहूंगा जिन्होंने मुझे मोबाइल पर हिंदी भाषा को देवनागरी लिपि में लिखने की कला से परिचय कराया और आलेखों को अन्तिम रूप देने के हर स्तर पर हमेशा तत्पर रहे। अपने अन्य सहायकों यथा रूपक , राहुल , सुमित, संजीत और अफरोज का भी आभार व्यक्त करना चाहूंगा जिन्होंने आलेखों के संकलन और रख- रखाव में अपना यथा शक्ति योगदान दिया।

अंत में मैं ब्लू रोज के प्रकाशक और उनके समूह के सभी सदस्यों का सहृदय आभार व्यक्त करना चाहूंगा जिन्होंने इस पुस्तक के प्रकाशन के हर स्तरों पर अपना सहयोग दिया

प्रस्तावना

संचार श्रोतों में जब भी मैं किसी मुस्लिम को मॉब लिंचिंग का शिकार होते देखता था (दुर्भाग्यवश यह आज भी जारी है) तो मुझे आत्म ग्लानि महसूस होती थी क्योंकि मैं स्वयं को भी उस उन्मादी भीड़ में पाता था चूंकि वह भीड़ हिंदुओं की होती थी और मैं भी हिंदू हूं । परंतु मैं स्वयं को इस उन्मादी भीड़ से अलग प्रमाणित करने के लिए अपने दोस्तों और शुभ चिंतकों से इतिहास की पृष्ठभूमि में वाद-विवाद करता था। मेरे अधिकतर ऐतिहासिक आख्यान उनके लिए अनभिज्ञ होते थे इसलिए वे संदर्भों की मांग किया करते थे। इसी क्रम में उन्होंने मुझे सुझाव दिया कि मैं अपने विचारों को संदर्भों सहित क्रमबद्ध लिखूं। जब मैं उनकी प्रेरणा से लिखना प्रारंभ किया और उन लेखों को सामाजिक संचार श्रोतों पर साझा करना शुरू किया तो कुछ पाठकों ने सुझाव दिया कि क्यों न मैं उन लेखों को पुस्तक के रुप में प्रकाशित कराऊं जिससे कि उनका स्थायित्व बना रहे और हिंदी के पारंपरिक पाठक (जो इलेक्ट्रोनिक संचार श्रोतों से दूर हैं) भी इतिहास की सच्चाइयों और गहराइयों से अवगत हो सकें । यह पुस्तक उन्हीं सुझाओं का प्रतिफल है यद्यपि यह कोई ऐतिहासिक रचना नहीं है।

पुस्तक को हाल के वर्षों में देश और समाज में घटित कुछ मील की पत्थर घटनाओं पर इतिहास की पृष्ठभूमि में अपने विचार के रुप में क्रमबद्ध प्रस्तुत करने का प्रयास किया गया है जिसकी शुरुआत " नागरिकता संशोधन विधेयक 2019 " से होती है और " देश की ऐतिहासिकता को निगलता सांप्रदायिकता का दानव " पर समाप्त होती है यद्यपि अन्तिम अध्याय कोई एकल घटना पर आधारित नहीं है बल्कि यह भारतीय समाज और राजनीति की लगभग 100 वर्षों से ऊपर की सतत प्रक्रिया जिसमें हाल के वर्षों में विशेष त्वरण आ

गया है पर आधारित है इसलिए इस आलेख को अंत में रखा गया है। प्रत्येक आलेख में घटनाओं की गहन विवेचना ऐतिहासिक तथ्यों के आधार पर करने का प्रयास किया गया है और इतिहास की कुछ असामान्य घटनाओं को अनावृत करने का प्रयास किया गया है जिसे उत्तर औपनिवेशिक सरकारें आवृत रखने का प्रयास करते आईं हैं और हिंदी के पेशेवर इतिहासकार या तो जानबूझकर या भय वश पाठकों तक रखने में अब तक हिचक महसूस करते आए हैं। इतिहास के अनावरण के इस प्रयास में यह पुस्तक पारंपरिक पाठकों के लिए खारा पानी प्रमाणित हो सकता है जिसे वे पी नहीं पाएं क्योंकि भारतीय जनमानस इतिहास को निरपेक्ष भाव से देखने का आदी नहीं है बल्कि उसकी प्रवृति जाति, नस्ल, संप्रदाय और 20 वीं शताब्दी में उपजे राष्ट्रवाद से तय होती है । इतिहास के पात्रों के चरित्र -चित्रण में उसकी ये प्रवृतियां हावी हो जाती हैं इस कारण वह उनसे भावनात्मक रूप से जुड़ जाता है और उनकी जय और पराजय में स्वयं का जय और पराजय महसूस करता है। परंतु मुझे पूरा विश्वास है कि अगर पाठक इसे निरपेक्ष भाव से पढ़ेंगे तो यह "खारा पानी " उनके लिए मीठा पेय प्रमाणित होगा।

पुस्तक में कहीं- कहीं व्यंगात्मक शैली का प्रयोग किया गया है जिसके लिए रूपकों का प्रयोग अनिवार्य हो जाता है । इसलिए पाठकों से आग्रह है कि इन परिस्थितियों में पात्रों और कथानकों के शाब्दिक अर्थ की अपेक्षा उनके भावार्थ को समझें।

आशा है कि यह पुस्तक पाठकों को देश की वर्तमान सामाजिक-राजनैतिक समस्याओं को इतिहास की नई पृष्ठभूमि में देखने को प्रेरित करने में सफल होगी ।

अनुक्रमणिका

नागरिकता संशोधन विधेयक 2019 : कारण और निराकरण

नागरिकता संशोधन विधेयक 2019 का संसद के दोनों सदनों से पारित होना भारतीय लोकतंत्र के लिए एक ऐतिहासिक कदम है। विधेयक का पारित होना इस बात का संकेत है कि भारत मुस्लिम समुदाय का प्राकृतिक देश नहीं है बल्कि यह इनका अस्थायी शरण स्थल है। मुस्लिम तो यहां रह सकते हैं पर दुनिया के अन्य मुसलमानों के साथ सद्भाव, सहिष्णुता और भ्रातृत्व नहीं रख सकते हैं और उनके संकट की घड़ी में उनका साथ नहीं दे सकते हैं। कश्मीर से धारा 370 हटाया जाना और देश के मुस्लिमों की प्रतिक्रियाहीनता और सरकार के सहयोगी दलों द्वारा दी गई प्रतिक्रियाएँ प्रमाणित करती हैं कि दुनिया ही नहीं बल्कि देश के मुसलमानों को भी कश्मीरी मुसलिमों से सद्भावना रखने का अधिकार नहीं है। इस तरह , यह शरण स्थल उनका निरोध शिविर (डिटेंसन कैम्प) बन गया है और हाल के दिनों में घटित मौब लिन्चींग की घटनाएँ इस निरोध शिविर को यातना शिविर में बदल देती हैं। दूसरी तरफ , हिन्दुओं और सिखों को यह संकेत देने का प्रयास है कि चाहे आप दुनिया के किसी भी देश के नागरिक हों, आपका नैसर्गिक देश भारत है इसलिये आप अपने वर्तमान देश से कोई भावनात्मक लगाव नहीं रखें। आपकी भावनात्मकता और राष्ट्र भक्ति केवल भारत तक सीमित होनी चाहिए और भारत की सीमायें आपके स्वागत में हमेशा खुली रहेंगी। इसमें पारसीयों एवं ईसाईयों को शामिल करना बिल के स्वरूप को और मानवीय और इसके निहित उद्देश्यों को और अमानवीय बनाने के प्रयास हैं।

पर इस विधेयक को हम संकीर्णता से नहीं देख कर थोड़ी व्यापकता से देखेंगे तो पायेंगे कि केवल वर्तमान सरकार ने ही अल्पसंख्यक समुदाय को उपेक्षित और उत्पीड़ित नहीं किया है। पहले की भी सरकारों ने उनकी उपेक्षा और उत्पीड़न समान रुप से किया है। 1980

में देश की राजधानी दिल्ली से सटे मुरादाबाद के दंगों में 400 (गैर आधिकारिक आंकड़े 2500) मुस्लिमों का नरसंहार कर दिया गया। इस अपराध के कर्ता उन्मादी बहुसंख्यक थे या उनसे अनुमोदित सुरक्षा बल कभी स्पष्ट नहीं हो पाया।1987 में मेरठ में भड़के दंगों में 174 मुस्लिमों की जानें गईं। इसके अतिरिक्त इन दंगों के शमन हेतु बुलाई गई प्रांतीय सहायक सुरक्षा बल के जवानों ने ट्रकों में भरकर 42 मुस्लिमों को मेरठ के निकट हाशिमपुरा के वीरान स्थल पर रात के अंधेरे में गोलियों से भून कर मौत के घाट उतार दिया। न तो दंगाइयों की पहचान हो सकी और न ही सुरक्षा बलों की वेष में छिपे भेड़ियों की।18 फरवरी 1983 को छः घंटों के ही अन्दर असम के नेल्ली में 2000 से अधिक मुस्लिम स्त्री, पुरुष और बच्चों (गैर आधिकारिक आंकड़े 10,000) को दंगाइयों की भीड़ ने मौत के घाट उतार दिया।। 1989 में सरकार प्रायोजित दंगे बिहार के भागलपुर में हुए जिसमें 900 से ऊपर मुस्लिम मारे गए और 50,000 से ऊपर विस्थापित हुए। हाल के वर्षों में , पुनः उत्तर प्रदेश के मुजफ्फर नगर में भड़के दंगों में करीब 100 मुस्लिम मारे गए हैं और लगभग 50, 000 आज भी विस्थापित हैं।1984 के सिख दंगे भी अल्पसंख्यकों के उत्पीड़न, दमन और नरसंहार की इसी श्रृंखला की एक कड़ी है।मैं जानबूझकर 2002 के गुजरात के दंगों की चर्चा नहीं कर रहा हूँ क्योंकि वह वर्तमान सरकार की विरासत है और उसका श्रेय किसी और के साथ साझा करना न्यायोचित नहीं होगा। और जो सरकारें अल्पसंख्यकों की राजनीतिक उपेक्षा और सामाजिक और आर्थिक उत्पीड़न नहीं कर सकीं उनपर अल्पसंख्यक तुष्टीकरण के आरोप लगते रहे हैं और इसलिये वे सत्ता का सुख लम्बे समय तक नहीं भोग सकीं।

इस संदर्भ में मैं पाकिस्तान से भी कोई सकारात्मक प्रतिक्रियाएँ नहीं देख रहा हूँ। पाकिस्तान के प्रधान-मंत्री की प्रतिक्रिया इस विधेयक को केवल मुस्लिम- विरोधी प्रमाणित करने तक सीमित है। वे कह सकते थे कि अगर भारत हिंदुओं का प्राकृतिक देश है तो पाकिस्तान मुस्लिमों का प्राकृतिक देश है। भारत का जो भी मुस्लिम शरणार्थी पाकिस्तान आना चाहता है, उसका स्वागत पाकिस्तान करने को तैयार है या इससे

भी बेहतर होता कि वे कहते कि हालाँकि पाकिस्तान एक मुस्लिम राष्ट्र है पर भारत से आये सभी शरणार्थियों का वह स्वागत करेगा उनके धर्म और सम्प्रदाय को नजर अंदाज कर केवल उनकी उपेक्षा और उत्पीड़न के आधार पर। या कम से कम अपने देश के धार्मिक और नस्लीय अल्पसंख्यकों पर एक श्वेत पत्र लाकर केवल भारत को ही नहीं बल्कि दुनिया को दिखा देते। पर ऐसा कहना या करना उनके लिये या तीसरी दुनिया के किसी भी राजनीतिज्ञ के लिये आत्मघाती होगा क्योंकि इन सभी देशों में जो लोकतंत्र है वह अल्पसंख्यकों की उपेक्षा और उत्पीड़न से पोषित और सिंचित है। यहाँ की सरकारें और धार्मिक बहुसंख्यक अपने अल्पसंख्यकों की उपेक्षा और उत्पीड़न को प्रतिक्रियात्मक प्रमाणित करने के लिए पड़ोसी देशों की सरकारों और बहुसंख्यकों द्वारा अल्पसंख्यकों की उपेक्षा और उत्पीड़न का सहारा लेते हैं जैसे ये धार्मिक अल्पसंख्यक इनके नागरिक ना होकर इनके अपहृत विदेशी हों और पड़ोसी देशों के अल्पसंख्यकों के उत्पीड़न का कारण यहीं हों। इस तरह इस सम्पूर्ण वृहत भौगोलिक क्षेत्र में अल्पसंख्यकों की उपेक्षा और उत्पीड़न का क्रम चलते रहता है।

पर जब हम और व्यापक दृष्टि से देखेंगे तो पायेंगे की अल्पसंख्यकों की यह उपेक्षा और उत्पीड़न केवल भारत और पाकिस्तान या बांग्लादेश तक ही सीमित नहीं है। यह प्राय: तीसरी दुनिया के सभी पूर्व उपनिवेशों पर समान रुप से लागू है। इन सभी देशों के नागरिक भिन्न-भिन्न धर्मों के मतावलम्बी होने के बावजूद भी एक साझा सोच रखते हैं --- धार्मिक एवं नस्लीय अल्पसंख्यों की उपेक्षा, दमन और तिरस्कार की। और इनकी सरकारें भी इस सोच से ग्रसित हैं। जहाँ की सरकारें ऐसा नहीं कर पाती हैं वहां के नागरिक उन्हें ऐसा करने को विवश करते हैं और जहां के नागरिक ऐसा नहीं सोचते हैं वहाँ की सरकारें उन्हें ऐसा सोचने को विवश करती हैं। इन देशों पर राष्ट्रीयता, लोकतंत्र, धर्मनिरपेक्षता, समानता, सहिष्णुता एवं भ्रातृत्व पश्चिमी देशों द्वारा अनायास अधिरोपित हैं जिनका अभाव इनके नागरिकों के आनुवंशिक कणिकाओं (जीन) में है और जिसे ये औपनिवेशिक इतिहास की नैसर्गिक विरासत के रुप में ढो रहे हैं पर धीरे-धीरे ही सही पर उससे मुक्ति का निरंतर प्रयास

जारी रखें हैं। भारतीय जनमानस भी इस दिशा में अब तेजी से अग्रसर हो रहा है।

जब हम औपनिवेशिक इतिहास की इस नैसर्गिक विरासत के इस क्रमिक ह्रास के कारणों पर गौर करते हैं तो सबसे महत्त्वपूर्ण कारण इन देशों के नागरिकों का क्रमिक बौद्धिक संकुचन और विलगाव है। शुरुआत के दौर में इन देशों के भविष्य निर्माताओं का बौद्धिक विकास कैम्ब्रिज और ऑक्सफोर्ड में होता था जो एक साझा सोच लेकर अपने-अपने देश आते थे। उसके बाद एक ऐसा दौर आया जब एक देश में विकसित बौद्धिक वर्ग दूसरे देश का राजनीतिक रहनुमा बना जो दोनों देशों की सामाजिक, आर्थिक और राजनीतिक समस्याओं से परिचित था। पर आज के दौर में ऐसा नहीं है। वर्तमान राजनीतिज्ञों और नौकरशाहों की पीढ़ी बौद्धिक निरोध (इंटेलेक्तुअल डिटेंसन कैंप) की उपज है जिसके सोच का दायरा प्रतिस्पर्धी राष्ट्रवाद तक सीमित है और इससे सम्पूर्ण वैश्विक और मानवीय सोच की आशा नहीं की जा सकती है। इनकी बौद्धिक्ता राष्ट्र की भौगोलिक और राजनीतिक सीमाओं को शायद ही लाँघ पाती हैं। इन देशों के अकादमिक, बौद्धिक, शासनिक – प्रशासनिक और संवैधानिक मानक और परम्पराएं अभी भी ब्रिटिश काल के हैं परन्तु उनसे लय बैठाने की बौद्धिक्ता इनके नागरिकों में नहीं है। परिणामस्वरूप यहां के छात्रों को सफलता प्राप्त करने के लिये प्रतिलिपि (नकल) का , बौद्रिक व्यवसायियों को दलाल और कमिशनखोरी का, प्रशासनिक अधिकारियों को रिश्वत खोरी का और राजनीतिज्ञों को आर्थिक भ्रष्टाचार, उन्माद, आतंकवाद और धार्मिक और नस्लीय कट्टरवाद का सहारा लेना पड़ता है क्योंकि ये युक्तियाँ इन्हें अल्पावधि में सफलता का सुख देती हैं। और इनके नागरिकों की बौद्धिकता इतनी नहीं है कि वे विकाश के मानवीय सूचकांकों यथा मातृ - मृत्यु दर, शिशु- मृत्यु दर और जन्म के समय अपेक्षित औसत आयु जैसी वैज्ञानिक अवधारणाओं को समझ सकें और वे अभी भी इन सूचकांकों को ईश्वरीय इच्छा का प्रतिफल मानते हैं और इन्हें सरकारों या राष्ट्रों की सफलता या विफलता का सूचकांक नहीं मानते हैं। यूरोप का पुनर्जागरण और धर्म -सुधार आन्दोलन निहित स्वार्थी तत्वों के

कारण इन देशों तक नहीं आ सका और संकीर्ण राष्ट्रीय और नस्लीय मानसिकता के कारण अमेरिका के स्वतंत्रता संग्राम और फ्रांस की राज्य क्रांति इन्हें प्रभावित नहीं कर सकीं जिससे आज भी ये सरकारों का मूल कर्तव्य धार्मिक और नस्लीय भावना का पोषण और शोषण तक ही मानने को विवश हैं। मानवीय इतिहास की इन महत्वपूर्ण घटनाओं ने भले ही इनके नव निर्मित संविधानों को प्रभावित किया हो परंतु इनका समाज और धर्म अपेक्षाकृत अक्षुण्ण रह गया है। परिणामस्वरुप राजनीतिक दलों को सत्ता में बने रहने के लिए धार्मिक या नस्लीय बहुसंख्यवाद का सहारा लेना एक विवशता हो जाती है और मतदान के समय अल्पसंख्यकों की उपेक्षा और उत्पीड़न का अपना इतिहास बहुसंख्यकों के सामने प्रस्तुत करना इन्हें सफलता की संभावनाएं देती हैं।

तो इसका समाधान क्या है? इसका समाधान तो आधुनिक लोकतंत्र में राजनीतिज्ञों के पास तो कतई नहीं है। इसका समाधान केवल इन देशों के अल्पसंख्यकों के पास है। पूजा पद्धतियाँ अलग-अलग होने के बावजूद भी भारत के अल्पसंख्यकों का डर, उपेक्षा और उत्पीड़न पाकिस्तान, बांग्लादेश या अन्य पड़ोसी देशों के अल्पसंख्यकों के समान हैं। अत: इन्हें धार्मिक विभिन्नता के बावजूद भी उत्पीड़न और उपेक्षा की समानताएं एक कर सकती हैं। जब भारत के अल्पसंख्यक पाकिस्तान या बांग्लादेश या अफगानिस्तान के अल्पसंख्यकों के उत्पीड़न के विरुद्ध खड़े होने लगेंगे और बांग्लादेश, पाकिस्तान या म्यामार के अल्पसंख्यक भारत के अल्सखकों के अधिकार के लिए आवाज उठाने लगेंगे तब बहुसंख्यवाद से पोषित क्षद्म लोकतंत्र कमजोर पड़ने लगेगा और तब इस विशाल भौगोलिक क्षेत्र के अल्पसंख्यकों को उपेक्षा और उत्पीड़न से मुक्ति मिलेगी। इसके लिये आवश्यक है कि इन देशों के लिये एक वृहत क्षेत्रीय धार्मिक और नस्लीय अल्पसंख्यक परिषद का गठन हो जिसके प्रतिनिधि चुनने का अधिकार सरकारों को नहीं हो और जहां इन देशों के अल्पसंख्यक अपनी समस्याओं को साझा कर सकें और जिसके प्रस्तावों और अनुमोदनों को मानने की

बाध्यता इन देशों की सरकारों पर हों। पर वर्तमान बहुसंख्यक लोकतांत्रिक राष्ट्रवाद के वातावरण में इसकी सम्भावना क्षीण लगती है।

परंतु मानवीय जीवन-स्तर के गुणवत्ता के सूचकांक के लम्बे सोपान के निचले पायदान पर खड़े इन देशों के नागरिकों को यह समझना होगा कि राष्ट्रवाद मानवीय इतिहास की नवीनतम अवधारणा है। मानव जीवन में इसकी भूमिका असीम नही है। राष्ट्र केवल मानवता की भू-राजनैतिक सीमायें हैं। जीवन के अन्य पहलुओं के सीमांकन का कोई नैतिक अधिकार इसे नहीं है। राष्ट्र मानव जीवन के अन्य पहलुओं यथा कला, संस्कृति, ज्ञान-विज्ञान और बौद्धिक्ता की सीमायें नहीं हो सकता है। इनके नागरिकों को यह भी समझना होगा कि इन देशों के नव बौद्धिक राजनीतिज्ञों की पीढ़ी ने इस विशाल भौगोलिक क्षेत्र के लोगों को उपनिवेशवाद से मुक्ति हेतु पश्चिमी राष्ट्रवाद को आयातित किया और इस राष्ट्रवाद की अवधारणा को प्रत्येक व्यक्ति तक पहुंचाने के उद्देश्य से एवं पारम्परिक निरंकुश राजतंत्र के सम्भावित खतरों से इन्हें रक्षित करने हेतु पश्चिमी लोकतंत्र को स्थापित किया। इस क्रम में कुछ प्रतिस्पर्धी देशों ने अपने अभ्योदय काल में ही राष्ट्रवाद की वेदी पर अनगिनत मनुष्यों की बलि दे दी और होम करते समय केवल अपने हाथ ही नहीं अपितु चेहरे तक जला लिये। और लोकतंत्र के नाम पर इन्हें हाथ लगा नव सामंतवाद और निरंकुश और भ्रष्टाचारी सरकारी तंत्र।

इन देशों के नागरिकों को यह भी समझना होगा कि राष्ट्र के प्रति अतिभावुकता राजनीतिज्ञों द्वारा इनके भयादोहन का कारण हो सकती है और अत्यधिक समर्पण लोगों की तार्किकता छीन सकती है और उन्हें स्वाधिरोपीत दासता हेतु प्रेरित कर सकती है। अति राष्ट्रवाद की अवधारणा सरकारों को अन्य जन कल्याणकारी कार्यों से विमुख बनाने में सहायक हो सकती है और अक्षम राजनीतिज्ञों की एक पीढ़ी पैदा कर सकती है जो इन देशों के नागरिकों के दीर्घकालीन हित में नहीं होगा।

इन देशों के राजनीतिज्ञों को भी समझना होगा कि मानव जीवन के हर पहलुओं का सीमांकन करने में राष्ट्र पर अनावश्यक बोझ पड़ेगा और

राजनीतिज्ञों को नागरिकों के प्रति अपने मूल कर्तव्यों के निर्वहन में कठिनाइयाँ होंगी।

इन देशों के नागरिकों को यह भी देखना होगा कि पश्चिम के देशों के प्रतिस्पर्धी राष्ट्रवाद ने ही मानव इतिहास में दो विश्व युद्धों के कारण बने हैं जिसमें पड़े पैमाने पर मानवता का विनाश हुआ। पर उस अतीत से यहाँ के लोग सीखने के बजाय पश्चिम की उन गलतियों को स्वयं आजमाने को लालायित लग रहे हैं शायद इसलिए कि वर्तमान पीढ़ी ने उस भयावहता को नहीं देखा है। प्रतिस्पर्धी राष्ट्रवाद आज लोगों की मानवता और नैतिकता दोनों को निगलने को तैयार है।

तो आखिर तीसरी दुनिया के पूर्व ब्रिटिश उपनिवेशों का भविष्य क्या है? प्रतीत होता है कि इन सभी विकासशील और अविकसित देशों को धार्मिक कट्टरता पूरी तरह से जकड़ लेगी और इन देशों का पुनर्गठन धार्मिक आधार पर अगले आधी सदी के अंदर होगा और पुनः अगले आधी सदी में उनका विघटन नस्लीय आधार पर छोटे- छोटे देशों के रूप में होगा। ये नस्लीय देश अपने तथाकथित गौरवमयी इतिहास को पुन: जीने लगेंगे और तीसरी दुनिया हजारों नस्लीय राष्ट्रों में तब्दील हो जायेंगी जहां राजनीतिक अस्थिरता होगी और मानवीय बर्बरता व्याप्त होगी और बौद्धिकता और विज्ञान का नितांत अभाव होगा और मानवता और सार्वभौमिक न्याय स्वयं को घुटीत महसूस करेंगे। नागरिकता संशोधन बिल 2019 इस दिशा में भारत द्वारा उठाया गया एक महत्वपूर्ण कदम है।

यह आलेख भारत सरकार द्वारा दिसंबर , 2019 में संसद के दोनों सदनों से नागरिकता संशोधन विधेयक सफलता पूर्वक पारित कराने के आलोक में लिखा गया है।

कोरोना के कारण की खोज

आजकल कोरोना की प्राकृतिक आपदा एक वैश्विक महामारी के रुप में आई है और पूरी मानव जाति को ग्रसित करने को तत्पर है। शुरुआती दिनों में लगा कि पूरी दुनिया धर्मों,संप्रदायों और देशों की भू-राजनैतिक सीमायें भूल कर इसका एकजुट मुकाबला करेगी और मानव जाति अपने अस्तित्त्व को बचाने में सफल होगी और कोरोना पराजित होगा। पर धीरे -- धीरे इस सामूहिक प्रयास में फूट होने लगा और एक देश दूसरे देश को संदेह की निगाहों से देखने लगे। फिर यह वैश्विक लड़ाई वैचारिक लड़ाई में परिवर्तित हो गई और दक्षिण पन्थी देश वामपन्थी देशों यथा चीन को निशाना बनाने लगे। भारत का भी दक्षिण पन्थी बौद्धिक वर्ग चीन को दोषी ठहराने लगा। पर यहाँ की दक्षिण पन्थी सरकार चीन की सामरिक शक्ति को देखते हुए खुले तौर पर ऐसा कोई वक्तव्य देने से परहेज करती रही। दुसरा महत्वपूर्ण कारण यह था कि ऐसे आरोपों से सरकार को कोई विशेष आंतरिक लाभ नहीं होता। इसलिये सरकार ने इस पर मौन रहना ही श्रेयस्कर समझा। इस बीच सरकार लोगों को भरोसा दिलाती रही कि कोरोना की समस्या कोई राष्ट्रीय आपदा नहीं है और देश के दूरदर्शन श्रोत पाकिस्तान में कोरोना पीड़ितों की संख्या गिना-गिना कर देश के नागरिकों का मनोरंजन करते रहे। इसी बीच सरकार विदेशों में कोरोना के बीच फँस गये अपने भक्तों को विशेष विमान भेजकर स्वदेश लाकर अपने कर्तव्यों का निर्वहन करती रही और कोरोना अपने कर्तव्यों का। जब सभी भक्त स्वदेश लौट गये और कोरोना का विषाणु भारत-भ्रमण पर निकल गया तो एकाएक प्रधान-मंत्री ने 22 मार्च का एक दिवसीय " जनता कर्फ़्यू " की घोषणा कर डाली। प्रधानमंत्री महोदय ने उस दिन लोगों को अपने- अपने घरों के अंदर ही रहने की सलाह दी और शाम 5 बजे स्वास्थ्य सेवा से जुड़े लोगों के मनोबल-उत्थान हेतु ताली पीटने का आह्वान किया और साथ ही साथ एक धर्म विशेष से प्रेरणा लेकर थाली भी पीटने की सलाह दे डाली।

लोगों ने इसे राष्ट्रीय पर्व मानकर हर्षोल्लास के साथ सामुहिक रुप से ताली और थाली तो बजाया ही मंदिरों के घण्टे और शंख तक बजा दिये। पर अगले दिन से वहीं ताली और थाली बजाने वाले लोग स्वास्थ्य कर्मियों को मकान और मुहल्ले से निष्कासित करने लगे। प्रधानमंत्री ने इस हर्षोल्लास के कार्यक्रम का उद्देश्य तो केवल स्वास्थ्य कर्मियों का मनोबल बढ़ाने तक सीमित रखा था पर प्राचीन भारतीय मनीषियों की श्रेणी के आधुनिक वैज्ञानिकों ने दावा किया कि थाली पीटने से उत्पन्न ध्वनि तरंगे कोरोना के लिए जानलेवा होती हैं , फलस्वरुप कोरोना या तो मर जायेगा या पाकिस्तान या बांग्लादेश पलायन कर जायेगा (नेपाल नहीं- कारण पाठक स्वयं समझते हैं)। इसलिये लोगों ने ऐसी तालियां और थालियां बजाईं कि कोरोना मरे नहीं बल्कि हमारे दुश्मनों को मार दे। पर इस कार्यक्रम से सबसे बड़ा लाभ यह हुआ कि देश में कोरोना के मित्र या कुटुम्बी कौन हैं और शत्रु या कातिल कौन हैं स्पष्ट हो गया। कोरोना के मित्रों और कुटुम्बियों ने प्रधान-मंत्री के इस पुनीत और पावन सलाह की अवहेलना की और देश भक्तों की नजर में चढ़ गये। सरकार और भक्तों को अब लगा कि कोरोना से लड़ने के लिये पहले इन कोरोना के कुटुम्बीयों पर हमला बोलना होगा। अगले दिन 23 मार्च को दिन सामान्य रहा। यद्यपि देश के विभिन्न राज्यों में कोरोना के मामले बढ़ते गये और राज्यों ने अपनी ओर से सतर्कता पहले से और ज्यादा बढ़ा दी। पर प्रधान-मंत्री तो पूरे आश्वस्त लग रहे थे जैसे एक दिन के जनता कर्फ़्यू ने कोरोना को किनारे लगा दिया। पर जब उसी दिन शाम तक प्रधान-मंत्री की दल की सरकार मध्यप्रदेश में सफलता पूर्वक बन गई तो एकाएक उन्होंने जनता के सम्मुख आकर उसी रात मध्यरात्रि से अगले 21 दिनों के लिये सम्पूर्ण " लॉक डाउन " की घोषणा कर दी। जो जहाँ था वही रुक गया। कुछ फँस गये और कुछ छिप गये। कल तक जो राष्ट्रीय आपदा नहीं थी आज एकाएक राष्ट्रीय आपदा बन गई। इससे लड़ने में माननीय प्रधान-मंत्री ने सरकारी दूरदर्शन श्रोतों से सहयोग मांगा। इन सरकारी श्रोतों ने तत्काल देश के नागरिकों के सम्मुख 24×7 की हिन्दू धर्म की पौराणिक और अवैज्ञानिक धारावाहिकों और पूजा और आरती की ऐसी योजना प्रस्तुत की कि हिन्दू समुदाय चाह कर भी ना तो घर से बाहर आ सका और ना ही घर

में चैन से सो सका। प्रसारण मंत्रालय ने जनता से अपील की कि इन धारावाहिकों को गौर से देखें और विभिन्न दृश्यों का अचल चित्र लेकर मंत्रालय से साझा करें। हो सकता है किसी विशेष दृश्य में कोरोना से लड़ने का कोई पौराणिक रहस्य मिल जाये और देश को इस प्राकृतिक आपदा से मुक्ति मिल सके। इधर गैर हिन्दू नागरिक इन संचार श्रोतों से अपने -अपने धर्मानुकूल कुछ कार्यक्रमों की आशा करते रहे। उन्होंने ने भी कहना शुरू किया कि हमारे पास भी कम अलौकिकता नहीं है , हमारे पास भी कम अवैज्ञानिकता नहीं है देश को देने के लिये। पर दिन 24 घंटों से ज्यादा के हों तब ना उनकी आशाओं का सम्मान किया जा सके। उन्हें कहा गया कि आप भारत में रहते हैं इसलिये आप हिन्दू ही हैं इसलिये आप भी इन्हीं अवैज्ञानिक धारावाहिकों और पूजा आरती से अपना-अपना अवसाद न्यूनीकृत करते रहिए नहीं तो पाकिस्तान और बांग्लादेश की सीमाएं भले ही आप्रवासन के लिए बन्द हों आपके उत्प्रवासन के लिये अभी भी खोल दी जायेंगी। इधर सरकारी दूरदर्शन श्रोत तो सरकारी ही ठहरे। ये सरकारी विद्यालयों और सरकारी अस्पतालों की तरह त्वरित और मनोनुकूल परिणाम नहीं दे पा रहे थे। इसलिए प्रधान-मंत्री महोदय को बाध्य होकर निजी दूरदर्शन स्रोतों की शरण में जाना पड़ा। इधर निजी संचार स्रोत भी कोरोना-कोरोना कहते- कहते थक चुके थे। उनके संवादों में नीरसता आ गयी थी और उनका व्यापार मारा जा रहा था। उन्होनें प्रधान-मंत्री की मनोदशा को पढ़ लिया और बोला ----तथास्तु। और उसी दिन वे भारत में कोरोना के कारण और केंद्र बिन्दु दोनों को खोज निकाले। कारण थे जमाती और केंद्र बिन्दु था दिल्ली के निजाम्मुद्दीन का मरकज जहाँ देश -विदेश के जमाती बोरों और झोरों में भर- भर कर अपने- अपने साथ कोरोना के विषाणु लाये थे। भक्तों में हर्षोल्लास मच गया। निजी दूरदर्शन स्रोतों की गाथाएं गायी जाने लगीं और प्रधान-मंत्री महोदय का जयघोष शुरू हो गया। लगा कि अगला नोबेल पुरस्कार प्रधान-मंत्री महोदय और निजी संचार स्रोतों को संयुक्त रूप से मिलेगा। पर असली जन सेवक प्रधान-मंत्री और असली सरकार-पोषित संचार स्रोत इन तुच्छ पुरस्कारों से ना तो विलगित होते हैं ना ही विरमित होते हैं और अनवरत अपनी साधना में लीन रहते हैं। इसलिए निजी संचार स्रोतों ने

अपना अभियान जारी रखा और उद्दभेदन किया कि ये मर्कजी तो पूरे देश के मुसलमानों में बिखर गए हैं और उनके यहाँ शरण लिये हुए हैं और अपने में कोरोना को शरण दिये हुए हैं और इसलिये पूरे देश के मुस्लिम कोरोना के संवाहक हैं और जबतक ये जिंदा रहेंगे तबतक हिन्दुओं को कोरोना से कोई बचा नहीं सकता है। देश के एक प्रतिष्ठित स्थानीय अखबार ने तो यहाँ तक कहा कि मुस्लिमों का सर्वनाश किये बगैर देश को कोरोना से नहीं बचाया जा सकता है। इसलिए निजी संचार स्रोतों ने भक्तों को विषवमन हेतु प्रेरित किया और भक्तों ने अपने दासों से मुस्लिमों से हार्दिक दूरी बनाने का आग्रह किया , सामाजिक दूरी तो कोरोना के पहले से ही था। इसी बीच सरकार का एक दबंग अधिकारी जमातीयों से मिला। उनके मिलते ही जमातीयों का मुखिया विलुप्त हो गया पर जमातियों को सरकार संगरोध शिविर में डालने में सफल रही। ये वही दबंग अधिकारी हैं जिनका नाम सुनकर कभी पंजाब के आतंकी और आजकल कश्मीर के आतंकवादी थर -थर कांपने लगते हैं। पर यहाँ लगभग 2000 निहत्थे जमाती उन्हें देखते ही उग्र और उच्छृंखल हो गए और उनके साथ असह्योगात्मक व्यवहार करने लगे। अब प्रश्न उठता है कि क्या ये जमाती अपना जान जोखिम में डालकर सरकार को चिढ़ाना चाहते थे या ऐसा करने हेतु इन्हें सरकार से धमकी या प्रोत्साहन दिया गया था। यह जाँच का विषय है।

इधर दिन रात संचार स्रोतें तबलिगियोँ के जाहिलपन और असहयोग का मजाक उड़ाते रहीं और उनके धर्म को कोसते रहीं। अब इन स्रोतों को कौन समझाये कि ये तबलीगी / मर्कजी रुढ़िवादी मुस्लिम हैं और इनसे कोई विशेष वैज्ञानिकता की आशा नहीं की जा सकती है और ऐसे रुढ़िवादी दुनिया के हर धर्मों में हैं केवल इस्लाम में ही नहीं और दुनिया के हर लोगों में अवैज्ञानिकता और रूढ़िवादिता है भले ही उसकी मात्रा अलग - अलग हो। पर मर्कजियों की बौद्धिक्ता को कोसने वाले वे लोग थे जो गाय को माता मानते आ रहे हैं और उसके मूत्र और गोबर से दुनिया की सारी व्याधियों के उपचार का दावा करते हैं और योग से कोरोना के साथ-साथ मनुष्य के सभी दैविक , दैहिक और भौतिक समस्याओं के हरण का दावा करते हैं। अब इन्हें कौन समझाये

कि पत्थर की मूर्तियों को पूजना और उसपर अर्पित किये गये जल,दुग्ध या अन्य खाद्य पदार्थों के भोग की उससे आशा करना और उससे अपनी शारीरिक और मानसिक कष्टों के हरण या क्षरण की कामना करना या कुम्भ मेले में गंगा के गंदे जल में स्नान कर अपने पापों के धुल जाने की आशा करना भी तो अवैज्ञानिकता ही है ना। यहाँ तक कि ईश्वर में आस्था रखना भी तो अंधविश्वास ही है ना क्योंकि ईश्वर के वैज्ञानिक साक्ष्य आज तक उपलब्ध नहीं हो सके हैं। इसके बावजूद दुनिया की सभी संस्कृतियां और सभी धर्म अपनी-अपनी अवैज्ञानिकता और अपने-अपने जाहिलपन को सभ्यता और संस्कृति की महीन चादर से ढके हुये हैं। पर संचार स्रोतें आज केवल मर्कजियों के चादर को तार-तार कर दुनिया को दिखाना चाह रही हैं कि देखो ये कितनी अवैज्ञानिकता,कितना जाहिलपन अपने में छिपाये हुए हैं। संचार स्रोतें इनको कम और इनके कौम को ज्यादा कोष रही हैं यह जानते हुए भी कि इसी कौम ने दुनिया को लुकमान जैसा वैज्ञानिक हकीम दिया और भारत को अल्बरुन्नी जैसा क्रमबद्ध इतिहासकार दिया। पर आज इनकी चर्चा करना सरकार और भक्तों की नजरों में चढ़ना होगा। जहाँ तक असहयोग का प्रश्न है तो जब अवैज्ञानिकता घर कर जाती है तो वैज्ञानिकता से असहयोग स्वाभाविक हो जाता है। जब महात्मा गांधी और कस्तूरबा पुणे के आगा खाँ किले में कैद थे तब बा को न्यूमोनिया हुआ था। उनके उपचार हेतु उनके पुत्र ने कलकत्ता से पेनिसिलिन की दवाएँ लाई और जब उन दवाओं को उनके पुत्र ने अपनी माँ को देना चाहा तो पिता-पुत्र में मल्लयुद्ध की स्थिति उत्पन्न हो गई। महात्मा गाँधी का कहना था कि रोग ईश्वर की इच्छा के परिणाम हैं और मनुष्य को रोगी और ईश्वर के बीच आने का कोई नैतिक अधिकार नहीं है। इस प्रकार बा को दवा नहीं दी जा सकी और उनकी मृत्यु अगले 2-3 दिनों में ही हो गई। आज भी हमारे यहाँ बहुत सारे रोगों को सम्मान से देखने की प्रथा है और रोगों को भी माता कहकर सम्बोधित करने की परंपरा है और इन रोगों में चिकित्सक दवा लिख भी देते हैं तो रोगी उसका सेवन नहीं करते हैं। कभी-कभी तो रोगी या उसके परिजनों और चिकित्सक के बीच मल्लयुद्ध तक की स्थिति उत्पन्न हो जाती है। पर महात्मा गाँधी न तो जाहिल थे और न ही जालिम थे और ना ही रोग को

माता कहने वाले सभी लोग ऐसा हैं। वास्तव में वैज्ञानिकता और जड़ता के बीच कोई चिर-स्थायी मोटी रेखा नहीं खींची जा सकती है। भूत की वैज्ञानिकता वर्तमान की जड़ता है और वर्तमान की वैज्ञानिकता भविष्य की जड़ता हो सकती है। वैज्ञानिकता न तो सार्वभौमिक है ना ही सार्वकालिक। अभी कोरोना के अल्पावधि में ही कितनी वैज्ञानिक अवधारणाएं पनपी और मुर्झित हुई हैं गिनना संभव नहीं है। पर इन तथ्यों की चर्चा करना आज के वातावरण में अपनी जान जोखिम में डालना है।

और इस तरह निर्भिक होकर सरकार और उसके शोधकार मर्कजियों को कोरोना का कारण और कारक दोनों प्रमाणित करते रहे। इधर कुछ स्वघोषित नव बुद्धिजीवियों ने निजी संचार स्रोतों से पुछना शुरू किया कि क्या कोरोना मर्कजियों को मारता नहीं हैं या मर्कजी मरते नहीं हैं। क्या कोरोना से उनका कोई रिश्ता है ? संचार स्रोतों ने उनके संदेह को दूर करने के उद्देश्य से कहा कि कोरोना और मर्कजियों का प्राचीन रिश्ता रहा है। कोरोना और मर्कजी परस्पर कुटुम्बी हैं और उन दोनों में सहभोजिता का सम्बन्ध है इसलिये कोरोना अपने कुटुम्बीयों को कभी हानि नहीं पहुंचाता है और कुटुम्बी कोरोना के वाहक का काम करते हैं। स्वघोषित नव बुद्धिजीविओं को अपने अल्प ज्ञान का आभास हो गया। पर भक्त गण के हास्य का पात्र तो वे बन ही गये। इधर प्रधान-मंत्री महोदय कोरोना से लड़ने के लिए नये- नये तरीके लोगों को बताते रहे। उनमें एक तरीका था अभिवादन के लिए हाथ मिलाने की पाश्चात्य या क्रिशतानी तरीके का त्याग कर विशुद्ध भारतीय शैली--दोनों हाथों को एक साथ जोड़कर प्रणाम करने की --- की सलाह देते रहे जिससे कि कोरोना का संक्रमण एक व्यक्ति से दूसरे व्यक्ति तक संचारित नहीं हो सके। पर वे शायद भूल गये कि ऐसा करने से एक हाथ का संक्रमण दूसरे हाथ में संचारित हो सकता है। इसके साथ ही उन्होनें चरण छुआई और चरण धुलाई और तत्पश्चात् उसके रज की पिलायी से परहेज करने को नहीं बोल पाये। अगर ऐसा बोलते तो शायद उनके कुल और संस्कारों पर प्रश्न चिह्न लगने लगता। वैसे तो माननीय प्रधान-मंत्री महोदय लोगों को एक हाथ उठाकर

आदाब करने की भी सलाह दे सकते थे। महिलाओं से बुर्के धारण करने की अपील भी कर सकते थे। पर ऐसा कहने से ऐसा जनाक्रोश उभरता कि कोरोना का वायरस भले ही पराजित हो या नहीं पर आगामी लोक सभा चुनाव में प्रधान-मंत्री महोदय खुद खेत हो जाते। इसलिये वे इतना बड़ा जोखिम नहीं उठा सके। संचार-श्रोतें मर्कजियों और उनके कुटुम्बीयों के कुछ नये और कुछ वर्षों पुराने वीडियो दिन रात देश के लोगों के सामने प्रस्तुत करती रहीं ---देखो ! ये मर्कजी कैसे मूतते हैं और कैसे थूकते हैं। देखो ! उनके कुटुम्बी कैसे फलों , सब्जियों और बर्तनों तक में थूक लगा-लगाकर कोरोना का संक्रमण भक्तों में फैला रहे हैं। शायद पड़ोसी देश के इशारों पर। लोग देख- देख कर आग बबूला हो रहे थे। थूकने का दृश्य देखकर तो उन लोगों का गुस्सा उबाल पर आ गया जो वर्षों से देश की जनता को गुटका और पान पराग खिला --खिला कर स्वयं व्यवसाय के क्षेत्र में शून्य से शिखर पर पहुँच गये थे और वे भी समान रूप से विरोध पर उतारु थे जो पिछले 2 -3 दशकों में गुटका और पान पराग खा- खा कर मुख में व्रण या कर्कट उत्पन्न कर लिये थे और मुख सीमित मात्रा में खुलने के कारण सार्वजनिक स्थानों पर थूकने की ऐसी कला विकसित कर लिये थे कि मर्कजी चाह कर भी उनका अनुकरण या अनुसरण नहीं कर सकें। थूक लगे बर्तनों एवं सब्जियों से वे सभी डर गये जो कभी मुस्लिमों के घर की थाली और ग्लास का सपने में भी स्पर्श नहीं किये हों और प्रवाचकों द्वारा रामायण का वह प्रसंग जिसमें शबरी राम को जूठे बेर खिलाती है सुन --सुन कर भले ही भावविह्वल हो जाते हों पर भूलकर भी किसी मुस्लिम से फल या सब्जी नहीं खरीदते हैं।

इधर प्रधान-मंत्री लोगों को कोरोना से बचने और लड़ने के नये-नये तरीके बताते रहें और संचार श्रोत मर्कजियों की खोज में लगे रहे और उधर कोरोना धीरे-धीरे अपना पैर पसारते रहा। कोरोना के प्रसार को देखते हुये कुछ नव प्रबुद्ध लोगों ने सरकार से अस्पतालों में वेंटिलेटर और अन्य सुविधाओं को बढ़ाने और कोरोना के योद्धाओं के लिए व्यक्तिगत सुरक्षा कवच की उपलब्धता सुनिश्चित करने की माँग की। सामाजिक संचार स्रोतों के द्वारा यह माँग मजबूत होती गई। सरकार

ने इसके निराकरण का उपाय सोचा। सरकार ने अधिनियम लाया कि कोरोना सम्बन्धी कोई भी चर्चा गैर- जमानती गंभीर अपराध माना जायेगा और यह देश-द्रोह की श्रेणी में आएगा। अब क्या था ! विरोधी जो सडकों पर उतरने को आतुर थे वे कछुए की भाँति अपने -- अपने घरों में पुन: घुस गये और भक्त सरकार की इस बुद्धिमत्ता का हर्षोल्लास मनाने सडकों पर। पर जनप्रिय प्रधान-मंत्री यहीं नहीं रुके। परम्पराओं का निर्वहन करते हुए वे स्वयं जनता के समक्ष उपस्थित हुये और उन्होनें अपने मन की बात कह डाली। देश के सम्बोधन में उन्होनें अपने पारम्परिक अंदाज़ में कहा "भाईयों एवं बहनों ! आप अस्पतालों में वेंटिलेटर और अन्य सुविधाओं की माँग कर रहे हैं पर मैं आपको बताना चाहूँगा कि ये सभी कोरोना से लड़ने के लिए गैर आवश्यक हैं। कोरोना से लड़ना है तो उसका एक ही उपाय है ....अभी प्रधान-मंत्री अपना वाक्य पूरा करते उसके पहले ही वित-पोषित संचार तंत्रों ने कहा -- लॉक डाउन ! लॉक डाउन ! भक्तों ने भी बोला -- लॉक डाउन! लॉक डाउन ! अब संचार श्रोतों और प्रधान-मंत्री में इतनी प्रगाढ़ता बढ़ गई थी कि दोनों एक दूसरे के दिमाग़ की ही नहीं बल्कि दिल की भी बातें जानने लगे थे। पुन: प्रधान-मंत्री ने कहा कि ऐसी प्राकृतिक विपदा का सामना हम केवल अपने पुरुषार्थ से ही कर सकते हैं (शायद प्रधान-मंत्री ने अभी तक अपना पुरुषार्थ इसी दिन के लिए बचाकर रखा था)। परिणामस्वरुप स्त्रियाँ ,बच्चे , समलिंगी,उभयलिंगी और सूक्ष्म लिंगी सभी पुरुषार्थ वर्धन की आयुर्वेदिक भस्मों की तरफ टूट पड़े क्योंकि कोरोना का सामना तो सबको करना था। आख़िर जिन्दगी किसकी प्यारी नहीं है ? प्रधान-मंत्री ने अपना सम्बोधन जारी रखा --- जहाँ तक व्यक्तिगत सुरक्षा कवच का प्रश्न है वह भी गैर -आवश्यक है। आपने कोरोना के योद्धाओं के लिए तालियाँ और थालीयाँ बजाईं , मन्दिरों के घण्टे और शंख बजाएं। क्या आपके ये तप और साधना कोरोना के योद्धाओं को सुरक्षा प्रदान नहीं कर सकते हैं ? क्या आपके तप और साधना में कोई कमी रह गई है जो आप व्यक्तिगत सुरक्षा कवच की माँग कर रहे हैं ? प्रधान-मंत्री बोलते गये--- मैं कोरोना के योद्धाओं को भी कहना चाहूँगा कि जब पूरा देश आपके लिये तालियां और थालियां पीट रहा है और आपकी सुरक्षा की कामना कर रहा है

तो आप अपना सर क्यों पीट रहे हैं। आप अपने और अपने परिवार की चिंता क्यों कर रहे हैं। देश आपकी चिंता करे और आप अपने और अपने परिवार की ? क्या यहीं आपकी राष्ट्रभक्ति है ?। कोरोना के योद्धाओं को अब अपनी बौद्धिक्ता और राष्ट्रभक्ति की लघुता का अहसास हो गया। वे झेंप गये और वे अपने स्वार्थ को त्याग कर कोरोना से लड़ने में पूरी तन्मयता से लग गये।

इधर कोरोना के बढ़ते कोहराम को देखते हुये लॉक डाउन को सरकार विस्तारित करती गई और उधर लोगों का सब्र का बांध टूटता गया। भूखों मरते लोग अब कोरोना के सरकारी योद्धाओं पर हमला बोलने लगे। प्रधान-मंत्री महोदय ने पुन: जनता के समक्ष आकर अभिवादन और सम्बोधन किया। उन्होनें लोगों को उनके महान पूर्वजों की याद दिलाई ----मित्रों ! आपने महाभारत , रामायण और अन्य पौराणिक धारावाहिकों में क्या नहीं देखा है कि कैसे हमारे ऋषि-मुनि हजारों-हजार वर्षों तक बिना किसी अन्न-जल के तपस्या करते रह जाते थे। हम सब तो उन्हीं की सन्तान हैं। हैं न ! भक्तों ने कहा -- हैं! हैं! प्रधान मंत्री ने कहा -- तो क्या हम माह 2 माह भी भूखे नहीं रह सकते हैं। हमें तो कम से कम जल की कोई कमी नहीं है। जल पीते रहें और आत्मा को शुद्ध करते रहें। शरीर में अगर आत्मा बनी रहती है तो हड्डियों पर बची चमड़े की परत के नीचे पुन: मांस ला देना सरकार का दायित्व है। उसकी चिंता आप मुझपर छोड़ दें।। ये जो लोग सरकारी सेवकों पर हमला कर रहे हैं उन्हें आप खुद पहचानिए। उनके कपडों से और उनके दाढ़ी से। प्रधान-मंत्री का यह कहना था कि भक्त समझ गये अपनी महान वंशावली को और अपने पुनीत कर्तव्य और अकर्तव्य को। और निजी संचार स्रोत तो अपने कर्तव्य और अकर्तव्य से पहले से ही परिचित थे।

ऐसा नहीं है कि सरकार इन भूखों को केवल वाक -खाद्य दे रही थी। कहीं-कहीं प्रधान-मंत्री के नाम के भोजन के थैले भी बांटे गये--- भक्तों द्वारा क्योंकि पुनीत कर्म सरकारी कर्मचारी नहीं कर सकते हैं। वे तो भ्रष्टाचार में लिप्त रहते हैं। इसलिये इस कार्य के लिए सरकार ने भक्तों को चुना। कुछ दासों में बांटे गये और कुछ कोरोना के कुटुम्बीयों में भी

बाँटने का प्रयास किया गया। पर कुटुम्बी सरकारी राहत पर प्रधान-मंत्री का नाम देख कर भड़क गये। उन्होंने लेने से इनकार कर दिया और कहीं-कहीं तो मल्लयुद्ध की भी स्थिति उत्पन्न हो गई। विवश होकर सरकार को इस योजना को बन्द कर देना पड़ा। संचार श्रोतों ने इसका विस्तारित विवरण देश की जनता तक पहुँचाया। सीमित संसाधनों से प्राकृतिक आपदा को परास्त करने की यह कला केवल हमारे प्रधान-मंत्री ही जानते हैं और किसी के बस की बात नहीं है।

इधर खोजी संचार -स्रोतों ने कोरोना के एक नये कारण को खोज निकाला। जो काम सरकारी अन्वेषक नहीं कर पाये वह काम वित-पोषित संचार-स्रोतों ने रातों रात कर डाला। पता चला कि कोरोना भारत में आया नहीं है बल्कि लाया गया है। वह भी चीन के वुहान या अमेरिका या ब्रिटेन के अनिवासी भारतीयों द्वारा नहीं बल्कि इतालवी मूल की विपक्ष की नेत्री द्वारा क्योंकि देश में कोरोना के प्रथम दो मामले तो इतालवी पर्यटकों में ही मिले थे और दोनों पुनः स्वस्थ भी हो गये थे। कुछ ही महीनों पहले इसी नेत्री को देश की जनता ने धर्म रक्षार्थ चुनाव में धूल चटा दिया था। इसी का बदला लेने के लिए उस नेत्री ने कोरोना को निमंत्रण देकर बुलाया है। अब देश के लोगों का आक्रोश उबाल पर आ गया। लोगों को लगा कि कैसे धूर्त लोमड़ी का परिवार है इसका। चुनाव के समय इसी नेत्री का पुत्र जनेऊ पहन-पहन कर अपने को विशुद्ध भारतीय प्रमाणित कर रहा था और बेटी मन्दिर -मन्दिर जाकर अपने को सीता और सावित्री की कुल की प्रमाणित कर रही थी (वैसे हमारे देश में स्त्रियों का कोई कुल नहीं होता है)। पर यह तो शूर्पनखा और ताड़का के कुल की निकली। और बेटा तो क्षद्म जनेऊधारी क्रिस्तान निकला। अब उस पर्यटक दम्पति का सम्बंध इस नेत्री के परिवार से खोजने में सरकार और वित-पोषित संचार-स्रोत दोनों लग गये। पर्यटक इतालवी और इधर नेत्री भी इतालवी। ऐसा थोड़े हो सकता है कि एक इतालवी दूसरे इतालवी को जानता नहीं हो , उससे आत्मीयता नहीं रखता हो और उसका रक्त सम्बंधी नहीं हो। वहाँ तो हमारी तरह है नहीं कि सदियों तक पास-पास रहकर भी दलित और ब्राह्मण साथ-साथ नहीं हो सके हैं। ब्राह्मण और दलितों की कौन कहे

यहाँ तो दलितों की ही विभिन्न जातियां और उपजातियां परस्पर रक्त सम्बंधी नहीं बन सकी हैं। वहाँ तो सब क्रिस्तान एक हैं तो सब इतालवी भी परस्पर सम्बंधी ही होंगे। इतालवी मूल की इस नेत्री की इस साजिश का रहस्योद्‌घाटन जब संचार श्रोतों ने किया और देश की जनता को जब उसके असली चरित्र और चेहरे से परिचय कराया तो लोगों का गुस्सा ऐसा फूटा कि लोग उसे सपरिवार जिन्दा चबा जाने को आतुर हो गये। लोग --- " इतालवीयों ! भारत छोड़ो ! " के नारे लगाने लगे। जिनके पूर्वज कभी -- " अंग्रजों ! भारत छोड़ो ! " के नारे लगाये थे उन्हें आज खुद भारत छोड़ने को कहा जा रहा था। पर लॉक डाउन ने लोगों के गुस्से को सड़कों पर नहीं आने दिया। पता नहीं कोरोना का भय या पुलिस की लाठी ने उन्हें ऐसा करने नहीं दिया या प्रधान-मंत्री जी के प्रति अतिआदर भाव के कारण वे लॉक डाउन का उल्लंघन नहीं कर पाये। इधर प्रधान-मंत्री महोदय ने स्थिति की गम्भीरता को समझा और लोगों को शान्त करने के उद्देश्य से उनसे अपील किया कि अगले रविवार को लोग अपने -- अपने घरों में मोमबत्तियाँ जलाकर दिवाली मनाएं। भक्तों का गुस्सा शान्त हो गया। सब मोमबत्तियों की जुगाड़ में लग गये ---- वही दुश्मन चाईनीज मोमबत्तियों की जिनके बहिष्कार का आह्वान प्रधान- मंत्री का दल , प्रधान- मंत्री के भक्त और संचार तंत्र दिन रात करते हैं। और विहित तिथि को भक्त केवल मोमबत्तियां ही नहीं बल्कि हर्षोल्लास में सामुहिक रुप से पटाखे और कहीं- कहीं तो आग्नेयास्त्रों तक को बजा डाले। इस लॉक डाउन में जो मास्क की व्यवस्था नहीं कर पाये वे ना जाने इन विस्फोटक खिलौनों की व्यवस्था कहाँ से कर लिये ? या उन्हें कोई देव-दूत दे गया ? पता नहीं। इधर जो भी कोरोना के कुटुम्बी और उनके देश--द्रोही शुभचिंतक इस दिवाली में भाग नहीं ले पाये उनके घरों को जलाकर भक्तजन होलिका दहन मना दिये। एक ही दिन दिवाली और एक ही दिन होली का विचित्र संयोग।

इधर संचार श्रोतें मर्कजियों की हरकतें लोगों को दिखाने का प्रयास कर रही थीं और उधर मूर्ख मजदूर दिल्ली, पंजाब और राजस्थान से पैदल सपरिवार बिहार और उतर प्रदेश के अपने सुदूरवर्ती गाँवों की तरफ

कूच कर दिये। सरकार में बैठे मनीषियों ने कहा कि ये मजदूर "काम" से ग्रसित हैं इसलिए ये घर नहीं बल्कि हनीमून पर जा रहे हैं। अगर इन्हें रोका नहीं गया तो दासों की एक नयी पीढ़ी खड़ी हो जायेगी जो भविष्य में देश की ट्रिलियन डॉलर की अर्थव्यवस्था में अपनी हिस्सेदारी माँगने लगेगी। इसलिये सरकार इन्हें यथाशीघ्र और यथास्थिति रोके या जाने भी दे तो इनकी नसबन्दी कराकर जाने दे। इधर सरकार चाहती तो इन मजदूरों का स्वागत लाठी और अश्रु गैस से भी कर सकती थी पर मजबूर थी क्योंकि इसमें भी अधिकतर वहीं थे जो पिछले 6-7 वर्षों में भक्तों की दासता स्वीकार किये थे और अपनी राष्ट्रभक्ति का परिचय दिये थे। इसके बावजूद भी इन अवर मनुष्यों पर जहाँ-तहाँ रसायनों का छिड़काव कर उनका शुद्धीकरण किया गया। पर सरकार के पास सबसे बड़ी विवशता थी कि भक्तों को कोरोना के कुटुम्बीयों से अलग कैसे किया जाये। उनमें फर्क करना आसान नहीं था क्योंकि कुछ दिनों पहले ही प्रधान-मंत्री जी ने कहा था कि कपड़े और दाढ़ी से आप उनकी पहचान कर सकते हैं। परिणाम यह हुआ कि कुटुम्बी अपने कपड़े ही बदल लिये और दाढ़ी भी मुड़वा लिये। इस तरह प्रधान-मंत्री का यह वक्तव्य कुटुम्बीयों के लिये वरदान बन गया और सरकार के लिये अभिशाप।

इधर इन मजदूरों के सामुहिक पलायन की तस्वीरें जब सामाजिक संचार-तंत्रों पर आनी शुरू हुईं तो घर में बैठे भक्तों की चिंता बढ़ गई। वे सरकार से चिल्ला - चिल्ला कर इन कोरोना के वाहक मजदूरों को रोकने का आग्रह करने लगे। अब भक्तों की बात माने या उनके दासों की ? सरकार के सामने दुविधा की स्थिति उत्पन्न हो गई। इधर सरकार ने धैर्य और बुद्धिमत्ता का परिचय दिया। इन अवर मनुष्यों को आने दिया। रास्ते में आरक्षकों की लाठियों को खाकर जीना इन्होंने सीख लिया। आरक्षकों में गुस्सा इस बात का था कि इस लॉक डाउन के समय उन्हें आर्थिक तंगी का सामना करना पड़ रहा था और कर्तव्यों के निर्वहन का बोझ ज्यादा बढ़ गया था और यह गुस्सा तो कहीं ना कहीं प्रस्फुटित होना ही था। जब ये मजदूर अपने गाँव पहुंचे तो गाँव के लोगों की बेचैनियां बढ़ गईं। लोगों ने रास्ते और पगडंडियों पर

अवरोध लगा दिये। 1000-1500 किलो मीटर चलकर आने वाले इन मजदूरों को आशा थी कि गाँव आते ही लोग उनका स्वागत करेंगे पर हुआ उल्टा। गाँव वालों ने स्थानीय थाने को सूचना दे दी। तत्पश्चात आरक्षकों ने पकड़-पकड़ कर इन्हें अस्पतालों में कोरोना की जाँच के लिये भेजना शुरू किया। इन अनपढ़-जाहिलों को लगा कि जब 1000 -1500 किलो मीटर पैदल चलकर आ गये तो क्या 60-70 किलो मीटर और चलकर जाँच ही करवा लेंगे तो क्या लगा है बीमारी हुई तो पकड़ में आ जायेगी और नहीं हुई तो संदेह तो दूर हो जायेगा। सो वे अस्पताल की ओर चल दिये। घण्टों लम्बी- लम्बी पंक्तियों में कच्छप गति से चलने के बाद भूतनुमा चिकित्सक के दर्शन हुए जो दूर से ही पूछ रहा था कि कहाँ से आये हो और कहाँ जाना है और कुछ तकलीफ तो नहीं है और एक कागज दूर से ही फेंक दिया। अब कागज लेकर कहाँ जाऊँ --- मजदूर ने जब पुछा तो चिकित्सक ने तपाक से जवाब दिया--- घर जाओ और कहाँ ! मेरे माथे पर बैठना है क्या ? थके और डरे मजदूर ने फिर पूछ ही लिया--" कोरोना का जाँच कब होगा "। चिकित्सक ने कहा --जाँच हो गया। अब क्या ? जाओ घर ! मजदूर को लगा कि शायद चिकित्सा विज्ञान में रातों -रात प्रगति हो गई है। अब चिकित्सक बिना किसी उपकरण के ही मनुष्य के शरीर से निकलने वाली आभा से ही बीमारी को पकड़ लेते हैं। इसलिए खुशी-खुशी उस अमूल्य कागज को लेकर बड़े गर्व से पुन: वह अपने गाँव की ओर चला। यह सोचते हुये कि महीनों बाद आज वह अपनी पत्नी से मिलेगा,बच्चों से मिलेगा और बूढ़े माँ-बाप से मिलेगा। रास्ते में उसे प्यास लगी पर जब भी वह किसी जल-स्रोत के पास जाता पुरुष लाठियों और डण्डे से उसका स्वागत करते और महिलायें झाड़ुओं और गालियों से और बच्चे तालियों से। समझ में उसे नहीं आ रहा था कि आखिर उसे क्या हो गया है जो लोग उसके साथ ऐसा व्यवहार कर रहे हैं या ये सभी लोग तो भाँग या गांजे का तो सेवन नहीं कर रहे हैं जो ऐसे बेगाने की तरह व्यवहार कर रहे हैं। उसे लगा कि इससे तो अच्छा वह दिल्ली में ही रहता। बेकार ही आ गया। उसी समय उसे अहसास हुआ कि ये तो पहले भी बहुत अपने नहीं थे। महीनों तक दूर रहते—रहते भौगोलिक और सामयिक दूरियाँ इन्हें अनायास ही मेरे लिये अपना बना दी हैं पर

ये तो कभी मेरे अपने थे ही नहीं। मेरे अपने तो घर पर मेरी प्रतीक्षा कर रहे हैं -- पत्नी,बच्चे , बूढ़े माँ-बाप और पड़ोस के काका। यही सोचकर अपने मन को सांत्वना दिया। रास्ते भर सोचते रहा कि घर चल कर पूरे मुहल्ले को दिल्ली से पैदल घर तक आने कि अपनी विजय गाथा सुनाऊंगा। यही सोचकर गर्व से फूला जा रहा था कि उसे याद आया कि मुहल्ले में भी तो लॉक डाउन होगा, वहाँ भी तो हमसे कोई मिलने नहीं आएगा और ना मैं किसी से मिलने जा पाऊँगा। यही सोचते- सोचते उसका गाँव आ गया। पीपल के पेड़, आम के बगीचे,गाँव की पगडंडियाँ उसे जीवन्त लग रहे थे। ब्रह्म स्थान के देवता आज उसे पत्थर की मूर्ति नहीं बल्कि सजीव लग रहे थे। यहाँ तक कि गाँव के मस्जिद , जिसके अंदर क्या उसके दरवाजे के सामने से गुजरना उसे पसंद नहीं था , आज एकाएक अपना लगने लगा। आज मस्जिद का अल्लाह उसकी स्वागत में उसके लिये खुद उठकर जैसे दरवाजे पर आ गया हो। मानो सभी निर्जीव आज उसके लिये सजीव होकर बुला रहे हों -- " आओ ! आओ ! अभी तक कहाँ भटक रहे थे "। उसे समझ में नहीं आ रहा था कि वह कहाँ जाये। पीपल के पेड़ से लिपट जाये या ब्रह्मस्थान के देवता को पकड़ कर रोये या मस्जिद में जाकर अल्लाह के गले लग जाये। इसी सोच के साथ वह आगे बढ़ रहा था कि एकाएक गाँव का चौकीदार उसे पुकारा –रुको ! रुको ! आगे मत बढ़ो ! सामने देखा तो वही बांस का अवरोधक अभी भी उसे आगे बढ़ने से मना कर रहा था। केवल वही अवरोधक अकेले नहीं था बल्कि गाँव के अन्य लोग भी उस अवरोधक के साथ खड़े थे। पड़ोस के काका भी हाथ में लाठी लिये वही खड़े थे जिसे वह दिल्ली से पैदल आते हुये भी भूला नहीं था। चौकीदार ने पुछा--" अस्पताल से हो आए "। उसने दृढ़ता से उत्तर दिया-- तो क्या इस लॉक डाउन में बाज़ार से घूम कर आ रहा हूँ या सिनेमा देख कर आ रहा हूं ? तो कागज दिखाओ---चौकीदार अपने लाठी को एक तरफ करते हुए कागज देखने के ख्याल से बोला। ये लिजिये !--- मजदूर उसे कागज थमाने के ख्याल से बोला। अरे ! अरे ! रुको ! कागज दूर से ही दिखाओ -- चौकीदार ने कहा। चौकीदार ने कागज पर गौर से देखा और बोला----तुमको तो चिकित्सक ने 14 दिन का संगरोध लिखा है। चलो विद्यालय में और वही 14 दिन तक पड़े रहो

--चौकीदार ने अपनी लाठी से इशारा करते हुये चलने का संकेत दिया। अब उसे कुछ सूझ नहीं रहा था। उसे रोने का दिल कर रहा था। आंखें डबडबा गईं। रुंधते गले से उसने पड़ोस के काका को अपने परिवार के सदस्यों को दिखा देने का आग्रह किया। काका की आत्मीयता कोरोना के चाहने के बावजूद भी पूरी तरह से मरी नहीं थी। थोड़ी देर में ही उन्होनें सबको बुला दिया। उसकी पत्नी , बच्चे और लाठी के सहारे चलने वाले बूढ़े माँ-बाप दौड़े आये। पर बांस के अवरोध के उसपार दूर ही खड़े रहे। यह कैसा अवसर था कि अपनों से मिलकर भी वह मिल नहीं पा रहा था। उसे आशा थी कि वह अपनों से लिपट कर रोयेगा और रास्ते की थकान दूर कर लेगा। बच्चे जब मुस्कुरा कर उसे बाबू ! बाबू ! (यहां पिता को बाबू कहने की प्रथा है) कहकर पुकारेंगे तो उसे पारलौकिक सुख का अहसास होगा। पर हुआ ठीक उल्टा। बच्चे देख कर रो भले ही रहे थे पर हाथों से दूर भाग जाने का इशारा कर रहे थे मानो वह कोरोना का अवतार हो। पत्नी ऐसे देख रही थी कि इसके पहले कभी देखा ही नहीं हो। माँ-बाप भी देखकर प्रतिक्रिया विहीन बने हुए थे। उनकी आँखों में आँसू भले ही थे पर मुँह में आवाज नहीं थी। अब आखिर वह करे तो क्या करे ? उसका मोह भंग हो गया। उसे परिवार से विरक्ति हो गई। उसी तरह जैसे महाभारत के अर्जुन को स्वर्ग में अपने पुत्रों को देख कर हुआ था। उसने चौकीदार की तरफ एकाएक मुड़ा और कहा---चलो ! जहां ले चलना है ले चलो ! 14 दिन क्या 14 वर्ष के लिये। मुझे कोई अन्तर नहीं पड़ता है।

संगरोध काल में एक दिन भोर में एकाएक उसकी नींद खुल गई। बाहर से पुलिस की गालियां और डंडों की आवाजें भोर की शान्ति को चिरकर उसके कानों के पर्दे फाड़ने का प्रयास कर रहे थे। वह डर के मारे उठ बैठा। अब पता नहीं क्या होने वाला है -- यही सोचते हुये वह चिल्ला कर और लोगों को जगाना चाह रहा था पर चिल्लाने का साहस नहीं जुटा पाया। रात भर ठण्ड से उसे नीन्द नहीं आई थी। पता नहीं बैसाख के इस महीने में जाड़ा कहाँ से आ गया। ऐसा तो उसने कभी देखा ही नहीं था और इस बैसाख में कम्बल तो सरकार दे नहीं सकती थी और घर से कुछ मंगवा भी नहीं सकता था। अगर सरकार मँगवाने की

अनुमति दे भी दे तो घर के लोग लाकर दें इसकी सम्भावना भी क्षीण ही थी। अगर घर के लोग कम्बल भेज भी दें तो संगरोध काल के बाद उस कम्बल का क्या होगा? उसे तो उसी तरह फेंक देना होगा जैसे मृत्यु के बाद मृतक के कम्बल और बिस्तर फेंक दिए जाते हैं। नहीं ! नहीं ! इन 14 दिनों में तो 9 दिन कट ही गये अब बाकी 5 दिनों के लिये वह कम्बल को बर्बाद नहीं करेगा। और इस बैसाख के ठण्ड का क्या आज है और कल गर्मी को भेजकर खुद विलुप्त हो जाए। यही सोचते -सोचते उसे भोर में नीन्द आई थी कि यह बवाल। लगा कि अब पुलिस इधर भी आयेगी। उसे आंखें खोलने का साहस नहीं हो रहा था। वैसे तो वह डण्डे के मार और चिल्लाहट को भी नहीं सुनना चाहता था पर कानों में वे अनायास घुसे जा रहे थे पर आँखों से देखना तो उसके बस में था। कुछ देर तक उसने अपनी आँखों को सामने की वास्तविकता का दर्शन नहीं कराने का प्रयास करते रहा पर कानों में गई चीख की पहचान उसके मन पर भारी पड़ रही थी इसलिए उसने डरकर ही सही धीरे-धीरे अपनी आंखें खोला। भोर के अर्ध-उजाले में उसने देखा तो उसे अपनी आँखों पर मानो विश्वास ही नहीं हुआ। सामने के उर्दू-स्कूल से पुलिस नेक महम्मद को निकाल कर मारते और गालियां देते ला रही थी। भोर के ठण्ड में कय्यूम मियाँ जो वर्षों से अपनी बेटी-दामाद के यहाँ रहते थे और ज्यादातर समय वह मस्जिद में ही रहते थे क्योंकि जीवन के इस अन्तिम घड़ी में किसी पर बोझ नहीं बनना चाहते थे उन्हें भी पुलिस हथकड़ी लगाये हुये थी। जो आदमी अपना ही शरीर का भार इस उम्र में सम्भाल नहीं पा रहा था और नीचे जमीन पर बैठकर कांप रहा था आरक्षकों को उसके भी भाग जाने का डर था इसलिये हथकड़ी लगाये थे। आरक्षक कय्यूम मियाँ के साथ नेक महम्मद को लेकर मारते हुए थाने ले जा रहे थे। सुबह 7 बजते ही सारा रहस्य उजागर हो गया। बड़े-बड़े प्रशासनिक अधिकारी और राष्ट्रीय और क्षेत्रीय संचार स्रोतों के संवाददाता गाँव में आने लगे। पूरे देश के दूरदर्शन स्रोतों ने कय्यूम मियाँ और नेक महम्मद के करतूतों को दिखाना शुरू किया। पता चला कि ये दोनों दिल्ली के मर्कज में गये थे और वहाँ से कोरोना का विषाणु लेकर आये थे। नेक महम्मद तो इसके लिए बजाप्ते पड़ोस के देश से प्रशिक्षण लेकर आया था। इधर मजदूर को न तो अपनी कानों पर

विश्वास हो रहा था न ही अपनी आँखों पर। जो आदमी नजदीक के शहर में पिछले 3-4 वर्षों से नहीं गया हो वह दिल्ली का मर्कज कब चला गया ? और जो आदमी बचपन से उसके साथ गाँव के बाग-बगीचों में खेला और खेत-खलिहान में काम किया और बचपन अभी बीता भी नहीं था और लड़कपन अभी पूरा आया भी नहीं था तब से आज तक साथ-साथ दिल्ली में मजदूरी करते रहा और प्रतिदिन एक ही झुग्गी में साथ-साथ रहा क्योंकि गाँव से भौगोलिक दूरी ने उनकी धार्मिक दूरी को पाट दिया था पता नहीं कब पाकिस्तान जाकर कोरोना फैलाने का प्रशिक्षण लेकर आ गया ? यहाँ तक कि नेक महम्मद तो उसके साथ ही दिल्ली से पैदल चलकर आया था पर उन दोनों की धार्मिक विभिन्नताओं का सम्मान करते हुये सरकार ने उन दोनों के लिये अलग-अलग संगरोध शिविरों की व्यवस्था की थी। कय्यूम मियाँ और नेक महम्मद के पास से पाकिस्तानी मुद्रा भी बरामद होने का समाचार मिला था और दोनों ने अपनी सन्लिप्तता भी स्वीकार कर ली थी। उसे लगा कि हो सकता है कि कहीं सपने में नेक महम्मद पाकिस्तान गया हो और सपने में ही कय्यूम मियाँ दिल्ली के मर्कज से हो आए हों। अब सरकार और संचार-स्रोतों पर उसका विश्वास बढ़ गया। सरकार के अन्वेषण और संचार-स्रोतों के उद्भेदन पर उसे विश्वास हो गया और उसे अपने देश पर भी गर्व होने लगा और साथ ही साथ उसे इन दोनों से घोर घृणा भी हो गई। केवल इन दोनों से ही नहीं बल्कि इन दोनों के पूरे कौम से भी। जिनकी गिनती थोड़ी देर पहले वह अपने आत्मीयजनों में करता था क्षण भर में वे उसके शत्रुओं की श्रेणी में आ गये। इधर गाँव में भी थोड़ी खुशपुशाहट हुई कि यह 80 साल का कय्यूम मियाँ दिल्ली कब चला गया और हमेशा दिल्ली गाँव के लोगों के साथ रहने वाला नेक महम्मद पाकिस्तान कैसे चला गया। किसी को विश्वास ही नहीं हो रहा था। भक्तों के कुछ दासों (स्पष्ट हो कि भक्त गाँव में नहीं रहते हैं केवल उनके दास गाँवों में रहते हैं) ने उनकी शंका दूर करने हेतु कहा कि इसमें हमलोगों को पड़ने की आवश्यकता नहीं है। सरकार और संचार-स्रोत इतने मूर्ख नहीं हैं। वे राष्ट्र के हित और जनता की रक्षा के लिए ही ऐसा कर रहे होंगे। अभी सरकार के पास और निजी संचार-स्रोतों के पास ऐसे तन्त्र हैं और ऐसे यन्त्र हैं कि ये अगर

सपने में भी मर्कज या पाकिस्तान गये होंगे तो प्रमाण मिल गया होगा और तब ही सरकार कोई कार्यवाई कर रही है और संचार श्रोतें ऐसा प्रसारण कर रही हैं।

कोरोना के बढ़ते प्रकोप के बीच निजी संचार-स्रोतों ने एक और रहस्योद्घाटन किया। पता चला कि हिन्दू साधुओं के भेष में मर्कजी कोरोना के विषाणु को झोले में लेकर घूम रहे हैं। संचार श्रोतों ने लोगों से इन साधुओं से स्वयं निपटने की सलाह दी और जागरूक जनता इन साधुओं की हत्या तक करने लगी। पर जब मृत साधुओं का अन्त्यपरीक्षण हुआ तो पता चला कि वह तो कोरोना के कातिलों के समुदाय के थे। अब संचार-स्रोत और उसके दर्शक हत्यारे को छोड़ वहाँ की राज्य सरकार के पीछे पड़ गये और पता चला कि इसमें सम्पूर्ण विपक्ष का हाथ था। लोग विपक्ष की इतालवी मूल की नेत्री और उसके परिवार की पुन: थू-थू करने लगे और देश निकाले की माँग फिर गूँजने लगी। नैतिक आधार पर राज्य के मुख्यमंत्री के इस्तीफे की माँग जोर पकड़ने लगी। भक्तों ने प्रधान-मंत्री महोदय से राज्य सरकार की बर्खास्तगी की माँग कर डाली। साधुओं ने विधानसभा पर त्रिशूल और भालों से हमला करने की धमकियां तक दे डालीं। अब मुख्य मंत्री को अपने दोष की गंभीरता का ज्ञान हुआ। साधुओं की हत्या कोई मामूली बात नहीं है। आम लोगों को तो भले ही इसका पाप अगले जन्म तक पीछा करता हो पर राजनीतिज्ञों को तो अगले चुनाव में ही दबोच लेता है। इसलिये मुख्य-मंत्री ने इस पाप का तत्काल प्रायश्चित करने का निर्णय लिया। राजर्षियों ने सलाह दी कि साधु की हत्या के पाप के प्रकोप से बचने का एक ही उपाय है कि आप श्रद्धालुओं की शरण में जायें और उनका आशीर्वाद लें। बहुत खोजने पर पता चला कि लगभग 500 श्रद्धालु एक गुरुद्वारे में फंसे हुए हैं। मुख्यमंत्री की खुशी की सीमा नहीं रही। वे पहुँच गए उनकी सेवा करने। जब उनकी इस सेवा को दूरदर्शन स्रोतों ने प्रसारित करना शुरू किया तो श्रद्धालुओं के गृह राज्य के राजनीतिज्ञों में एक भय का वातावरण छा गया जैसे पौराणिक काल में किसी तपस्वी की तपस्या से इंद्र का सिंघासन डोलने लगता था। अपने राज्य के श्रद्धालुओं का आशीर्वाद कोई अन्य राज्य का मुख्यमंत्री

ले यह कहाँ का न्याय है। अब उनके गृह राज्य के मुख्यमंत्री ने भी इस आशीर्वाद और प्रसाद को विपक्षियों को नहीं देकर स्वयं लेने की होड़ में लग गए और वातानुकूलित बसें भेजकर उन्हें अपने राज्य में लाने लगे। विपक्ष ने कहा कि बसों में लाना श्रद्धालुओं का अपमान है इसलिए वायुयान से उन्हें लाया जाये पर नागरिक उड्डयन प्राधिकरण ने इसकी अनुमति नहीं दी। कुछ लोगों ने कहा कि वातानुकूलित बसों से कोरोना का संक्रमण बढ़ता है। मुख्यमंत्री ने उन्हें कहा कि संक्रमण तो अनिश्चित और परासन्न है पर अगला चुनाव तो निश्चित और आसन्न है इसलिये वे श्रद्धालुओं को कष्ट में नहीं डाल सकते हैं। जब श्रद्धालुओं की सेवा का आँखों देखा प्रसारण संचार श्रोतों ने दिखाना शुरू किया तो मुख्यमंत्रियों में उनकी सेवा की प्रतिस्पर्द्धा लग गई। एक राज्य के मुख्यमंत्री दूसरे राज्य में वातानुकूलित बसें लेकर पहुँचने लगे और हजारों की संख्या में साधु और श्रद्धालु वापस आ - आकर सर्व व्यापी ईश्वर को अपने-अपने मन्दिरों और घरों में बन्दी बनाकर उसकी आराधना में पूर्व की भांति लीन हो गये और कोरोना का विषाणु उनकी चौकीदारी और तीमारदारी में जागृत हो उठा।

इधर केन्द्र सरकार लॉक डाउन को और विस्तारित और दृढ़ करती रही और प्रशासन और संचार तंत्र मर्कजियों के ठिकानों पर छापेमारी करते रहे। एक तरफ मर्कजियों पर छापेमारी जारी रही तो दूसरी तरफ श्रद्धालुओं की बड़े पैमाने पर घर वापसी होती रही।

अब तक अधिकांश मजदूर पैदल ही घर लौट चुके थे। बच गये या यों कहें कि छूट गये थे तो विद्यार्थी गण -- देश के भावी अभियंता और चिकित्सक जिनका विश्वास सरकार से अपनी शिक्षा के शुरुआती वर्षों में ही उठ गया था इसलिये वे बड़े-बड़े निजी कोचिंग संस्थानों के आधुनिक गुरुकुल में ज्ञानार्जन कर रहे थे और भविष्य में विदेशों में जाकर अपनी " मातृभूमि " की सेवा का सपना देख रहे थे की चिंता अब राजनीतिज्ञों को सताने लगी। सरकार को भी अपनी विश्वसनीयता बढ़ाने का अवसर मिला। उनकी घर वापसी आवश्यक थी। भले ही पिछले 2-3 वर्षों में अपनी गहन ज्ञानार्जन में विघ्न पड़ने की आशंकावश होली और दीवाली में भी घर नहीं आये हों पर आज उनका घर आना

अतिआवश्यक हो गया था। सरकार और घर वालों को अनेकों अनिष्ट की आशंकायें सताने लगीं। दूसरे राज्य की सरकारें उनके साथ क्या व्यवहार करे पता नहीं। भले ही वे संघीय भारत के नागरिक हों पर मूलत: वे तो अपने राज्य के ही नागरिक हैं न। इसलिये जन हितकारी सरकारें इस लॉक डाउन में भी उनके लिये वातानुकूलित बसें लेकर पहुंच गईं। जो सरकारें ऐसा नहीं करना चाह रही थीं वहाँ के विपक्ष ने इसकी जिम्मेवारी ली। पर इन होनहार अभियंताओं और भावी चिकित्सकों को सरकारों ने कोरोना के कुटुम्बीयों से हार्दिक दूरी बनाये रखने की सख्त हिदायतें दी थी। वैसे भी बड़े-बड़े गुरुकुलों के वर्षों के ज्ञान ने उनमें इतनी बौद्धिक्ता तो अवश्य भर दी थी कि किनसे हार्दिक दूरी बनानी है और किनसे समाजिक दूरी के बावजूद भी आत्मीयता बनाये रखनी है का विवेक उनमें आ गया था। इस तरह सारे गुरुकुल के सारे शिष्य वातानुकूलित बसों में अपने -अपने शहर आ गये पर कोरोना के कुटुम्बीयों के बच्चे वहीं रह गये। वे आने की विशेष इच्छा भी नहीं रखते थे। उन्हें अंदेशा था कि बसों में कोई चढ़ने देगा या नहीं और अगर चढ़ भी गया तो कहीं रास्ते में पुलिस के हाथों चढ़ जाऊं या किसी भक्त के हाथों में ही पड़ जाऊं और मॉब लिंचिंग का शिकार बन जाऊं। और अगर किसी तरह बचते- बचते पहुंच भी गया तो वहाँ की राज-भक्त पुलिस से कौन बचायेगा।

इधर जब गुरुकुल के ज्ञानार्थियों की शहर वापसी हुई तो सरकार के पास नई समस्या खड़ी हो गई। इतने लोगों को कहाँ संगरोध किया जाये। इन्हें मजदूरों वाले संगरोध शिविरों में डालना उचित नहीं था। ये तो भक्तों के बच्चे थे। इनको अगर दासों के साथ रख दिया गया तो उसके लोकतांत्रिक परिणाम विपरीत हो जाने की आशंका थी। ये मजदूरों की तरह अखाद्य पदार्थ खाकर नहीं रह सकते थे और भेड़ों की तरह सो नहीं सकते थे और अगर इनके तरह का खाद्य मजदूरों को भी दिया जाये तो राजकीय कोष पर अनावश्यक बोझ बढ़ जायेगा। अगर अलग-अलग संगरोध शिविरों में रखा जाये तो विपक्ष को निंदा का अवसर देना होगा। और अगर अलग शिविर के लिये विपक्ष को राजी भी कर लिया जाये तो राज-भक्त पुत्र-पुत्रियों को कौन सी व्यवस्था

कुव्यवस्था लगने लगे पता नहीं और जिसके दुष्परिणाम सरकार को आसन्न चुनाव में भुगतना पड़े। राजर्षियों ने सरकार को इसका उपाय सुझाया। आखिर सरकार के नमक का तो बदला उन्हें चुकाना ही था न। उन्होनें सरकार को सुझाव दिया कि आने वाले भक्त पुत्र-पुत्रियों की तापमान जाँच से ही कोरोना का पता चल जायेगा। अगर उनका तापमान सामान्य है तो उन्हें कोरोना-मुक्त घोषित किया जा सकता है और तापमान सामान्य से ज्यादा है तो कोरोना माना जायेगा मानो कोरोना ही केवल ज्वर का कारण हो और कोरोना के पहले आजतक किसी का तापमान कभी बढ़ा ही नहीं। और इधर अपने-अपने पुत्र-पुत्रियों को सजग देश भक्त ज्वर उतारने की दवा खा लेने की सलाह दे दिये चाहे ज्वर हो या ना हो जोखिम कौन उठाने जाये। पूर्व प्रायोजित कार्यक्रम के अनुसार जब ये अपने-अपने शहरों में आये तो 10 फीट के डण्डे में तापमापक यंत्र को इनके शरीर से 2 फीट की दूरी पर रखकर ताप मापा गया और सरकार के आशा के अनुकूल सभी कोरोना - मुक्त पाए गए। एक में भी कोरोना के कोई लक्षण नहीं मिले और न ही अगले 21 दिनों में उनके आने की कोई सम्भावना थी। तापमापक यन्त्र भूत,वर्तमान और भविष्य तीनों का आकलन कर सकता था। इसलिये इन्हें संगरोध शिविरों में रखने का कोई प्रश्न ही नहीं उठता था। सभी अपने- अपने घरों में सकुशल वापस आ गये। सरकार ने चैन की साँस ली और भक्त-पुत्रों ने चैन की नींद सोयी और भक्तों ने सरकार का शुक्रिया अदा किया।

कोरोना की गंभीरता को देखते हुए सरकार ने एक बड़े नवनिर्मित सरकारी अस्पताल को अस्थायी कोरोना अस्पताल बनाने का निर्णय लिया। सरकार के निर्णय का समाचार मिलते ही अगल-बगल के भक्तों को सपरिवार बेचैनी छा गई। सभी अपने-अपने घरों से यथोचित शस्त्रास्त्र लेकर सरकार के इस गैर-जिम्मेदराना और "अमानवीय" निर्णय का विरोध करने हेतु उस अस्पताल परिसर के दरवाजे पर आ गये और मरने-मारने की धमकी देने लगे। कोरोना को मारना अब उनके लिये अप्राथमिक और सरकार को मारना प्राथमिक हो गया। सरकार के सामने विकट परिस्थिति उत्पन्न हो गई। इधर कोरोना के

कुटुम्बीयों को इसकी भनक लगी तो उन्होनें सोचा कि कोरोना के कलंक को धोने का इससे अच्छा और मौका नहीं मिलेगा। इसलिये उन्होनें सरकार के पास जाकर अपने हज भवन को कोरोना के अस्थाई अस्पताल हेतु अधिकृत कर लेने का प्रस्ताव रखा। सरकार ने प्रस्ताव को सहर्ष स्वीकार किया। अब कोरोना के कुटुम्बी अपना पीठ खुद थपथपाने लगे और दूरदर्शन स्रोतों की तरफ अपनी प्रशंसा के पुल देखने के लिये टकटकी लगाये रहे। इधर दूरदर्शन-स्रोतों की विवशता बढ़ गई और उधर सरकार के पसीने छूटने लगे। सरकार ने सोचा कि इन कोरोना के कुटुम्बीयों ने सारा गुड़ गोबर कर दिया और इधर वित-पोषित संचार-स्रोतों ने सोचा कि अब सरकार को मैं क्या मुँह दिखाऊँगा। पर जो असली राज -पोषित संचार -स्रोत होते हैं वे विषम परिस्थितियों में भी राज भक्ति नहीं छोड़ते हैं। सो दूरदर्शन-स्रोतों ने अपनी दक्षता का परिचय दिया। दूरदर्शन पर दिखाया जाने लगा कि हज भवन में हाजी और मर्कजी सैकडों की संख्या में छिपे हुए थे। उनके पास से बोरों और झोलों में भरे कोरोना के विषाणु बरामद हुए हैं। यह है इनका असली चेहरा। आप पहचानिये और आप ही निर्णय कीजिए। आपकी चुनी हुई सरकार अभी कुछ नहीं कर सकती है क्योंकि वह आपकी सुरक्षा में व्यस्त है। जनता कोरोना के कुटुम्बीयों का यह कर्तव्य देखकर दंग रह गई और कुटुम्बी संचार श्रोतों की इस दक्षता को देख कर हतप्रभ हो गए।

इधर कोरोना का कहर बढता रहा और उधर रमजान आ गया। सरकार ने अपनी तरफ से निर्देश जारी किया कि मस्जिदों में नमाज अदायगी नहीं होगी और कोई इफ्तार का आयोजन नहीं होना चाहिये। कुटुम्बीयों ने कोई प्रतिकार नहीं किया। शायद उन्हें भी अब कोरोना से डर लगने लगा था। इसी बीच स्वघोषित शोध कर्ताओं ने सरकार को अपना शोधपत्र प्रस्तुत करते हुए खुलासा किया कि मस्जिद से अजान की आवाज़ जहाँ तक पहुंचती है वहाँ तक कोरोना का खतरा रहता है क्योंकि अजान पढ़ने वाले कोरोना के कुटुम्बी हैं और इनकी आवाज़ में कोरोना के विषाणु होते हैं और इसलिये यह आवाज जिस किसी के कानों में पड़ती है कोरोना का संक्रमण हो जाता है। ज्यों ही शोधपत्र

सरकार के पास प्रस्तुत हुआ दूरदर्शन-स्रोतों में भू-चाल आ गया। कोरोना के कुटुम्बीयों को कोरोना से अपनी गहरी निकटता का अहसास हुआ और सारा देश इनपर थू-थू करने लगा। जनहित में सरकार ने शीघ्र अजान पर रोक लगा दी। पर चूंकि सरकार के सभी तंत्र जनहितकारी कार्यों में व्यस्त थे इसलिए सरकार ने इस नये आदेश के क्रियान्वयन का भार भक्तों और दासों को सौंप दिया और इनके इस कर्तव्य का आँखों देखा प्रसारण निजी संचार-स्रोतों को।

गुप्तचरों के सारे अन्वेषण , संचार-स्रोतों के सारे उद्भेदन और प्रधान-मंत्री के सारे उद्बोधन के बावजूद कोरोना का संक्रमण अबाध गति से बढ़ते रहा। इधर लॉक-डाउन के कारण लोग भूखों मरने लगे। सरकार के सामने दुविधा थी। कोरोना से लड़ा जाये या भुखमरी से। न तो सरकार को यह आशा थी कि कोरोना का कहर इतने दिनों तक जारी रहेगा न ही जनता को यह उम्मीद थी। लॉक डाउन को तोड़ना कोरोना को सीधे निमंत्रण देना था। और लॉक डाउन को आगे बढ़ाना भुखमरी को आमंत्रित करना था क्योंकि पूरे देश को बैठाकर खिलाना सरकार के बस की बात नहीं थी और लोगों के भी संसाधन खत्म होने लगे थे। इसलिये अब लोगों का आक्रोश कोरोना के योद्धाओं के प्रति बढ़ता जा रहा था। जो आक्रोश पहले तथाकथित रुप से सांप्रदायिक था वह अब सरकार और संचार-तंत्रों के अथक प्रयासों के बावजूद धर्मनिरपेक्ष होने लगा था। सरकार के अर्थशास्त्रियों ने आगाह किया कि अगर ऐसे ही जनता के बीच सदावर्त बाँटते रहे तो इसके परिणाम नकारात्मक होंगे। एक तो लोगों को मुफ्तखोरी की आदत लग जायेगी और दूसरा सरकारी कोष शीघ्र खाली हो जायेगा। सरकार चलाना व्यवसाय है न कि जन कल्याण। प्रधान-मंत्री को लगा कि ऐसे अर्थशास्त्रियों को तत्काल अपने कुनबे से बाहर निकाल दें जो इन्हें जन कल्याण से विमुख कर रहे हैं। पर उसी समय गुप्तचरों से सूचना मिली कि अगर लॉक-डाउन को इसी तरह दृढ़ रखा गया तो 1857 से भी बड़ा सिपाही विद्रोह हो जायेगा क्योंकि देश के सिपाहियों में भारी असंतोष है और यह कभी भी विस्फोट कर सकता है। शताब्दियों से देश में सिपाहियों और जनता का सम्बंध घोड़े और घास का रहा है। लॉक डाउन के कारण घोड़ों को

घास के दर्शन नहीं हो रहे हैं। सिपाहियों ने सोचा था कि यह लॉक-डाउन तो बस थोड़े दिन का है फिर मजे से पूर्व की भांति घास चरेंगे। पर लॉक-डाउन के लगातार विस्तार ने उनमें भारी निराशा पैदा कर दिया है। इसलिये सरकार लॉक डाउन में अतिशीघ्र छूट की घोषणा करे जिससे लोग सड़कों पर निकलें, छूट की सीमाओं का उल्लंघन करें, परिवहन-नियमों की अनदेखी करें,सड़क पर चलते अन्य यात्रिओं को धक्का मारें,बच्चे पड़ोस के बच्चों के साथ खेलें और खेल-खेल में मार कर लें और तत्पश्चात अपने-अपने घरों से अतिरिक्त बल मँगाकर उसे विस्तृत रुप दें जिससे कि सिपाही- समुदाय की भुखमरी दूर हो सके और उन्हें असंतोष और अवसाद से उबारा जा सके। गुप्तचरों की सूचना ने सरकार के हाँथ-पाँव फूला दिये। सरकार के एक तरफ कुआँ तो दूसरी तरफ खाई थी। अगर लॉक-डाउन जारी रहा तो सिपाही विद्रोह और अगर ढील दिया तो कोरोना का विस्तार। राज्य सरकारों को देश की संघीय प्रणाली की याद आने लगी और इसलिये निर्णय प्रधान-मंत्री पर छोड़ दिया और प्रधान-मंत्री को राज्यों की स्वायत्तता का ख्याल आने लगा। इसलिए उन्होनें निर्णय राज्य सरकारों पर छोड़ दिया। यह भारतीय लोकतंत्र के इतिहास में बहुत विरल संयोग था जब पूरा देश दलीय दूरियों को भुलाकर प्रधान-मंत्री में इतनी आस्था व्यक्त कर रहा हो और इधर प्रधान-मंत्री राज्यों के मुख्यमंत्रियों के अधिकारों का इतना सम्मान कर रहे हों। अन्त में प्रधान-मंत्री ने ही अपनी गरिमा का सम्मान करते हुये पुन: जनता के सम्मुख आकर अपना निर्णय सुनाया कि लॉक डाउन को अगले दो सप्ताह के लिये और विस्तारित किया जा रहा है पर अगले 1 मई को विश्व मजदूर दिवस के अवसर पर देश के मजदूरों के लिये सरकार तोहफा देना चाहती है। उस दिन से ट्रेनें चलेंगी और देश के कोने-कोने में फंसे मजदूरों को अपने घर वापस पहुंचायेंगी। इससे कम व्यय में सरकार की लोकप्रियता भी बढ़ गई और मजदूरों का आत्म गौरव भी क्योंकि अधिकांश मजदूर तो पहले ही पैदल हजार-डेढ़ हजार किलोमीटर की यात्रा करके घर लौट गये थे। इसके साथ ही प्रधान-मंत्री ने यह भी घोषणा की कि छोटे-छोटे कारोबार शुरू हों और केवल स्कूल-कॉलेज और मौल बन्द रहेंगे। अन्त में उन्होंने लॉक डाउन के दृढ़ता से अनुपालन की पुनः याद

दिलाई। अब लोगों को पता चला कि कोरोना का खतरा प्रवासियों के सम्पर्क में आने से नहीं बल्कि पडोसियों के सम्पर्क में आने से बढता है। प्रधान-मंत्री की इस घोषणा का लाभ उठाने जब बचे-खुचे मजदूर ट्रेनों में सवार होने गये तो उन्हें टिकट लेने के निर्देश दिये गये। मजदूरों ने जब इसका प्रतिरोध करना चाहा तो उन्हें कहा गया कि रेलवे आपको तो मुफ्त ले ही जा रही है पर जब स्टेशन से अपने घर जायेंगे तो यही पहचान रहेगी जिससे पुलिस आपको मेहमान समझकर घर तक छोड़ने जायेगी। मजदूरों ने सोचा सौदा तो सस्ता ही है और सटिकट ही नहीं बल्कि आवभगत की लालच में टिकट से भी ज्यादा रकम देने लगे। पर अपने गन्तव्य स्टेशन पर वे पहुँचे तो उनसे जब टिकट वापस लिया जाने लगा तब उन्हें अपनी असली पहचान का अहसास हुआ। पर इसी बीच वित-पोषित संचार-स्रोतों ने अपने स्वामी भक्ति का परिचय दिया। मजदूर ज्यों ही प्लेटफार्म से बाहर निकले टिकट खिड़की के ऊपर स्वागत करते दूरदर्शन-स्रोतों के वाक-पटु उद्‌घोषकों के दर्शन होने लगे। प्रधान-मंत्री के मन की बात सभी स्रोतों ने प्रसारण करना शुरू कर दिया था (अब उनको स्वयं दूरदर्शन पर आने की आवश्यकता नहीं थी)। श्रोतों ने कहना शुरू किया कि प्रधान-मंत्री आज मजदूरों के आचरण और देश की अर्थ व्यवस्था में उनके सहयोग से बेहद खुश हैं। जब देश पर इतनी बड़ी विपदा आई है तो मजदूरों ने अपनी जिम्मेवारी का परिचय देते हुए मुफ्त की सवारी से इनकार कर दिया है और पूर्ण भाड़ा चुका कर ही आना श्रेयस्कर समझा है। यह है देश के प्रति अपनी जिम्मेदारी अहसास। यह है देश भक्ति। यह समाज के उन संभ्रांत लोगों के लिये भी सीख है जो अपनी पद और पैरवी का लाभ उठाकर रेल की मुफ्त सवारी करते हैं। यह देख कर मजदूरों का सीना प्रधान-मंत्री के सीने (56इंच) के बराबर हो गया। मजदूरों का आत्म गौरव पुन: जाग उठा। पर दूरदर्शन-स्रोत यहीं नहीं रुके। उन्होनें प्रधान-मंत्री के मन की बात जारी रखा --मेरी इच्छा है कि मैं इन मजदूरों के चरण की धूली पी लूँ जैसे मैंने पिछले लोक सभा चुनाव के पहले भन्गियों के चरणों का रज पीया था। पर इस कोरोना के लॉक-डाउन के कारण अभी नहीं कर पा रहा हूँ। मेरा प्रयास रहेगा कि अगले आम चुनाव के पहले अवश्य आपके चरण-रज

का रसास्वदन कर सकूँ। इतना सुनते ही मजदूरों के चेहरे पर गर्व की मुस्कान आ गई। सीना तो पहले ही चौड़ा हो गया था।

अभी देश में लोगों का एक कोने से दूसरे कोने में पलायन जारी ही था कि सरकार के सामने एक नयी समस्या आ खड़ी हुई। दुनिया के विभिन्न राष्ट्राध्यक्ष अपने-अपने यहाँ बसे या फंसे भारतीयों को तत्काल वापस अपने देश जाने का फरमान सुनाने लगे। उनमें तो एक प्रधान-मंत्री के गहरे मित्र थे जो शायद बचपन में उनके साथ चाय बेचा करते थे और प्रधान-मंत्री की तरह ही अपनी अलौकिक प्रतिभा के बल पर दुनिया के सबसे शक्तिशाली देश के सत्ताशिखर पर पहुँच गये थे और वैज्ञानिकता इतनी की कोरोना के कत्लेआम के लिये अपने चिकित्सकों को कोरोना के रोगियों की शिराओं में कीटनाशक रसायनों के प्रवाह तक की सलाह दे डाले थे। जब आदमी बूढ़ा हो जाता है और उसकी उत्पादकता समाप्त हो जाती है तो अपने परिवार में ही बोझ लगने लगता है और यह तो विदेश की धरती की बातें थी। परिणामस्वरुप , जो लोग 2-2 पुश्तों से भारत की अशुद्ध हवा और दूषित जल के कारण " स्वदेश " की ओर मुड़कर नहीं देखे थे और विदेश को ही अपना देश मान बैठे थे अब उन्हें अपनी वास्तविकता का अहसास हो गया और उन्हें मातृभूमि की याद सताने लगी। पर इस लॉक-डाउन के वातावरण में उन्हें देश लाना कोरोना को सीधे आमंत्रित करना था और इस कारण देश में जनता के प्रतिरोध की भी आशंका थी। पर इन्हीं लोगों ने विदेश की धरती से अपने धन-बल का प्रयोग कर एक चाय बेचने वाले को पहले गुजरात का रक्षक फिर हिन्दू-हृदय सम्राट और तत्पश्चात दो-दो बार देश का प्रधान-मंत्री बनाया था क्योंकि विदेश का धन खाकर भी अपने या अपने पूर्वजों की जन्मभूमि की सेवा का उन्हें पूर्ण अधिकार एवं कर्तव्य दोनों था क्योंकि वे न तो इतालवी थे न ही स्त्री। अब जब उनपर देश निकाले का खतरा मड़रा रहा था तो प्रधान-मंत्री कृतघ्न कैसे हो सकते थे। परंतु उनके लिये प्रवासी देश के राष्ट्राध्यक्षों से कुछ समय और की सहूलियत मांगना अपनी दोस्ती में खटास डालना था क्योंकि प्रधान-मंत्री के दोस्त गण दुनिया भर में फैले थे। प्रधानमंत्री दुविधा में फँस गये। पर कूटनीतिक चाल चलते हुये वे इस विषय पर मौन धारण

करना ही उचित समझे और वित-पोषित संचार-तंत्र ने भी इसमें उनका साथ देना श्रेयस्कर समझा। जब देश के सभी लोग वापस अपने -- अपने घर आ गये ना कोई मजदूर छूटा ना कोई मजबूर छूटा तब प्रधान-मंत्री ने विदेशी देश-भक्तों को विमानोत्तोलित करने का निर्णय लिया। लगभग 2 माह बाद सरकार ने वायुसेवा का पुन: परिचालन शुरू किया। दिन-रात अनिवासी देशभक्त वायुयान में भरकर आने लगे। जब देशी भक्तों ने आशंका जतानी शुरू की कि इन विदेशी देश-भक्तों के साथ विदेशी कोरोना का भी आगमन हो सकता है तो उन्हें सरकार ने याद दिलाई कि आपके बच्चों को भी गुरुकुल से सरकार ने नि:शुल्क आपके घरों तक पहुँचाया है तो क्या उस समय कोरोना का खतरा नहीं था। क्या कोरोना भी देशी और विदेशी होता है? क्या कोरोना का कोई अपना देश है? सरकार की इस झिड़की से भक्त शान्त हो गये और दासों को तो कुछ कहने-पूछने का साहस ही नहीं था। अब जब सभी विदेशी देशभक्त अपने वतन वापस आ गये और देश के कोने -कोने में उन्हें सरकार ने विशेष वाहनों से अपने घरों तक पहुंचा दिया तो सरकार की चिंता दूर हुई और देशभक्त स्थिर हुये। पर उनके साथ आया कोरोना का विषाणु देशाटन पर निकल गया और शीघ्र ही भारत का परिभ्रमण कर लिया। देश का कोई भी कोना ,कोई भी कस्बा उससे अछूता नहीं रहा। लोग हजारों की संख्या में प्रतिदिन मरने लगे। लोगों का सरकार के प्रति आक्रोश बढ़ने लगा। लोग सरकार को और अनिवासी देशभक्तों को कोरोना फैलाने का दोषी मानने लगे और अनिवासी देशभक्त यहाँ के लोगों की जीवन शैली को दोष देने लगे।

देश में कोरोना के बढ़ते कहर ने अब स्वास्थ्य सेवा से जुड़े लोगों को भी अपना शिकार बनाना शुरू किया। दर्जनों की संख्या में स्वास्थ्यकर्मी कोरोना से संक्रमित होने लगे। लोगों में भी डर का माहौल और बढ़ गया। लोग सोचने लगे कि अगर स्वास्थ्यकर्मी ही शहीद हो गये तो उन्हें कौन बचायेगा। इस डर के माहौल में जनता सरकार से स्वास्थ्यकर्मियों के लिये व्यक्तिगत सुरक्षा कवच की पुन: माँग करने लगी। सरकार ने जन भावना का सम्मान करते हुए स्वास्थ्य कर्मियों पर आकाशीय पुष्प वर्षा करवा दी। स्वास्थ्यकर्मी समझ गये कि अगर

जीवित रहना है तो व्यक्तिगत सुरक्षा कवच की व्यवस्था खुद करनी होगी और इधर सरकार खुश हो गयी की सुरक्षा कवच की बिक्री से प्राप्त वस्तु एवं सेवा कर अगली बार पुनः पुष्प वर्षा हेतु पर्याप्त होगा।

इसके अगले दिन प्रधान-मंत्री का जनता के सम्मुख पुनः आगमन हुआ। अबकी बार प्रधान-मंत्री मुस्कुरा रहे थे जैसे कोरोना की लड़ाई अब जितने के कगार पर हों। प्रधान-मंत्री ने कहना शुरू किया----मित्रों ! कोरोना से डरने की कोई बात नहीं है। हमें कोरोना के साथ जीने की सीख लेनी होगी। मैं अब देश के हर पंचायत को राशि निर्गत कर रहा हूँ जो आपको कोरोना से आत्मीयता के साथ जीने हेतु प्रेरित और प्रशिक्षित करने के लिये उपयोग किये जायेंगे। इस योजना के लिए निधि की कोई कमी नहीं होगी। मैं देश के एक -एक ग्राम प्रधान से व्यक्तिगत सम्पर्क में हूँ। आप अपने को अब प्रशिक्षण के लिए तैयार करें। कोरोना के साथ जीने में कोई डर या भय आपके मन में नहीं होना चाहिए क्योंकि कोरोना तो हमें सामुहिक रोग प्रतिरोधक क्षमता देता है। आप इससे जितना दूर भागेंगे कोरोना आपका उतना ही पीछा करेगा। जैसे कुत्ता आपका जब पीछा करता है तो आप भागते हैं पर जब आप रुक जाते हैं तो कुत्ता भी रुक जाता है या भाग जाता है। कोरोना भी उसी श्रेणी का जीव है। आप रुकिये ! इसका सामना कीजिए और इसके साथ जीना सीखिये। हमारे देश के लाखों लोग कुत्तों के साथ जीने के लिये कुत्तों की तरह जीना सीख चुके हैं। उसी तरह हम सबको कोरोना के साथ जीने का सीखना होगा। भाईयों एवं बहनों ! आप में से कोई पुछ सकता है कि अगर कोरोना इतना लाभदायक है तो मैंने देश व्यापि लॉक-डाउन क्यों लगाया। मैंने तो यह जानबूझकर किया क्योंकि शुरुआती दिनों में कोरोना के रोगी दर्जन भर ही थे। अगर उस समय लॉक-डाउन नहीं लगाता तो असंक्रमित लोग अपने-अपने घरों को भाग जाते और कोरोना देश के कुछ कस्बों और शहरों में सिमटकर रह जाता और अपनी प्राकृतिक मौत मर जाता और देश की सामान्य और गरीब जनता इस सामुहिक रोगनिरोधी क्षमता से वंचित रह जाती और तब मुझपर गरीबों के साथ विश्वासघात का आरोप लगता। इसलिये मेरा प्रयास रहा है कि देश के कोने-कोने में कोरोना का प्रसार हो और

विकास के अन्तिम पायदान पर खड़ा नागरिक भी जो अपने जीवन में कभी अपने जिले के मुख्यालय में भी नहीं गया हो वह भी इस सामुहिक रोग निरोधी क्षमता से वंचित नहीं रह जाये। इसलिए मैंने प्रयास किया कि कोरोना खुद- ब- खुद उन लोगों तक पहुंच जाए। प्रधान-मंत्री बोल रहे थे और जनता आश्चर्य से अपलक उनकी ओर देख रही थी। भक्तों ने कहा--इतना ज्ञानी ! इतना विज्ञानी ! कोई और प्रधान-मंत्री न तो आज तक हुआ है और न ही शायद भविष्य में होगा। कौन कहता है कि केवल विद्यालय और महाविद्यालय में ही ज्ञान मिलते हैं ? कौन कहता है कि गुरु के सानिध्य में ही ज्ञान मिलता है? देखो कैसे चाय बेचने से भी ज्ञान आता है ! एक भक्त ने दूसरे भक्त से कहा—न तो विद्यालय जाने से ज्ञान मिलता है न ही चाय बचने से। अगर ऐसा रहता तो सभी विद्यालय जाने वाले विद्वान नहीं हो जाते और सभी चाय बेचने वाले ज्ञानी नहीं बन जाते ? वास्तव में जो अवतारी पुरुष होते हैं वे योग और तप से ज्ञान हासिल करते हैं। देखा नहीं पिछली बार चुनाव परिणाम के पहले कैसे प्रधान-मंत्री अमरनाथ की गुफा में जाकर तप कर रहे थे। देखा नहीं है एक अर्धशिक्षित योगी कैसे योग के बल पर असीमित ज्ञान हासिल कर लिया है और योग को सब रोगों का उपचार बताकर गोमूत्र और गिलोई का व्यापार कर रहा है और देश का नाम प्रधान-मंत्री की ही तरह पूरे विश्व में रौशन कर रहा है। निकट खड़े भक्तों ने श्रद्धापूर्वक अपनी सहमति जताई। दोस्तों ! प्रधान-मंत्री बोलते गये - ऐसी बात नहीं है कि मैं कोरोना के बारे में पहले से जानता नहीं था। मैंने तो पूर्व में ही इसके आगमन की तिथि और समय के बारे में महान भविष्यवक्ता नास्त्रेदाम की पुस्तक में पढ़ा था। देश के प्रकांड ज्योतिषियों ने भी मुझे आगाह कर दिया था। पर मैंने इस जानकारी की गोपनीयता बनाये रखा। ऐसी जानकारियों की गोपनीयता बनाये रखना मेरी संवैधानिक जिम्मेवारी थी क्योंकि पद भार ग्रहण करते समय मैंने देश के समक्ष इसकी शपथ ली थी। प्रधान-मंत्री का इतना कहना था कि भक्तों ने कहा---आश्चर्य ! आश्चर्य ! ऐसा प्रधान-मंत्री ! ऐसा गुप्तज्ञानी ! हम सब धन्य हो गये आपको पाकर। कुछ ने कहा 70 वर्षों में इतना महान प्रधान-मंत्री पहली बार मिला है। कुछ ने तो इतना तक कह डाला कि तराईन के द्वितीय युद्ध के बाद पहली बार इतने महान

अवतारी पुरुष के हाथों में देश की जनता का भाग्य गया है। प्रधान-मंत्री आज बोलते जा रहे थे। रुकने का नाम ही नहीं ले रहे थे ---मित्रों! आपको आशंका थी कि अनिवासी भारतीयों के आने से कोरोना का कहर बढ़ेगा। पर मैंने खुद उन्हें यहाँ आमंत्रित किया जिससे कि उनके साथ आनेवाला कोरोना का विदेशी विषाणु भी आपको सामुहिक रोग निरोधक क्षमता प्रदान कर सके क्योंकि कोरोना की अलग-अलग जातियाँ और प्रजातियाँ होती हैं जैसे हमारे सनातन धर्म में विभिन्न जातियां और उपजातियां हैं। और एक जाति की दी हुई रोग निरोधी क्षमता दूसरे जाति के संक्रमण से बचाव नहीं करती हैं क्योंकि इनकी आनुवंशिक कणिकायें अलग- अलग होती हैं। इस प्रकार आपका शरीर देशी कोरोना के विरुद्ध लड़ने की लाख कला जान गया हो विदेश में जाने पर यह कोई काम नहीं आयेगा। इसलिये मैंने विभिन्न देशों से अनिवासी देश भक्तों को बुलाया है जिससे कि आपका सम्पर्क उनके साथ आये कोरोना के विषाणु से हो सके और आप दुनिया के किसी भी कोने में जायें तो कोरोना का विषाणु आप पर हावी नहीं हो सके बल्कि आप खुद उसपर हावी हो जायें। प्रधान-मंत्री का यह रहस्योद्‌घाटन सुनकर भक्त जन झूम उठे। पूरे देश में उनकी जय जयकार होने लगी। संचार तंत्रों ने तो यहाँ तक कहा कि स्वर्ग का सिंहासन अब डोल रहा है और इंद्र देवता की बेचैनी बढ़ गई है। प्रधान-मंत्री बोलते गये---भाईयों एवं बहनों ! आपने दूरदर्शन श्रोतों के समाचार में देखा होगा कि कैसे विपक्ष कह रहा है कि कोरोना से लड़ना अकेले सरकार की जिम्मेवारी नहीं है बल्कि हम सबको मिलकर लड़ना होगा। यह सरकार को कमजोर प्रमाणित करने हेतु दिया गया गैरजिम्मेदराना वक्तव्य है। यह सरकार पर नहीं बल्कि आप पर हमला है। पूरे राष्ट्र पर हमला है। क्या आपने कमजोर सरकार चुना है ? क्या आपमें सरकार चुनने की क्षमता नहीं है ? विपक्ष तो यही कहना चाहता है। दोस्तों ! वास्तव में विपक्ष की इतालवी नेत्री का जीभ पुन: शासन का स्वाद चखने हेतु लपलपा रहा है। कोरोना के बहाने वह सत्ता में आना चाह रही है। पिछली बार तो आपने गलती से उसे 54 सीटें दे दिया था अगर अगला चुनाव आये , जिसकी सम्भावना क्षीण लगती है , तो उसे एक भी सीट नहीं आनी चाहिये नहीं तो यह देश इटली का गुलाम बन जायेगा। क्या

आपके भाग्य में गुलाम बनना ही लिखा है ? कभी मुसलमानों का गुलाम,कभी ब्रितानियों का गुलाम ? और अब इटली का गुलाम ? नहीं ! नहीं ! अब कभी नहीं हो सकता है ---भक्तों ने एक स्वर से चिल्लाया। प्रधान-मंत्री बोलना जारी रखे----विपक्ष हम पर गरीबों की अनदेखी का आरोप लगा रहा है। पर अगर 70 सालों तक गरीबों की अनदेखी नहीं हुई होती तो क्या देश में आज कोई गरीब रहता ? आप स्वयं विचार करें। मैंने हमेशा गरीबों का विशेष ख्याल रखा है क्योंकि मैंने खुद गरीब को करीब से देखा है। मैं गरीब घर में पैदा लिया हूँ (जो चुनाव जितने की अनिवार्य योग्यता है) इसलिये गरीबों का दर्द समझता हूँ। इतने बड़े देश में जब अमीर , गरीब और मध्यमवर्ग सब एक साथ रहते हों तो इस प्राकृतिक आपदा के समय सीमित संसाधनों के वितरण में सरकार को चयनात्मक नीतियाँ अपनानी ही पड़ती है। इसलिये मैंने सोचा कि कोरोना के विरुद्ध रोग निरोधी क्षमता पर पहले गरीबों का अधिकार हो। इसलिये मैंने विद्यार्थियों,साधु-श्रद्धालुओं और अनिवासी भारतीयों को सीधे घर भेज दिया पर मजदूरों को विशेष संगरोध शिविर में रखा जहाँ वे झुंड में रहें और कोरोना के विरुद्ध रोग निरोधक क्षमता का सहज आदान-प्रदान कर सकें। इसलिये इस रोग निरोधी क्षमता को झुंड रोग निरोधक क्षमता भी कहा जाता है। भाईयों एवं बहनों ! आपने भेड़ों का झुंड तो देखा ही होगा। भेड़ एक साथ रहते हैं पर सभी चरते नहीं हैं कुछ भेंड़ ताकते भी रहते हैं। पर जब अधिकांश भेड़ चर लेते हैं तो ताकते रहने वाले भेड़ों का भी पेट भर जाता है। और इसलिये मैंने संगरोध शिविर में कुछ मजदूरों को खिलाया और कुछ को ताकते रहने के लिए छोड़ दिया पर उनका भी पेट भर गया। इसी तरह जब मजदूर रोग निरोधी क्षमता हासिल कर लेंगे तो देश के अन्य लोगों को भी वह नैसर्गिक रुप से हासिल हो जायेगा। प्रधान-मंत्री अभी बोल ही रहे थे कि जनता ने फिर कहा—आश्चर्य ! आश्चर्य ! मजदूर और गरीबों का तो कहना ही क्या वे तो खुशी से झूम उठे। खुशी में वे अपने कपड़े तक फाड़ने पर उतारु हो गये पर शरीर पर कोई कपड़ा बचा रहे तब न फाड़ें। इधर प्रधान-मंत्री आज रुकने का नाम ही नहीं ले रहे थे। मन की सारी बातें कह देने का जैसे मन बना लिये हों। आज अपने ज्ञान का गुब्बारा मानों जनता के समक्ष फोड़

ही देने का निश्चय कर के आये हों। अन्गोछे से कपाल के पसीने को पोंछ कर झूमते हुए गरीबों को शान्त हो जाने का संकेत देकर फिर बोलने लगे---भाईयों एवं बहनों! मैंने आपको कोरोना से बचाने के लिये क्या-क्या नहीं किया ? अगर सब बातों को दुहराउँ तो मेरी निकृष्टता होगी। पर अभी हाल ही में मैंने कोरोना के योद्धाओं पर वायुयान से पुष्प वर्षा करवाई जिससे वे निर्भिक होकर आपकी सेवा कर सकें। अब मेरा अगला कदम होगा आपके लिए अस्पतालों में गंगा जल की व्यवस्था करवाना। क्योंकि कोरोना के लिये यह अचूक औषधि है। यह केवल शरीर ही नहीं मन को भी निर्मल कर देता है। हमारी संस्कृति में, हमारे वेदों में और हमारे पुराणों में इसकी महिमा का वर्णन है। इसलिये प्रत्येक हिन्दू को मरते समय गंगा जल का पान कराने की परम्परा लाखों वर्षों से है। मैं पहले ही आपसे कह चुका हूँ कि कोरोना के आगमन का पूर्वाभास मुझे था। इसलिये मैंने शासन में आते ही सबसे पहले " नमामि गंगे " नामक योजना की शुरुआत की जिससे की कोरोना- काल में हमें गंगा जल की कमी नहीं हो सके। प्रधान-मंत्री बोलते गये--- देश में एक-आध मौतें जो कोरोना से हुई हैं वह लोगों की अज्ञानता के कारण हुई। सरकार द्वारा जारी निर्देशों का सही तरीके से अनुपालन नहीं करने से हुई हैं। देश के योगियों और महात्माओं के अनुदेशों की अवज्ञा करने से हुई हैं। योगियों और महात्माओं ने कहा है कि नियमित योग करो और गिलोई खाओ तब आपको कोरोना कभी मार नहीं सकता है बल्कि आप कोरोना को खुद मार कर जीवन पर्यंत रोग निरोधी क्षमता हासिल कर लेंगे। और इसके लिये मेरे विशेष आग्रह पर एक योगी प्रतिदिन प्रात:बेला में दूरदर्शन पर आपको अनुदेश देते दिख जायेंगे। आप उनके अनुदेशों का पालन करें और खरीदकर उनकी गिलोय का सेवन करें तब निश्चित ही आपको कोरोना नहीं होगा। मैं स्वयं उनके अनुदेशों का नियमित पालन करता हूँ और उनके गिलोय का सेवन करता हूं इसलिए मुझे कभी न कोरोना हुआ है और न ही भविष्य में कभी होगा। अगर कोरोना संक्रमण से मृत्यु होती तो सारा देश मर चुका होता। मैं भी मर चुका होता। पर यह योग और योगी ही हैं जो हम सबको अभी तक जीवित रखे हुये हैं और भविष्य में जीवित रखेंगे। पुन: प्रधान-मंत्री अन्गोछे से चेहरे का पसीना पोंछ कर

अपना प्रवचन जारी रखे-- अन्त में मैं आपको सलाह देना चाहूँगा कि आप आत्मनिर्भर बनें। सरकार पर बोझ नहीं बनें। देश के संभ्रांत लोगों को मैं विशेष रुप से कहना चाहूँगा कि वे गरीबों और मजदूरों से सीखें। उनमें कितनी आत्मनिर्भरता है कि वे लॉक-डाउन के समय में भी पैदल जयपुर और दिल्ली से बिहार चल पड़े और केरल से कानपुर चल पड़े। वह भी अकेले नहीं बल्कि सपरिवार छोटे-छोटे बच्चों को गोद में लेकर और कन्धे पर उठाकर। वे कहाँ सरकारी बसों या रेलगाड़ियों की आशा या अपेक्षा किये। यह होती है आत्मनिर्भता और आत्म गौरव का बोध। प्रधानमंत्री का वाक्य अभी पूरा भी नहीं हुआ था कि गरीब फिर से झूम उठे। फिर से वे हर्षोल्लास में अनियंत्रित होने लगे। संभ्रांत जनों की तरफ तिरस्कारपूर्ण टिप्पणियाँ करने लगे। प्रधान-मंत्री ने उन्हें नियंत्रण में रहने का संकेत दिया। जब प्रधान-मंत्री का संकेत पाकर गरीब सर्कस के जानवर की तरह शान्त हो गये तो प्रधान-मंत्री ने फिर बोलना शुरू किया---भाईयों एवं बहनों ! मेरा मानना है कि कोरोना से जान बचाने के लिये हम जहान को नहीं भूल जायें। इसलिये मेरा नारा है जान भी और जहान भी। जनता ने अपने सर पर उँगली मार कर कुछ याद करना चाहा। किसी विलक्षण याददास्त वाले सज्जन ने प्रधान-मंत्री से पूछ दिया--आपने तो पहले कहा था कि जान ही जहान है। अब कह रहे हैं जान भी जहान भी। जब यहीं नारा आपके विदेश के दोस्त दे रहे थे तो आपने उनकी कितनी खिल्ली उड़ाई थीं। प्रधान-मंत्री ने बड़ी संजीदगी से जवाब दिया--दोस्ती में हंसी-मजाक तो चलता ही रहता है। क्या आप अपने दोस्तों से मजाक नहीं करते हैं ? क्या प्रधान-मंत्री बन जाने से बचपन के दोस्तों की खिल्ली उड़ाने का मेरा अधिकार छीन गया ? अब उन सज्जन को काटो तो खून नहीं। अपने प्रश्न पर उन्हें शर्मिंदगी महसूस हुई और दुम दबाकर भाग निकले।

इधर कोरोना के कोहराम का सबसे बड़ा दुष्प्रभाव यह हुआ कि लोग स्वार्थी बनने लगे। उनकी चिंता अब अपने पेट और परिवार तक सीमित हो गई। कोई राष्ट्र की चिंता कर नहीं रहा था। ये राष्ट्र के अस्तित्व के लिए खतरे के संकेत थे। वैसे पहले भी बुद्धिजीविओं के बीच राष्ट्रवाद साल में केवल 15 अगस्त और 26 जनवरी तक सीमित रह गया था।

बीच के अन्य दिनों में तो केवल उन्मादी जन ही राष्ट्रवाद को ढो रहे थे और उसकी अवधारणा को जिंदा बनाए हुए थे। पर इस कोरोना-काल में उनमें भी राष्ट्रीयता की भावना क्षीण होने लगी थी। माननीय प्रधानमंत्री ने सोचा कि अगर ऐसे ही रहा तो राष्ट्र और राष्ट्रवाद समाप्त हो जायेगा। देश को कोई " भारत माता " कहने वाला नहीं रहेगा जैसे आज गाय को माता कहने वाला कोई दिख नहीं रहा है। इसलिये भविष्यद्रष्टा प्रधान-मंत्री को देश की जनता के सम्मुख पुन: आना पड़ा। नहीं ! इस बार देश की जनता के सम्मुख नहीं बल्कि विदेश की जनता के सम्मुख। देश की जनता का सम्बोधन और अभिवादन तो अनगिनत बार कर ही चुके थे पहली बार उन्होनें विदेश की जनता का संबोधन करना चाहा पर अभिवादन नहीं। अपने पड़ोसी देश की जनता और वहां की सुषुप्त सरकार को उन्होंने ललकारा ---- सुन लो पड़ोसी ! अब तुम्हारी खैर नहीं। बहुत दिनों से मैं तुम्हें ललकार रहा हूँ। बहुत दिनों से तुम्हें दुत्कार रहा हूँ पर तुम कभी न फूंफकार रहे हो न चीत्कार रहे हो। तुम एक सजीव एवं सजग पड़ोसी होने का दायित्व नहीं निभा रहे हो। तुममें पड़ोसी की भावना का थोड़ा भी सम्मान नहीं है। सुनो ! सुनो ! तुम्हारा सम्पूर्ण " गिरगिट" तो मेरा ही है। तुमने धोखे से कब्जा कर लिया है। अगर "गिरगिट" हमें तुम स्वयं परात में लेकर सौंप नहीं देते हो तो मैं तुम्हारे राजधानी तक पहुँच रहा हूँ और तुम्हारे अस्तित्त्व को ही मिटा दूँगा। प्रधान-मंत्री महोदय का इतना कहना था कि देश के सरकारी और सभी निजी दूरदर्शन-स्रोत हर्षोल्लास से झूम उठे। अब दिन-रात चिलगिट के इतिहास,भूगोल और वर्तमान के साथ-साथ भविष्य की भी चर्चायें होने लगीं। उधर पड़ोसी देश पूर्व की भाँति प्रतिक्रिया विहीन बना रहा। दूरदर्शन श्रोतों ने कहा कि पड़ोसी देश अपनी मौत खुद मर चुका है। वहाँ की भुखमरी से ग्रस्त जनता ने सरकार को अपना ग्रास बना लिया है। पर देश की जनता ने इस बार न तो प्रधान-मंत्री की बातों को ही गंभीरता से लिया न ही दूरदर्शन स्रोतों को। अपने-अपने पेट और परिवार की चिंता किये रही। प्रधान-मंत्री को कम से कम भक्तों से इस प्रतिक्रियाहीनता की आशा नहीं थी। उन्हें पहली बार भक्तों की भी " राष्ट्र भक्ति " पर संदेह हुआ। और दासों की राष्ट्र भक्ति तो भक्तों की भक्ति के अनुसार अपनी दिशा और दशा

बदलते रहती है। प्रधान-मंत्री निराश हो गये और संचार श्रोत नकली पटाखे की तरह विस्फोट विहीन। इस राष्ट्रवाद विहीन नैराश्यपूर्ण वातावरण को विपक्ष के एक प्रसिद्ध राजनेता ने सम्भाला। उसने एक वक्तव्य दे दिया कि कोरोना के कहर ने देश की अर्थव्यवस्था चर्मरा दी है , लोग भूखों मर रहे हैं , सरकारी कोष खाली हो गया है और सरकार वित्तीय आपात काल की तरफ बढ़ रही है। इससे बचने का एक ही उपाय है कि सरकार देश के मठ-मन्दिरों और अन्य धार्मिक न्यासों में पड़े सोने को अधिगृहित कर ले और जनकल्याण में उसका उपयोग करे। राजनेता का ऐसा कहना था कि साधु-संत-महंत और भक्त सभी एक हो गये और राजनेता को जिन्दा चबा जाने पर उतारु हो गये। सरकार में बैठे लोगों ने कहा यह हिन्दू धर्म पर कातिलाना हमला है। विपक्ष अभी भी हिन्दुओं का अपमान करने से बाज नहीं आ रहा है। विपक्ष इस आपदा की घड़ी में भी सांप्रदायिकता का पासा फेंक रहा है और सनातन के अपमान की अपनी आदतों से बाज नहीं आ रहा है। इस राजनेता पर लोगों की धार्मिक भावनाएँ भड़काने और इस आपदा की घड़ी में देशव्यापी दंगा भड़काने का मामला दर्ज हो। इधर संचार-स्रोतों ने कहा कि यह तो इतालवी मूल की विपक्ष की नेत्री के इशारे पर बोला गया है। लोग अपना रोष उसी पर निकालें। विपक्ष की नेत्री अपने बच्चों सहित थर -थर कांपने लगी। उसका अविवाहित प्रौढ़ पुत्र भयाक्रांत होकर मां के आंचल में छिप गया जबकि दो- दो किशोर वय बच्चों की माता प्रौढ़ा पुत्री मां के पीठ पीछे छिपकर गले से लिपट कर रोने लगी। अगर लॉक-डाउन नहीं रहता तो आज ही वह अपने बच्चों सहित इटली भाग जाती पर अभी करे तो क्या करे। तत्क्षण उसने उस नेता को चेतावनी दे डाली कि ऐसे गैरजिम्मेदराना वक्तव्य से परहेज करो नहीं तो दल से बेदल कर दिये जाओगे। इधर दास गण राहु-केतु की तरह मुँह फैलाये खड़े हो गये कि कहीं मन्दिरों से निकले सवर्ण कलश से एक -दो बूँद अमृत उनके गले में पड़ जाये तो उनका भी जीवन सफल हो जाये। इधर सरकार किसी के बहकावे या उकसावे में नहीं आयी --न महात्माओं , न संचार श्रोतों और न ही भक्तों के। उसने अपना संयम बनाये रखा। आयकर विभाग और संघीय गुप्तचर विभाग के संयुक्त छापे उस राजनेता और उसके रिश्तेदारों पर पड़ने

शुरू हो गए। करोड़ों का सोना और विदेशी मुद्राएँ बरामद हुईं और सरकार के वितीय कोष का लेखा --जोखा चुराने और उन्हें सार्वजनिक करने का मामला उसपर दर्ज हुआ। तब जाकर महात्माओं का आक्रोश शान्त हुआ , भक्तों का उबाल कम हुआ , प्रधान-मंत्री महोदय की निराशा कम हुई और संचार-स्रोतों में प्रफुल्लता आई।

ऐसी बात नहीं है कि प्रधान-मंत्री को राजकीय कोष की विपन्नता की चिंता नहीं थी। चिंता तो उन्हें थी ही और उसकी भरपायी भी वे करना चाहते थे। पर शुद्ध धर्मनिरपेक्ष तरीके से। किसी मठ-मन्दिर के धन से नहीं बल्कि देश के धन से , जनसहयोग से और जनभागीदारी से। इसके लिए उन्होनें एक नया तरीका खोजा। हफ्तों से देश के लोग लॉक-डाउन के कारण अवसाद ग्रस्त हो गये थे। उन्हें अवसाद से भी निकालना सरकार का दायित्व था। प्रधान-मंत्री ने सोचा एक पंथ दो काज हो जायेगा। बन्द पड़ी शराब की दुकानों को खोलने का आदेश दे दिया। सरकार के आदेश के अनुपालनार्थ बन्द पड़े मदिरालयों को शुभ मुहूर्त में नारियल फोड़ कर मन्त्रोचार के साथ खोला गया और जन सैलाब ऐसा उमड़ा जैसे बरसात के दिनों में बांध टूट गया हो। जनता को जिस लॉक-डाउन ने 2-3 पक्षों से बांध कर रखा था आज उस लॉक-डाऊन को जनता ने अपने पुरुषार्थ से तोड़ दिया। लोग मदिरालयों पर ऐसे टूटे जैसे समुद्र-मंथन के पश्चात अमृत-कलश पर देव-दानव टूटे थे। अन्तर सिर्फ इतना था कि अर्वाचीन दानव न तो इस मंथन में भाग लिये न अमृत-कलश में अपनी हिस्सेदारी मांगने घरों से बाहर निकले। अपनी हिस्सेदारी वे पहले ही खो चुके थे और अपनी पराजय वे पहले ही स्वीकार कर चुके थे। इस नये समुद्र-मंथन में आधुनिक विचारधाराओं का भी समावेश हुआ। लैंगिक विषमताएं दूर हो गईं और देव-- पुत्रों को भी यथोचित सम्मान मिला। सम्पूर्ण देव-कुल और दास कुल आपसी भेद-भाव भूलकर अमृत पान हेतु पंक्तिबद्ध खड़ा रहा। कहीं-कहीं तो अमृत-पान की प्रतिस्पर्धाऐं ऐसी हुईं कि वे अपने कुल की मर्यादा तक भूल गए और लाठियों और गोलियों तक के उपयोग हेतु विवश हो गये क्योंकि सभी को अमृत की धारा सूखने या अमृत कलश के टूटने की आशंकाएं सता रही थीं और

कोई भी स्वयं को अमृत-पान से वंचित नहीं रखना चाहता था क्योंकि सभी को इस नश्वर लोक में अमरत्व की इच्छा थी। विवश होकर आरक्षी-बलों को भी लाठियों और गोलियों का सहारा लेना पड़ा। शाम होते -होते सभी ने प्रधान-मंत्री को धन्यवाद ज्ञापित किया और प्रधानमंत्री ने प्रत्युतर में अपनी ओर से लोगों के प्रति आभार व्यक्त किया और वित-मंत्री ने प्रधान-मंत्री और जनता दोनों के प्रति अपनी कृतज्ञता अभिव्यक्त किया।

इधर राजकीय कोष भरने के लिये प्रधान-मंत्री और वित-मंत्री जनता का धन्यवाद ज्ञापन करने में लगे थे उधर कोरोना का कोहराम बढ़ गया। कोरोना संक्रमण के चरम पर पहुँच गया। संचार-स्रोतों ने कहना शुरू किया कि कोरोना अब कुटुम्बीयियों और कातिलों के बीच अन्तर करना भूल गया है। वह धर्मनिरपेक्ष हो गया है। देश भक्तों के कान खड़े हो गये। एक तो पहले ही देश धर्मनिरपेक्षता से अन्तिम एवं निर्णायक लड़ाई लड़ रहा था ऊपर से कोरोना भी धर्मनिरपेक्ष हो गया। अब दो -दो समस्याएं एक साथ। लोगों को विश्वास नहीं हो रहा था अपनी आँखों और कानों पर। कल तक यहीं संचार-तंत्र कह रहे थे कि कोरोना अपने कुटुम्बीयों के साथ सहभोजिता करता है और उनको कोई हानि नहीं पहुंचाता है और केवल कातिलों को ही मारता है। एक दुविधाग्रस्त व्याकुल भक्त को दूसरे शांत- चित्त संयमित भक्त ने समझाते हुये कहा---इसमें विश्वास और अविश्वास की कोई बात नहीं है। शोध तो प्रतिदिन होते रहते हैं और उससे नई-नई अवधारणाएं उत्पन्न होते रहती हैं और पुरानी अवधारणाएं विलुप्त होते रहती हैं। यहीं तो विज्ञान की विशेषता है। विज्ञान तो खुद कहता है कि ब्रह्माण्ड में कोई भी वस्तु स्थिर नहीं है। सब अपनी-अपनी धुरी पर निरंतर गतिमान हैं। तब विज्ञान खुद स्थिर कैसे रह सकता है। हमारा संविधान भी आशा करता है कि सरकार नागरिकों में वैज्ञानिक चेतना की अभिवृद्धि का प्रयास करेगी। इसलिये जनप्रतिबद्ध सरकारें विज्ञान को समय-समय पर वित -प्रक्षालन की चिकनाई लगा-लगाकर सदैव अपनी उँगली पर नचाते रहती हैं जिससे विज्ञान में निरंतरता और नवीनता साथ-साथ चलते रहते हैं। पर इन प्रस्तुत तर्कों से जब उस भक्त की भ्रांतियाँ पूरी

तरह से दूर नहीं हो पाईं तो उसने बगल खड़े एक वैज्ञानिक भक्त की तरफ कातरता से देखा। वैज्ञानिक भक्त को उसकी मनोदशा पर दया आ गई। उसने उसके कन्धों पर दोनों हाथ रखकर आँखों में आंखें डालकर महाभारत के कृष्ण की तरह आज के अर्जुन को समझाते हुए बोला--इसमें विश्वास और अविश्वास की कोई बात नहीं है। कोरोना तो चपल और चतुर होता है। वह अपनी गुण-सूत्र की कणिकाओं में विज्ञान की ही तरह निरंतर परिवर्तन करते रहता है। इसलिये संचार-तंत्र भी अपने संदेशों को निरंतर परिवर्तित करते रहते हैं। यही तो प्रकृति का नियम है। इसलिये उनकी विश्वसनीयता और अविश्वसनीय का प्रश्न तो उठता ही नहीं है। तुम्हें तो केवल अपने कर्तव्यों और अकर्त्वयों का बोध होना चाहिये। बाकी तुम मुझपर छोड़ दो। यह सुनकर भक्त अपने अवसाद से विमुक्त हुआ और पूर्ववत उन्माद से अभिभूत हुआ और देश की सड़कों और गलियों में उन्मुक्त हुआ।

संचार -स्रोतों ने भक्तों से अपील करते हुये कहा कि चूंकि कोरोना के कुटुम्बी अपने वालिदों की कब्र में कोरोना के विषाणु को सुरक्षित रखना चाहते हैं भक्तों का दायित्व है कि वे उन्हें उनके मुर्दों को सुपुर्द-ए-खाक नहीं करने दें बल्कि विशुद्ध भारतीय (हिन्दू नहीं) रीति के तहत उन्हें भी सुपुर्द-ए-राख करना होगा। और चूंकि प्रधान-मंत्री ने लोगों से आत्मनिर्भर बनने की अपील की है इसलिये जनता का कर्तव्य है कि इसके क्रियान्वयन के लिये सरकार पर निर्भर नहीं रहें। सुन कर भक्त जनों ने शस्त्रास्त्रों से लैस होकर अपनी आत्म निर्भरता का प्रण लिया।

इधर कोरोना के कुटुम्बी भी कम विस्मित नहीं थे। विज्ञान की चपलता और संचार-स्रोतों के प्रवाचकों की सक्रियता और अपनी जड़ता पर उन्हें घोर आश्चर्य हुआ। वे विज्ञान और संचार तंत्रों के प्रवाचकों से पूरे 2 माह पीछे चल रहे थे क्योंकि उन्होनें इस बीच अवसाद ग्रस्त होकर संचार तंत्रों से अपनी दूरी बना ली थी या कोरोना से आत्मीयता निभाने में स्वयं को व्यस्त रखा था। कुटुम्बीयों को अब अपने कृत्य पर पछतावा हो रहा था और अपने समसामयिक ज्ञान के पिछड़ेपन पर शर्म आ रही थी। इसी बीच कोरोना के एक कुटुम्बी की हृदयाघात से मृत्यु हो गई। खबर सामाजिक संचार-स्रोतों ने हरकारे की भांति पूरे शहर में फैला

दी और राष्ट्रीय स्तर के दूरदर्शन-स्रोतों ने इसका सीधा प्रसारण शुरू कर दिया। दफन के समय कोरोना के कुटुम्बीयों को प्रशासन ने 5 से ज्यादा लोगों को रहने की अनुमति नहीं दी और 4 पुलिस के जवान भी निगरानी हेतु रख दिये। इधर कुटुम्बीयों के पहले भक्त ही कब्रिस्तान में पहुंचने लगे थे। अल्पावधि में ही हजारों की संख्या में वे कब्रिस्तान में जमा हो गये। जो भक्त सपने में भी उधर नहीं जाते थे एकाएक कब्रिस्तान के बीच में आ धमके। इधर पुलिस ने उन्हें मृत्यु का कारण किडनी की बीमारी बतलाया और प्रमाणस्वरूप उपचार का प्रमाण पत्र भी दिखलाया। पर भक्तों ने पुलिस पर कुटुम्बीयों के तुष्टीकरण का आरोप लगाया। कुटुम्बीयों ने कहा कि यह कब्रिस्तान हमारा है हम सैकड़ों सालों से इसका उपयोग करते आ रहे हैं। हम अपना अधिकार नहीं छोड़ेंगे। भक्तों ने कहा कि यह कब्रिस्तान भले ही तुम्हारा हो इसकी मिट्टी तो हमारी है तेरे बाप-दादा तो मेरे बाप-दादाओं की अनुमति से इसका उपयोग करते थे। उनकी गलती का परिणाम हम क्यों भुगतें। इसी बीच भक्तों की एक टोली ने अपने एक गैर-मानवीय देवता का पताका गाड़ दिया और सभी उसका जयघोष करने लगे। कुछ लोगों ने कुटुम्बीयों को निशाना बनाया। कुटुम्बी पुलिस की तरफ देख रहे थे और पुलिस भक्तों की तरफ। अब कुटुम्बीयों में बुद्धि का समावेश हुआ। कहीं एक लाश को दफनाने में 5 लाशें और गिर गयीं तो क्या होगा। इसलिये वे लाश को वहीं छोड़कर भाग खड़े हुये। जय घोष से कब्रिस्तान ऐसा गूंजा कि पड़े हुये लाश की भी रूह कांप उठी। पुलिसकर्मियों की भी भक्ति जाग उठी। अपनी लाठियां फेंक स्वधर्म ध्वजा धारण कर लिये। लाश वैसे ही पड़ा रहा। उसपर पड़े कोरोना के विषाणु को दफन और दहन दोनों से मुक्ति मिल गई। कोरोना प्रधान-मंत्री महोदय को देख कर मुस्करा दिया। इधर प्रधान-मंत्री भी कोरोना को देख कर मुस्कुरा दिये। कोरोना उछल कर प्रधान-मंत्री के गले लगना चाहा पर प्रधान-मंत्री ने आंख मार कर कहा---लॉक डाउन। रात में कोरोना के कुटुम्बीयों के गाँव में पुलिस की छापेमारी हुई। पुलिस पर हमला करने एवं देश द्रोही कार्यों में सन्लिप्तता के आधार पर दर्जनों कुटुम्बीयों को गिरफ्तार कर ऐसी धुलाई हुई कि उन्हें कोरोना से नहीं मर पाने का गम आजीवन सताते रहा।

अगले दिन सुबह 10 बजे प्रधान-मंत्री फिर जनता के सम्मुख पधारे। इस बार वे थोड़ा ज्यादा भावुक लग रहे थे। उन्होंने कहना शुरू किया----भाईयों और बहनों ! कोरोना को कत्ल करने का हम सबने बहुत प्रयास किया। आपने मेरे कहने पर तालियाँ बजाई, थालियाँ बजाई , मन्दिरों की घंटियाँ और शंख तक बजा डाले। मेरे कहने पर आपने दीप जलाए और मेरे नहीं कहने के बावजूद भी आपने पटाखे फोड़े और आग्नेयास्त्र तक लहराए। और इस सबके साथ लॉक-डाउन का आपने पूरे संयम से पालन किया। जनता कर्फ़्यू के दिन से आज तक देश में जो भी नागरिक जहाँ था वही रुका हुआ है। सबने हमें आशातीत सम्मान दिया है। मैंने भी अपनी तरफ से सारे प्रयास किये हैं। लॉक-डाउन का मैं स्वयं पालन करते रहा। देश के संत-महंत करते रहे। स्वास्थ्य सेवा से जुड़े लोगों के लिये मैंने पुष्प वर्षा तक करवाया। कोरोना संक्रमितों के लिए अस्पतालों में गंगाजल तक की व्यवस्था मैंने करवाया। पर कोरोना हमें आज भी चकमा दे रहा है। आज भी वह पकड़ से बाहर है। ऐसा कैसे हो गया इसपर शोध जारी है। राजर्षियों का कहना है कि कोरोना ने इस बीच अपने आनुवंशिक कणिकाओं में परिवर्तन कर लिया है जिससे गंगाजल से वह प्रतिरोध क्षमता उत्पन्न कर लिया है और कोरोना के कंप्यूटर का चिप्स मर्कजी के मुखिया के पास है जो शुरू से आजतक भूमिगत है। देश के सारे संचार- तंत्र और सारे गुप्तचर उसको खोजने में लगे हैं पर आजतक उसका पता नहीं चल पाया है और जबतक हम उसे खोज नहीं लेते हैं तबतक कोरोना पर हम काबू नहीं पा सकते हैं। पर आप धैर्य रखिये और अपने इस प्रधान-सेवक पर विश्वास रखिये। कोरोना अगर पाताल में भी होगा तो मैं उसे खोज लूंगा। इसलिये मैं अब पाताल की तरफ प्रस्थान कर रहा हूँ। आप तब तक धरती पर उसे खोजते रहिये। पिछले 5-6 वर्षों में तो कोरोना के कुटुंबियों के रसोई घरों में घुसकर गोमांस खोज निकालने का तो प्रशिक्षण आपने ले ही लिया है। अब अतिरिक्त प्रशिक्षण की आपको कोई आवश्यकता नहीं है। अब मैं पाताल लोक चला। तबतक ईश्वर आपकी रक्षा करें।

बोलिये ! सियावर रामचंद्र की जय !

यह आलेख 2019-20 के कोरोना के विश्वव्यापी लहर के आलोक में लिखा गया है।

संविधान की समाधि

आज अयोध्या में प्रस्तावित राम मंदिर निर्माण के भूमि-पूजन समारोह में शामिल होकर प्रधानमंत्री नरेंद्र मोदी ने भारतीय गणराज्य के संविधान की अंतेष्टि कर दी है। ऐसा नहीं है कि ऐसा एक दिन में अकस्मात हो गया है बल्कि अंतेष्टि की चिता खोदने की तैयारी तो गणराज्य के जन्म से ही शुरू हो गयी थी जब नवंबर 1947 में ही तत्कालीन उप प्रधानमंत्री एवं गृहमंत्री श्री बल्लभ भाई पटेल ने तथाकथित स्वतंत्र भारत का पहला संकल्प करोड़ों बेघर लोगों को घर सुनिश्चित करना और भूखे और नंगे लोगों को दो जून की रोटी और तन भर वस्त्र उपलब्ध कराना और पाकिस्तान से आ रहे जनसैलाब का पुनर्वास नहीं , बल्कि गुजरात के सोमनाथ के देवालय का जीर्णोद्धार और वहां के देवता का कल्याण बताया। और महात्मा गांधी ने जब इस संकल्प के साकार करने में सार्वजनिक कोष के उपयोग पर आपत्ति जताई तो तत्कालीन कृषि एवं खाद्य उपभोक्ता मंत्री श्री कन्हैया लाल माणिक लाल मुंशी ने धन के प्रबंधन की जिम्मेवारी अपने कंधों पर ली और चीनी मिलों के मालिकों को चीनी के मूल्य को बढ़ाकर बढ़े हुए मूल्य से आधी राशि देवालय निर्माण न्यास के लिए वसूला [1]। और तत्कालीन प्रधानमंत्री नेहरु के मना करने के बावजूद भी तत्कालीन राष्ट्रपति डॉ0 राजेन्द्र प्रसाद ने 14 मई 1951 को उक्त मंदिर के उद्घाटन में सगर्व भाग लेकर उभरते उन्मादी और प्रतिगामी हिन्दुत्व की नींव में उगते राष्ट्रवाद के नवनिर्मित संविधान की अंतेयेष्टि के लिये कब्र खोद दी। उस समय कांग्रेस अंदर ही अंदर दो खेमों में विभाजित थी। एक खेमा प्रतिगामी हिन्दुवादी सामन्तों का था, जिसका नेतृत्व सरदार पटेल कर रहे थे और दूसरा खेमा धर्मनिरपेक्ष एवं समाजवादियों का था जिसका नेतृत्व नेहरु कर रहे थे। हिन्दूवादी खेमा संख्या के गणित में भले ही भारी नहीं हो पर मुखर ज्यादा था और अपनी सोच को नवनिर्मित गणराज्य में अति शीघ्र स्थापित करना चाहता था। उसे समता, समानता समाजवाद और धर्मनिरपेक्षता जैसे आधुनिक मूल्यों

में आस्था नहीं थी। और इसी खेमे के प्रभाव में संविधान में इन मूल्यों का उल्लेख नहीं किया जा सका था। और नवनिर्मित संविधान के अंत्येष्टि की चिता खोदने के इसी क्रम की अगली कड़ी में अयोध्या के बाबरी मस्जिद में अवैध रुप से मूर्तियाँ रख दी गयीं और उसे स्वयं प्रगट होने का कुप्रचार किया गया जो वैज्ञानिक दृष्टि से हास्यास्पद था। और नेहरु की सलाह के बावजूद भी उन्हें वहाँ से हटाया नहीं गया और ऐसा करने वाले जिलाधिकारी को भी हटाया नहीं गया बल्कि कुछ ही दिनों बाद उन्हें लोकसभा का सदस्य भी बना दिया गया। इतना ही नहीं , बल्कि यह खेमा एक कट्टर हिंदुवादी पुरोषोत्तम दास टंडन को कांग्रेस का अध्यक्ष बनाने में भी सफल हो गया। अब नेहरु पर हिन्दूवादी विचारों के तुष्टीकरण हेतु दबाव बनाया जाने लगा जो नेहरु के अपने व्यक्तिगत विचारों एवं साथ ही साथ संविधान की आत्मा के विरुद्ध थे। इसी बीच , इन कट्टर विचारों को रोकने के लिये कांग्रेस में एक नये खेमे का उदय होने लगा जो नेहरू के समाजवादी और धर्मनिरपेक्षता को अतिशीघ्र लागू करना चाहता था पर नेहरु इसे चाहकर भी लागू नहीं कर पा रहे थे क्योंकि कांग्रेस का असली नेतृत्व कट्टरपंथी एवं सामन्ती लोगों के पास था। अन्त में विवश होकर नेहरु को अपने इस्तीफे तक की पेशकश करनी पड़ी थी। इसी बीच पटेल की मृत्यु ने स्थिति को सम्भाला। अब कट्टरपंथी तत्वों का दबाव नेहरु पर कुछ कम हुआ और वे सरकार में अपने को उपेक्षित महसूस करने लगे और धीरे-धीरे कांग्रेस से अपनी दूरी बनाने लगे। इधर समाजवादियों का भी दबाव नेहरु पर बढ़ने लगा और वे भी अपनी विचारों को अतिशीघ्र लागू करने का दबाव डालने लगे। पर नेहरु इनके या यों कहें अपने ही विचारों को लागू करने की शीघ्रता दिखाकर कोई खतरा नहीं मोलना चाहते थे क्योंकि वे कांग्रेस के कट्टरपंथी गुट की ताकत से भली-भांति परिचित थे और उनकी चुनौती स्वीकार करने की स्थिति में भी नहीं थे। इस तरह नेहरु दो विपरीत विचारधाराओं की चक्की में पीस रहे थे। अब नेहरु ने पलायन करने की अपेक्षा एक कुशल राजनेता होने का परिचय दिया। समाजवाद की विचारधाराओं को लागू करते हुये देश से जमींदारी प्रथा का उन्मूलन किया और शासन को आम लोगों तक पहुंचाने का संकल्प लिया। पर इस जमींदारी उन्मूलन से कट्टरपंथी

हिन्दू समुदाय को आक्रोशित होने से रोकने के लिये इतिहास की पाठ्य पुस्तकों को उनके तथाकथित पूर्वजों के हित में लिखवाना शुरू किया। अंग्रेजों के विरुद्ध इतिहास लिखे गये , उनको अनुपात से अधिक खूंखार और पाश्विक बताया जाने लगा और अंग्रेजी शासन के समय देशी नेताओं या आतंकियों द्वारा भी घटित बहुत सारी बर्बर और नृशंस घटनाओं को देश भक्ति का रंग दिया जाने लगा। इससे कांग्रेस को देश पर शासन का एक नैतिक अधिकार मिला क्योंकि कांग्रेस ने ही भारत छोड़ो आंदोलन चलाया था। पर नेहरु को इससे कोई विशेष लोकतान्त्रिक लाभ नहीं मिल सकता था क्योंकि अंग्रेज अपने विरुद्ध पनपते विचारों का प्रतिरोध करने के लिए यहाँ नहीं थे और जबतक एक सशक्त प्रतिकारी प्रतिद्वंदी नहीं हो, तब तक अपनी उपयोगिता और अनिवार्यता प्रमाणित करने का अवसर किसी चतुर राजनेता को नहीं मिल पाता है। इसलिये नेहरु ने एक सशक्त प्रतिद्वंदी के रुप में देश के मुसलमानों को चुना। इतिहास की पुनर्रचना में मुसलमानों के पूर्वजों को खलनायक की तरह चित्रित किया जाने लगा। उनकी नकारात्मक छवि देश के बहुसंख्यक हिन्दू समाज में फैलायी जाने लगी। देश में विदेशियों का आक्रमण मुसलमानों से आरम्भ किया जाने लगा। यवनों, शकों, कुषाणों और हूणों के आक्रमण को संक्षिप्त किया गया। आर्यों के आक्रमण को नजर अंदाज किया गया और जब कोई स्थापित इतिहासवेता आर्यों के आक्रमण की चर्चा करता तो उसे वामपन्थी इतिहासकार कहकर उसकी खिल्ली उड़ाई जाने लगी मानो वामपंथ मूर्खों और जाहिलों का जमात हो। यह प्रमाणित करने का प्रयास किया गया कि मुसलमानों के आने के पूर्व यहाँ कोई समस्या नहीं थी। भारत में स्वर्ण युग था। यहाँ काल्पनिक स्वर्ग का सुखमय वातावरण था। कोई गरीब नहीं था और यहाँ की चिड़िया भी सोने की हुआ करती थी। पर वास्तविकता ऐसी नहीं थी। मुस्लिमों के आगमन के पूर्व यहां वर्णाश्रम-व्यवस्था थी। समाज में शूद्रों और अछूतों की स्थिति दयनीय थी। उनके साथ अमानवीय व्यवहार होता था और दूसरी तरफ ब्राह्मण अपने को दैवीय अधिकारों से सम्पन्न समझते थे। इन सब सामाजिक विसंगतियों को इतिहास के पाठ्यक्रमों से भरसक दूर रखा गया नहीं तो हिन्दू समुदाय का कट्टरपंथी वर्ग कांग्रेस से नाराज हो

जाता। मुसलमानों के इस दानवीय चित्रण में कहा गया कि ये हिन्दू मन्दिरों को तोड़ते थे। लेकिन बच्चों को यह नहीं पढ़ाया गया कि उनके आने के पहले हजारों बौद्ध मन्दिरों को तोड़ा गया। बोधगया के मूल बोधि वृक्ष को बंगाल के हिन्दू शासक शशांक ने कटवा दिया और बुद्ध की मूर्ति को बाहर फेंकवा दिया। नालंदा के विश्वविद्यालय पर केवल बख्तियार खिलजी ने ही नहीं बल्कि शिव भक्त मिहिर कुल ने भी आक्रमण किया और जो स्वाभाविक भी था क्योंकि बौद्ध धर्म का वह केन्द्र था और कोई भी आक्रमणकारी बौद्धिकता और सत्ता के केन्द्र पर ही हमला करना चाहता है और यह हमला और स्वाभाविक हो जाता है जब बौद्धिकता सत्ता के करीब हो। मुस्लिम काल में भी मन्दिरों पर हमले शायद इसीलिए हुए कि वे राज्य और पुरोहित दोनों के आय के प्रमुख स्रोत थे और राजा अपनी आय में वृद्धि के लिये इन्हीं मन्दिरों में पूंजी निवेश करता था और ये मन्दिर भी अपनी विभेदनकारी नीतियों के कारण दलितों और शूद्रों की पहुँच से बाहर थे क्योंकि तथाकथित हिन्दू धर्म का यह वर्ग अपनी आर्थिक कृपणता के कारण मन्दिरों की आय में अभिवृद्धि करने में असमर्थ था या यह भी संभव है कि दलित और शूद्र उस काल में वृहत हिन्दू धर्म के अंग नहीं रहे हों।और राज्य का कर्तव्य नागरिकों में विभेद को रोकना और समाज को समता की तरफ अग्रसर करना भी है, इस कारण भी मन्दिरों पर हमले हुये हों। यह भी ऐतिहासिक तथ्य है कि ये मंदिर नर बलि और पशु बलि जैसे क्रूर और पाशविक प्रथाओं के केंद्र थे और इन्हीं मन्दिरों में धर्म की आड़ में देवदासियों का संस्थागत यौन शोषण होता था और उनसे उत्पन्न असहाय और अनाथ बच्चों को भले ही हरिजन कहकर सम्बोधित किया जाता रहा हो पर वे दरिद्र बनकर उन्हीं मन्दिरों के सामने भिक्षाटन करने को अभिशप्त थे। और इस तरह वे सभ्य समाज पर कलंक और धर्म पर कलुष के प्रतीक थे। राज्य और शासन इन पाशविकताओं और यौनाचारों को रोकने की अपनी नैतिक कर्तव्यों से स्वयं को अलग नहीं कर सकता था। पर इतिहास के लंबे काल-खण्ड में इन कर्तव्यों के निर्वहन में राज्य कभी अपनी सीमाओं का उल्लंघन नहीं किया हो और धर्म के अधिकारों का अतिक्रमण नहीं किया हो, ऐसा नहीं कहा जा सकता है।

मन्दिरों के विध्वंस और लूट का एक और सबसे बड़ा कारण था उनमें जमा अकूत संपत्ति जो नागरिकों के मनोवैज्ञानिक आर्थिक दोहन का प्रतिफल था निष्क्रिय पड़ा होता था और कुछ लोगों के भोग-विलास में उपयोग होता था और बाजार में उसका संचरण नहीं होता था और इस तरह वह सामान्य जनसमुदाय के लिये अनुपयोगी था। एक और सबसे बड़ा दोषारोपण जो मुस्लिम बादशाहों पर किये जाते हैं वह है गैर-मुस्लिम प्रजा के साथ विभेदकारी नीतियाँ। पर यह वह दौर था जब फ्रांस में राज्य क्रान्ति नहीं हुई थी और राज्य समता, स्वतंत्रता और भ्रातृत्व के मूल्यों से अनभिज्ञ था। हाँ ! मध्य काल में कुछ सूफी संतों और महात्माओं ने समाज में समता स्थापित करने के प्रयास किये थे पर वे राज्य के नीति निर्देशक तत्व नहीं थे। केवल भारत में ही नहीं शायद पूरी दुनिया में। मुस्लिमों के पहले बौद्ध राजाओं ने गैर बौद्धों के साथ विभेद किया। ब्राह्मण राजाओं ने भी बौद्धों का बड़े पैमाने पर नरसंहार किया। गुप्त काल में भी गैर- गुप्तों के साथ राज्य द्वारा अत्याचार किये गये और शूद्रों और चांडालों को अमानवीय जीवन जीने को विवश किया गया। हिन्दू धर्म के अंदर भी वैष्णवों और शैवों की अनगिनत लड़ाइयाँ हुईं और दोनों ने बड़े पैमाने पर एक-दूसरे का नरसंहार किया [2]। कमोबेश यहीं स्थितियाँ दुनियाँ के अन्य भागों में भी रहीं जहाँ मुस्लिम-ईसाई लड़ाईयाँ ही नहीं बल्कि कैथोलिक और प्रोटेस्टेंट लड़ाईयाँ भी हुईं। शायद मुस्लिम बादशाहों ने अपेक्षाकृत भारत में ज्यादा समावेशी और उदार नीतियां अपनाई। अकबर के 9 रत्नों में 4 या 5 हिन्दू थे। तथाकथित सबसे कट्टर मुगल सम्राट औरंगजेब के काल में सबसे ज्यादा हिन्दू दरबारी थे [3]। एक और आरोप जो मुस्लिम बादशाहों पर लगते आये हैं वह है जजिया कर का। कहा जाता है कि यह गैर-मुस्लिमों पर लगाया जाने वाला धार्मिक कर था जो उनकी अन्य धर्मों के साथ असहिष्णुता का द्योतक है। पर हमें यह भी जानना होगा कि मुस्लिमों पर समान रुप से जकात लगते थे जबकि ब्राह्मणों को जजिया से मुक्त रखा गया था और सबसे ज्यादा राज्य की तरफ से कर रहित भू-दान ब्राह्मणों को ही मिले थे जबकि ब्राह्मण पारम्परिक रुप से कृषि कार्य नहीं करते थे। पर समाज में मुस्लिम शासकों की नकारात्मक छवि बनाने के लिये एक पक्षीय इतिहास

लिखा गया। राज्य का हितकारी या अहितकारी होना उसके कर प्रणाली और मानवीय मूल्य के सूचकांकों पर आधारित न होकर शासक के धर्म के आधार पर तय किये जाने लगे। मुगलों की कर प्रणाली मराठों और सिखों से ज्यादा मानवीय और न्याय संगत थे फिर भी मुगलों के भक्षक और मराठों के रक्षक चरित्र का चित्रण सरकार पोषित इतिहासकारों ने किये। जब मुगलों की सत्ता कमजोर पड़ने लगी तो मराठों ने अपने राज्य के गैर - मराठों और गैर-ब्राह्मणों से भारी कर वसूलना शुरू किया। इतना ही नहीं , गैर - मराठा क्षेत्र के नागरिकों से भी अपने ही हमलों का डर दिखाकर मराठों ने चौथ की वसूल की। और जैसे-जैसे मराठों के हाथ से सत्ता पेशवा के हाथों में जाने लगी वैसे-वैसे मराठा साम्राज्य में गैर-ब्राह्मणों की स्थिति और स्त्रियों की स्थिति बद से बदतर होती गई। गैर-मुगल शासित राज्यों में ब्राह्मणों और शासकीय वर्ग को छोड़कर बहुत सारे विभेदनकारी और अमानवीय कर लगाये गये। वर्ग विशेष की महिलाओं पर स्तन कर तक लगाया गया और जो महिलायें कर अदा नहीं कर सकती थीं उनसे स्तन ढकने का नैसर्गिक अधिकार छीन लिया गया। लड़कियों पर बोझिल विवाह कर लगाया गया और जिनके अभिभावक यह कर अदा नहीं कर सकते थे उन्हें विवश होकर अपनी बेटियों को शासक वर्ग के हाथों बेच देना पड़ता था और वेश्यालयों तक पर भारी कर और दंड लगाए जाते थे [4]। वहाँ के मुस्लिम प्रजा पर भी धार्मिक कर लगाये गये। पर इनकी चर्चा इतिहास के पाठ्यक्रमों में नहीं की गई। एक ही युद्ध कौशल के लिये गैर-मुस्लिम शासकों के लिये वीरता और मुस्लिम शासकों के लिये क्रूरता के विशेषण गढ़े गए। एक ही कार्य के लिये गैर-मुस्लिम शासकों के लिये बल और मुस्लिम शासकों के लिए छल जैसे विशेषणों के प्रयोग किये गये। मुस्लिम शासकों के लिये एक वचन शब्दों का प्रयोग जबकि हिंदू शासकों लिये बहुवचन शब्दों का प्रयोग किया जाने लगा। मुस्लिम काल के छोटे-छोटे हिंदू शासकों को अपेक्षाकृत अधिक महिमा मंडित करके उनको हिन्दू धर्म का रक्षक और स्वतंत्रता का योद्धा प्रमाणित करने का प्रयास किया गया जबकि ऐसा कुछ नहीं था। सबसे ज्यादा मराठे मनसबदार मुगलों के पास थे पर शिवाजी को मराठा शासक बना दिया गया। सबसे ज्यादा राजपूत

राजा मुगलों के साथ थे पर महाराणा प्रताप को राजपूतों के शौर्य का प्रतीक बना दिया गया। एक और आक्षेप मुगलों पर लगाये गये कि वे अपने भाइयों को मारकर गद्दी पर बैठते थे और औरंगजेब ने अपने पिता तक को कैद में रखा जो इनके क्रूर चरित्र को दर्शाता है। पर जब हम इतिहास की गहराई में जाकर देखेंगे तो पायेंगे कि यह बादशाहत की विवशता थी। और यह केवल मुगलों या मुस्लिमों तक सीमित नहीं थी। सैकड़ों हिन्दू राजाओं ने अपने पुत्र की हत्या की या पिता की हत्या की या अपनी संरक्षिका माँ तक की हत्या की। जोधपुर के अजीत सिंह को उनके बेटों ने ही मारा, राणा कुम्भा को उनके बेटों ने ही मारा और राणा साँगा को उनके ही सामन्तों ने मारा। क्षत्रपति शिवाजी के पुत्रों के बीच भी सत्ता का संघर्ष चला। एक-दूसरे को कैद किया गया और हत्यायें हुईं। इस तरह इतिहास के पन्ने भर जाते पारिवारिक सत्ता की संघर्ष की कहानियों से पर नकारात्मक छवि केवल मुस्लिम शासकों की बनाई गयी। मुगलों के पराभव काल में मराठे बार-बार राजस्थान पर हमले कर वहाँ के राजपूत राजाओं को लूटते रहे और आम प्रजा को कूटते रहे और बड़े पैमाने पर कत्लेआम करते रहे और इनमें उनका नेतृत्व कभी फ्रांसीसी और कभी अफगानी जैसे विदेशी भी करते रहे और मराठे केवल नाम के मराठे रह गये थे, वास्तविक सत्ता पेशवा (ब्राह्मणों) के हाथों में थी। जयपुर को मिट्टी में मिला देने का संकल्प पेशवा ने लिया था, किसी विदेशी या मुस्लिम शासक ने नहीं। और अन्त में मराठों (पेशवा) से तंग आकर जयपुर के शासक ईश्वरी सिंह को जहर खाकर आत्म हत्या करनी पड़ी थी। अगर मुगलों की केंद्रीय सत्ता कमजोर नहीं हुई होती तो राजस्थान के राजपूत शासक इतने असहाय और असुरक्षित नहीं हुए होते। पर हिन्दू राष्ट्रवाद के नाम पर इतिहास की पाठ्य-पुस्तकों में इन घटनाओं को गहरे साजिश के तहत शामिल नहीं किया गया। जब पानीपत की तीसरी लड़ाई अहमद शाह अब्दाली और मराठों के बीच हुई तब मराठा सैनिक में मराठे कम और अफगानी ज्यादा थे। पर इसे स्वयंभू इतिहासकारों ने अफगान-मराठा युद्ध का नाम दिया है। इसके पूर्व हल्दीघाटी के युद्ध में मुगलों की तरफ से केवल मुगल ही नहीं बल्कि राजपूत भी लड़े थे और उनका नेतृत्व मान सिंह के हाथों में था। इधर महाराणा प्रताप की

सेना में राजपूत कम और भील और अफगानी ज्यादा थे और उनका सेनानायक हकीम खाँ थे। और आश्चर्यजनक रुप से महाराणा प्रताप के भाई जगमल सिंह मुगलों की सेना के अंग थे। पर इस युद्ध को तथाकथित राष्ट्रवादी इतिहासकारों ने मुगल-राजपूत युद्ध का नाम दिया। और इतना ही नहीं , कुछ ने तो इसे हिन्दू राष्ट्रवाद की प्रारंभिक लड़ाई तक की संज्ञा दे दी। जब भीमा कोरेगांव की लड़ाई हुई तो वहाँ मराठे नाम मात्र थे और अधिसंख्य सैनिक ब्राह्मण और अफगानी थे। और पेशवाओं के चुंगल से मुक्ति के लिये शिवाजी के वंशजों को अंग्रेजों की मदद लेनी पड़ी थी। बंगाल के सिराजुद्दौला पर आक्रमण करने के लिये अंग्रजों को पेशवा ने सलाह दी थी और टीपू सुल्तान पर आक्रमण के लिये अंग्रजों को मराठे और हैदराबाद के निजाम का सहयोग मिला था। और टीपू सुल्तान ने गैर-ब्राह्मण महिलाओं पर लगे अमानवीय स्तन कर को समाप्त किया था। पर इतिहास के समीक्षाकारों ने एक हिन्दू राष्ट्रवाद की छवि बनाने के लिये या तो इन तथ्यों को इतिहास से विलोपित कर दिया या उनकी समीक्षा साम्प्रदायिक दृष्टिकोण से किया जिससे कि स्वतंत्रता पश्चात हिन्दू-मुस्लिम में अनवरत खाई पैदा की जा सके और उसका निरंतर लाभ जनमत संग्रह के समय लिया जा सके। पर बड़ी चतुराई से जनमानस में प्रचारित किया गया कि हिंदू -- मुस्लिम के बीच की यह खाई अंग्रेजों की " फूट डालो और राज करो " नीति का दुष्परिणाम है।

एक और आरोप जो मुस्लिम बादशाहों पर तथाकथित राष्ट्रवादी इतिहासकारों ने लगाए हैं वह है जबरन धर्म परिवर्तन का। यह आंशिक रुप से सत्य भी है और नैतिक रूप से सही भी है। मध्य काल में जो देशी या विदेशी आक्रमणकारी शासन को चुनौती देते थे, उनके लिये इस्लाम स्वीकार कर जान की सुरक्षा और जीवन के पुनर्वास की व्यवस्था थी। इस्लाम स्वीकार करने के बाद इनके साथ कमोबेश समानता का व्यवहार किया जाता था। उन्हें सेना या शासन में जगह दिया जाता था। उनके साथ वैवाहिक सम्बंध भी स्थापित किये जाते थे। विजित मंगोलों के साथ भी तत्कालीन बादशाह जलालुद्दीन खिलजी ने ऐसा ही किया था। बहुत सारे लोगों ने इस्लाम इसलिये भी स्वीकार

किया कि वे पूर्व से किसी स्थापित धर्म के अवलंबी नहीं थे और सदियों तक हिन्दू धर्म के साथ रहने के बावजूद भी या तो हिन्दू धर्म का अंग नहीं बन पाये थे या हिन्दू धर्म की जातीय व्यवस्था में निचले स्तर पर थे। और इसकी भी प्रबल संभावना है कि कुछ कुलीन हिन्दू भी शासन से नजदीकियों की चाहत में या शासक वर्ग के वैभव से प्रभावित होकर भी इस्लाम स्वीकार किये होंगे क्योंकि शासक वर्ग का अनुकरण मानवीय प्रवृति है। इसी प्रवृति के परिणामस्वरूप पंडित तानसेन ने इस्लाम स्वीकार किया और मियां तानसेन बन गए। पर इन तथ्यों के बावजूद भी यह कहना कि लगभग 1000 साल के लंबे इस्लामी शासन में कभी जबरन धर्मांतरण नहीं हुआ होगा एकांगी होगा क्योंकि शासक वर्ग सदैव अपनी संस्कृति, सोच और रहन-सहन का प्रभाव आम नागरिकों पर डालता ही है। पर जब गहराई से विचार करेंगे तो पायेंगे कि इस धर्मांतरण में कोई अमानवीयता नहीं थी। इन धर्मांतरित मुस्लिमों को वही खाने को कहा जाता जो पहले के मुस्लिम खाते आ रहे थे, वही पहनने को कहा जाता जो पहले के मुस्लिम पहनते आ रहे थे और उन्हीं उपासना गृहों में जाने को कहा जाता था जहाँ पहले के मुस्लिम उपासना करते आ रहे थे। जबकि हिन्दुओं में वैसी समानता और समता की व्यवस्था नहीं थी। एक शूद्र न वह खा सकता था, या न वह पहन सकता था और न उस देवता की उपासना ही कर सकता था जिसकी उपासना एक ब्राह्मण या वैश्य करता था। हिन्दू धर्म में पारम्परिक रूप से समायोजन का अभाव था। आर्य (ब्राह्मण) अपनी रक्त की शुद्धता और सर्वोच्चता के प्रति अनुपात से ज्यादा सजग थे, इस कारण इस्लाम के आगमन से पूर्व के जितने आक्रमणकारी भारत आये वे एक तथाकथित वृहत हिन्दू धर्म का अंग तो बन गये पर वे ब्राह्मण नहीं बन पाये और उन्हें ब्राह्मणों के नीचे के स्तर से संतोष करना पड़ा। इस रक्त की शुद्धता का दुष्परिणाम यह हुआ कि हिन्दू धर्म के विस्तार का आधार वंश वृद्धि तक सिमट कर रह गया। इसमें नये लोगों का समायोजन नहीं हो सका। विचारों से प्रभावित होकर कोई हिन्दू नहीं बन सकता था [5] और काल - खण्ड में प्राकृतिक रूप से अगर हिन्दू धर्म में उसका समावेशन होता भी था तो वह अपनी जातीय पहचान नहीं छोड़ सकता था और कभी ब्राह्मण के ऊँचे पद पर नहीं

पहुँच सकता था। धर्म के अंदर एक जाति से दूसरे जाति में अन्तर्गमन की कोई प्रक्रिया नहीं थी फलस्वरूप हिन्दू धर्म में एक जड़ता की स्थिति थी और जो आज भी विद्यमान है। पर इस जड़ता के भी सकारात्मक पक्ष थे। जब राज्य संचालित या प्रायोजित कौशल विकाश के केन्द्र नहीं थे तो यही जड़ता समाज में कौशल की कुशलता के सतत निःशुल्क स्रोत थे।

एक अन्य आरोप जो मुस्लिम शासकों पर तथाकथित स्वतंत्रोत्तर इतिहासकारों द्वारा लगाया गया वह है जौहर या सती का। उसके बारे में मैं कहना चाहूँगा कि यह हिन्दू धर्म की अपनी कुरीतियों का दुष्परिणाम था। पति की मृत्यु के पश्चात चिता पर सती होने की प्रथा गुप्त काल के स्वर्ण युग से चली आ रही थी और रामायण और महाभारत जैसे महाकाव्यों में भी इसकी महत्ता के वर्णन मिलते हैं। यह हिन्दू धर्म की दो प्रमुख मान्यताओं के परिणाम थे। एक यह कि स्त्री की अपनी कोई सामाजिक और धार्मिक पहचान नहीं होती है और दूसरी कि स्त्री और पुरुष का वैवाहिक सम्बन्ध दैवीय प्रारब्ध है कोई दैहिक आकर्षण या लौकिक अनुबंध नहीं और इसलिए यह जन्म-जन्मांतर तक सतत है। इसके दुष्परिणाम यह हुए कि पति की मृत्यु के पश्चात स्त्री का जीवन निरर्थक हो गया, उसकी कोई उपयोगिता नहीं रही और विधवा विवाह का कोई प्रावधान हिन्दू धर्म में नहीं हो सका और पति की मृत्यु के उपरांत स्त्रियों की एक ही गति थी, वह थी पति की चिता की ज्वाला में स्वयं को अर्पित कर देना। एक और मान्यता जो हिन्दू स्त्रियों को पुनर्विवाह से वंचित करती थी वह है कौमार्य और सतीत्व पर जोर देना। इसके दुष्परिणाम यह हुए कि प्रौढ़ और वृद्ध पुरुष भी किशोर और कुंआरी कन्याओं से ही विवाह करते थे क्योंकि इस्लाम की तरह हिन्दू धर्म में पत्नियों की संख्या निर्धारित नहीं थी और मृत्युपरान्त उनकी विधवा के सतीत्व पर कोई धब्बा नहीं लग जाये क्योंकि पत्नी व्यक्ति नहीं बल्कि वस्तु थी और उसकी सतीत्व की रक्षा और भरण-पोषण का दायित्व केवल पति का था के लिए वे अपनी पत्नियों को अपनी चिता पर साथ ले जाना ही धर्मोचित समझते थे। इसके विपरीत इस्लाम में सतीत्व और कौमार्य पर जोर नहीं था, विवाह

एक सामाजिक और व्यक्तिगत अनुबंध था न कि दैवीय प्रारब्ध। इसलिये इसलिए इस्लाम में न तो सती प्रथा थी और न ही विधवा विवाह पर रोक। मुग़ल और मुग़ल पूर्व (तुगलक वंश) मुस्लिम शासकों ने भी हिन्दू धर्म की इस क्रूर प्रथा को भरसक रोकने का प्रयास किया और विधवा विवाह को भी प्रोत्साहित करने का प्रयास किया जिससे लाखों हिन्दू स्त्रियां चिता की ज्वाला से बच सकीं और उनका सामाजिक पुनर्वास हो सका। [6] पर हिन्दू धर्म की ये कुप्रथाएं उन क्षेत्रों में निरंतर जारी रहीं जहाँ मुगलों या मुस्लिमों का शासन नहीं था या जहां क्षेत्रीय एवं नस्लीय स्वायतता का सम्मान करते हुए मुस्लिम राज्यपाल नहीं नियुक्त किए जाते थे जैसे राजपूताना [7] (इसके विपरीत आज तक मुस्लिम बहुल राज्य जम्मू कश्मीर में भारत सरकार द्वारा एक भी मुस्लिम राज्यपाल नियुक्त नहीं किया गया है)। लेकिन मुस्लिम शासकों के इन मानवीय पहलुओं को इतिहास की पुस्तकों में कोई महत्व नहीं दिया गया और उन्हें केवल जौहर की ज्वाला का कारण बताकर हिन्दू-हित साधक इतिहासकारों द्वारा चरित्र हनन किया गया।

मुस्लिम शासकों के एक और सकारात्मक पक्ष का मैं यहां उल्लेख करना चाहूँगा कि उन्होंने अपनी धार्मिक संवेदनशीलता का परिचय देते हुए न ही समान नागरिक संहिता और न ही कोई इस्लामिक संहिता यहाँ के लोगों पर अधिरोपित किया। मुस्लिम और गैर-मुस्लिम दोनों की सभ्यता और संस्कृति का सम्मान किया। दिवानी मामलों के लिये मुस्लिमों के लिये इस्लामिक संहिता थी और हिन्दुओं के लिये हिन्दू संहिता। मुस्लिमों के मामलों का निपटारा काजी करते थे और हिन्दुओं का ब्राह्मण। पर फौजदारी कानून सब पर समान रुप से लागू थे जबकि सिख-साम्राज्य में गैर-सिखों के लिये अलग और कठोर दंड की व्यवस्था थी।

एक और नकारात्मक छवि जो तथाकथित राष्ट्रवादी इतिहासकारों द्वारा मुस्लिम शासकों की गढ़ी गई वह है उनके विदेशी और आक्रमणकारी होने का। पर उस समय आधुनिक राष्ट्रवाद का उदय नहीं हुआ था। मानवता राष्ट्रवाद की भू-राजनैतिक सीमाओं में बंधी हुई नहीं थी। लोग भौगोलिकता का अनुसरण कर दुनिया के एक कोने से दूसरे कोने में

जाते थे कोई पारपत्र या अनुमति पत्र लेकर नहीं। राज्य आधुनिक मानदंडों पर संगठित नहीं होकर युद्ध कौशल से संगठित होते थे। तलवार और ढाल ही राज्यों की संरचना और सीमाओं का निर्धारण करते थे। इस स्थिति में किसी को देशी कहना और किसी को विदेशी कहना ऐतिहासिक दृष्टि से कितना तर्कसंगत होगा पता नहीं। मुस्लिमों के पहले ईरानी, यवन, शक, कुषाण और हूण आये। उनके भी पहले आर्य आये। आर्यों के पहले भी यहाँ सिन्धु-घाटी की सभ्यता थी और वे भी कहीं से आये होंगे क्योंकि ऐतिहासिक रूप से आधुनिक मानव का उत्पत्ति स्थल अफ्रीका माना गया है। पर उनको न तो विदेशी कहा गया और न ही आक्रमणकारी क्योंकि वे किसी स्थापित धर्म को मानने वाले नहीं थे और काल-क्रम में आर्यों (ब्राह्मणों) की धार्मिक अधीनता स्वीकार कर वे वृहत हिन्दू धर्म का अंग बन गये। पर तथाकथित मुस्लिम आक्रमणकारी एक स्थापित धर्म लेकर आये थे और उन्होंने अपनी अलग धार्मिक पहचान बनाये रखा और अब तक उसे बचाए हुए भी हैं। इसी कारण विदेशी और आक्रमणकारी जैसे विशेषणों से तथाकथित राष्ट्रवादी इतिहासकारों ने उन्हें तिरस्कृत करने का प्रयास किया। अगर वे अपने धर्म और संस्कृति को त्याग कर आर्यों (ब्राह्मणों) की अधीनता स्वीकार कर वृहत हिन्दू धर्म का अंग बन गये होते तो आज न वे विदेशी कहलाते और न ही आक्रमणकारी। पर हमें यह याद रखना होगा कि 1857 के कथित स्वतंत्रता संग्राम में कथित गाय और सूअर की चर्बी के बने कारतूस पर बगावत करने वाले ब्राह्मण सैनिकों ने अपना नेता किसी पेशवा या राजपूत को नहीं बनाया , बल्कि शारीरिक रूप से अक्षम और मानसिक रूप से स्मृतिक्षीण अन्तिम मुगल बादशाह बहादुर शाह ज़फ़र को बनाया क्योंकि उस समय तक मुगलों को न कोई विदेशी कहता था न आक्रमणकारी और न ही मुस्लिम। और मुगल वंश की छवि धर्मनिरपेक्ष बनी हुई थी और साथ ही धार्मिक होने के बावजूद भी सैनिकों में साम्प्रदायिक भावनाओं का समावेश नहीं हुआ था। पर उस लड़ाई में छोटे-छोटे हिन्दू राजाओं की भूमिका को अनुपात से ज्यादा बढ़ाकर इतिहासकारों ने चित्रित किया जिससे कि भारत पर हिन्दुओं के नैसर्गिक अधिकार को पुन:स्थापित किया जा सके। दुनिया की अच्छी से अच्छी औषधि भी जो मनोवांछित

लाभ देती है, वह भी दुष्प्रभावों से रहित नहीं होती है। इसी तरह लगभग हजार वर्षों के मुस्लिम शासन ने केवल समाज पर सकारात्मक प्रभाव ही डाले हों, नकारात्मक नहीं, ऐसा नहीं कहा जा सकता है। इसी तरह आर्यों, यवनों, कुषाणों , हूणों और अंग्रजों के भी सकारात्मक और नकारात्मक प्रभाव समाज पर पड़े हैं और सब ने अपनी-अपनी सोच , सामर्थ्य और परिस्थितियों के अनुसार इतिहास के विभिन्न काल-खंडों में इस देश के निर्माण और नाश में भाग लिया है परंतु इतिहास को आधार बनाकर आज की पीढ़ी में किसी वर्ग विशेष को सम्मानित या अपमानित करना, आदर या अनादर करना अथवा उद्वेलित या उपेक्षित करना या होना तर्कसंगत और विवेकपूर्ण नहीं होगा क्योंकि हर एक नई पीढ़ी एक नया देश होती है और एक नई दुनिया होती है और उसके सामने इतिहास की गलतियों से सीख कर आनेवाली पीढ़ियों के लिये एक नया और बेहतर जीवन देने का अवसर और उत्तरदायित्व होता है। पर मैं यहाँ मुस्लिम शासकों के सकारात्मक पहलुओं की चर्चा इसलिए कर रहा हूँ कि उनकी विशेष नकारात्मक छवि देश के बौद्धिक और राजनीतिक वर्ग ने नागरिकों के सामने गढ़ दिया है। इतिहास के पुनर्लेखन और अपने पूर्वजों के चरित्र हनन का विरोध करने की स्थिति में स्वतंत्र भारत के मुस्लिम नहीं थे क्योंकि देश के बंटवारे ने उनकी स्थिति को नाजुक बना दिया था और उन्होंने नेहरु की विवशता को समझते हुए उनके समाजवाद और धर्मनिरपेक्ष छवि में अपना भविष्य देखा। पर कांग्रेस का कट्टरपंथी वर्ग मुसलमानों पर इस बौद्धिक हमले मात्र से संतुष्ट नहीं था और वह भौतिक हमलों में नेहरु की सहभागिता चाहता था। पर नेहरु का विशाल और समावेशी व्यक्तित्व उन्हें ऐसा करने की अनुमति नहीं दे पाता था। इसी बीच नेहरु की मृत्यु हो गई और कुछ महीनों के अन्तराल के बाद सत्ता इन्दिरा के हाथों में आ गई जो नेहरु की बेटी भले ही हों पर सोच और व्यक्तित्व में नेहरु की बराबरी नहीं कर सकती थीं। नेहरु के समाजवाद को लागू करने के लिए उन्होंने बैंकों का राष्ट्रीयकरण किया, प्रिवी पर्स को समाप्त किया और गरीबी उन्मूलन के लिये बंधुआ मजदूरी को केवल कानून बनाकर ही नहीं बल्कि बहुत सारे जनहितकारी योजनायें लाकर समाप्त करने का प्रयास किया। इन योजनाओं ने आभिजात्य हिन्दू वर्ग

से कांग्रेस की दूरियाँ बढ़ा दी क्योंकि समाजवाद की तरफ बढ़ते इन कदमों से सबसे ज्यादा आर्थिक और सामाजिक हानि इन्हीं को थी। परिणामस्वरुप वे जनसंघ की तरफ पलायन करने लगे क्योंकि उन्हें इसमें अपनी आभिजात्य छवि सुरक्षित लगने लगी। इस उत्प्रवासन को रोकने के लिये इन्दिरा ने हिन्दू धर्म के साधु-संतों का सहारा लेना शुरू किया। चुनाव जीतने के लिये एक बार उन्होंने मचान पर बैठे एक महात्मा का पैर अपने माथे पर रख कर आशीर्वाद लिया। जनता उन्हें अपनी वैवाहिक इतिहास के कारण कहीं गैर-हिन्दू नहीं समझ ले इसलिए उन्होंने मन्दिर-मन्दिर भ्रमण करना शुरू किया, भले ही उन्हें इन मन्दिरों में घुसने नहीं दिया गया हो पर इससे आम हिन्दू समुदाय में अपनी छवि नहीं निखरती देख हिन्दू-मुस्लिम दंगों में कभी मौन तो कभी मुखर होकर वे हिन्दू समुदाय का साथ देने लगीं और जब वे ऐसा नहीं कर सकीं तो उनपर मुस्लिम तुष्टीकरण के आरोप लगने लगे। इसके बावजूद भी मुस्लिम काँग्रेस से अपनी दूरी नहीं बनाये क्योंकि एक तो उनके पास अखिल भारतीय नेतृत्व का अभाव था और दूसरा अभी भी वे इन्दिरा में नेहरु की धर्मनिरपेक्ष छवि देख रहे थे। इधर देश के समाजवादी राजनीतिज्ञ इन्दिरा से और समाजवाद की माँग करते-करते काँग्रेस से पलायन करने लगे और अपनी अलग दलीय पहचान बनाकर इन्दिरा की सत्ता को चुनौती देने लगे। इन्दिरा ने इसका जवाब संविधान में 42 वाँ संशोधन कर संविधान की प्रस्तावना में धर्मनिरपेक्षता, समाजवाद और अखंडता जैसे आदर्श विचारों को जोड़कर किया (क्योंकि संविधान सभा कट्टर पंथी हिंदू गुट के दबाव में इन आदर्श विचारों को संविधान में समावेशित करने में विफल रही थी)। इसके विपरीत परिणाम हुये। रुढ़िवादी हिन्दुओं को लगा कि उनकी अवहेलना की जा रही है और सरकार धर्मनिरपेक्षता के नाम पर मुस्लिम तुष्टीकरण करना चाहती है। फलस्वरुप 1977 के आम चुनाव में इन्दिरा को अपनी सत्ता गवानी पड़ी और समाजवादी और जनसंघी दो विपरीत विचारधारा के लोग बाढ़ में साँप और चूहे की तरह सत्ता की नाव पर साथ-साथ बैठे। पर यह साथ लम्बे समय तक नहीं चल सका क्योंकि वे व्यक्ति विरोध के चुनावी लहर के उपज थे, वैचारिक विरोध के नहीं। और इस तरह 1980 में सत्ता में इन्दिरा की

पुनः वापसी हो गयी। 1984 में इन्दिरा की हत्या के बाद उनके बेटे राजीव को सत्ता मिली और हत्या से उभरे जनाक्रोश ने कुछ ही हफ्तों बाद सम्पन्न लोकसभा चुनाव में उनकी स्थिति को सुद्दढ कर दिया। इसी बीच शाहबानों मामले में उच्चतम न्यायालय के फैसले ने मुस्लिम कट्टरपंथी वर्ग को आन्दोलित किया और राजीव को यह आम मुस्लिम की आवाज प्रतीत हुई और काँग्रेस से देश के मुस्लिम समुदाय का कहीं मोह भंग न हो जाये इसलिए राजीव को कानून बनाकर न्यायालय के फैसले को रद्द करना पड़ा। पर इसकी प्रतिक्रिया विपरीत हो गई। देश के बहुसंख्य हिन्दुओं को लगा कि सरकार मुस्लिमों का तुष्टीकरण कर रही है और देश की धर्मनिरपेक्षता संदिग्ध है। फलस्वरुप वृहत हिन्दू समुदाय में एक डर का वातावरण कट्टरपंथी हिन्दू संगठनों ने भरना शुरू कर दिया। अब राजीव को बहुसंख्यक वोट के स्थानांतरण का डर भारतीय जनता पार्टी जैसे आभिजात्य हिन्दू हितकारी दलों के पक्ष में होते दिखा। इसलिए शाहबानों मामले में की गई राजनीतिक गलती को सुधारने के लिये उससे भी एक बड़ी गलती अयोध्या के बाबरी मस्जिद में वर्षों से लगे तालों को खुलवा कर करना पड़ा जिसके दूरगामी दुष्परिणाम देश को भुगतने पड़े। बाबरी मस्जिद के तालों के खुलते ही कट्टरपंथी हिन्दुओं की परेशानियां बढ़ गई। अब उन्हें लगा कि सारा हिन्दू वोट काँग्रेस के पास चला जायेगा और शाहबानों मामले के फलस्वरुप हिन्दू वोट की उनकी तरफ हुई गोलबंदी फिर से कांग्रेस की तरफ चली जायेगी और सत्ता तक उनके पहुंचने का सपना सपना ही रह जायेगा और कांग्रेस समाजवाद और गरीबी उन्मूलन जैसे कार्यक्रमों को आगे बढ़ाकर सामंतवाद की रीढ़ की बची-खुची हड्डियां न तोड़ दे इसलिए इस हिन्दू वोट को पुन: अपने पक्ष में किसी तरह लाना अब उनका मुख्य लक्ष्य बन गया। इसके लिये उन्होंने एक नया राग अलापना शुरू किया जो उस काल में असम्भव प्रतीत होता था, वह था मस्जिद तोड़ने का क्योंकि मस्जिद के नीचे ही पौराणिक राम (ऐतिहासिक नहीं) का जन्म हुआ था, ऐसा कहा जाने लगा। हठधर्मिता की यह राजनीति काम कर गई। देश और दुनिया के हिन्दुओं को बताया जाने लगा कि राम की जन्म-भूमि इसी मस्जिद के नीचे है। अब यह कौन बता सकता है कि इसी छः फीट की जगह पर राम का जन्म

हुआ था न ही छः फीट आगे और न ही छः फीट पीछे। इसमें अधिकांश वही लोग थे जो ठीक-ठीक अपनी ही जन्म की तिथि या स्थान नहीं बता सकते थे। पर उनके लिये वैज्ञानिक प्रमाणिकता का कोई महत्व नहीं था। न्यायालय कहीं इनके विपक्ष में फैसला नहीं दे दे इसलिए इस वैज्ञानिक मुद्दे को मनोवैज्ञानिक मुद्दा बनाया जाने लगा। कट्टरपंथी हिन्दुओं द्वारा न्यायालय को अपनी सीमाएं बतायी जाने लगीं। देश-विदेश से मस्जिद तोड़कर मन्दिर बनाने के लिये करोड़ों रुपये हिन्दुओं से दान स्वरूप लिए गये और पूरे देश में हिन्दू जनमानस को उभारने और उकसाने के लिये रथ यात्राओं का दौर शुरू हुआ। इससे देश के मुस्लिम समुदाय में एक भय का वातावरण छा गया। उनके अस्तित्व और उनकी नागरिकता और देश के लिये उनकी प्रासंगिकता पर प्रश्न उठने लगे। 90 के दशक से देश में दंगों का दौर शुरू हुआ जिसमें अधिकतर मुस्लिम ही शिकार हुये और मुस्लिम ही सजायाफ्ता भी हुये। मुस्लिमों के उपासना स्थलों को लक्ष्य बनाया जाने लगा और इसी क्रम में 6 दिसंबर 1992 को उन्मादी हिन्दू संगठनों द्वारा बाबरी मस्जिद का विध्वंस कर दिया गया। और इसके साथ ही नेहरु काल में शुरू हुये मुस्लिमों पर बौद्धिक आक्रमण को अब भौतिक आक्रमण में बदला जाने लगा। और अब जब से नरेंद्र मोदी की सरकार बनी है तब से तो देश में मुस्लिमों के " मौब लिन्चींग " का दौर शुरू हो गया है। सरकार में बैठे लोग मुखर होकर इन अपराधियों का साथ देने लगे हैं। हिन्दू दंगाईयों को साक्ष्य के अभाव में निर्दोष प्रमाणित करने और मुस्लिमों को कठोर सजा देने का एक सिलसिला चल गया है। मुस्लिम नेताओं को आतंकवादी गतिविधियों में शामिल होने के आरोप लगने लगे हैं और उन्हें कारवासों में डालने का अभियान चल चुका है। मुस्लिमों के मनोविज्ञान को उद्वेलित करने वाले जितने विधेयक हैं, उन्हें इस सरकार में पारित किया गया है और देश की धर्मनिरपेक्ष छवि को तार- तार किया जाने लगा है और राज्य और धर्म के बीच की सीमाओं को धूमिल किया जाने लगा है। और आज दिनांक 6 अगस्त 2020 को अन्त में प्रधान-मंत्री नरेंद्र दामोदर दास मोदी ने अयोध्या में प्रस्तावित राम मन्दिर के भूमि-पूजन समारोह में शामिल होकर राज्य को धर्म की सीमाओं में बांध दिया है और 6 दिसम्बर 1992 की घटना में शामिल

उन्मादियों की तुलना देश की स्वतंत्रता संग्राम के सेनानियों से कर न केवल स्वतंत्रता सेनानियों का अपमान किया है बल्कि स्वतंत्रता की और राष्ट्रवाद एक नई परिभाषा गढ़ दी है। और उक्त स्थल पर साष्टांग दण्डवत होकर स्वतंत्रता के शुरुआती वर्षों में कांग्रेस के अतिवादी एवं प्रतिगामी हिन्दुत्ववादी गुट द्वारा नवनिर्मित संविधान की अंत्येष्टि के लिए खोदे गये कब्र में संविधान को सदा के लिए सुपुर्द ए खाक कर उसपर भव्य राम मंदिर के रूप में संविधान की समाधि की आधारशिला रख दी है।

यह आलेख प्रधानमंत्री श्री नरेंद्र दामोदर दास मोदी के अयोध्या में प्रस्तावित राम जन्म भूमि मन्दिर के भूमि पूजन समारोह में शामिल होने के अवसर पर लिखा गया है।

संदर्भ

1. मथाई एम ओ , रेमिनिसेंसेज ऑफ नेहरू एज , विकाश पब्लिशिंग हाउस , नई दिल्ली, 1978 , पृष्ठ संख्या 71
2. अर्ली अब्राहम, द लास्ट स्प्रिंग , लाईफ इन इंडियाज लास्ट गोल्डेन एज , भाग 2 , पेंगुइन रेंडम हाउस इंडिया, संस्करण 2015 , पृष्ठ संख्या 324-325
3. ट्रस्की ऑड्रे , औरंगजेब : द मैन एंड द मिथ , पेंगुइन रेंडम हाउस इंडिया , संस्करण 2017 , पृष्ठ संख्या 73
4. अरोड़ा नमित , इंडियन्स : a ब्रीफ हिस्टरी ऑफ ए सिविलाइजेशन , पेंगुइन रेंडम हाउस इंडिया, संस्करण 2021 , पृष्ठ संख्या 133
5. डेलरिंपल विलियम , व्हाइट मुगल्स , लव एंड बित्रेयल , पेंगुइन रेंडम हाउस , संस्करण 2021 , पृष्ठ संख्या 42
6. अर्ली अब्राहम, द लास्ट स्प्रिंग , लाईफ इन इंडियाज लास्ट गोल्डेन एज , भाग 2 , पेंगुइन रेंडम हाउस इंडिया, संस्करण 2015 , पृष्ठ संख्या 156-161

7. अरोड़ा नमित, इंडियन्स: ए ब्रीफ हिस्टरी ऑफ ए सिविलाइजेशन , पेंगुइन रेंडम हाउस इंडिया, संस्करण 2021 , पृष्ट संख्या 223

हम और तालिबान: एक तुलनात्मक प्रस्तुति

'तालिबान' एक 'पश्तो' शब्द है, जिसका शाब्दिक अर्थ है 'सत्य या ईश्वर की खोज करने वाला'। इस्लाम के संदर्भ में इसका अर्थ 'इस्लाम और अल्लाह के वास्तविक स्वरूप का अध्ययन करने वाला' है। पर दुनिया के अन्य आदर्श शब्दों की भांति इसका भी वर्तमान अर्थ अब विकृत हो चुका है। अब यह आतंकवाद और दहशतगर्दी का पर्याय बन चुका है। पारंपरिक रूप से स्वयं को सभ्य समझने वाली नस्लें इसे घृणा की दृष्टि से देख रही हैं और तालिबान के शासन को अवैध और अमानवीय प्रमाणित कर रही हैं।

यह सत्य है कि तालिबान किसी जनमत के आधार पर सत्ता में नहीं आया है। पर दुनिया के अति महत्त्वपूर्ण निर्णय जनमत के आधार पर नहीं लिए गए हैं। हमने भी स्वतंत्रता किसी जनमत के आधार पर हासिल नहीं किया है और ब्रिटिश भारत के विभाजन के पक्ष और विपक्ष में कोई जनमत-संग्रह नहीं किया गया। हाँ! भारत की स्वतंत्रता के लिए 1945 का ब्रितानी आम चुनाव एक जनमत-संग्रह कहा जा सकता है जिसमें ब्रिटेन की जनता ने हमारी स्वतंत्रता के पक्ष में मतदान किया और मजदूर दल को विजय मिली जिसके फलस्वरूप एटली ने भारत और हम भारतीयों के स्वतंत्रता की घोषणा की। पर हमारी तथाकथित स्वतंत्रता के लिए भारत में कोई जनमत संग्रह नहीं कराया गया। इसी तरह , भारत के विभाजन के लिए भी कोई जनमत संग्रह नहीं कराया गया। यह कुछ लोगों या संगठनों की उत्कंठा और अभिलाषा का परिणाम था न कि जनमत का। तो इस आधार पर तालिबान की सत्ता को सीधे नकारना ऐतिहासिक दृष्टि से न्यायोचित प्रतीत नहीं होता है।

एक दूसरा कारण जो प्रस्तुत किया जा रहा है वह है तालिबान के हिंसक चरित्र का। यह सही है कि तालिबान एक हिंसक संगठन है और इसका इतिहास बर्बरता से भरा हुआ है। यह 9/11 के हमले का दोषी है जिसमें हजारों की संख्या में निर्दोष लोग मारे गए थे। यह कांधार वायुयान

अपहरण का भी दोषी है। पर हिंसा और अपहरण की घटनाएँ क्या केवल तालिबान के चरित्र तक ही सीमित हैं? भारतीय स्वतंत्रता संग्राम का मूल चरित्र अहिंसक होने के बावजूद भी इसका इतिहास असंगठित से संगठित स्तर तक हिंसात्मक रहा है। इसमें काँग्रेस के सदस्य भी शामिल रहे हैं और काँग्रेस से इतर के लोग भी। भले ही काँग्रेस के शीर्ष नेतृत्व ने सैद्धांतिक रूप से इसका समर्थन नहीं किया हो पर 1947 के बाद काँग्रेस के लोगों के साथ-साथ इन हिंसक तत्वों और व्यक्तियों की भी सजायें माफ की गईं, उन्हें भी स्वतंत्रता सेनानी घोषित किया गया और इतिहास की पुस्तकें उनके भी महिमा मंडन से भरी गईं। उनकी हिंसा को भी स्वतंत्रता आंदोलन का अहम हिस्सा माना गया और उनकी हिंसात्मक गतिविधियों को स्वतंत्रता प्राप्ति हेतु नैतिक अस्त्र माना गया। तब तालिबान को इस अधिकार से वंचित करना एक चयनात्मक निर्णय होगा, सार्वभौमिक नहीं।

संचार श्रोतों द्वारा आज यह प्रसारित किया जा रहा है कि तालिबान ने एक चुनी हुई लोकतांत्रिक सरकार पर हिंसा का उपयोग करके सत्ता और शासन पर अधिकार किया है जिसे दुनिया का कोई भी संवेदनशील मनुष्य सही नहीं ठहरा सकता है। मैं इस तरह के हिंसात्मक कार्यों का समर्थन नहीं करता हूँ पर हमें यह भी देखना होगा कि क्या हिंसात्मक चरित्र केवल तालिबान की ही पहचान हैं। 1947 में जब ब्रिटिश भारत को विभाजित कर भारत और पाकिस्तान दो नए राष्ट्र बने तो इस उपमहाद्वीप के देशी रियासतों को यह स्वतंत्रता दी गयी कि वे ब्रिटिश अधिराज्य से स्वतंत्र होकर अलग स्वतंत्र देश के रूप में रहें अथवा भारत या पाकिस्तान में में विलय कर लें। क्या इस नीति का पूर्णरूपेण पालन हुआ? जब तक माउंटबेटन गवर्नर जनरल बने रहे तब तक इन रियासतों के लिए विचार करने की स्वतंत्रता कायम रही। पर माउंटबेटन ने भी अनुभव किया कि यह स्वतंत्रता केवल कहने को है क्योंकि ये छोटी रियासतें शीघ्र ही भारत और पाकिस्तान के आक्रामक व विस्तारवादी राष्ट्रवाद का शिकार हो जाएंगी। बहुत सारी रियासतों ने इससे बचने के लिए ब्रिटिश अधिराज्य बने रहने का प्रस्ताव दिया पर माउन्टबेटन ने इसे अव्यवहारिक करार दिया और उन्होंने

इन राज्यों को स्वतंत्र रहने की अपेक्षा भारत या पाकिस्तान में मिलने के लिए प्रोत्साहित किया। इसके लिए बहुत बार उन्होंने अपने पद की गरिमा से बाहर जाकर भी देशी रियासतों से वार्तायें कीं ताकि इस उपमहाद्वीप में हिंसात्मक कार्रवाइयों को टाला जा सके और दो मजबूत राष्ट्रों का निर्माण हो सके। पर माउंटबेटन को भी पूर्वाभास हो गया था कि इस तरह संयम और स्वतंत्रता का वातावरण दीर्घकाल तक नहीं चल पाएगा क्योंकि नेहरू के इतर काँग्रेस में जो एक आक्रामक नेतृत्व का उभार हुआ था उससे माउंटबेटन की न तो वैचारिक साम्यता थी और न ही व्यक्तित्व की क्योंकि वह किसी प्रकार के आदर्शों से बंधा नहीं था। संयम और सद्भाव उसके नैसर्गिक चरित्र का अंग नहीं थे। इसलिये अपनी अकलंकित छवि के रक्षार्थ समय रहते माउंटबेटन ने भारत छोड़ दिया। तत्पश्चात् , वर्षों के वनवास के पश्चात अयोध्या लौटे श्री राम ने जैसे जन कल्याण की अपेक्षा अश्वमेघ का घोड़ा छोड़ना अपना प्रथम और पुनीत कर्त्तव्य समझा था उसी का अनुसरण करते नीति और नैतिकता दोनों को तिलांजलि देकर उसने अपना अश्व छोड़ दिया। अहिंसा को तो हम गाँधी की हत्या कर उसकी चिताग्नि को पहले ही समर्पित कर चुके थे। तत्पश्चात्, अश्वमेघ के घोड़े ने लगभग पूरे उपमहाद्वीप को ऐसे रौंदा कि कोई भी देशी रियासत अपना स्वतंत्र अस्तित्व बनाये नहीं रख सका। केवल हैदराबाद में ऑपरेशन पोलो के तहत इतने लोग मारे गए जितने शायद हिरोशिमा और नागासाकी के परमाणु हमले में सम्मिलित रूप से नहीं मारे गए थे। किसी भी पानीपत की लड़ाई में इतने नरसंहार नहीं हुए या नादिरशाह के कत्लेआम में भी शायद नहीं। एक समुदाय विशेष की बलात्कार, लूट और आगजनी की राज्य प्रायोजित ऐसी घटनायें घटीं कि तैमूर और चंगेज को भी अपनी लघुता का बोध करा गया। सरकार ने इससे सम्बंधित सुन्दर लाल समिति के प्रतिवेदन को सार्वजनिक नहीं करना शायद इसलिए श्रेयस्कर समझा कि कहीं उसके विवरणों को पढ़ते या सुनते समय कोई संवेदनशील मनुष्य संज्ञाशून्य न हो जाये। ऐसी घटनाओं पर समीक्षात्मक दृष्टिकोण डालने की अपेक्षा अगर हम करतल ध्वनि करते हैं तो आज लाशों की गिनती अफगानिस्तान में क्यों कर रहे हैं ? कुछ

एक हत्याओं पर हाय तौबा क्यों मचा रहे हैं ? और उनपर मिथ्या विलाप आज क्यों कर रहे हैं ?

एक और दृश्य जो संचार-तंत्रों द्वारा प्रस्तुत किया जा रहा है वह है बड़ी संख्या में अफगानिस्तान में लोगों के पलायन का। पलायन तभी होते हैं जब जीवन अंधकारमय प्रतीत होता है और जनसमुदाय को मौत की आशंका सताने लगती है। यह वर्तमान या प्रत्याशित सत्ता के प्रति लोगों के भय से उत्पन्न होता है। लोगों का इतने बड़े पैमाने पर पलायन तालिबान के बर्बर चरित्र को दर्शाता है और इस कारण उसके विरुद्ध जनमानस में रोष आना अस्वाभाविक नहीं है। पर क्या यह पलायन 1947 के भारतीय उपमहाद्वीप के पलायन से भी वृहत है जब 1 करोड़ से भी अधिक लोगों का पलायन हुआ था ? क्या 1947 के पलायन नवनिर्मित राष्ट्रों की दानवीय छवि और तत्काल के जनमानस के अविश्वास के प्रतीक नहीं थे? तो आज अफगानिस्तान में हो रहे पलायन तालिबान के अमानवीय चरित्र के प्रतीक कैसे हो गए ?

फिर भी मेरा विचार है कि आज अफगानी शरणार्थियों के प्रति भारतीय जनमानस की चिंता हमारी मानवीय संवेदना और विश्व-बंधुत्व का परिचायक है। इसकी जितनी भी प्रशंसा की जाए कम होगी। पर हमारी यही मानवीय संवेदना और विश्व-बंधुत्व रोहिंग्या शरणार्थियों के प्रति क्यों जागृत नहीं हो पाती है ? क्या इसका उत्तर भारतीय जनमानस या भारतीय संचार-तंत्र दे पाएँगे। पर हमारी संस्कृति में जहाँ मनुष्य क्या अपितु जानवरों में भी विभेद किया जाता हो और एक को माता और दूसरी को विमाता मानने की प्राचीन परंपरा रही हो वहाँ शरणार्थियों में समानता रखने की आशा कैसे की जा सकती है?

संचार श्रोतों द्वारा यह भी कहा जा रहा है कि तालिबान से भयाक्रान्त होकर अफगानिस्तान के राष्ट्रपति अब्दुल गनी को संयुक्त अरब अमीरात में शरण लेनी पड़ी है। यह तालिबान के प्रति उनकी आशंका का परिणाम है और यह स्वाभाविक भी है। पर तालिबान ने बार-बार अपने वक्तव्यों में उनकी इस आशंका को निराधार प्रमाणित करने का प्रयास किया है। मेरा विचार है कि किसी राजनीतिक प्रतिद्वंद्वी या निवर्तमान राष्ट्रपति को विदेश पलायन का अवसर देना भी उदारता का

प्रतीक है। पर क्या 1947 में हमने अपने राष्ट्रपिता को यह अवसर दिया था ? यह विचारणीय प्रश्न है।

यह भी तालिबान पर दोषारोपण है कि वह लैंगिक समानता के प्रति संवेदनहीन है क्योंकि नव गठित तालिबान सरकार ने सह-शिक्षा के विपरीत अपना विचार व्यक्त किया है। इस संदर्भ में मैं कहना चाहूँगा कि जब पुणे में लड़कियों के लिए पहला विद्यालय ब्रितानी शासकों द्वारा खोला गया तो बाल गंगाधर तिलक ने इसकी तीव्र भर्त्सना करते हुए कहा था कि इससे हिंदू स्त्रियों में चारित्रिक गिरावट आएगी और इसलिए भारतीय स्त्रियों को किसी तरह के विद्यालय जाने से मना किया था और धर्म और संस्कृति की रक्षा के लिए हिंदू स्त्रियों को कुशल गृहिणी बनने और पुत्र पैदा करने तक ही सीमित रहने की सलाह दी थी। बाद में यही महापुरुष 'लोकमान्य' की उपाधि से विभूषित हुए।

तालिबान ने लैंगिक समानता के प्रति अपनी संवेदनहीनता का परिचय देते हुए एक और निर्णय लिया है कि वह सरकार में स्त्रियों को कोई प्रतिनिधित्व देने के पक्ष में नहीं हैं। हाल के वर्षों में भी राष्ट्रीय स्वयं सेवक संघ के आदरणीय सर संघ चालक श्री मोहन भागवत ने एकाधिक बार कहा है कि हिंदू स्त्रियों का मुख्य कर्त्तव्य गृह कार्य और अधिक से अधिक स्वस्थ पुत्र (पुत्री नहीं) पैदा करना है और इससे इतर कोई भी कार्य गैर-सनातनी है। पर लैंगिक समानता के प्रति संवेदनशील देश की सजग जनता ने उनके इस वक्तव्य का कोई प्रतिकार नहीं किया और न ही जनसंख्या-वृद्धि रोकने को प्रतिबद्ध और 'बेटी बचाओ, बेटी पढ़ाओ' का नारा देने वाली हमारी सरकार ने उनके इस वक्तव्य पर अपनी तरफ से देश की जनता को कोई स्पष्टीकरण दिया बल्कि वे आज भी सरकार के घोषित सांस्कृतिक मार्गदर्शक और जनमानस के स्वघोषित आदर्श बने हुए हैं

यहाँ यह भी विचारणीय है कि अगर भारतीय जनमानस लैंगिक समानता के प्रति इतना संवेदनशील है तो स्वतंत्रता के सत्तर वर्षों के बाद भी लोकसभा और विधानसभाओं में महिलाओं का प्रतिनिधित्व न्यून क्यों रहा है और आज भी इन सदनों में उनकी भागीदारी सुनिश्चित करने में हमारी सरकारें विफल क्यों रही हैं? पर लैंगिक समानता के

प्रति संवेदनशीलता की अपेक्षा आज हम केवल नवनिर्मित तालिबान सरकार से ही कर रहे हैं। आखिर क्यों?

एक और आशंका जो संचार-तंत्रों द्वारा भारतीय जनमानस में फैलायी जा रही है वह है तालिबान द्वारा महिलाओं के लिए बुर्का अनिवार्य करना। दुनिया की लगभग सभी सभ्यताओं और उप सभ्यताओं ने लगभग हर कालखंड में नारी सूचक प्रतीकों को सभ्यता और संस्कृति के कृत्रिम आवरण से आच्छादित रखने का भरसक प्रयास किया है और पुरुषोचित प्रतीकों को स्वाभिमान का पैमाना बनाकर अनाच्छादित रखने का। इसी प्रयास में हमारा प्रधानमंत्री बार-बार अपने सीने का माप सार्वजनिक रूप से जनता को बताता फिरता है। क्या अपने सीने का माप सार्वजनिक करने का नैतिक अधिकार भारतीय सभ्यता या दुनिया की कोई अन्य सभ्यता किसी भी कालखंड में महिलाओं को देती है ? और बुर्का स्त्रियोचित प्रतीकों को आच्छादित करने का न तो सबसे मोटा आवरण है और न ही सबसे महीन। पर यह स्त्रियों को जौहर की ज्वाला में डालने से ज्यादा मानवीय अवश्य है। वास्तव में आज जो लैंगिक समानता का पैमाना दुनिया ने तय कर लिया है वह पाश्चात्य देशों द्वारा निर्धारित है और बाकी सभी देश और संस्कृतियाँ उसे छूने का प्रयास करते दिख रही हैं। परंतु इस प्रयास में वे दोहरी मानसिकता का शिकार हो गई हैं। वे दूसरी संस्कृतियों में लैंगिक समानता मापने के लिए भले ही पाश्चात्य पैमाने के प्रयोग पर बल दे रही हों पर अपनी संस्कृति के लिए पारंपरिक पैमाने का इस्तेमाल करना चाहती हैं। राष्ट्रीय स्तर या सार्वजनिक स्तर पर भले ही वे पाश्चात्य पैमाने को नकारते न हों पर स्वयं के परिवार या उपसंस्कृति में उसे अपनाना नहीं चाहती हैं। परिवार में भी बहनों के लिए एक अलग मानदंड होते हैं, पत्नी के लिए अलग मानदंड और विवाहेत्तर महिला मित्रों के लिए अलग मानदंड। महानगरों की महिलाओं लिए अलग मानदंड हैं, नगरों- कस्बों के लिए अलग और गाँव की महिलाओं के लिए कुछ और मानदंड होते हैं। महानगरों की महिलाएँ जब गाँवों में जाती हैं तो उनसे एक अलग मानदंड के पालन की आशा की जाती है। भारत जैसे वृहत और बहुसांस्कृतिक देश में पूर्वोत्तर की महिलाओं

के लिये अलग मानदंड हैं और पश्चिमोत्तर के लिए अलग। वहीं गोवा और अंडमान-निकोबार की महिलाओं के लिए संस्कृति के अलग-अलग मानदंड हैं। इन सभी क्षेत्रों में सांस्कृतिक विविधता के साथ-साथ नैसर्गिक लैंगिक अंतराल भी विद्यमान है। पर यह भी सत्य है कि इन सभी क्षेत्रों की संस्कृतियों ने पाश्चात्य संस्कृति को आदर्श मानकर पिछले एक-दो शताब्दियों में अपने लैंगिक अंतराल को क्रमशः कमतर किया है। पर यह भी मान लेना कि पाश्चात्य संस्कृति एक आदर्श संस्कृति है जहाँ लैंगिक अंतराल शून्य है और वहाँ की महिलाएँ किसी प्रकार के लैंगिक विभेद का शिकार नहीं होती हैं सत्य से इनकार करना होगा। पर इस लैंगिक अंतराल को आज अफगानिस्तान और तालिबान के परिपेक्ष में कृत्रिम रूप से हमारी संचार- तंत्रों द्वारा विस्तारित करना और उसे केवल तालिबान की सोच तक सीमित करना कितना न्यायोचित है?

इस संबंध में एक और बात विचारणीय है। आज हम अफगानिस्तान की महिलाओं को बुर्का में रखने को उनकी लैंगिक आजादी का अपहरण मानकर उनके लिए विलाप कर रहे हैं और उनके लिए आक्रोशित होना अपना मानवीय कर्त्तव्य समझ रहे हैं परंतु 2-3 वर्षों पूर्व जब भारत में ही एक विशेष राज्य (कश्मीर) की लगभग 1.5 करोड़ स्त्री-पुरुष और बच्चों को लगभग एक वर्ष तक उनके जनप्रतिनिधियों के साथ गृह बंदी बनाकर रखा गया था तो हमारा आक्रोश कहाँ था? मानवीय स्वतंत्रता के प्रति हमारी नैसर्गिक प्रतिबद्धता कहाँ थी?

भारतीय संचार-स्रोत बार-बार यह दिखाने का प्रयास कर रहे हैं कि अमेरिका को अभी अफगानिस्तान नहीं छोड़ना चाहिए था क्योंकि यह अफगानी जनता को दैत्य या किसी हिंसक पशु के मुँह में डालने के समान होगा। पर जब हम भारत की 1947 की स्थिति पर विचार करेंगे तो पाएँगे कि उस समय की स्थिति किसी भी दृष्टिकोण से आज के अफगानिस्तान से बेहतर नहीं थी ।अंग्रेजों ने भारत छोड़ने का निर्णय उस काल में लिया जब देश में सती प्रथा निषेधक कानून होने के बावजूद भी सती प्रथा की घटनाएँ घटती रहती थीं और बहुत सारे

बौद्धिक जन भी उसका समर्थन करते थे और आज भी देश के बौद्धिक समुदाय का एक हिस्सा उसमें सांस्कृतिक शर्म महसूस करने की अपेक्षा गर्व महसूस करता है। 1947 के समय देश का लिंग-अनुपात प्रतिकूल था क्योंकि बड़े पैमाने पर मादा शिशु हत्याएँ होती थीं; सामाजिक, आर्थिक और धार्मिक परिथितियों के कारण स्त्रियां दैहिक , दैविक और भौतिक शोषण का शिकार होती थीं और समय से पहले ही काल कवलित हो जाती थीं। पर देश के संचार-तंत्र आज अफगानी महिलाओं पर तालिबान की बर्बरता का जो चित्रांकन देश की जनता के सम्मुख प्रस्तुत कर रहे हैं का सूक्ष्मता से अवलोकन करने के पश्चात भी अफ़गानी महिलाएं मादा भ्रूण हत्या, सती प्रथा या बड़े पैमाने पर बलात्कार का शिकार होते नहीं दिख रही हैं। अफगान में महिलाओं की भयावह स्थिति दुनिया के समक्ष प्रस्तुत करने वाले संचार-तंत्र बड़े पैमाने पर बलात्कार की घटनाएँ , महिलाओं के अंग भंग की घटनाएँ नहीं दिखा पा रहे हैं जो 1947 में भारत और पाकिस्तान में घटित हुईं।

महात्मा गाँधी ने जब नारा दिया था -----अंग्रेजों ! भारत छोड़ो ! तो क्या उस समय वे इन अत्याचारों से पूर्णरूपेण मुक्ति का दावा करके ही यह नारा दे पाए थे? जब ब्रिटिश साम्राज्य ने भारत छोड़ने का निर्णय लिया तो उससे या महात्मा गाँधी से हममें से किसी ने पूछा था कि एक करोड़ से भी अधिक लोगों के विस्थापन और 10 लाख लोगों की हत्या और लाखों बलात्कार और लाखों टूटे परिवार और लाखों अनाथ बच्चों की कीमत पर इस सत्ता हस्तांतरण के क्या महत्व हैं ? पर हाँ! कुछ संवेदनशील नागरिकों ने इस तथाकथित स्वतंत्रता का विरोध किया था। वे इन मानवीय त्रासदियों को लेकर आशंकित थे और स्वतंत्रता के लिए ऐसी कीमत नहीं चुकाना चाहते थे। जब लॉर्ड माउंटबेटन के विभाजन के प्रस्ताव को अंगीकार करने के लिए 14 एवं 15 जून 1947 को दिल्ली में अखिल भारतीय कांग्रेस कमेटी की विशेष बैठक बुलाई गई तो पुरोषोत्तम दास टंडन ने कहा था -- हमें विभाजन की अपेक्षा अंग्रेजी हुकूमत को थोड़ा और बर्दाश्त करना चाहिए।। परन्तु इस अधिवेशन में विभाजन की कीमत पर भी तथाकथित स्वतंत्रता की इतनी आतुरता

थी कि विरोध या असहमति की आवाज़ उठाने वाले डरे हुए थे। कांग्रेस के पूर्व अध्यक्ष मौलाना अबुल कलाम आज़ाद दो दिनों तक सभागार के एक कोने में चुपचाप बैठे लगातार सिगार का कश लगाते रहे और मंचासीन तत्कालीन अध्यक्ष आचार्य जे 0 वी 0 कृपलानी अर्धनिद्रा में थे जिन्हें महात्मा गांधी बांह पकड़ कर बीच - बीच में उठा रहे थे। [1]

1946 के कलकत्ता के दंगों को देखकर जब तत्कालीन वायसराय लॉर्ड वैवेल का मन विचलित हो गया तो दिल्ली पहुंच कर उन्होंने महात्मा गांधी और नेहरु को बुलाया और कहा कि यद्यपि एक अंग्रेज होने के नाते मुझे भारतीय राजनीतिक दलों पर टिपण्णी करने का कोई अधिकार नहीं है फिर भी जब तक मैं वायसराय के पद पर हूं तब तक मैं इस तरह की पाश्विकता और नृशंसता को और होने नहीं दूंगा क्योंकि न तो एक अंग्रेज़ होने के नाते और न ही एक संवेदनशील मनुष्य होने के नाते मैं इसे सहन नहीं कर सकता हूं और जब तक मैं हिंदू और मुस्लिम दोनों समुदायों को यह समझाने में सफल न हो जाऊं कि परस्पर सहमति से काम करना ही स्वतंत्रता प्राप्ति का एक मात्र रास्ता है तबतक मैं अपने को कर्तव्य विमुख समझूंगा। इसपर महात्मा गाँधी ने कहा था - यदि रक्तपात और नरसंहार की आवश्यकता होगी तो वह अहिंसा के बावजूद भी हो सकता है। और जहां तक मेरा विश्वास है यहां के हिंदू और मुसलमान को कांग्रेस आपसे या किसी भी अन्य अंग्रेज से बेहतर तरीके से जानती है और यहां दोनों समुदायों के बीच जो भी वैमनस्यता है वह विदेशी सत्ता की उपस्थिति के कारण है। इसपर वैवेल ने कहा था --- " गांधी का यह वक्तव्य युद्ध की घोषणा के समतुल्य था। वास्तव में साधुता और अहिंसा गांधी के चरित्र के नैसर्गिक गुण नहीं हैं बल्कि ब्रिटिश सत्ता से लड़ने के हथियार मात्र हैं " [2]। तो इस पृष्ठभूमि में हम कैसे कह सकते हैं कि अमेरिका का अफगान छोड़ने का फैसला अपरिपक्व था और उसने अफगान की जनता का भविष्य गलत हाथों में सौंप दिया है ? पर आज हम इसी प्रश्न के नैतिक उत्तर की अपेक्षा अमेरिका से कर रहे हैं और सत्ता को आतुर तालिबान को कोस रहे हैं। आख़िर क्यों ?

बाल गंगाधर तिलक ने नारा दिया था - "स्वराज हमारा जन्मसिद्ध अधिकार है और हम इसे लेकर रहेंगे"। पर इस स्वराज का अर्थ भिन्न-भिन्न कालखंडों में भिन्न-भिन्न रहा है। तिलक के स्वराज का अर्थ सनातनी शासन-व्यवस्था कायम होना था जो किसी आधुनिक मानवीय मूल्यों पर आधारित न होकर वेद, पुराण और स्मृतियों पर आधारित था, जिसमें गैर-ब्राह्मण और स्त्रियों का कोई स्वतंत्र अस्तित्व नहीं था। बाद में इस स्वराज का पश्चगामी विस्तारीकरण भी किया गया। शिवाजी और महाराणा प्रताप को भी इस स्वराज की स्थापना का नायक प्रमाणित किया गया पर शिवाजी के स्वराज का अर्थ एक स्वच्छंद मराठा शासन था जिसके मार्गदर्शक सनातनी ब्राह्मण हों और जिसका आर्थिक आधार गैर-मराठी और गैर-ब्राह्मण जनता का चौथ और सर्देशमुखी हो। वहीं महाराणा प्रताप के स्वराज का अर्थ था मेवाड़ में सिसौदिया राजपूतों का अक्षुण्ण शासन, जहाँ दिल्ली के मुगल शासन की 'बू' न हो , था। 1857 की क्रांति के समय ब्राह्मण सैनिकों के लिए 'स्वराज' का अर्थ था गौर चर्म और ईसाइयों के शासन से देश को मुक्ति दिलाकर बहादुर शाह ज़फ़र को दिल्ली की गद्दी पर बिठाना और मुगलों की खोई हुई अस्मिता को पुनर्स्थापित करना था। महात्मा गाँधी के स्वराज का अर्थ शुरुआती दिनों में कुछ व्यापक था पर बाद के दिनों में यह गौर-वर्ण के शासन से श्याम-वर्ण की मुक्ति तक सिमट कर रह गया था तथापि इसमें पूज्य और पूजा के नाम पर कोई विभेद नहीं था। 1947 के बाद भी स्वराज की अलग-अलग व्याख्याएँ की जाती रही हैं। कुछेक लोगों का मानना है कि हमें वास्तविक स्वराज मई 2014 में प्राप्त हुई जब 1192 के बाद पहली बार एक हिन्दू हृदय सम्राट भारत की गद्दी पर बैठा। कुछ लोगों का यह भी मानना है कि वास्तविक स्वराज तो तब आएगा जब 26 जनवरी, 1950 के संविधान को अग्नि को समर्पित कर देश में वेद, पुराण और स्मृतियों का शासन स्थापित हो जाएगा और वे इसके लिए निरंतर प्रयासरत भी हैं ---लोकतांत्रिक और गैर-लोकतांत्रिक दोनों पथों पर। कुछ अन्य लोगों का मानना है कि असली स्वराज तो तब आएगा जब देश में व्याप्त मिश्रित आर्थिक-व्यवस्था का अंत हो जाएगा और सर्वहारा समाज का शासन कायम हो जाएगा। यह वर्ग भी लोकतांत्रिक और गैर-लोकतांत्रिक दोनों पथों पर गतिमान है

अपने स्वराज के सपनों को साकार करने के लिए। इसमें कहीं भी 'सुराज' की चर्चा नहीं है, कहीं भी 'सुशासन' की सोच नहीं है। पर आज हम अफगानिस्तान में 'सुराज' चाहते हैं 'स्वराज' नहीं। आख़िर क्यों ?

महात्मा गाँधी के " स्वराज " के बारे में एक और बात उल्लेखनीय है। तथाकथित स्वराज या " रामराज्य " प्राप्ति के बाद स्वयं उन्हें अपनी भूल का अहसास हो गया था और देश में जनमानस जब स्वतंत्रता का हर्षोल्लास मना रहा था तब गाँधी स्वयं इससे दूर कलकत्ता में अपनी भूल पर चिंतन कर रहे थे। गाँधी के इस स्वराज को केवल गाँधी ही नहीं , बल्कि उनके परिवार के सदस्यों ने भी नकारा था जिन्होंने दक्षिण अफ्रीका , जहां वे रंग भेद के शिकार हुए थे , से लौटकर भारत आना उचित नहीं समझा। इसी तरह लाखों लोग जो ब्रिटेन में रह रहे थे, फिजी में रह रहे थे, सूरीनाम में थे और मॉरिशस में थे, या अन्य किसी विदेशी धरती पर थे, इस स्वराज का उपभोग करने को आतुर नहीं हुए जैसे इजरायल बनने पर दुनिया भर के यहूदी इजरायल की तरफ उत्कंठा और अभिलाषा से खिंचकर भागे आ गये थे बल्कि उनमें एक डर का माहौल था, उन्होंने अपना और अपने बच्चों का भविष्य यहाँ असुरक्षित महसूस किया और इसलिए उन्होंने इस स्वतंत्र राष्ट्र का नागरिक बनने की अपेक्षा एक पर-राष्ट्र का नागरिक या प्रजा बनना श्रेयस्कर समझा। इससे प्रमाणित होता है कि 'स्वराज' एक 'सापेक्ष' शब्द है, 'निरपेक्ष' नहीं और स्वराज से 'सुराज' का सपना देखना व्यर्थ है। पर आज यही भूल तालिबान भी अफगानिस्तान में कर रहा है।

तालिबान का मानना है कि अफगानिस्तान की निवर्तमान सरकार स्वतंत्र नहीं है। वह केवल विदेशी औपनिवेशिक शक्तियों के प्रतिनिधि के रूप में उनके हितों के लिए कार्य कर रही है और इन औपनिवेशिक शक्तियों से अफगानिस्तान को मुक्त कराकर स्वतंत्र अफगानिस्तान हासिल करना उसका लक्ष्य रहा है। उसके अनुसार स्वराज की प्राप्ति के लिए उसने तालिबान का गठन किया है जिसके अधिकतर सैनिक " अमेरिकी अफगान " सेना के विद्रोही हैं। ठीक इसके समानांतर 1937 में भारत में प्रांतीय सरकारों का गठन हुआ था जो 14 अगस्त, 1947 तक कायम रहे (काँग्रेस शासित राज्यों को छोड़कर)। उनपर

भी आरोप लगे कि वे औपनिवेशिक सरकार की कठपुतली हैं। 1940 के दशक में जब आजाद हिंद फौज का गठन हुआ तो उसके अधिकांश सैनिक ब्रिटिश भारतीय सेना के पूर्व सैनिक थे जो द्वितीय विश्व युद्ध में जापानी कारागारों में युद्ध बंदी थे। उनके सामने कारावास की यातना से बचने के दो विकल्प सुझाये गए थे - या तो आजाद हिंद फौज की सेवा में आ जाएं या मौत के शिकार हों। हजारों की संख्या में युद्ध - बंदी मौत से बचने के लिए आजाद हिंद फौज में अपनी सेवा देने को तैयार हो गए और उससे कहीं अधिक की संख्या में युद्ध- बंद सैनिकों ने अपनी मातृ सैनिक संगठन (ब्रिटिश भारतीय सेना) के विरुद्ध लड़ने से इनकार कर दिया और मौत का शिकार बनना श्रेयस्कर समझा [3]। और जब आजाद हिंद फौज की सेना भारतीय ठिकानों पर हमलें कर रही थी तो उससे ब्रिटिश भारतीय फौजें ही लोहा ले रही थीं। जो आज अफगान की जनता में तालिबान के विरुद्ध डर और दहशत का माहौल है वही डर और दहशत का वातावरण आजाद हिंद फौज के विरुद्ध भारत की ब्रिटिश प्रजा में उस काल में था। इस डर के कारण अनेक भारतीय सैनिक और गैर-सैनिक ठिकानों को खाली कराया गया था। 1942 में इलाहाबाद का कुंभ इसी बमबारी के डर से स्थगित किया गया था। स्थगन के इस निर्णय का समर्थन लगभग पूरे देश के सभी जिम्मेवार राजनीतिक और गैर-राजनीतिक संगठनों ने किया था , यह सोचकर कि जो तथाकथित आजाद हिंद फौज़ आ रही है, वह जापान और अन्य धुरी राष्ट्रों द्वारा पोषित है और उनके नव उपनिवेशवादी नीतियों की क्षुधापूर्ति के लिए कुछ भी कर सकती है। वहीं जापान जो चीन में लाखों नरसंहार करके अट्टहास कर रहा था और पूरे एशिया को अपना उपनिवेश बनाने का सपना देख रहा था और वहीं जर्मनी जो लाखों यहूदीयों को यातना शिविर में डालते हुए उनके वय और लिंग में कोई विभेद नहीं किया था और यातना की पराकाष्ठा पार कर गया था और सम्पूर्ण विश्व को अपना उपनिवेश बनाने को आतुर था इस तथाकथित आज़ाद हिन्द फौज के पोषक और संरक्षक थे और उन्हीं की क्षत्रछाया में जब 30 दिसंबर 1943 को अंडमान में आज़ाद हिन्द फौज़ की तथाकथित भारतीयों की अर्जी हुकूमत – ए- आज़ाद - हिन्द की सरकार बनी तो स्थानीय जनता पर नृशंसता के अभिनव प्रयोग

किए गए। कुछ को पीट - पीट कर मारा गया , कुछ को गोलियों से मारा गया , कुछ को तलवार के घाट उतारा गया , कुछ से अपनी ही कब्र खुदवाकर कमर तक डालकर (जिससे कि वे मौत की यातना से भाग नहीं सकें और कम संसाधन में अधिकाधिक लोगों को मारा जा सके) गोलियों से मारा गया या कत्ल किया गया (इस प्रक्रिया का आविष्कार जापानी सेना ने किया था और प्रथम प्रयोग चीन में हुआ था) , कुछ को पेड़ से लटका कर नीचे से आग लगाकर मारा गया और जब मारने की कला और संसाधनों की कमी हो गई तो जहाजों में लाद कर समुद्र में फेंक दिया गया। इस तरह लगभग 3 वर्षों में 30,000 लोगों को मारा गया और जब 15 अगस्त 1945 को भारतीय ब्रिटिश फौज़ पहुंची तो लोगों को इस "राष्ट्रवाद और स्वराज" के जन संहार से मुक्ति मिली [4]। इस वीभत्सता और नृशंसता से उस काल में देश के लोग भी आतंकित थे और देश के नेता भी आशंकित थे। परंतु ब्रिटिश राजशाही ने मानवता के इन उभरते शत्रुओं को पराजित कर भारतीय प्रजा के प्रति अपने कर्तव्यों का बखूबी निर्वहन किया और भारत को उनका उपनिवेश बनने और हमें उनकी वीभत्सता और नृशंसता का शिकार होने से बचा लिया। इसकी जितनी भी प्रशंसा की जाए वह कम होगी। और भारतीय ब्रिटिश सेना ने अपनी रणनीति और युद्ध कौशल से मानवता के इन उभरते शत्रुओं को सदा के लिए नेस्तनाबूद कर दिया। देश सदा ही उनके शौर्य और पराक्रम का आभारी रहेगा। पर कालक्रम में आजाद हिंद फौज को स्वाधीनता-संग्राम का अभिन्न अंग माना जाने लगा और इसके नेता को नायक। उस नायक को जनमानस ने स्वतंत्रता-संग्राम के सेनानियों की अग्रिम पंक्ति में खड़े गाँधी और नेहरू के भी आगे प्रतिष्ठित कर दिया। पर यहाँ यह भी उल्लेख करना समीचीन होगा कि जब आजाद हिंद फौज के मृत सैनिकों को शहीद घोषित करने की बात हुई और जीवित सैनिकों के लिए वेतन और वृत्तिका की मांग उठी तो उसे नकार दिया गया [5,6]) और उनके भारतीय सेना में पुनः समावेशन पर भी रोक लगा दी गई [7] , इस तर्क पर कि इससे सैन्य-विद्रोह को प्रोत्साहन मिलेगा। इतिहास के अलग-अलग कालखंडों में घटित समानांतर घटनाओं को हमारे अलग-अलग दृष्टिकोण से देखने के कारण क्या हैं? एक के नेता को नायक और

दूसरे के नेता को खलनायक। एक आक्रामक को मुक्तिदाता और दूसरे आक्रामक को दुःखदाता प्रमाणित करने को हम क्यों आतुर है? एक को महामानव और दूसरे को दानव प्रमाणित करने को संचार-तंत्र आज क्यों व्याकुल हैं ? यह विचारणीय प्रश्न है।

आज तालिबान की सत्ता को इस बात पर भी नकारा जा रहा है कि वहाँ भारी पैमाने पर हिंसा हो रही हैं और इस बात से कोई इनकार भी नहीं कर सकता है। पर दुनिया में जब-जब सत्ता के स्वरूप में आमूलचूल परिवर्तन हुए हैं तब-तब बड़े पैमाने पर नरसंहार हुए हैं चाहे फ्रांस की राज्यक्रांति हो या अमेरिका का स्वतंत्रता-संग्राम या रूस की बोल्शेविक क्रांति या पूर्वी पाकिस्तान का बांग्लादेश बनने की कहानी हो। भारतीय राष्ट्र के उदय काल में भी 1946 में बंगाल में राज्य प्रायोजित चयनात्मक नरसंहार हुए जिसमें हजारों की संख्या में लोग मारे गए और जम्मू में राजशाही आयोजित समुदाय-विशेष के लोगों के नस्लीय उन्मूलन के प्रयास हुए जिसमें 1 लाख से ऊपर स्त्री-पुरुष और बच्चों की जाने गईं और पूरे उपमहाद्वीप में लगभग 10 लाख लोग नरसंहार का शिकार हुए। और ये घटनाएँ उस देश में घटित हुईं जिसका राष्ट्रपिता दुनिया को सत्य और अहिंसा का पाठ पढ़ाया करता था । क्या तालिबान ने स्वयं को कभी अहिंसा का पथगामी कहा है? क्या इसके नेता मुल्ला बरदार ने स्वयं को अहिंसा का पुजारी कहा है? और इसके बावजूद क्या इतने बड़े पैमाने पर तालिबान ने नरसंहार किया है? क्या इसपर हम सामुहिक आत्मावलोकन करेंगे ?

एक और तर्क जिसके आधार पर तालिबान के शासन के नैतिक अधिकार को भारतीय संचार स्रोतों और जनमानस द्वारा चुनौती दी जा रही है वह है इनके असभ्य होने का क्योंकि उन्होंने बुद्ध की मूर्ति को तोड़ा था और उसी पाप के फलस्वरूप उन्हें सत्ता से हाथ धोना पड़ा। मैं मानता हूँ कि इतिहास को निष्पक्ष स्वीकार करना चाहिए और ऐतिहासिक धरोहरों की रक्षा हर हाल में होनी चाहिए और उसे वर्तमान परिपेक्ष में नहीं देखना चाहिए, उसके प्रतीकों को वर्तमान नस्लों की जय-पराजय का प्रतीक नहीं मानना चाहिए और जो ऐसा नहीं करते हैं वे बौद्धिक नहीं हैं और वे एक आदर्श भविष्य का निर्माण नहीं कर

सकते हैं। पर विडंबना है कि तालिबान के इस मूर्ति भंजन की तीक्ष्णतम आलोचना वही जनखंड करता है जो बाबरी विध्वंस का या तो गुनाहगार है या उसका प्रत्यक्ष या परोक्ष समर्थक है। पर भले ही बुद्ध की मूर्ति तोड़ने वालों को सत्ता से हाथ धोना पड़ा हो और विश्व बिरादरी के समक्ष असभ्य और आतंकवादी बनना पड़ा हो परंतु बाबरी-विध्वंस के कर्ता निरंतर प्रगति करते हुए आज सत्ता के शिखर पर पहुँच गए हैं। परन्तु उनपर कभी असभ्य और आतंकवादी होने का कोई आरोप नहीं लगा है। तो तालिबान को असभ्य और आतंकवादी कहने का आधार क्या है? क्या हम इसपर आत्म चिंतन करेंगे ?

एक और आशंका जिसके प्रति भारतीय जनमानस चिंताग्रस्त है वह है तालिबान की सत्ता में आने पर शरियत कानून के लागू होने का | इस सम्बन्ध में मेरा मत है कि दुनिया के जितने धर्म हैं उनका उदय और जितनी धार्मिक पुस्तकें हैं उनकी रचना आधुनिक मानवीय मूल्यों की स्थापना के पूर्व हुई हैं। उनमें लिखित अवधारणायें फ्रांस की राज्य क्रांति, अमेरिका के स्वतंत्रता-संग्राम और ब्रिटिश मैग्नाकार्टा के पूर्व की हैं। आधुनिक युग में मानवता का मार्गदर्शन करने में वे सक्षम नहीं हैं और उनका उपयोग मानवता को आधुनिक से आदिम युग में धकेल देगा जो मानवीय विकास के नैसर्गिक सिद्धान्तों के प्रतिकूल होगा। पर यह विडम्बना ही होगी कि इस आशंका से वही जनखंड ज्यादा चिंताग्रस्त है जो भारत के 1950 के संविधान को एक धोखा समझता है और इसमें निहित मानवीय गरिमा, समता, स्वतंत्रता और राष्ट्र के धर्मनिरपेक्ष स्वरूप को नकारता है, जो भारत में धर्म-विशेष की सत्ता को पुनर्स्थापित कर वेद, पुराण और स्मृतियों पर आधारित शासन का सपना देख रहा है। तो तालिबान को आज हम क्यों कोस रहे हैं ? यह दोहरी मानसिकता क्यों?

संचार-तंत्रों और जनमानस दोनों द्वारा यह आशंका व्यक्त की जा रही है कि अगर तालिबान का सचमुच अफगानिस्तान पर कब्ज़ा हो गया तो हमारी सरकार कैसे अफगानिस्तान से सम्बन्ध बनाये रखेगी। यह भारतीय जनमानस और सरकार दोनों के नैसर्गिक मानवीय मूल्यों के प्रति प्रतिबद्धता के प्रतिकूल होगा और इसलिए उस परिस्थिति में

जनाकांक्षा का सम्मान करते हुए भारत को अपने सभी राजनयिक सम्बन्ध अफगानिस्तान से तोड़कर उसे एक पृथक एवं आतंकवादी देश घोषित कर उसका परिघात करना चाहिए। इस सम्बन्ध में मैं जनमानस को स्मृतिबोध कराना चाहूँगा कि जब सन् 2002 में गुजरात में समुदाय-विशेष के चयनात्मक नरसंहार हुए थे तो अमेरिका ने वहाँ के तत्कालीन मुख्यमंत्री को अप्रवासन अनुमति देने से इनकार कर दिया था। यह अमेरिका की सरकार और अमेरिकी जनता का सार्वभौमिक मानवीय मूल्यों के प्रति प्रतिबद्धता का प्रतीक था। पर जब कालक्रम में हमने उसी मुख्यमंत्री को सर आँखों पर बिठाकर अपना " प्रधान सेवक " बना लिया तो अमेरिका ने उसे अपनी धरती पर आमंत्रित कर उसका स्वागत किया। यह अमेरिकी जनता और उसके सरकार का दुनिया के अन्य देशों की अक्षुणता के प्रति प्रतिबद्धता और वहाँ के नागरिकों के लोकतान्त्रिक अधिकारों के सम्मान का प्रतीक है जो अत्यंत सराहनीय है। पर आज उसी अक्षुणता और अहस्तक्षेप की नीति को हम अपनी सोच में क्यों नहीं उतार पा रहे हैं ? यह विचारणीय विषय है।

हमें यह विचार करना होगा कि देश के निजी और सरकारी संचार-तंत्रों द्वारा तालिबान के अतिरंजित चरित्र-हनन का लक्ष्य कहीं हम स्वयं तो नहीं हैं। जो व्यापारोन्मुखी संचार-तंत्र एक वैश्विक महामारी को भी एक धर्म-विशेष से जोड़ने में शर्म महसूस नहीं करता है और जो पीड़क को पीड़ित और पीड़ित को पीड़क प्रमाणित करने की कला में निपुण हो उससे आखिर कैसे आशा की जा सकती है कि उसके द्वारा देश की जनता को प्रस्तुत समाचार संदिग्धता से परे और उनके विश्लेषण निष्पक्षता पर खरे होंगे।

इसलिये हाल के दिनों में अफगानिस्तान में घटित घटनाओं को मानवता के दीर्घ इतिहास की अविरल धारा के सतत प्रवाह का अविच्छिन्न अंश मानकर तालिबान के पुनर्मूल्यांकन की , संक्रमण काल के पश्चात उससे सकारात्मक सोच की आशा करने की और अफ़गानी जनता को बेहतर भविष्य की हार्दिक शुभकामनाएं देने की

आवश्यकता है न कि तालिबान के दैत्यीकरण की और अफ़गानी जनता के लिए कयामत की घड़ी के भविष्यवाणी करने की।

यह लेख अगस्त 2021 में संयुक्त राज्य अमेरिका द्वारा अफगानिस्तान की सत्ता तालिबान को सौंपने पर आधारित है।

संदर्भ

1.0 सिंह जसवंत , जिन्ना : इण्डिया पार्टिशन इंडिपेंडेंस , रूपा पब्लिकेशन , संस्करण 2009 , पृष्ट संख्या 451-453

2.0 सिंह जसवंत, जिन्ना: इण्डिया पार्टिशन इंडिपेंडेंस , रूपा पब्लिकेशन, संस्करण 2009 , पृष्ट संख्या 389 – 391

3.0 तुंजेलमैन ए वी , इन्डियन समर , द सीक्रेट हिस्ट्री ऑफ द एंड ऑफ ऐन इंपायर , सिमोन एंड सुस्तर , यूके, पृष्ट संख्या 131

4.0 लल्लन टॉप , कमल , 17 अगस्त 2022

5.0 चौधरी नीरद, सुभाष चंद्र बोस: हिज एंड लीजेंड, पैसिफिक अफेयर्स , दिसंबर 1953 (4) ,349-357

6.0 चाइल्डस डेविड, ब्रिटेन सिंस 1945: ए पॉलिटिकल हिस्ट्री रोल्टलेज, 2000 , पृष्ट 28

7.0 गांगुली सुमित, एक्सप्लेनिंग इंडियाज ट्रांजिशन टू डेमोक्रेसी, कोलंबिया यूनिवर्सिटी प्रेस, 3 सितंबर 2007

हिजाब पर विवाद

कर्नाटक के शिक्षण संस्थानों में समान पोशाक संहिता अधिरोपित होने से हिजाब पहनने वाली लड़कियों के विद्यालय या महाविद्यालय में प्रवेश पर रोक लग गई है। इसके प्रतिक्रियास्वरूप हजारों की संख्या में मुस्लिम लड़कियां हिजाब पहन कर विद्यालय में प्रवेश करने को आतुर हैं। और प्रतिप्रतिक्रियास्वरूप हजारों हिंदू छात्र भगवा दुपट्टा धारण कर शिक्षण संस्थानों में प्रवेश करने का प्रयास कर रहे हैं क्योंकि उन्हें पता है कि सरकार उन्हें रोकेगी और इसके लिए उनकी पहली शर्त होगी कि हिजाब धारण करने वाली लड़कियों को भी प्रवेश की अनुमति नहीं हो और तब सरकार को हिजाब पर रोक लगाने के लिए नैतिक अस्त्र मिल जायेगा। अब इस मुद्दे में राजनीतिक दलों का प्रवेश हो गया है और मुद्दा शिक्षण संस्थानों से बाहर आ कर राजनीति के गलियारों में पहुंच चुका है। और कर्नाटक की राजनीतिक गलियारों से होते हुए संचार श्रोतों का पंख फड़फड़ाते अपने गंतव्य (चुनावी राज्यों) और मंतव्य (मतपेटियों) तक पहुंच चुका है। दरअसल राज्य सरकार ने चुनाव के दृष्टिकोण से उपयुक्त समय पर बेहद लाभकारी फैसला लिया है। उसे न विद्यालय की चिंता है न विद्या की और न ही विद्यार्थियों की। बस अर्जुन की भांति उसे मछली की आंखें दिख रही हैं।

आखिर यह हिजाब क्या है ? हिजाब दरअसल एक आवरण है जो वयस्क पुरुष और वयस्क महिला के बीच होता है। इसकी व्याख्या इस्लाम में भी भिन्न भिन्न विद्वानों ने भिन्न भिन्न रूप में की है। कुछ लोग इसे भौतिक आवरण मानते हैं तो कुछ लोग इसे पूर्णत: भावनात्मक मानते हैं। लेकिन यह मानना कि हिजाब एक पूर्णत: इस्लामिक परम्परा है सत्य को नकारना होगा। वास्तव में सभ्यता की शुरुआत में जब मानवीय लैंगिक संबंधों को विनियमित कर परिवार रूपी संस्था की नींव पड़ी होगी तब से ही हिजाब का प्रचलन शुरू हुआ होगा क्योंकि उसी समय से स्त्री पुरुष की संपति बनी होगी और पुरुष (या महिला

भी) परिवार से बाहर भी यौन विविधता की खोज में लगा होगा और राज्यों के अस्तित्व में आने के पहले एक पुरुष अपनी संपति को अन्य पुरुष से छुपाकर रखने का प्रयास किया होगा जिससे कि द्वंध को न्यूनतम किया जा सके। इसलिए हिजाब का प्रचलन मानव सभ्यता के विकास के हर काल खंड और हर भू खंड में रहा है भले ही इसका परिमाण अलग अलग हो और नाम अलग अलग हो। हिंदू स्त्रियों में भी अपने धड़ का ऊपरी हिस्सा और सर को ढकने की परंपरा रही है भले ही इसमें समरूपता नहीं रही हो और यह आज भी जारी है। ईसाई स्त्रियां भी कुछ ऐसे ही करती हैं। और किसी भी धर्म की आधुनिक स्त्रियां इस आवरण को भले ही न्यून कर ली हों पर अनावृत नहीं की हैं। क्योंकि इस आवरण का कारण मात्र धार्मिक मान्यताएं नहीं हो सकती हैं। यह पर पुरुष के अनचाहे आकर्षण को रोकने की नैसर्गिक आवश्यकता भी रही हो। और दुनिया के स्थापित धर्मों ने इस परम्परा को जारी रखा है। मध्य पूर्व में मुस्लिम पुरूषों में भी सर को ढकने की प्रथा है। इसलिए मेरा मानना है कि हिजाब कोई इस्लामिक परम्परा नहीं है बल्कि यह स्त्रीयोचित नैसर्गिक आवश्यकता है भले ही इसकी शैली इस्लामिक हो। नहीं तो आज जो समुदाय मुस्लिम लड़कियों के हिजाब के विरुद्ध मुखर हुआ है वह अपने ही समुदाय की महिलाओं में व्याप्त पर्दा प्रथा को समाप्त क्यों नहीं कर पाया है। आज भी राजस्थान , हरियाणा और पश्चिमी उत्तर प्रदेश के इलाकों में महिलाएं अनापेक्षित पर्दा करती हैं। राजस्थान की घटना का मैं जिक्र करना चाहूंगा। एक गांव में पंचायत के लिए जब सभा बैठी तो कुछ लोगों ने नियम का हवाला देकर ग्राम प्रधान को सभा में उपस्थित होने की अनिवार्यता बताई। इसपर महिला ग्रामप्रधान के परिवार जनों ने इसे अपने परिवार की मर्यादा के विरुद्ध समझा और महिला को ग्रामप्रधान के पद से त्यागपत्र दिलवा देने की पेशकश की। यहां एक और तथ्य उल्लेखनीय होगा कि समरकंद और बुखारा की मुस्लिम मुगल महिलाएं ज्यादा खुले जीवन की आदी थीं (भौतिक और वैचारिक दोनों) और वे जब भारत आईं तो शासक वर्ग (मुख्यत: राजपूत) की अतिआवृत महिलाओं को देखकर अचंभित हो गईं। पर धीरे धीरे उन्होंने भी इसे अपना लिया। न मुग़ल महिलाओं को इसे अपनाने के

लिए कोई बाध्य किया और न ही उन गैरमुग़ल और गैरमुस्लिम महिलाओं को पर्दा त्यागने के लिए। यह उत्संस्करण के नैसर्गिक प्रक्रिया के तहत हुआ और जिसे न कोई शासक रोक सका और न ही थोप सका।

एक और व्यवहारिक बात की चर्चा यहां उचित प्रतीत होता है। हिंदू महिलाऐं साड़ी पहनती हैं और उसके पल्लू से सर ढकती हैं और सार्वजनिक रुप से सर के बालों को प्रदर्शित करना या बहुओं को तो अपने घर में ही सर को खुला रखना गैर मर्यादित आचरण माना जाता है। पर मुस्लिम महिलाएं ज्यादातर सलवार कुर्ती पहनती हैं। तो हिंदू महिलाओं के समतुल्य मर्यादित आचरण के लिए हिजाब की आवश्यकता स्वाभाविक प्रतीत होता है। इसमें कोई विरोधाभास नहीं है। कहीं कोई धार्मिक या सांप्रदायिक सोच नहीं है। बस यह परिस्थितिगत अनुकूलन है। पर दुर्भाग्यवश दोनों समुदाय इसे धार्मिक दृष्टिकोण से देखने को बाध्य है।

सामने वाले की बुराई दूर करने का सबसे सभ्य तरीका है स्वयं को उस बुराई से दूर करके उदाहरण प्रस्तुत करना। तो क्या जो लोग हिजाब का विरोध कर रहे हैं वे अपने समुदाय की महिलाओं को सर पर साड़ी का पल्लू रखने की प्रथा को समाप्त करना चाहेंगे या अपनी नवयुवतियों को दुपट्टा डालने से रोकेंगे क्योंकि दुपट्टा भी पर पुरूष के अनचाहे आकषर्ण को रोकने का आवरण है। और आज से एक हजार वर्षों पहले यह भी इस्लाम का प्रतीक रहा होगा क्योंकि समीज और सलवार जैसे सीले हुए कपड़ों का चलन भारत में इस्लाम के साथ आया और दुपट्टा उसका आवश्यक अंग है। बाद में वृहत हिंदू समुदाय ने भी इसे अपनाया जिससे समीज सलवार और दुपट्टा अपना धार्मिक पहचान खोकर सार्वजनिक बन गए।

मुझे एक और आशंका है। अगर सरकार के अधिनियम के अनुरूप ये मुस्लिम युवतियां हिजाब का त्याग कर देंगी तो क्या हिजाब पर तिजाब फेंकने (भावनात्मक रुप से भौतिक रुप से नहीं) वाला जनखण्ड शांत और संतुष्ट हो जायेगा। क्या उसकी क्षुधा शांत हो जायेगी। क्या वह अपनी चयनात्मक मांगों को मनवाने के लिए मुस्लिम युवतियों के दुपट्टे

पर रोक लगाने की मांग नहीं करेगा और क्या उसके बाद उनके स्तन प्रदर्शन की मांग नहीं करेगा। मेरी आशंका के ऐतिहासिक कारण हैं क्योंकि देश के हिंदू राज्यों में चयनात्मक रूप से स्तन ढकने के अधिकार रहे हैं। बाकी वर्ग की महिलाओं को स्तन ढकने के लिए या तो भारी कर देना पड़ता था या उन्हें अपना स्तन सार्वजनिक रुप से प्रदर्शित करते रहना पड़ता था। क्या उसी दिशा में आज देश अधोगामी तो नहीं हो रहा है ? क्या इस बार मुस्लिम युवतियों को इस चयनात्मक सोच का शिकार बनाने की योजना तो नहीं है ? नहीं तो सरकार सिख छात्रों के कड़ा और पगड़ी पर भी रोक लगाती। परंतु मुझे ऐसी समरसता या निष्पक्षता की आशा नहीं है क्योंकि इससे उत्पन्न आक्रोश कुछेक राज्यों तक सीमित होगा और उसका अखिल भारतीय स्तर पर राजनीतिक लाभ शासक वर्ग नहीं उठा पाएगा।

अब प्रश्न उठता है कि

क्या यह समान पोशाक संहिता उचित कदम है। मेरा मानना है कि यह निर्णय सही है। इससे समाज में आर्थिक, जातिगत या धार्मिक या नस्लीय विभेद के बावजूद भी छात्रों में समानता और एकता का बोध होगा और पठन पाठन के समय उनमें समाज की ये विविधताएं बाधक नहीं होंगी। इसलिए समान पोशाक संहिता का विरोध गैर आवश्यक प्रतीत होता है। पर जब हम इसका गंभीरता से विश्लेषण करते हैं तो पाते हैं कि सरकार समाज में व्याप्त आर्थिक ऊंच नीच को विद्यालय तक आवृत करना चाहती है जिससे की समाज में घोर असमानता के बावजूद एक क्षणिक एवं क्षद्म समानता का बोध शिक्षार्थियों में करा सके और अपनी अकर्मण्यता को क्षद्मावृत कर सके जैसे किसी विदेशी मेहमान के आने पर गरीबों के घरों को आवृत्त कर दिया जाता है।

दूसरी बात मैं कहना चाहूंगा कि पोशाक के आधार पर विभेद तबतक संभव नहीं है जबतक मानसिक विभेद नहीं हो। ९० के दशक के पहले जब सरकारी विद्यालय ही शिक्षा के मात्र श्रोत थे तो कुछ लड़के या लड़कियां अधोवस्त्र में ही विद्यालय आते थे बिना चप्पल या जूतों के। लेकिन उनके अन्य सहपाठी वस्त्रों के आधार पर उनके साथ कोई विभेद नहीं करते थे। दलित ,स्वर्ण ,अवर्ण और धार्मिक रूप से

अल्पसंख्यक बच्चों में भी समानता का संचार था सब एक दूसरे को तुम ताम से ही संबोधित करते थे। क्योंकि जबतक मानसिक रूप से विभेद नहीं हो तबतक पोशाक विभेद नहीं कर सकते हैं। बाद के वर्षों में जब मैं चिकित्सा महाविद्यालय में था तो कुछ मुस्लिम लड़कियां हिजाब का प्रयोग करती थीं और कुछ मुस्लिम लड़कियां हिन्दू लड़कियों की भांति अपने बालों को अनावृत्त रखतीं थीं। पर इस आवरण और अनावरण के आधार पर कोई वैचारिक विभेद नहीं था। अगर विभेद हमारी दृष्टि से उत्पन्न होता है तो कल सरकार गोरे बच्चों के विद्यालय में काले बच्चों के प्रवेश पर भी रोक लगा देगी। इसलिए शिक्षण संस्थानों में समान पोशाक संहिता लागू करने के बजाय समान विचार संहिता लागू करना जिसमें लिंग ,जाति ,नस्ल ,धर्म या आर्थिक आधार पर कोई विभेद नहीं हो देश और समाज के लिए ज्यादा हितकारी होगा। लेकिन स्थितियां विपरीत दिख रही है। यहां शासन समान पोशाक संहिता लागू करने के लिए छात्रों में असमान एवम विभेदनकारी सोच को बढ़ावा दे रहा है जिसका दुष्परिणाम आज कर्नाटक के शिक्षण संस्थानों में दिख रहा है।

एक अन्य बात मैं कहना चाहूंगा कि राजनेता शिक्षण संस्थानों में बच्चों के लिए समान पोशाक संहिता लागू करने के बजाए अगर स्वयं के लिए सामान पोशाक संहिता लागू कर लें तो श्रेयकर होगा क्योंकि यहीं लोग ही अपने पोशाक से सामान्य जन को प्रभावित करना चाहते हैं न कि अपनी जनहितकारी सोच से। और इसके लिए वे गिरगिट की भांति अपना पोशाक बदलते रहते हैं। कोई खादी धारण करता है तो कोई लूंगी धारण करता है। कोई योगी बने फिरता है तो कोई स्वयं को अपने पोशाक से ऋषि प्रमाणित करने में लगा रहता है। कोई कोई तो एक ही दिन विभिन्न अवतारों में जनता को दर्शन देते रहता है। और अपने पोशाक से ही किसी जनखंड में भय का संचार करता है तो किसी में निर्भयता का। इसलिए समान पोशाक संहिता हमारे राजनेताओं के लिए अत्यावश्यक है। कम से कम विधान सभा और लोकसभा के प्रवेश के समय तो समान पोशाक संहिता तत्काल प्रभाव से सभी जन

प्रतिनिधियों पर अधिरोपित अवश्य हो जिससे ये सदन में बैठकर दलीय हितों से ऊपर उठकर देश हित की बातें सोचें।

इस संबंध में एक घटना की चर्चा समीचीन होगा। जब १९८९ के आम चुनाव के बाद लोकसभा का गठन हुआ तो पंजाब के एक सांसद ने कहा कि चूंकि मैं सिख धर्मावलंबी हूं और कृपाण मेरी धार्मिक पहचान का हिस्सा है इसलिए मैं बिना कृपाण के लोकसभा में प्रवेश नहीं कर सकता हूं। इसपर एक संवैधानिक विवाद खड़ा हो गया था क्योंकि संविधान इसकी अनुमति नहीं देता था पर धर्म में कृपाण की अनिवार्यता थी। उन्हें लोकसभाध्यक्ष ने एक सांकेतिक कृपाण लेकर लोकसभा में प्रवेश करने की सलाह दी थी जिसे निर्वाचित सदस्य ने इनकार कर दिया था। बाद में सरकार ने सिखों की धार्मिक भावनाओं के प्रति अपनी संवेदना दिखाते हुए हर सरकारी कार्यालय में सांकेतिक कृपाण के साथ प्रवेश की छूट दी। और सिख समुदाय ने भी अपनी समझदारी का परिचय देते हुए घातक कृपाण के बदले एक सांकेतिक कृपाण धारण करना स्वीकार किया। इसके बावजूद भारत में और अमेरिका और यूरोप के देशों के साथ साथ पाकिस्तान में भी ६ फूट लंबे कृपाण को साथ रखने की अनुमति सिख समुदाय को है और इस अनुमति के बावजूद बहुत कम ही सिख हैं जो ६ फीट लंबी कृपाण लेकर घूमते रहते हैं। जब कृपाण के मुद्दे पर सरकारें झुक सकती हैं समुदाय समझौता कर सकता है तो हिजाब के मुद्दे पर क्यों नहीं। आखिर हिजाब से किसे हिंसा होने का डर है किसे शांति भंग होने की आशंका है। यह तो शुद्ध रूप से व्यक्ति तक सीमित है। वृहत समाज को इससे न तो कोई लाभ है और न कोई हानि। यह मात्र अपनी परम्परा को जीना है। तब इतना बड़ा अड़चन कैसे खड़ा हो गया है कि सरकार को शिक्षण संस्थानों को बंद कर देना पड़ा है। अब इस गंभीर मामले पर न्यायालय विचार कर रहा है। शायद मूल कुरान के उद्धरणों का भी अध्ययन न्यायपालिका कर रहा है। पर प्रश्न है कि अगर मूल कुरान में हिजाब की अनिवार्यता नहीं हो और यह मात्र परंपरा हो तब क्या हिजाब पर न्यायपालिका रोक लगा देगा। हमें इसपर विचार करना होगा। क्या किसी हिंदू विवाहित युवती को सिंदूर लगा कर

महाविद्यालय में प्रवेश करने से न्यायपालिका रोक देगा अगर इसकी अनिवार्यता वेदों में नहीं निर्धारित की गई हों। क्या नागरिक का देश के कानून या धर्म की मूल संहिता के इतर कोई स्वतंत्र अस्तित्व नहीं है ? क्या वह परम्परों को बिना धार्मिक मान्यता के या बिना कानूनी वैधता के नहीं जी सकता है। यह तो मानव को पुरातन काल में ले जाएगा। क्या मुस्लिम समुदाय को १४०० वर्षों पीछे लौटना होगा और हिंदू समुदाय को पुरातन काल में जाना होगा ? क्या शताब्दियों बाद भी मानव समाज इन स्थापित धार्मिक संहिताओं से अलग अपनी कोई सोच विकसित नहीं कर पाया है ? यहां यह उल्लेख करना समीचीन होगा कि 1947 में दो स्वतंत्र राष्ट्र बने भारत और पाकिस्तान। पाकिस्तान एक इस्लामी देश था। पर उसी पाकिस्तान का पुनर्विभाजन 1971 में हुआ और बांग्लादेश भी एक इसलामिक देश है (शुरुआत में धर्मनिरपेक्ष था)। तब दो इसलामिक देशों की आवश्यकता क्यों हुई। कुरान तो वही है। हदीश तो वहीं है। इसका मुख्य कारण था सांस्कृतिक विभिन्नता। पूर्वी पाकिस्तान के लोग पश्चिमी पाकिस्तान के लोगों को रूढ़िवादी समझते थे और पश्चिम पाकिस्तान के लोग पूर्वी पाकिस्तान के लोगों को मुस्लिम कम और बंगाली ज्यादा मानते थे। क्योंकि मुस्लिम होने के बावजूद भी पूर्वी पाकिस्तान के लोग अपनी संस्कृति को जीते थे अपनी परंपराओं को जीते थे। और इस जीने के लिए कुरान की आयतों को वे नहीं पढ़ते थे। तब मूल कुरान की संहिताओं का अध्ययन करने की आवश्यकता न्यायालय को कैसे हो गई ?

मैं पुन: इस विषय को आगे बढ़ाते हुए कहना चाहूंगा कि संस्कृतियां और परंपराएं नागरिक की व्यक्तिगत स्वतंत्रता से उपजती हैं कोई कानून की किताब और धर्म की संहिताओं से नहीं। और अगर नागरिक स्वतंत्र नहीं होगा तो वह कानून और धर्म का दास बनकर रह जायेगा। पर यहां तो कानून को हमारे शयनकक्ष में घुसकर दुलाई के अंदर झांकने की स्वतन्त्रता है कि दो वयस्क योनि मैथुन कर रहे हैं या गुदा मैथुन या मुख मैथुन। इस परिदृश्य में नागरिक से नवीनता की आशा कैसे की जा सकती है ? उससे संस्कृति और परंपरा में योगदान की

आशा कैसे की जा सकती है। वह तो बस वस्तु बनकर रह जायेगा उससे व्यक्ति बनने की आशा नहीं की जा सकती है।

जब किसी भी व्यक्ति के धार्मिक या नस्लीय पहचान को चुनौती दी जाती है तो वह ज्यादा रूढ़िवादी होकर इसका प्रतिकार करता है न कि उसमें सकारात्मक सोच का विकास होता है। इसी कारण कर्नाटक के एक शिक्षण संस्थान में इस ध्रुवीकृत वातावरण में भी एक मुस्लिम युवती केवल हिजाब में ही नहीं बल्कि पुरे बुर्का में जाती है। और उस एक लड़की के पीछे भगवाधारी छात्रों का जनसमूह टूट पड़ता है उसे भयाक्रांत करने के लिए। अगर सुरक्षा बल नहीं होते तो उसके साथ कोई अनहोनी घटना भी घट सकती थी। भगवाधारी छात्र समूह केवल उसकी धार्मिक पहचान को ही चुनौती नहीं देता है बल्कि उसके नैसर्गिक नारीत्व को भी ललकारता है जो निंदनीय है और संचार तंत्रों और जनमानस की इस घटना पर चुप्पी चिंतनीय है।

पर क्या नारी जनित सम्मान का अधिकार दुनिया की सभी नारियों के लिए है ? शायद नहीं। यह केवल शुद्ध रक्त आर्य नारीयों के लिए आरक्षित है। इसका अधिकार न तो ताड़का को था न पूतना को और न ही शूर्पनाखा को। नहीं तो हिंदू धर्मग्रंथ इनकी हत्या को और इनके मुखाकृति विकृतिकरण को इतना गौरवान्वित नहीं करते और इनके कर्त्ता को इतना महिमामंडित नहीं करते। जलियांवाला बाग की घटना की नृशंस्ता की भर्त्सना करने वाले उससे पहले की गई ईसाई ब्रिटिश महिला की हत्या की भी भर्त्सना करते और लाल किले में अंग्रेजों द्वारा 1857 में की गई नृशंसता की निंदा करने वाले कुछ दिनों पूर्व उसी के अहाते में सैकड़ों ईसाई बच्चों और महिलाओं की सामूहिक हत्या की भी निंदा करते। झांसी की रानी की शहादत पर लंबी कविता लिखनेवाली सुभद्रा कुमारी चौहान अवध में अंग्रेजों का मुकाबला करने वाली जीनत महल पर भी पांच पंक्तियों की एक छोटी कविता अवश्य लिख देती। और एक फिल्म के दृश्य पर पूरे देश में आगजनी फैलाने वाला जनखण्ड सजीव फूलन देवी की हत्या पर गौरवान्वित महसूस नहीं करता।

पर इस मुस्लिम युवती पर सार्वजनिक प्रहार पर संचार तंत्रों और राजनेताओं की चुप्पी तब टूटी जब पड़ोस के देश पाकिस्तान से इसकी भर्त्सना होने लगी। क्या राजनेता , क्या संचार तंत्र, क्या पक्ष और क्या विपक्ष सभी की सीमाएं, क्षणीक ही सही , टूट गईं और अकल्पित भ्रातृत बोध का जन्म हो गया। सबने एक स्वर में पाकिस्तान के भर्त्सना की भर्त्सना शुरू कर दी और पाकिस्तान को अपनी सीमाओं में रहने की याद दिलाई। तो क्या पाकिस्तान का इस घटना की निंदा करना सीमाओं का उल्लंघन है ? आज से 8 - 10 वर्षों पूर्व फ्रांस में ऐसी ही एक घटना घटी थी। वहां की सरकार ने सिख बच्चों को पगड़ी धारण कर विद्यालय आने पर रोक लगा दी थी। सरकार का तर्क था कि धार्मिक प्रतीकों से बच्चों में समानता की भावना उत्पन्न नहीं हो पाती है इसलिए किसी भी धार्मिक प्रतीक धारण किए शिक्षार्थी को शिक्षण संस्थानों में प्रवेश की अनुमति नहीं होनी चाहिए। एक गैर सिख बच्चे ने किसी सिख सहपाठी की पगड़ी भरे वर्ग में उतार दी। इसके विरोध में सम्पूर्ण सिख समुदाय सड़कों पर उतर गया। केवल फ्रांस में ही नहीं बल्कि कनाडा, इंग्लैंड, अमेरिका और भारत में भी। सबने इस घटना की निंदा की और इस कानून को मध्यकालीन बतलाया। भारत सरकार ने भी इसपर अपनी तीव्र प्रतिक्रिया दी और अंत में फ्रांस की सरकार को इस समान पोशाक संहिता को वापस लेना पड़ा। इसी तरह कुछ वर्षों पूर्व असम में सिखों पर हमले हुए। इसकी भर्त्सना पंजाब में हुई और पंजाब विधान सभा का एक तथ्यान्वेषी दल असम गया। श्री लंका में तमिलों के साथ जब विभेद हुआ तो भारत में भी उसके विरोध हुए। ऐसा होना स्वाभाविक है क्योंकि मनुष्य केवल देश का नागरिक ही नहीं है। उसके सारे कर्तव्य देश तक ही सीमित नहीं हैं। वह अपनी नस्लों का भी सदस्य है। वह अपने धर्म का भी अवलंबी है। इनके लिए भी उसके कुछ कर्तव्य हैं। इनसे भी उनका भ्रातृत्व है। इनसे पूर्णत: पृथक कर उसकी नागरिकता को परिभाषित नहीं किया जा सकता है। देश को अपने नागरिकों की इस पहचान को भी समझना होगा क्योंकि आधुनिक मानव नवीन राष्ट्रवाद का नागरिक होने के पूर्व इन्हीं नस्लों और धर्मों का सदस्य रहा है। इसे देश एकाएक अपने नागरिकों से छीन नहीं सकता है। देश को अपनी सीमाओं को तो प्रबलित करना चाहिए

पर उसकी दीवारों को पूर्णत: अभेद्य नहीं बनाना होगा नहीं तो तथाकथित उपनिवेशवाद से मुक्ति पाया नागरिक निज देश का दास बनकर रह जायेगा और देश अपने ही नागरिकों के लिए घेटो बन जायेगा।

अब देखना है इस व्यक्तिगत मामले को सरकार और राजनेता कितना सार्वजानिक बना पाते हैं और न्यायलय एक अति अगंभीर मुद्दे पर कितनी गंभीरता से विचार कर पाता है।

एक और सलाह है मेरी। अगर सरकार समान पोशाक से वैचारिक समानता की आशा करती है तो समान पोशाक संहिता सरकारी कर्मचारियों पर अधिरोपित क्यों नहीं कर रही है। क्योंकि सरकार के विचारों और सेवाओं को जनता तक पहुंचाने की ये अंतिम कड़ी हैं। अगर जनता इन्हें समान पोशाक में देखेगी तो उसे सरकार की समरूपता का अहसास होगा और अगर नस्लीय , जातीय या धार्मिक पोशाकों में देखेगी तो उनके प्रति अनावश्यक अपनत्व या दुराव का संचार होगा जो न लोकहित में है न ही जनहित में। पर यहां तो छोटे से बड़े कर्मचारी या पदाधिकारी को ललाट पर त्रिपुंड धारण किए और लंबी शिखा लटकाए और न्यायधीशों को लम्बी दाढ़ी बढ़ाए देख सकते हैं मानो वे सरकारी दायित्वों का अनुपालन करने नहीं अपितु मठ या मस्जिद में आराधना करने या नमाज अदा करने आए हों। और समान्य जन इनके पोशाक और मुखाकृतियों और उपनाम से इनके विचारों और निर्णय की गहराई माप लेता है। इसलिए सरकार की निष्पक्षता और न्यायप्रियता स्थापित करने के लिए सरकारी कर्मियों पर समान पोशाक संहिता अधिरोपित की जानी चाहिए न कि शिक्षण संस्थानों के अवयस्क मासूमों पर।

मैं एक बात और कहना चाहूंगा कि जो सरकार समान पोशाक संहिता अधिरोपित कर बच्चों में समानता की भावना विकसित करने का प्रयास कर रही है उसके ही शिक्षण संस्थानों में बच्चें इसलिए विद्यालय जाने से मना कर देते हैं क्योंकि वहां दलित बच्चें भी पढ़ने आते हैं और बच्चें मध्यान भोजन ग्रहण करने से इनकार इसलिए कर देते हैं कि रसोइया दलित होती है। यह देश और समाज के लिए हिजाब से ज्यादा गंभीर

मामला है। अगर दुनिया इसे जानेगी तो हमारी सोच पर उसे तरस आने लगेगी और देश का सर शर्म से झुक जायेगा। क्या शासक वर्ग और हिजाब के विरोध में सड़कों पर उतरा जनखंड इसपर विचार करेगा ?

यह आलेख सितंबर 2021 में कर्नाटक के सरकारी शिक्षण संस्थानों में मुस्लिम छात्राओं के हिजाब पर रोक के आलोक में लिखा गया है।

38 आतंकवादियों की फांसी की सजा के अर्थ और निहितार्थ

6 जुलाई 2008 को अहमदाबाद में हुए आतंकी हमले के मामले में न्यायालय ने 38 अभियुक्तों को फांसी की सजा सुनाकर देश के न्यायिक इतिहास में एक मिसाल कायम कर दिया है। इतनी बड़ी संख्या में आज तक किसी भी मामले में फांसी की सजा नहीं सुनाई गई थी। इसका श्रेय न्यायलय को दिया जाए या सरकार को या दोनों को ? मेरा मानना है कि इसका श्रेय दोनों को दिया जाना चाहिए। क्योंकि अगर न्यायलय निष्पक्षता से तथ्यों का वैज्ञानिक विश्लेषण करता है और एक निर्णय पर पहुंचता है तो सरकार ही उन तथ्यों को अन्वेषित , संगृहीत और संकलित कर न्यायालय के समक्ष प्रस्तुत करती है। इसलिए इस मामले को अंतिम परिणति तक ले जाकर अभियुक्तों को फांसी के फंदे तक पहुंचाने में सरकार की अहम भूमिका रही है और इसके लिए सरकार की प्रशंसा की जानी चाहिए। पर क्या इस एक पृथक घटना से न्यायालय की निष्पक्षता और सरकार की कर्तव्यनिष्ठा का मूल्यांकन करना उचित होगा या इसे हमें समग्रता से देखना होगा ? अहमदाबाद के इस आतंकवादी हमले के पूर्व 2002 में गुजरात में विस्तारित दंगे हुए जिसमें हजारों की संख्या में लोग मारे गए। बेस्ट बेकरी नरसंहार हुए , नरौदा पाटिया नरसंहार हुए जिसमें समुदाय विशेष के 97 लोगों की हत्याएं हुईं और विभत्सस्ता का परिमाण ऐसा कि अजन्में बच्चे को मां का पेट चीरकर निकालने के पश्चात उसे अग्नि की ज्वाला में प्रक्षेपित कर दिया गया था। अहमदाबाद में ही गुलबर्ग सोसायटी नरसंहार हुए। और ऐसे सैकड़ों अलग अलग उप घटनाएं पूरे गुजरात में घटीं थीं। और इनके पूर्व साबरमती एक्सप्रेस में नरसंहार हुए जिसमें दर्जनों की संख्या में एक समुदाय विशेष के लोग मारे गए। पर क्या इनमें से एक भी घटना या उपघटना में सरकार किसी को मृत्युदंड दिला पाई ? क्या एक भी घटना में न्यायालय अपनी तत्परता

और निष्पक्षता साबित कर पाया ? नागरिक तो 2002 के इन दंगों में भी मारे गए थे और साबरमती ट्रेन में भी और अहमदाबाद बम धमाकों में भी। तो सैकड़ों मामलों में नाकामयाबी के लिए सार्वजनिक क्षमा नहीं मांगना पर एक विशेष मामले पर अपनी पृष्ठ पीटना और जनता के समक्ष अपनी न्यायनिष्ठा का ढोंग कर मत मांगना सत्ताधारी दल पर संदेह पैदा करता है और राज्य के चरित्र को धूमिल बना देता है। यह सरकार के चयनात्मक न्यायिक सक्रियता को दर्शाता है और न्यायालय की निष्पक्षता पर भी संदेह पैदा करता है। घटनाएं तो 2002 में भी घटीं थीं। नरसंहार तो हुए थे। मौतें तो दुनिया देखी थी। पर शायद सरकार नहीं देख पायी और नीरो वंशी बजाता रहा। और न्यायालय की आंखों पर तो ऐसी काली पट्टी पड़ी थी कि वह तथ्य और मिथ्या में भी विभेद नहीं कर सका। नहीं तो शायद उन मामलों में ऐसे सरल निर्णय नहीं होते और उन दंगों के कर्ता और साजिश कर्ता और अकर्मण्यता के प्रतीक पुरूष सत्ता के शिखर पर नहीं पहुंच पाते। राष्ट्रीय अन्वेषण अभिकरण ने अहमदाबाद बम धमाकों के अपने प्रतिवेदन में कहा है कि यह 2002 के गुजरात दंगों के प्रतिक्रियास्वरूप किए गए। इसी प्रकार समझौता एक्सप्रेस बम धमाके मामले में इसी अन्वेषण अभिकरण ने अपने निर्णय में कहा था कि रेलगाड़ी में धमाके देश के विभिन्न धार्मिक स्थलों यथा गुजरात के अक्षर धाम मंदिर, जम्मू के रघुनाथ मंदिर और बनारस के संकट मोचन मंदिर पर हुए आतंकी हमलों के प्रतिक्रियास्वरूप अंजाम दिए गए। क्रिया की प्रतिक्रिया होती ही है। यह मानवीय प्रकृति और प्रवृति है। इससे पीड़ित पक्ष को मानसिक शांति मिलती है और जबतक ऐसा नहीं होता है तब तक पीड़ित पक्ष मानसिक वेदना से गुजरते रहता है। पर अगर क्रिया की प्रतिक्रिया जनखंड खुद करेगा तो राज्य के अस्तित्व का नैतिक आधार क्या होगा ? इसलिए इन दोनों पृथक घटनाओं में राष्ट्रीय अन्वेषण अभिकरण का निष्कर्ष कि ये आतंकवादी और उन्मादी घटनाऐं पृथक नहीं थीं बल्कि प्रतिक्रियाऐं थीं तो इस क्रिया और प्रतिक्रिया के निरंतर चक्र का दोषी कौन है ? सरकारें , न्यायपालिका या वह जो सरकार और न्यायपालिका की अकर्मण्यता और अक्षमता के कारण प्रतिशोध की ज्वाला में व्यक्ति से वस्तु बन गया है ? राष्ट्रीय अन्वेषण अभिकरण

के इस निष्कर्ष से सत्ता और सरकार का सिर शर्म से झुक जाना चाहिए और उसे सार्वजनिक क्षमा मांगनी चाहिए। और न्यायालय को अपनी सक्रियता और निष्पक्षता का पुनर्मूल्यांकन करना चाहिए। पर पता नहीं केवल अहमदाबाद बम धमाका मामले में सरकार अपना पीठ क्यों थपथपा रही है और जनमानस न्यायालय के प्रति इतनी श्रद्धा से क्यों देख रहा है ? या इस निर्णय के अर्थ अलग हैं और निहितार्थ अलग हैं ? पांच राज्यों में विधानसभा चुनावों के समय क्या यह सत्ताधारी दल की कुक्कुर ध्वनि तो नहीं है ? हमें इसपर विचार करना होगा। सरकार की इस चयनात्मक न्यायप्रियता के और भी अनगिनत उदाहरण हैं। जब उत्तर प्रदेश के दादरी में अख्लाख की हत्या हुई तो सरकार हल्की धाराएं लगाई और न्यायपालिका ने भी उन हल्की धाराओं के अनुरूप ही निर्णय दिया। जब राजस्थान में पशुओं के व्यापारी पहलू खां की हत्या हुई तो सरकार ने मृत पहलू खां को ही प्रथम दृष्टया आरोपित किया और न्यायालय ने पहलू खां के हत्यारों को कितनी कठोर सजा सुनाई सबको पता है। जब जम्मू के कठुआ में 7 वर्षीय अबोध बच्ची का सामूहिक बलात्कार और तत्पश्चात उसकी नृशंस हत्या हुई तो कठुआ के वकीलों के संगठन ने उसके मामले में पक्षकार बनने से इनकार कर दिया और अभियोजन अधिकारी को अभियोग पत्र दाखिल करने से रोक दिया। सरकार के लिए इससे ज्यादा शर्म की बात क्या होगी और न्यायालय की इससे ज्यादा विवशता क्या हो सकती है ? फलस्वरूप मामले को जम्मू कश्मीर से हटाकर पंजाब के पठान कोट न्यायलय में स्थानांतरित करना पड़ा। और धाराएं ऐसी लगीं कि डेढ़ वर्षों की सजा के बाद ही न्यायलय ने उन्हें मुक्त करने का आदेश दे दिया। इसके बावजूद भी बार काउंसिल जनमानस को न्याय दिलाने का ढोंग करता है और न्यायपालिक अपने को निडर एवं निष्पक्ष होने का दावा करती है और सरकारें न्यायपालिका की स्वतंत्रता एवं स्वायतता की रक्षा करने का भरोसा दिलातीं हैं और छोटी- छोटी घटनाओं से आहत हो कर कंदील यात्राएं निकालकर अपनी एकजूटता और संवेदनशीलता का प्रदर्शन करने वाला जनमानस मौन रहता है। क्या यह सरकार , न्यायपालिका और जनमानस के चयनात्मक न्यायप्रियता का प्रतीक नहीं है ? इस चयनात्मक न्यायप्रियता के और

उदाहरण हैं। मक्का मस्जिद और माले गांव में बम विस्फोट हुए। कर्ता और साजिशकर्ता सत्ता धारी दल के विज्ञापन पुरूष/महिला बन गए और बाद के वर्षों में जनमानस ने उन्हें सर आंखों पर बिठाकर लोकसभा तक पहुंचा दिया। समझौता एक्सप्रेस बम धमाके मामले में किसी पर दोष प्रमाणित नहीं हो पाया। बाबरी -विध्वंस मामले में कहीं कोई दोषी नहीं था। मानों इन घटनाओं को कोई अदृश्य शक्ति ने अंजाम दिया हो और उस अदृश्य शक्ति को पहचानने का कर्तव्य न तो सरकार का है और न ही न्यायपालिका का। मानो कर्ता निराकार है , करण साकार है और जनमानस संवेदनहीन। तो क्या ये चयनात्मक न्याय सरकार और न्यायापालिका की सहभोजिता के परिणाम हैं ? और इसमें जनमानस की प्रच्छन सहमति है ? बाबरी मस्ज़िद बनाम राम जन्म भूमि मामले में निर्णय के बाद सेवानिवृत मुख्य न्यायधीश श्री रंजन गोगई ने अपने साक्षात्कार में कहा था कि केवल बाबरी मस्जिद ही नहीं बल्कि देश के सभी अतिमहत्वपूर्ण निर्णयों को सरकारें पहले भी प्रभावित करते आईं हैं और अभी भी करती हैं। और श्री गोगई के इस वक्तव्य का प्रबलन तब होता है जब छोटी- छोटी बातों पर मन की बात जनता को बताने वाला प्रधान सेवक इस महत्त्वपूर्ण वक्तव्य पर मौन रहता है। और जब सेवा निवृत्ति के उपरांत एक पखवारे के अंदर मुख्य न्यायधीश को सरकार राज्यसभा में बुला लेती है तो सरकार और न्यायपालिका की यह प्रच्छन संधि प्रत्यक्ष हो जाती है। पर गंध्रशून्य जनमानस को इसकी बू नहीं लगती है। सरकार और न्यायपालिका के बीच दुर्भीसंधि का दुर्गंध तब और वमनकारी हो जाता है जब धारा 370 के विलोपन के मामले में , कश्मीर के लोगों को उनके जनप्रतिनिधियों सहित जबरन उनके घरों में नजरबंद करने के मामले में , जम्मू कश्मीर की विधानसभा भंग करने के मामले में , जम्मू कश्मीर को विभाजित कर केंद्र शासित क्षेत्र बनाने में और नागरिकता संशोधन बिल 2019 जैसे अतिमहत्वपूर्ण मामलों में सुनवाई करने के लिए न्यायालय तत्परता की अपेक्षा अरुचि और विमुखता प्रदर्शित करता है। पर इसी बीच न्यायालय व्यक्तिगत एवं आस्था के विषयों यथा नागरिक क्या खायेगा, क्या पहनेगा , कौन मंदिर में जायेगा , कौन मस्जिद में जायेगा, कौन कहाँ नमाज अता करेगा और कौन कहाँ प्रार्थना करेगा और कौन

किससे और कैसे मैथुन करेगा आदि मामलों में अपना निर्णय देते रहता है। और जनमानस उनका रसास्वदन करते रहता है। जनमानस के चयनात्मक न्यायप्रियता के और उदाहरण हैं।। जेसिका लाल मामले में निचली अदालत के द्वारा जब अभियुक्तों को दोषमुक्त किया गया तो पूरे देश में रोष पूर्ण प्रदर्शन हुए, कंडिल यात्राएं निकाली गईं। फलस्वरूप अदालत को पुनर्परीक्षण करना पड़ा और दोषमुक्त को दोषी घोषित करना पड़ा। इसी तरह दिल्ली के निर्भया कांड में जनमानस ने ऐसी प्रतिक्रिया दी कि मानों ऐसी नृशंसता की घटनाऐं न कभी भूत में घटी हैं और न भविष्य में घटेंगी। पर वास्तविकता ठीक इसके विपरीत है। उससे भी नृशंस हत्याएं और बलात्कार आज भी हो रहे हैं और पूर्व में भी हुईं हैं। पर प्रतिक्रियाशीलता और प्रतिक्रियाहीनता का चयन जनमानस अपनी विभेदनकारी विवेक से करता है कोई व्यापक मानवीय उच्च आदर्शों से प्रेरित होकर नहीं। जेसिका लाल मामले में उच्च न्यायालय ने अपनी टिप्पणी में कहा था कि निचली अदालत ने कुछ प्रमाणिक तथ्यों को नजरंदाज करके निर्णय दिया था और ऐसा उसने बाहरी दबाव में किया था। अभियोजन पक्ष पर रिश्वत खोरी के भी आरोप लगे थे। और यह कहना कि न्यायिक इतिहास में यह प्रथम और अन्तिम घटना थी सत्य को नकारना होगा। ऐसे हज़ारों मामले हैं जिसमें अभियुक्त वर्षों की सजा काट लेते हैं और उच्चतर न्यायालय से निर्दोष प्रमाणित हो जाते हैं और ऐसे भी मामले भरे पड़े हैं जिसमें हत्यारोपित अपनी पहुंच और पैसे की बदौलत साक्ष्यों को तोड़ - मरोड़ करने या उन्हें छुपाने में सफल हो जाते हैं और निर्दोष साबित हो जाते हैं। इसलिए मेरा मानना है कि न्यायालय के निर्णय सदा वस्तुनिष्ठ नहीं होते हैं। वे व्यक्तिनिष्ठ भी हो सकते हैं और इसकी संभावना अहमदाबाद बम धमाके के इस वर्तमान मामले में भी हो सकती है।

अब प्रश्न उठता है कि क्या मृत्यु दण्ड की सजा का क्रियान्वयन विशुद्ध न्याय है या राजनिति। इसे इतिहास के आख्यानों से समझा जा सकता है। जब खालिस्तानी आतंकवादी भुल्लर को फांसी की सजा दी जानी थी तो पूरे पंजाब में घरों पर भारतीय राष्ट्र के विरुद्ध काले झंडे लहराए

गए थे और अकाली दल और उस समय की मुख्य विपक्षी दल ने तत्कालीन केंद्र सरकार को चेतावनी देते हुए कहा था कि भुल्लर की फांसी से जो परिस्थितियां उत्पन्न होंगी उससे पूरा पंजाब जल जायेगा और उसकी लपटों की ज्वाला की तेज अखिल भारतीय स्तर पर महसूस की जाएंगी और जिसकी सम्पूर्ण जिम्मेवारी केंद्र सरकार की होगी। और इस धमकी के कारण फांसी की सजा को रोक देनी पड़ी और आजतक उसे क्रियान्वित नहीं किया गया है। पर यही विपक्ष अफजल गुरु और अजमल कसाब की फांसी को रातों रात क्रियान्वित हुए देखना चाहता था। इस तथ्य के बावजूद भी कि अजमल कसाब और अफजल गुरु के अलावे भी देश में 2000 से अधिक अपराधी हैं जिनके लिए फांसी का फंदा प्रतीक्षारत है। इनमें निठारी के प्रसिद्ध नारीभक्षी भी हैं जो किशोर वय लड़कियों को बहला कर अपना शिकार बनाते थे और फिर उनकी हत्या कर उनके मांस का भक्षण करते थे। पता नहीं मृत्युदंड की सजा की प्रतीक्षा करने वाले इन अपराधियो में और कैसे कैसे जघन्य अपराधी हैं पर उनकी जघन्यता पर सरकारें भी मौन रही हैं और विपक्ष भी और छोटी - छोटी बातों से आवेशित होने वाला जनमानस भी। इसी प्रकार निर्भयाकांड के अभियुक्तों को फांसी की सजाएं दिलाने का श्रेय लेने के लिए केंद्र सरकार और दिल्ली सरकार में ऐसी होड़ लगी जैसे अगले वर्ष का नोबेल पुरस्कार इसी मृत्युदंड दिलाने वाले को मिलने वाला है और मृत्यु दंड विलंबित करने का दोषारोपण भी इन दोनों प्रतिस्पर्धियों ने एक दूसरे पर ऐसे लगाना शुरू किया कि यही एक घटना इनके राजनीतिक भविष्य के लिए निर्णायक साबित होने वाला है। अफजल गुरू और अजमल कसाब को फांसी तो हो गई और निर्भया के निर्दयियों को तो मृत्युदंड मिल गया पर आज भी निठारी के नारीभक्षी जिंदा हैं। और पक्ष भी चुप है और विपक्ष भी और जनमानस भी आवेशहीन है। इसलिए यह कहना कि " न्यायिक मृत्यु -दण्ड " पूर्णतः न्यायिक होते हैं और सरकारें उसमें निरपेक्ष रहती हैं सत्य से परे है। वास्तव में फांसी की सजा जो सजा देने की एक अमानवीय व्यवस्था है उसे सरकारें अपनी राजनीतिक हित और हानि से तय करते आईं हैं। इसलिए यह आशा करना कि अहमदाबाद बम धमाके के इन आरोपियों की सजा का क्रियान्वयन

विशुद्ध न्याय होगा राजनीति नहीं निहायत निष्कपटता होगी व्यावहारिकता नहीं।

अब प्रश्न उठता है कि क्या मुस्लिम समुदाय या किसी अन्य संगठन को इन आरोपित आतंकवादियों के समर्थन में बोलने या न्यायिक सहायता के लिए खड़ा होने का नैतिक अधिकार है। इस गम्भीर प्रश्न का उत्तर भी ऐतिहासिक आख्यानों में उपलब्ध है। पूर्व प्रधानमंत्री इंदिरा गांधी के हत्यारों के पक्ष में कई सिख संगठन खड़े थे। उनके लिऐ सामुदायिक और सामूहिक अर्थ दान हुए और उन्हें विभिन्न सम्मान जनक उपाधियों से विभूषित भी किए गए। इसी प्रकार पंजाब के मुख्यमंत्री बेअंत सिंह की हत्या (जिसमें बेअंत सिंह के साथ कुल 17 लोग मारे गए थे) करने वाले बलवंत सिंह राजोआना और दिल्ली में बमबारी करने वाले देवेंदर पाल सिंह भुल्लर को भी सामुदायिक समर्थन , सहयोग और उपाधियां मिलीं। उड़ीसा में 1999 में ईसाई पादरी ग्राहम स्टेंस और उनके नाबालिक बेटों को जलाकर मारने वाले बजरंग दल के कार्यकर्त्ता को भी सामुदायिक और सामूहिक सहयोग मिले। इसलिए अगर कोई समुदाय या संगठन इन 38 आरोपित आतंकवादियों को आर्थिक या नैतिक सहयोग देने को तत्पर होता है और इनकी गौरव गाथा गाता है तो जनमानस या सरकार को इससे कोई आपत्ति नहीं होनी चाहिए।

अब प्रश्न उठता है कि क्या मृत्य दंड पाए ये 38 आतंकवादी दया के पात्र हैं? इस प्रश्न के उत्तर के लिए भी हमें इतिहास का पुनार्वलोकन करना होगा। पंजाब के तत्कालीन मुख्यमंत्री बेअंत सिंह की हत्या के अभियुक्त बलवंत सिंह की अनिच्छा के बावजूद सिख संगठनों ने दया याचिका दायर की और उसे उसकी मंजूरी भी मिल गई। इसी तरह दिल्ली में 1993 में बम धमाकों के आरोपी देवेंदर पाल सिंह भुल्लर के समर्थन में पंजाब विधान सभा में प्रस्ताव पारित हुए और पंजाब सरकार ने उसके पक्ष में दया की मांग की और जन भावनाओं का सम्मान करते हुए उसे मृत्यु दण्ड से मुक्ति भी मिल गई। इसी तरह पूर्व प्रधानमंत्री राजीव गांधी की हत्या में शामिल अभियुक्तों के भी पक्ष में तमिलनाडु विधान सभा में प्रस्ताव पारित हुए और जन भावनाओं का सम्मान करते हुए उन्हें भी मुक्ति मिल गई। इसलिए कभी- कभी विशुद्ध न्याय के

क्रियान्वयन से जब राज्य के अस्तित्व के लिए खतरे उत्पन्न होने की संभावनाएं होती हैं या वृहत जनखण्ड में राज्य के प्रति उपेक्षा का बोध होने की आशंकायें होती हैं तो सरकार अपराधी को मृत्यु - दण्ड देने की अपेक्षा न्याय को मृत्यु -दण्ड देकर राज्य के अस्तित्व की रक्षा करती है या राज्य के प्रति उत्पन्न हो रहे उपेक्षा भाव को न्यूनीकृत करती है। यह राज्य के समावेशी चरित्र का परिचायक है और उसे यथार्थ से आदर्श बना देता है। परंतु दुर्भाग्यवश सरकारें इस विशेषाधिकार का उपयोग अधिकतर राजनीतिक लाभ या हानि के दृष्टिकोण से करते आईं हैं। और जब सत्ता सांप्रदायिक ध्रुवीकरण की नींव पर टिकी हो तो राज्य से ऐसे आदर्शवाद की अपेक्षा और सरकार से किसी तरह के समावेश की आशा कोरी कल्पना लगती है। अब देखना है इन आशंकाओं के बावजूद इस अतिसंवेदन शील मामले में जनखंड कितना संयम बरतता है और सरकार कितनी संवेदना प्रदर्शित करती है।

प्रतीक्षारत !

यह आलेख 26 जुलाई 2008 को गुजरात के अहमदाबाद में हुए शृंखलाबद्ध बम धमाकों के मामले में 18 फरवरी 2022 को न्यायालय के निर्णय पर आधारित है।

लोकतंत्र की वेदी पर नस्ल बलि

कहा जाता है कि भारतीय संविधान दुनिया का सबसे बेहतरीन संविधान है और भारतीय लोकतंत्र दुनिया का सबसे बड़ा लोकतंत्र है। यहां प्रत्येक नागरिक को एक मत देने का अधिकार है चाहे उसकी समाजिक, आर्थिक या बौद्धिक स्थिति कुछ भी हो। इससे नागरिकों में समता और समानता का बोध होता है। इसकी दूसरी विशेषता गुप्त मतदान की है जो नागरिकों को नस्ल, जाति और सम्प्रदाय से ऊपर उठकर भयमुक्त वातावरण में अपना प्रतिनिधि चुनने का अधिकार देती है। और इसकी तीसरी विशेषता है बहुमत की जो सबसे अधिक लोकप्रिय व्यक्ति को शासन और सत्ता का अधिकार देता है। इस तरह इसके प्रावधान आधुनिक मानवीय मूल्यों के अनुरूप आदर्श हैं। पर क्या ये यथार्थ भी हैं ? आइए हम आज इन आदर्शों की सूक्ष्म समीक्षा करें।

हमारा संविधान नस्ल निरपेक्ष है। और इतना ही नहीं यह नस्ल को भी नकारता है। इसलिए इसमें किसी तरह के नस्लीय प्रतिनिधित्व का प्रावधान नहीं है। पर क्या राष्ट्र सचमुच केवल लोगों का अविच्छिन्न समूह है ? या यह विभिन्न समुदायों का समुच्चय है ? इतने बड़े राष्ट्र में यह कैसे आशा की जा सकती है कि यहां नैसर्गिक मानवीय विभिन्नताएं और विविधताएं नहीं हों ? यह तो नगर राष्ट्रों में ही संभव हो सकता है जहां किसी विशेष नस्ल के लोग रहते हों पर एक उपमहाद्वीपीय राष्ट्र जहां की भौगौलिक परिस्थितियां अलग- अलग हों , जीविका के साधन अलग- अलग हों और जिसका इतिहास हजारों वर्षों का हो को अविच्छिन्न लोगों का एक समूह मान लेना कितना प्रायोगिक होगा ? वर्तमान संविधान लागू होने के पूर्व ब्रिटिश भारत में साम्प्रदायिक प्रतिनिधत्व के प्रावधान थे जिसके अनुरूप व्यक्ति केवल ब्रिटिश प्रजा ही नहीं था बल्कि एक नस्ल या समुदाय का भी सदस्य था और यह भू- -खंड मात्र एक राष्ट्र नहीं था बल्कि विभिन्न नस्लों और जातियों और

संप्रदायों का समूह भी था जिसमें सदियों से लोग साथ-- साथ रहते हुए भी अपनी नस्लीय या जातीय या साम्प्रदायिक पहचान बनाए और बचाए रख पाए थे। भारतीय समाज के इसी विन्यास के वैज्ञानिक अध्ययन के लिए ही 1881 से प्रत्येक 10 वर्षों पर की जाने वाली जनगणना का आधार भी जातिगत था क्योंकि ब्रिटिश समाज विज्ञानियों का मत था कि भारत में नस्लीय चेतना की जड़ें गहरी हैं और लोगों में आर्थिक और सामाजिक विषमता का आधार जाति/ नस्ल है और इसलिए इन तथ्यों को नजरंदाज कर एक समता मूलक समाज की स्थापना नहीं की जा सकती है। इसलिए ब्रिटिश शासन ने नस्लों के आधार पर प्रतिनिधत्व का प्रावधान किया जिसे 1909 का " सांप्रदायिक प्रतिनिधत्व अधिनियम " कहा जाता है जिसमें मुस्लिम समुदाय को अपना, सिख समुदाय को अपना और अन्य छोटे-- छोटे समुदायों को भी समानुपातिक प्रतिनिधत्व का अधिकार था। इस प्रावधान का सबसे बड़ा लाभ था कि छोटे-- छोटे समाजिक समूहों को भी संवैधानिक संस्थाओं में प्रतिनिधत्व मिल पाता था जो बहुमत की निरंकुशता से अल्पमत की रक्षा करता था और नस्लीय न्यूनता के बावजूद राजनीतिक संबलता का बोध इन जनखंडों में हो पाता था। पर बाद के वर्षों में जब इस अधिनियम में दलित समुदाय को भी शामिल करने की बारी आई तो महात्मा गांधी ने आमरण अनशन शुरु कर दिया क्योंकि उनका मानना था कि दलित हिंदू धर्म की चातुर्वर्ण व्यवस्था से इतर एक पृथक नया वर्ण है इसलिए दलित प्रतिनिधियों की संख्या भले ही सुनिश्चित कर दी जाएं पर दलित प्रतिनिधि चुनने का अधिकार प्रत्येक हिंदू को हो। डॉ० अंबेडकर ने महात्मा गांधी के इस अनशन का विरोध किया। उनका मत था कि दलित हिंदू संप्रदाय से इतर की नस्ल है और उसे पृथक प्रतिनिधत्व का अधिकार होना चाहिए। पर महात्मा गांधी के अनशन के समक्ष डॉ० अंबेडकर को झुकना पड़ा और दलित समुदाय को डॉ० अम्बेडकर ने हिंदू समुदाय का एक नया वर्ण मान लिया जिसके लिए आज तक देश का दलित समुदाय महात्मा गाँधी के इस अनशन को हठधर्मिता मानता है और पूना- पैक्ट को डॉ० अंबेडकर की ऐतिहासिक चूक मानता है। बाद के वर्षों में भारत के संविधान निर्माता के रूप में डॉ0 अम्बेडकर ने महात्मा गांधी से दो कदम आगे

बढ़ कर दलितों की अलग पहचान को पूरी तरह से समाप्त कर दिया। ब्रिटिश संसद द्वारा 1935 में पारित संविधान प्रदत्त उनके सारे विशेषाधिकारों की काल अवधि निर्धारित कर दिया और संविधान में प्रावधान किया कि दलितों के सारे विशेषाधिकार संविधान लागू होने के 10 वर्षों में समाप्त हो जायेंगे क्योंकि उनका मानना था कि दलित और गैर दलित हिंदू में जो असमानताएं और विषमताएं हैं वे वाह्य और क्षणिक हैं और अगले 10 वर्षों में स्वतः विलुप्त हो जाएंगी। इतना ही नहीं , उन्होंने यह भी प्रावधान किया कि दलितों के वर्तमान विशेषाधिकार उन्हीं दलितों को देय होंगे जो अपने को हिंदू होने की घोषणा करेंगे। इस तरह दलितों को हिंदू धर्म में एक पृथक वर्ण मानने वाले महात्मा गांधी का विरोध करते-- करते डॉ0 अम्बेडकर ने खुद उन्हें हिन्दुत्व का अभिन्न अंग बना दिया। डॉ0 अम्बेडकर यहीं नहीं रुके , बल्कि उन्होंने संविधान में पिछड़ों के अस्तित्व को भी नकार दिया और पूर्वप्रदत उनके सारे विशेषाधिकारों को तत्काल प्रभाव से समाप्त कर दिया। पुन: सदियों से समाज में व्याप्त लैंगिक असमानता को भी मानने से उन्होंने इनकार कर दिया और साथ ही साथ मालिक और मजदूर के बीच की सामाजिक दूरी को भी अस्वीकार कर दिया और इन लोगों को भी पूर्व से प्राप्त विशेषाधिकारों के साथ-- साथ भारत सरकार अधिनियम 1935 के तहत प्राप्त सांप्रदायिक प्रतिनिधत्व के अधिकार को भी तत्काल प्रभाव से विलोपित कर दिया और समता, समानता , भ्रातृत्व और न्याय के क्षद्मावरण में देश की विषमता , विभिन्नता और विभेदपूर्ण समाजिक व्यवस्था को ढक कर दुनिया के समक्ष एक कृत्रिम आदर्श प्रस्तुत किया।

पर क्या इस कृत्रिम आदर्श से सचमुच एक समतामूलक समाज की स्थापना की जा सकती है ? और सदियों के नस्लवाद को रातों - रात समाप्त कर क्या एक अविच्छिन्न राष्ट्र बनाया जा सकता था ? यह तो राष्ट्रवाद की धारणा का यहां के लोगों पर अधिरोपण होगा या यथार्थ से दूर एक कल्पनालोक में लोगों को ढकेलना होगा। इसलिए इस भू- खंड के लोगों ने भले ही अम्बेडकर के राष्ट्रवाद को चुनौती नहीं दिया हो परंतु अपनी नस्लीय पहचान को बनाए रखा है। लोकतन्त्र में समता के

बावजूद दलित इस देश का नागरिक होकर भी दलित है और एक स्वर्ण हिंदू हिंदू होकर भी स्वर्ण है। और एक ब्राह्मण मतदाता इस देश का समान नागरिक होने के बावजूद भी अपना ब्राह्मणत्व बनाए और बचाए हुए है। और इसलिए जब भी कोई मतदाता मतदान करने जाता है तो लिंग, जाति, नस्ल और सम्प्रदाय के विभिन्न स्तरीय आवरणों में लिपटकर अपनी व्यक्तिगत पहचान छिपाकर जाता है न कि नव राष्ट्रवाद के पारदर्शी आवरण में लिपटे एक स्वतंत्र नागरिक के रूप में। और इसी तरह एक मुस्लिम मतदाता जब मतदान करने जाता है तो वह अपनी साम्प्रदायिक चेतना से पूरी तरह निरपेक्ष होकर एक पृथक और स्वतंत्र नागरिक के रूप में मतदान नहीं करता है बल्कि चेतन या अवचेतन अवस्था में भी नस्ल या संप्रदाय के प्रति उसकी प्रतिबद्धता बनी रहती है जबकि संविधान उससे आशा करता है कि राष्ट्रवाद से इतर अपनी सभी पहचानों से निश्चेतन होकर वह मतदान करेगा। पर क्या ऐसा संभव है ?

फिर भी हमारा संविधान नस्ल को नकारता है। पर नस्ल को नकारने की इसी प्रवृति के कारण ही संविधान का यह कृत्रिम आदर्श इसे अन्तर दर्शी बना देता है जबकि इसका उद्देश्य अंत: दर्शी होना चाहिए। इस कारण देश की विभिन्न नस्लें अपनी आंतरिक खामियों का परीक्षण कर उनमें आधुनिक मानवीय मूल्यों का समावेशन नहीं करना चाहती हैं बल्कि दूसरी नस्लों का छिद्रानवेशन कर एवं उनका उपहास उड़ाकर मत बटोरती हैं। इसी कारण आज कोई हिंदू हिंदुत्व के अंदर की अस्पृश्यता, आर्थिक और सामाजिक असमानता , मादा भ्रूण हत्या और लैंगिक विभेद की बात नहीं करता है जिससे कि हिंदुत्व को परिष्कृत और परिशोधित किया जा सके और आधुनिक मूल्यों पर आधारित नए हिंदुत्व का निर्माण किया जा सके और हिंदू समुदाय के जीवन स्तर को सुधारा जा सके और प्रत्येक हिंदू में आधुनिक नैतिक मूल्यों का समावेशन किया जा सके बल्कि उसकी चिंताएं मुस्लिम समुदाय की तलाक , लैंगिक असमानता , बहु विवाह , हलाला और हिजाब होती हैं। और एक मुस्लिम इस आधार पर मत नहीं मांगता है कि वह मुस्लिम समुदाय में फैली कुप्रथाओं से मुस्लिम समाज को मुक्ति दिलाएगा

बल्कि उसके चुनावी लक्ष्य पर बहुसंख्यक हिन्दुत्व का कोप और उसकी कुप्रथाएं होती हैं। और स्वर्ण हिंदू का चुनावी मुद्दा स्वर्ण हिंदूओं में व्याप्त अंधविश्वास और कुप्रथाओं से स्वर्ण समुदाय को मुक्ति दिलाना नहीं होता है बल्कि उसके चुनावी निशाने पर दलित और पिछड़े होते हैं। और एक दलित राजनेता के चुनाव जीतने का पैमाना उसका सवर्ण विरोध होता है न कि दलितों के विकास के लिए एक वैज्ञानिक योजना प्रस्तुत करने की योग्यता। इसी प्रवृति के कारण तथाकथित आजादी के बाद कोई व्यापक सामाजिक परिवर्तन किसी समुदाय में नहीं हो सके हैं क्योंकि सभी एक दूसरे के उपहास और परिहास में लगे रहे हैं और आत्म चिंतन और आत्म मंथन कोई नहीं कर सका है और अपनी नस्लीय जड़ता के प्रत्युत्तर में विभिन्न नस्लें और जड़ होकर जवाब देने लगी हैं। हिंदू समुदाय का लोकतांत्रिक लक्ष्य इस देश को 1500 वर्षों पूर्व के सनातन काल में ले जाने का हो गया है और मुस्लिम जनखंड का उद्देश्य इसे खलीफा काल में ले जाना हो गया है। किसी भी जन खंड का उद्देश्य और किसी भी राजनीतिक दल का चुनावी संकल्प इस देश को यूरोप और अमेरिका की तरह आधुनिक मानवीय मूल्यों पर आधारित एक उदारवादी राष्ट्र बनाने का नहीं रहा है। इसलिए अधिकतर सामाजिक परिवर्तन इस संविधान के लागू होने के पूर्व ब्रिटिश काल में ही हो पाए थे क्योंकि ब्रिटिश काल में साम्प्रदायिक प्रतिनिधत्व का प्रावधान था जो नस्लों को अंत: दर्शी बनाता था। और इस तरह इस आदर्शवादी संविधान ने इस देश को एक आधुनिक राष्ट्र बनाने की अपेक्षा प्राचीनता के अंधकार युग में प्रवेश को प्रेरित किया है और लोगों को आधुनिक नागरिक बनाने का दावा करने वाला संविधान लोगों को और नस्लीय बना दिया है। यह तो उसी रक्तचाप के रोगी की तरह हुआ जो अपने को स्वस्थ होने का दिखावा करते रहे और किसी दवा का सेवन नहीं करे और एक दिन पक्षाघात का शिकार होकर मृत्यु को प्राप्त हो जाए।

हमारे लोकतन्त्र की अगली विशेषता बहुमत के शासन की है। पर क्या हमारा लोकतंत्र सचमुच बहुमत का शासन है ? इसमें न तो बहुमत का परिमाण निर्धारित है और न ही अल्पमत का प्रतिशत परिभाषित है।

वास्तव में यह डाले गए मतों में सबसे ज्यादा मत पाने वाले प्रतिस्पर्धी का शासन है न कि बहुमत का। इस तरह इस बात की पूरी संभावना है कि अपनी जीत सुनिश्चित करने के लिए कोई प्रभुत्वशाली प्रतिद्वंद्वी कमजोर नस्ल के मतदाताओं को मत डालने से ही रोक दे या मत डालने के पश्चात मत पेटियों/ मत यंत्रों को ही नष्ट कर दे या छुपा दे। तो हम कैसे कह सकते हैं कि मतदाता भय मुक्त वातावरण में नस्ल निरपेक्ष होकर शुद्ध अंत: करण से मतदान करेगा ? संविधान के ऐसे प्रावधान तो लोकतंत्र को " भयतंत्र "में बदल सकते हैं। और जब लोकतंत्र में द्विदलीय प्रणाली नहीं हो तो सामाजिक विज्ञान के गणित का निपुण राजनीतिज्ञ क्रमचय और संचय की कला से 10 या 15 प्रतिशत मत प्राप्त कर भी चुनाव जीत सकता है और बाकी बचे मतदाताओं पर शासन करने का संवैधानिक अधिकार पा सकता है। तो इस लोकतंत्र को बहुमत का शासन कहना कितना यथार्थ है और कितना भ्रामक है ? पाठक स्वयं तय करें।

संविधान के इन्हीं भ्रामक प्रावधानों के कारण 1952 से अब तक समाज के कमजोर वर्गों को मतदान से रोकने की लंबी परम्परा इस देश में रही है और शायद इसी के फलस्वरूप संवैधानिक संस्थाओं में उनका प्रतिनिधित्व उनके सामाजिक विन्यास को आज तक प्रतिबिंबित नहीं कर सका है और इन संस्थाओं पर प्रभुत्वशाली लोगों का आधिपत्य बना हुआ है। तो हम कैसे कह सकते हैं कि लोकतंत्र की ये संस्थाएं समाज की वास्तविक प्रतिनिधि संस्थाएं हैं और इन्हें सम्पूर्ण समाज के लिए विधायिका का नैतिक अधिकार है ?

संविधान की इन्हीं प्रभुतोन्मुखी प्रवृतियों ने आज संसद और विधानसभाओं को पुरुषों का संघ बना दिया है और धन कुबेरों का अड्डा बना दिया है क्योंकि इसमें न तो महिलाओं का प्रतिनिधित्व सुनिश्चित है और न ही मजदूरों का। नहीं तो आबादी का आधा हिस्सा होने के बावजूद भी लोकसभा और विधान सभाओं में महिलाओं का प्रतिशत 15 से ऊपर क्यों नहीं बढ़ पाता है और जहां 40 प्रतिशत से ऊपर की आबादी गरीबी रेखा से नीचे हो वहां लोक सभा और विधान सभाओं में 90 प्रतिशत से ऊपर सदस्य करोड़पति कैसे हैं? इतना ही

नहीं , इन संस्थाओं को भारतीय पुरुषों का संघ भी कहना कितनी बेमानी होगी जब हम देखते हैं कि लगभग 14 प्रतिशत की आबादी होने के बावजूद भी लोकसभा में मुस्लिम सदस्यों की संख्या मात्र 5 प्रतिशत (27) है (17 वीं लोक सभा)। कहीं ये संवैधानिक संस्थाएँ धनकुबेर हिंदू पुरुषों का संघ तो नहीं बन गईं हैं ? कम से कम आंकड़ें तो इसी ओर संकेत कर रहे हैं।

तो ऐसा कैसे संभव हो गया कि समाज के इन विभिन्न वर्गों का प्रतिनिधित्व असमानुपातिक हो गया। अगर हमारा संविधान जनता की नस्लीय प्रवृति को नकारता है और लैंगिक विषमता से इनकार करता है और हमारा लोकतंत्र गुप्त मतदान पर आधारित है तो ऐसा तो नहीं होना चाहिए। कोई इसका कारण इन वर्गों की बौद्धिक्ता की कमी भी नहीं कह सकता है क्योंकि यहां मत देने और लेने दोनों के लिए बौद्धिकता का कोई संवैधानिक मानदंड नहीं है। इस स्थिति में संवैधानिक संस्थाओं का विन्यास समुदाय के विन्यास का वास्तविक प्रतिबिंब होना चाहिए। पर ऐसा प्रायोगिक नहीं है। जिन वर्गों या समूहों की संख्या कम है उनका प्रतिनिधित्व अधिक और जिनकी जनसंख्या अधिक है उनका प्रतिनिधित्व कम रहा है जबकि कुछ नस्लें संख्या बल की कमी के कारण प्रतिनिधित्व से आज तक वंचित रह गईं हैं। तब तो समता, समानता, भ्रातृत्व और गुप्त मतदान के प्रावधान संविधान को " साजिश " बना दे रहे हैं जिससे कि एक वर्ग दूसरे वर्ग को आसानी से अपना गुलाम बना सके और शासक और शासित नस्लें बन सकें। क्या इसी " संविधान की साजिश " की स्थापना के लिए हमने ब्रिटिश उपनिवेशवाद का विरोध किया था और उनके " सांप्रदायिक प्रतिनिधत्व अधिनियम " को नकारा था ?

इसी " संविधान की साजिश " के कारण ही तो पंजाब में लगभग 40 प्रतिशत से ऊपर जनसंख्या वाले गैर सिखों का लोक सभा और विधान सभा में 10 प्रतिशत के लगभग प्रतिनिधित्व है और 56 वर्षों में आज तक कोई गैर सिख वहां का मुख्यमंत्री नहीं बन पाया है। फिर भी हम जनसंख्या के नस्लीय प्रवृति को मानने से इनकार कर रहे हैं और दुनिया के सामने अपने को नस्ल रहित प्रमाणित करने का अनावश्यक

प्रयास कर रहे हैं। नस्ल को नकारने की प्रवृत्ति कितनी विरोधाभाषी हो जाती है जब एक इतालवी मूल की महिला का प्रधानमन्त्री बनने की बारी आती है तो पूरे देश में त्राहिमाम मच जाता है और अंत में उसे अपनी दावेदारी वापस लेनी पड़ती है। पर क्या ब्रिटेन में जब एक भारतीय नस्ल के नागरिक को प्रधानमंत्री बनने की बारी आई तो किसी ने उसके नस्ल पर प्रश्न चिह्न खड़ा किया ? क्योंकि ब्रिटिश प्रजा में राष्ट्रवाद की जड़ें गहरी हैं और वे लोग नस्लवाद से ऊपर उठ चुके हैं। इसलिए उनका अंधानुकरण करना हमारे लिए प्रायोगिक नहीं होगा। इस प्रवृत्ति को संविधान सभा के गठन के पूर्व मुहम्मद अली जिन्ना भी समझ गए थे जिससे वे अलग देश की मांग पर अड़ गए यद्यपि ब्रिटिश शासन के उपांत एवं पूर्वापांत वायसरायों ने इस नस्ल निरपेक्ष प्रच्छन्न नस्लवाद से अल्पसंख्यकों की सुरक्षा हेतु विभिन्न " नियंत्रण एवं संतुलन" के सुझाव दिए थे जिससे कि इस प्राचीन उपमहाद्वीप के विभाजन को रोका जा सके पर मुहम्मद अली जिन्ना को यह पूर्वाभास हो गया था कि अब अंग्रेजों के दिन नजदीक हैं और उनके जाते ही ये सारे " नियंत्रण एवं संतुलन " तथाकथित बहुमत के प्रभाव में विलोपित हो जायेंगे और तब यहां का अल्पसंख्यक समुदाय लोकतांत्रिक रूप से शासित नस्ल बन जाएगा और बहुसंख्यक नस्ल शासक बन जाएगा क्योंकि जब भी बहुमत की बातें आएंगी तो नस्लीय रूप से कमजोर वर्ग पराजित होगा और सशक्त वर्ग पराजक। क्या मुहम्मद अली जिन्ना की इन आशंकाओं को समझने के लिए अंतरिक्ष विज्ञान की जटिलताओं को समझने की बौद्धिकता होनी चाहिए ? यह तो कोई भी औसत बौद्धिकता का व्यक्ति जिसे इस उपमहाद्वीप के सामाजिक विज्ञान का स्तरीय ज्ञान हो सहज समझ सकता है। कश्मीर में धारा 370 समाप्त करके और CAA NRC जैसे विधेयकों को बिना किसी बाधा के पारित करके आज का भारतीय लोकतंत्र क्या मुहम्मद अली जिन्ना की इन आशंकाओं को सत्य प्रमाणित नहीं कर दिया है ?

पर इन आशंकाओं के पालने के बावजूद मुहम्मद अली जिन्ना को द्वीराष्ट्र के सिद्धांत का जनक कहना ऐतिहासिक रूप से सत्य नहीं होगा। वास्तव में इसकी अवधारणा मुहम्मद अली जिन्ना से लगभग डेढ़

दशक पूर्व 1924 में हिंदू महासभा और आर्य समाज के प्रतिक्रियावादी और प्रखर नेता के रूप में लाला लाजपत राय ने की थी। उन्होंने पंजाब और बंगाल को सांप्रदायिक आधार पर विभाजित कर स्वायत हिंदू और मुस्लिम प्रदेशों के संघ बनाने का सुझाव दिया था और इसी के आलोक में जनवरी 1925 में दिल्ली में आयोजित " सर्व दलीय सम्मेलन " को अगले एक माह के लिए स्थगित कर दिया गया क्योंकि हिंदू महासभा ने कांग्रेस को किनारे कर दिया और गांधी और नेहरु भी कांग्रेस पर हिंदू महासभा के बढ़ते प्रभावों के कारण चाहकर मुस्लिम लीग और मुहम्मद अली जिन्ना से कुछ समझौता करने की स्थिति में नहीं थे। [1]। उस समय तो न ही मुस्लिम लीग मुस्लिमों के लिए एक अलग देश की मांग कर रहा था और न ही मुहम्मद अली जिन्ना के मन में ऐसी कोई अवधारणा विकसित हो सकी थी। मुस्लिम लीग के 1923 के लाहौर अधिवेशन में जिन्ना ने कहा था –" मुझे पूरा विश्वास है कि जिस दिन हिंदू और मुस्लिम एक हो जायेंगे उस दिन भारत को एक उत्तरदायी अधिराज्य सरकार मिल जायेगा। हिंदू मुस्लिम एकता का ही दूसरा नाम स्वराज है "। राजनैतिक समस्याओं के प्रति धर्मनिरपेक्ष दृष्टिकोण के कारण ही जिन्ना ने गांधी के खिलाफत आन्दोलन (1919-24) का भी विरोध किया था और सर्व दलीय सम्मेलन में अपनी उपेक्षा और हिंदू महासभा के भय के वातावरण के बावजूद 1925 के केंद्रीय विधान सभा में कहा था --" मैं पहले एक राष्ट्रवादी हूं , और दूसरी बार भी राष्ट्रवादी हूं और अंतिम बार भी राष्ट्रवादी ही हूं "।[2]। परन्तु जब 1935 के भारत सरकार अधिनियम के तहत 1937 में प्रांतीय सरकारों का गठन हुआ तो जब कांग्रेस शासित राज्यों में स्कूली शिक्षा का माध्यम हिंदुस्तानी की अपेक्षा हिंदी को बनाया गया , वंदे मातरम् गाना और काल्पनिक भारत माता की वन्दना अनिवार्य कर दिया गया , सरकारी कार्यों में गांधी को " महात्मा गांधी " के रूप में संबोधित करने के आदेश जारी होने लगे , महात्मा गांधी के आदर्शों का पठन-- पाठन अधिरोपित किया जाने लगा और मुस्लिम समुदाय द्वारा आपत्ति जताने पर मुस्लिम विद्यार्थियों के लिए अलग उर्दू विद्यालयों का प्रावधान हुआ और सरकारी संस्थानों में सरकारी सेवकों को तथाकथित इस्लामी परिधानों (पाजामा कुर्ता) में प्रवेश पर पाबंदी लगाई जाने लगी (पाठकों को

यह ज्ञात हो कि यह नियम आज भी लागू है) तब जिन्ना को भी अहसास हो गया कि हिंदू और मुस्लिम सचमुच दो अलग- अलग राष्ट्र हैं और उनका साथ रहना प्रायोगिक नहीं होगा और तब उन्होंने पहली बार 1940 में मुस्लिम लीग के लाहौर अधिवेशन में पाकिस्तान की मांग शुरु की। इसके अतिरिक्त पाठकों को यह भी ज्ञात होना आवश्यक है कि कांग्रेस के अध्यक्ष को के रुप में संबोधित करने की परम्परा जिसका नैतिक और राजनैतिक आधार तत्कालीन कांग्रेसी ही बता सकते थे। पर इस उपमहाद्वीप की अखंडता के प्रति अतिभावुक जन खंड देश विभाजन का सम्पूर्ण दोष मुहम्मद अली जिन्ना को देता है और कांग्रेस में पनप रही आधिपत्यवादी हिंदू मानसिकता पर कोई प्रश्न चिन्ह नहीं खड़ा करता है। पर इतिहास के इस यथार्थ के आलोक में ऐसा कहना क्या न्यायोचित होगा?

और मुहम्मद अली जिन्ना की आशंकाओं के अनुरूप इस " संविधान की साजिश " का सबसे बड़ा शिकार यहां का मुस्लिम समुदाय हुआ। किसी शुभ कार्य के बाधा रहित संपन्नता हेतु या किसी बड़े निर्माण कार्य के प्रारंभ में इस देश में सदियों से नरबलि की प्रथा रही है। इसी लिए जब यह संविधान लिखा जा रहा था और इस देश के लोकतंत्र की बुनियाद रखी जा रही थी तो बिना किसी वय विभेद के या लैंगिक विभेद के ऑपरेशन पोलो के तहत हैदराबाद में लगभग 2 लाख मुस्लिम नागरिकों की नरबलि दी गई (3) और अक्तूबर- नवम्बर 1947 में जम्मू में जम्मू-- कश्मीर के "महाराजा" हरि सिंह के व्यक्तिगत नेतृत्व में डोगरा सेना , इस विशेष कार्य हेतु देश के विभिन्न कोनों से आमंत्रित राष्ट्रीय स्वयं सेवक संघ के कार्यकर्ताओं और हथियारबंद सिखों के संयुक्त अभियान में 2.37 लाख मुस्लिम पुरुष , महिलाओं और बच्चों की या तो नरबलि दे दी गई या नरबलि के डर से वे पाकिस्तान पलायन कर गए (4) (5)। परन्तु जब बलि के लिए वय और लिंग का विभेद नहीं हो तो इन्हें नरबलि कहना कितना उपयुक्त होगा ? ये तो नस्ल बलि की घटनाएं थीं ? क्योंकि संविधान और तथाकथित राष्ट्र निर्माताओं को यह अंतरानुभूति थी कि वय और लिंग रहित नस्ल बलि की इन घटनाओं से संविधान को संपन्नता मिलेगी और नव स्थापित राष्ट्र को सुदृढ़ता और

स्थायित्व मिलेगा और भविष्य में उनकी यहीं शुभ कृति उन्हें नेता से नायक और पुरुष से दिव्य पुरुष बना देगी। इसके अलावा भी देश के कोने-- कोने में हजारों की संख्या में मुस्लिमों की नस्ल बलि दी गईं जिससे कुछ लोग नेता से लोकनेता बने और कुछ लोग पुरुष से महापुरुष बन गए। संविधान लागू होने के साथ भले ही इस नस्ल बलि पर प्रत्यक्ष विराम लगा हो पर परोक्ष रूप से सतत जारी रहा। कभी सरकार प्रायोजित तो कभी सरकार पोषित। 1987 में उत्तर प्रदेश में 42 मुस्लिमों की राजकीय आरक्षी बलों द्वारा हत्या और 1989 में भागलपुर की नस्ल बलि इसके एकाधिक उदाहरण हैं। परंतु नस्लबलि की इस लोकतांत्रिक प्रथा पर विराम लगने की संभावना थी इसलिए राज्य पोषित मनीषियों ने एक ऐसी बौद्धिक पीढ़ी विकसित करने का निर्णय लिया जो इस नस्लबलि की प्रथा को भविष्य में भी जारी रख सके। इसके लिए "बहुजन हिताय , बहुजन भाए " पाठ्यक्रम तैयार किए गए। पूरे मध्यकाल के इस्लामी शासन को देश के इतिहास के लिए काला अध्याय घोषित किया गया और मुस्लिम शासन को नैसर्गिक रूप से आक्रांता, आतंक , छल और लूट पर आधारित शासन प्रमाणित किया गया और इस वृहत भू--खण्ड को अखण्ड एवं सशक्त राजनैतिक इकाई बनाने के लिए अपनी कुर्बानियां देने वाले मुस्लिम शासकों को शत्रु और उस काल के छोटे-- छोटे हिंदू राजाओं या अलगाव वादी तत्वों को जो इस उपमहाद्वीप की राजनैतिक अखंडता और सांस्कृतिक विविधता में बाधा थे को इस देश की प्रजा को इस्लामिक शासन से मुक्ति के लिए ईश्वर प्रेषित दूत के रूप में प्रस्तुत किया गया और इस्लामिक शासन के पूर्व के शासन को तथाकथित स्वर्ण युग कहा गया जहां न कोई राजा था और न कोई प्रजा, और जो राजा थे भी वे अवतारी पुरुष थे और प्रजा आज्ञाकारी जन , जीवन जारी रखने के लिए न किसी को कोई परिश्रम करना पड़ता था और न ही कोई प्रयोजन क्योंकि नदियों में जल की धारा के बदले दुग्ध और मधु की धाराएं बहती थीं और चिड़ियां भी सोने की होती थीं और देव भाषा संस्कृत में बातें करती थीं। और इन सबको पहले मुस्लिमों ने नष्ट किया और उनके बाद अंग्रेजों ने। पर अंग्रेजों को हम तो इस देश से निष्कासित कर दिए पर मुस्लिम आज भी महात्मा गांधी की ऐतिहासिक

भूल से बचे हुए हैं। पर महात्मा गांधी से तो हम सबने मुक्ति पा लिया अब मुस्लिमों से मुक्ति पाना हमारे देश के लोकतंत्र का लक्ष्य है। ऐसे इतिहास को पढ़कर हिन्दुत्व की जो नई पीढ़ी तैयार हुई वह लोकतंत्र के यज्ञ में अपने हाथों से नस्लबलि करने को आतुर हो गई। इस यज्ञ के आरंभ से ही घबड़ाकर दिल्ली का शासन डोलने लगा और सरकार को आत्म रक्षार्थ बाबरी मस्जिद के द्वार खोलने पड़े। न्यूटन का नियम तो कहता है कि प्रत्येक क्रिया के विपरीत प्रतिक्रिया होती है पर शायद नस्ल निरपेक्ष बहुमत पर आधारित लोकतंत्र की राजनीति में ऐसा नहीं होता है। यहां क्रिया और प्रतिक्रिया दोनों की दिशाएं समान थीं। द्वार के खुलते ही प्रतिक्रियास्वरूप 1992 में यज्ञ की ज्वाला भड़क कर विकराल हो गई और पूरे देश में फैल गई जिसमें अखिल भारतीय स्तर पर मुस्लिमों की नस्लबलि दी गईं। इसके लोकतांत्रिक परिणाम आशा के अनुरूप हुए और पहली बार यज्ञ के यजमानों को दिल्ली के सिंहासन पर आरूढ़ होने का अवसर मिला। अब इस सत्ता के संरक्षण में देश के कोने-- कोने में यज्ञ की पुनः शुरुआत हो गई जिसमें छोटे-- छोटे स्तर पर मुस्लिमों की नस्लबलि दी गईं। इसी कड़ी में 2002 में गुजरात में एक राज्यव्यापी यज्ञ का आयोजन हुआ जिसमें हजारों मुस्लिमों की सामुहिक नस्लबलि दी गईं। यद्यपि हिंदू धर्म की पौराणिक मान्यताओं के अनुसार किसी शुद्र को यज्ञ में आहुति का अधिकार नहीं रहा है और दलितों को हिंदू धर्म का अंग नहीं माना गया है पर राष्ट्रपिता महात्मा गांधी की अध्यात्मिक राजनीति और संविधान निर्माता बाबा साहेब भीम राव अम्बेडकर के वृहत एवं सशक्त हिन्दुत्व की अवधारणा के कारण अब तक हिंदू धर्म की वर्ण/ वर्ग व्यवस्था विलोपित हो गई थी और इन दोनों उप समुदायों से भी इस राज्य स्तरीय महायज्ञ में उनके हाथों से आहुति दिलाई गई। चूंकि ये दोनों वर्ग ऐतिहासिक रूप से हिन्दुत्व में उपेक्षित रहे थे इसलिए ऐतिहासिक भूल की भरपाई के लिए इस यज्ञ में इन्हें अपेक्षाकृत अधिक महत्व दिया गया और इन्होंने निडर होकर इस राज्यव्यापी नस्ल बलि में हिस्सा लिया। इसी प्रकार हिंदू धर्म में स्वतंत्र रूप से महिलाओं को यज्ञ की आहूति का अधिकार नहीं रहा है पर लगभग 100 वर्षों से अधिक समय से देश में चल रहे विभिन्न नारी मुक्ति आंदोलनों ने उन्हें पूर्ण स्वतंत्र बना दिया था और वे

बिना किसी लैंगिक विभेद के प्रभुत्व संपन्न होकर इस महायज्ञ में अपनी हाथों से नस्ल बलि देने लगीं। इस यज्ञ ने एक और नया कृतिमान स्थापित किया। शायद पहली बार मुस्लिम महिलाओं के गर्भस्थ शिशुओं को मां का पेट चीर कर यज्ञ की अग्नि को समर्पित किया गया। अब इसे नस्ल बलि कहा जाए या कुछ और ? इसके लिए तो न तो हिंदी के भाषाविदों ने और न ही हिन्दुत्व के पौराणिक मनीषियों ने कोई विशेष शब्द का प्रावधान किया है क्योंकि शायद उन्हें बलि की इतनी व्यापकता का अंदेशा नहीं था। पुरोहितों ने बलि की इस व्यापकता का अनुमोदन नहीं करना चाहा पर जब पुरोहित से अधिक प्रभुत्व संपन्न यजमान हो जाये तो यज्ञ के नियमों पर नियंत्रण और परंपराओं का पालन उसके वश में नहीं रह जाता है। इसलिए इस यज्ञ में पूर्व की स्थापित सारी परंपराओं को भी अग्नि को समर्पित कर नया कीर्तिमान स्थापित किया गया। अब दिल्ली का सिंहासन पुन: डोलने लगा और उसे अपनी सत्ता हाथ से खिसकते दिखने लगी। उसे अपने हिन्दुत्व की लघुता का अहसास होने लगा। इसलिए उसने इस यज्ञ को रोकने के लिए दिल्ली से सेना भेजी पर सेना को यजमानों ने यज्ञ की वेदी तक आने ही नहीं दिया और लगभग 6 महीनों तक यह यज्ञ अबाध रूप से चलते रहा। इसी बीच गुजरात में विधान सभा चुनाव भी सम्पन्न हुए। इधर यज्ञ चलते रहा और उधर चुनाव भी होते रहे। ये दोनों एक दूसरे के लिए बाधा नहीं बने क्योंकि राज्य तो धर्मनिरपेक्ष है और यज्ञ तो राज्य निरपेक्ष है। पर पता नहीं क्यों जब चुनाव के परिणाम घोषित हुए तो यज्ञ के सारे यजमान और सारे वधिक ही चुनाव जीत पाए। चुनाव तो संविधान के आदर्शों के अनुरूप ही हुए ---एक नागरिक और एक मत और बिना किसी नस्लीय / संप्रदायिक विभेद के धर्मनिरपेक्षता के वातावरण में गुप्त मतदान द्वारा। तो ऐसा कैसे हो गया ? इस प्रश्न का उतर तो संविधान निर्माता ही दे सकते हैं। मेरे जैसा औसत बौद्धिकता का नागरिक इसे कैसे समझ सकता है ?

अब अवसर था इन्हें यथोचित सम्मान देने का। तो इन्हें अपनी-- अपनी वधिकता (बौद्धिकता नहीं) के आधार पर पदस्थापित किया गया। महिला एवं बाल विकास मंत्रालय उनको दिया गया जिन्होंने मुस्लिम

महिला का पेट चीरकर गर्भस्थ शिशु को निकाल कर यज्ञ की अग्नि को समर्पित करने का साक्ष्य दिया। और ऐसा करना इनकी विवशता थीं क्योंकि प्रकृति ने इन्हें भूल वश पुरुषोचित लिंग नहीं दिया था जिससे कि वे बलात्कार कर सकें। इसलिए इन्होंने अपनी तरह से इस यज्ञ में अपना योगदान दिया था।

इधर मुस्लिम समुदाय अपनी नस्ल की रक्षा हेतु सुषुप्तावस्था में चला गया और संविधान निर्माताओं द्वारा निर्मित अल्पमत के मांद में छिप गया। विधान सभा में उनके प्रतिनिधित्व की बातें तो छोड़िए जो हिंदू इस यज्ञ में मुस्लिमों की नस्ल बलि देने में पीछे रह गए वे भी विधान सभा से बाहर हो गए। सरकार के प्रधान ने इस पूरी घटना को न्यूटन के सिद्धांतों के अनुरूप क्रिया की प्रतिक्रिया कहा , सरकार में बैठे लोगों ने इसे मात्र एक संयोग कहा , सरकार के समर्थकों ने इसे प्रयोग कहा और सरकार के दल के संरक्षकों ने इस सफल प्रयोग को अखिल भारतीय स्तर पर दुहराने का संकल्प लिया। जितनी मुंह उतनी बातें। पर चुनाव के बाद तो सरकार के प्रधान ने इसे अंतरराष्ट्रीय संचार तंत्रों द्वारा अपनी व्यावसायिक हितों के लिए प्रसारित भ्रम कहा। पर मेरा मत है कि यह संविधान निर्माताओं के नस्ल निरपेक्ष लोकतांत्रिक गणराज्य की स्थापना के सपनों का साकार था। परन्तु अंतरराष्ट्रीय बुद्धिजीवियों का मत है कि यह नस्ल निरपेक्ष " संविधान की साजिश " का परिणाम था। अब पाठक स्वयं तय करें कि आखिर यह क्या था ?

पर इसी बीच लोकसभा के चुनाव भी हुए और गुजरात के यज्ञ में बाधा डालने हेतु सेना को भेजने से आहत होकर पूरे देश का हिंदू समुदाय केंद्र की सरकार को नकार दिया। पर जो नई सरकार बनी उसका नेता सिख था और उसकी बागडोर एक ईसाई महिला के हाथों में थी। इसलिए पुन: देश के विभिन्न हिस्सों में गुजरात की प्रयोगशाला का विस्तार किया गया। उसी क्रम में देश के पूर्वी तट पर स्थित उड़ीसा के कंधमाल में महायज्ञ का आयोजन हुआ जिसमें सैकड़ों ईसाइयों की नस्लबलि दी गईं। इसके अलावा भी स्थानीय स्तरों पर मुस्लिमों और आवश्यकतानुसार कभी -- कभी ईसाईयों की भी नस्लबलि होती रहीं जिससे देश का लोकतंत्र सुदृढ़ होते रहा और हिंदू समुदाय की

आंतरिक विभिन्नताएं और विविधताएँ धूमिल होती गईं और समाजवाद और साम्यवाद के विचारों की प्रासंगिकता अव्यवहारिक हो गई और देश का सम्पूर्ण हिंदू समुदाय एक मत और एक जुट होकर गुजरात के 2002 के प्रधान यजमान और गुजरात की प्रयोगशाला के प्रधान वैज्ञानिक (दोनों पदों पर एक ही व्यक्ति विराजमान थे क्योंकि अब तक अध्यात्म और विज्ञान के बीच की सीमा रेखा समाप्त हो गई थी और ये बचपन में गंदे नाली और परनाली के सड़ांध से ईंधन गैस बनाने का आविष्कार किए थे और उसी से चाय बनाने की तकनीक का विकास किए थे) को दिल्ली आने का निमंत्रण भेजा। और उन्हीं के नेतृत्व में 2014 के लोकसभा चुनाव की रणभेरी बजी। अपने चुनावी घोषणा में उन्होंने देश में विज्ञान को बढ़ावा देने का वादा किया और इसके लिए संपूर्ण भारत को अपनी प्रयोगशाला बनाने का संकल्प लिया और इसके लिए अपनी ही तरह के हजारों नव विज्ञानियों की नियुक्ति किया। और जब देश के लोकतंत्र का नेतृत्व एक ऐसे व्यक्ति के हाथों में आने की संभावना हो जिसमें विज्ञान और अध्यात्म का विरल संयोग हो तो उसे कौन पराजित कर सकता है ? देश का मुस्लिम समुदाय तो पहले से ही देश के लोकतंत्र के तापमान का सहन नहीं कर सका था और भूमिगत होकर सुषुप्ता वस्था में चला गया था अब मुस्लिमों की चिंता करने वाला विपक्ष भी चारों खाने चित होकर मूर्छित पड़ गया। बचा खुचा समाजवाद भी अब अपने अस्तित्व की रक्षा के लिए केसरिया वस्त्र धारण कर लिया और साम्यवाद बंगाल और त्रिपुरा के अपने नैसर्गिक शरण स्थलों को छोड़कर मारा-- मारा फिरता रहा। कुछ लोगों ने इसे हिंदूओं में बढ़ रही असंतोष का परिणाम कहा , कुछ ने इसे तथाकथित मुस्लिम तुष्टिकरण का दुष्परिणाम कहा और कुछ ने उन्मादी हिन्दुत्व के अभिमान का सम्मान कहा। पर कुछ ने इसे आदर्शवाद का आवरण ओढ़े " संविधान की साजिश " का परिणाम कहा।

अब तक नस्ल बलि के डर से मुस्लिम भूमिगत हो गए थे और पड़ोस का इस्लामिक देश भी प्रतिक्रियाहीन बना हुआ था। लाख उकसाने पर न तो मुस्लिम अपनी मांद से निकल रहे थे और न ही ललकारने पर

पड़ोस का इस्लामिक देश कोई प्रतिक्रिया दे रहा था। इसी बीच 2019 का लोकसभा चुनाव आ गया। विपक्ष तो पहले से ही मूर्छित पड़ा हुआ था। आखिर लड़ाई किससे हो ? सरकार के पास विकट समस्या आ गई। बिना शत्रु के लड़ाई हो सकती है क्या ? और बिना लड़ाई के लोकतंत्र चल सकता है क्या ? सरकार जब इस समस्या से जूझ रही थी तब ही जम्मू- कश्मीर के पुलवामा में कहीं से अर्ध सैनिक बलों पर हमले हो गए जिसमें 40 जवानों की मौत हो गई। सरकार की बांछे खिल गईं। जिस शत्रु की खोज में सरकार चिंतित थी वह शत्रु अपने आप सामने आ गया। भले ही सरकार लाख अन्वेषण के बाद भी न तो आरुषि तलवार की हत्या के हत्यारों का पता लगा पाई हो और न ही बिहार के मुजफ्फरपुर के नवरुणा हत्याकांड के गुनहगारों को खोज पाई हो पर एक पक्ष के अंदर ही पुलवामा के हमलावरों को खोज निकाली। पता चला कि ये पड़ोसी इस्लामिक देश में छिपे हुए हैं। बस सरकार ने सेना को " सर्जिकल स्ट्राइक " का आदेश दिया और सेना बिना किसी पेशागत अंतरराष्ट्रीय शिष्टाचार (जेनेवा समझौता 1949) का सम्मान किए एक पालतू कुत्ते की भांति उन गुनहगारों पर रात के अंधेरे में झपट पड़ी और सरकार के पौरूष के अनुरूप 40 के बदले 400 गुनहगारों को एक झपट्टे में ही मार कर वापस अपने देश लौट आई। न तो एक कम और न ही एक अधिक। सेना अपने शौर्य पर चुप्पी साधे रही, पड़ोसी देश अपने नागरिकों की मौत पर कोई मातम नहीं मनाया, दुनिया इसे देख भी नहीं पाई पर 400 लोग मार दिए गए। न तो उनके लाशों का पता चला और न ही एक बूंद खून के धब्बे मिले। पर एक विदेशी समाचार संस्थान ने एक मृत पक्षी को अवश्य देखा। विपक्ष के कुछ लोगों ने इस पूरे घटना का प्रमाण मांगा। बस क्या था सरकार को चिर प्रतीक्षित सबल शत्रु मिल ही गया जिसके विरोध में उसे जनता अपना मत दे सके। और देश के प्रधान वैज्ञानिक और प्रधान यजमान ने लोगों से अपना पहला मत पुलवामा में मारे गए सैनिकों के नाम पर मांगा मानो वह हमला या तो विपक्ष ने रचा था या विपक्ष की सरकार के शासन काल में हुआ था। और इस प्रकार 2019 के लोकसभा चुनाव के नतीजे आए तो उसे आशा से भी बेहतर सफलता मिली और लगभग तीस वर्षों बाद देश में पहली बार बिना किसी सहारे

के पूर्ण बहुमत की सरकार बनी। इसे कहते हैं लोकतंत्र का सुदृढ़ और सशक्त होना।

मनोवांछित फल की प्राप्ति के पश्चात् हमारे यहां यज्ञ के अनुष्ठान का प्रावधान रहा है जिससे कि हम उस फल का एक हिस्सा अपनी देवताओं को भी समर्पित कर सकें। पर यज्ञ के लिए तो नस्ल बलि चाहिए। इधर सारे मुस्लिम सुषुप्तावस्था में अपनी मांदो में छिप गए थे। आखिर उन्हें निकाला कैसे जाए ? सरकार के समक्ष पुनः समस्या आ खड़ी हुई। और अगर किसी तरह उन्हें निकाल भी दिया गया तो उन्हें जागृत कैसे किया जाये क्योंकि यज्ञ के अनुष्ठान की सफलता के लिए बलि के वध्य का स्वस्थ एवं स्फूर्त होना अतिआवश्यक है। इसी समय सरकार ने जम्मू कश्मीर से धारा 370 के विलोपन और इस राज्य को केंद्र शासित प्रदेश बनाने का निर्णय लिया क्योंकि वहां का मुख्यमंत्री एक मुस्लिम था और वहां की बहुसंख्यक जनता भी मुस्लिम थी और जबतक वहां का शासन किसी हिंदू के हाथों में नहीं जाता तब तक वहां का लोकतांत्रिक शुद्धिकरण संभव नहीं था। पर इससे कोई आशा के अनुरूप परिणाम नहीं हुए। न तो जम्मू--कश्मीर के मुस्लिम अपनी मांद से बाहर निकले न ही देश के मुस्लिम क्योंकि मुस्लिम अब अपनी नस्लीय एकता से अधिक नस्लीय अस्तित्व के प्रति अधिक चिंतित थे। आखिर सरकार करे तो क्या करे ? इधर यज्ञ का समय बीतते जा रहा था। समय अधिक हो जाने पर देवता के भी क्रुद्ध हो जाने का भय था और लोकतंत्र में तो जनता ही जनार्दन है और उसकी भी सब्र की सीमाएं हैं इसलिए सरकार ने अखिल भारतीय स्तर पर अब यज्ञ के आयोजन का निर्णय लिया। इसके लिए " नागरिकता संशोधन विधेयक 2019 " और " "नागरिकों के लिए राष्ट्रीय पंजी " जैसे कानून लाए। यह युक्ति सफल रही। अब देश के हर कोने में मुस्लिम अपनी मांद से बाहर निकलने लगे--- सुषुप्तावस्था में नहीं बल्कि स्फूर्तावस्था में। और जो जहां मिला वहीं उसकी नस्ल बलि होने लगी। सरकारी स्तर पर भी और निजी स्तरों पर भी। प्रधान वैज्ञानिक एवं यजमान ने स्थानीय वधिकों की सहजता के लिए घोषणा की कि आप "नस्ल बलि के लायक नागरिकों " को उनके पोशाक से ही पहचान सकते हैं। बस क्या था पूरे

देश में अखिल भारतीय स्तर पर यज्ञ के आयोजन होने लगे और मुस्लिमों की नस्लबलि होने लगी। इसी क्रम में दिल्ली के शाहीन बाग में मुस्लिम महिलाओं , पुरुषों और बच्चों ने एक जुट होकर अपने अस्तित्व की अन्तिम लड़ाई लड़ने का निर्णय लिया। इधर लोकतंत्र के यज्ञ के यजमानों में हर्षोल्लास आ गया। क्या हिरण झुंड बनाकर शेर का मुकाबला कर सकता है ? झुंड पर भी हमले हुए और झुंड से अपरिहार्य कारणवश निकले एकाकी जन पर भी हमले हुए। कुछ महिलाओं ने अपने पतियों को लोकतंत्र के यज्ञ में अग्नि को समर्पित होते देखा तो कुछ ने अपने बच्चों को अपनी आंखों के सामने नस्ल बलि होते देखा। और सरकारी और निजी वधिकों के बीच की विभाजन रेखा को मिटते दुनिया देखी। पर जब इनके सामुहिक नस्ल बलि की योजना बन रही थी उसी समय इनकी रक्षा के लिए इनके कुटुम्बी कोरोना का " काल " आ गया। फलस्वरूप , यजमान , वधिक और सरकार सभी भूमिगत हो गए। कहा तो यह भी गया कि अपने इस कुटुंबी को यहां के मुसलमानों ने ही पत्र लिखकर विदेशों से आमंत्रित किया था। और इसलिए सरकार और नागरिक दोनों ने मिलकर इनपर देश द्रोह का मुकदमा चलाया और जहां भी दिखे उनके कुटुम्बी के सम्मुख ही उनकी नस्ल बलि दी गई और लोकतंत्र के यज्ञ की ज्वाला को उन्हें समर्पित किया गया। कोरोना का " काल " भी लोकतंत्र की ज्वाला को न तो बुझा पाया और न ही मुरझा पाया।

इसी बीच देश के तथाकथित उत्तम प्रांत में भी विधान सभा के चुनाव आ गए। यहां 2017 से ही एक ऐसे यजमान का शासन था जो स्वयं पुरोहित भी था। पिछले 5 वर्षों में उन्होंने लगातार यज्ञ का आयोजन किया था जिसमें सैकड़ों की संख्या में नस्ल बलि दी गई थीं। और लगातार चलते रहने वाले यज्ञ में बलि के लिए वध्य की कमी नहीं हो इसलिए इनके पास कारागारों में " नस्ल बलि के लायक नागरिकों " का एक बड़ा समुच्चय संचित था जिन्हें आवश्यकतानुसार बलि दी जा सकती थी। " नस्ल बलि के लायक नागरिकों " के इस समुच्चय में वे भी थे जो संविधान में चूक के कारण विधान सभा और लोक सभा में पहुंच गए थे। संविधान की इस चूक का निराकरण किया गया। उनकी

सदस्यता का समापन संविधान के रक्षक न्यायालय से ही करवाई गई और उनकी निजी संपतियों को खाक में मिला दिया गया और उन्हें संचय गृहों में भविष्य के लिए संरक्षित रखा गया और उनमें से एक -- एक को निकाल कर समय-- समय पर नस्ल बलि दी जाती रहीं और लोकतंत्र की ज्वाला निरंतर जलती रही।

इसी बीच एक अन्य प्रांत की सरकार के प्रधान ने अपने मित्र के यज्ञ में नस्ल बलि की कमी पुरी करने के लिए अपने राज्य के शिक्षण संस्थानों में हिजाब पर रोक लगा दिया जिससे कि पूरे देश में "नस्ल बलि के लायक नागरिक " नर-- नारी अपनी मांद से बाहर आ गए और यत्र - तत्र उनकी नस्ल बलि दी गईं और जनता जनार्दन ने अपना " गुप्त मतदान " देकर पुनः यजमान को राज्य का प्रधान बना दिया। इस चुनाव में भी यह ध्यान रखा गया कि कोई "नस्ल बलि के लायक नागरिक" विधानसभा नहीं पहुंच पाए इसलिए परंपरा का निर्वहन करते हुए किसी ऐसे नागरिक को दल का टिकट ही नहीं दिया गया क्योंकि ऐसा नहीं करने पर जनता जनार्दन के कोप भाजन का शिकार बनना पड़ता और जनता तो नस्ल निरपेक्ष है और मतदान की गोपनीयता तो हमारे लोकतंत्र का मूल मंत्र है। और इसके यथोचित परिणाम विधान सभा के विन्यास में परिलक्षित हुए। सत्ता धारी पक्ष से तो कोई " नस्ल बलि के लायक नागरिक" सदस्य नहीं ही था विपक्ष से भी जो संविधान के आदर्शों की चूक के कारण पहुंच पाए उनकी सदस्यता उनके बचपन की उच्छृंखलताओं के कारण न्यायालय ने केवल रद्द ही नहीं किया बल्कि उन्हें भी निरंतर चलने वाले लोकतंत्र के यज्ञ के लिए आवश्यक " नस्लबलि के नागरिकों " के लिए बने संचय गृहों में डाल दिया।

इसी क्रम में गुजरात का विधान सभा चुनाव भी आ गया। " नस्ल बलि के लायक नागरिकों " की बलि तो यत्र -तत्र होते ही रहे पर इस बार राज्य सरकारों की अक्षमता के कारण बड़े पैमाने पर नस्ल बलि नहीं दी जा सकी। इसलिए लोकतंत्र के यज्ञ की सफलता के प्रति यजमानों में निराशा थी। उन्हें इस निराशा से उबारने के लिए सरकार ने उन वधिकों को जो 2002 के गुजरात के राज्यव्यापी यज्ञ में संविधान की

खामियों के कारण करावासों में कैद थे उन्हें निकालने का निर्णय लिया। उन्हें बहुत ही गरिमा पूर्ण वातावरण में करावासों से निकाला गया और जनता ने भी हर्षातिरेक होकर उनका स्वागत किया और उन्हें मिष्ठान भोजन कराया गया और सरकार के लोगों ने उन्हें " संस्कारी ब्राह्मण " की संज्ञा देकर उन्हें तो सम्मान दिया ही हिन्दुत्व के भी पौरुष में वृद्धि किया। और इन प्रयत्नों से पुन: संविधान के आदर्शों के अनुरूप "नस्ल निरपेक्ष " " गुप्त मतदान " के " बहुमत " पर आधारित "नस्ल रहित सरकार" की स्थापना हो सकी। पर राज्य में 10 प्रतिशत जनसंख्या वाले इस " नस्ल बलि के लायक नागरिकों " ने 182 सदस्यीय विधान सभा में अपना 1 सदस्य भेज कर सदन की नस्लीय शुद्धता भंग कर ही दिया। वैसे तो 1998 से यजमानों की सरकार सत्ता में जब से आई थी तब से लोकतंत्र के यज्ञ की शुद्धता बनाए रखने के लिए किसी " नस्ल बलि के लायक नागरिक " को मुख्य यजमान द्वारा न तो कोई मंत्री पद दिया गया था और न ही विधान सभा का टिकट दिया गया था फिर जब सदन की शुद्धता बचाई नहीं जा सकी तो जन का चिंतित होना स्वाभाविक था। कुछ ने इसे यज्ञ के अनुष्ठानों की संख्या में कमी का परिणाम कहा तो कुछ ने इसे अनुष्ठानों की शुद्धता में कमी का दुष्परिणाम कहा। कुछ ने इसे प्रधान यजमान का गुजरात से भौगोलिक दूरी का प्रतिफल कहा तो कुछ ने उनकी गुजरात के प्रति उदासीनता को कारण बताया। कुछ ने तो इसे संविधान निर्माताओं की अदूरदर्शिता का परिणाम बताया तो कुछ ने संविधान निर्माता के रूप में बाबा साहेब भीम राव अम्बेडकर के वृहत एवं सशक्त हिन्दुत्व के निर्माण में हो गई चेतन या अवचेतन चूक को इसका कारण बताया। कुछ ने इसे हिन्दुत्व के समावेशी चरित्र और उसकी सहिष्णुता का दुष्परिणाम बताया। राजनैतिक जनसंख्या विज्ञानियों ने इसे " नस्ल बलि के लायक नागरिकों " की " सुनियोजित अनियंत्रित जनसंख्या वृद्धि " को इसका कारण बताया तो राजनैतिक समाज विज्ञानियों ने इसे इनमें बढ़ती नस्लीय चेतना का परिणाम कहा। कुछ ने तो इसे संविधान की धर्म निरपेक्षता के मूल्यों के प्रति इनके अनादर का प्रतीक कहा। कारण कुछ भी हो पर परिणाम तो अब सम्मुख है। अब सरकार का यह कर्तव्य बनता है कि उसे " स्वतन्त्र एवं निष्पक्ष " न्यायपालिका के "गंगा

जल" से धोकर सदन की शुद्धता को स्थापित करे और उस सदस्य को भविष्य के लिए नस्ल बलि हेतु संचित कर ले नहीं तो लोकतंत्र के देवताओं (मतदाताओं) का कोपभाजन क्या वह सहन कर पाएगी ?

इधर अब दक्षिणापथ पर स्थित कर्णाटक में भी विधान सभा चुनावों की घोषणा हो चुकी है। कथित गो--रक्षकों की टोली ने आरक्षी स्थल के सामने ही एक " नस्ल बलि के लायक नागरिक" की बलि देकर लोकतंत्र के इस यज्ञ की शुरुआत कर दी है। और जैसा कि पहले बताया जा चुका है कि तथाकथित उत्तम प्रांत में चुनाव के समय कैसे कर्नाटक के मुख्य यजमान ने भ्रातृत्व बोध से अभिभूत होकर शिक्षण संस्थानों में हिजाब पर रोक लगाकर अपनी मांद में सुषुप्त पड़े " नस्ल बलि के लायक नागरिकों " को अखिल भारतीय स्तर पर स्फूर्त होकर बलि के लिए बाहर निकलने को विवश किया था जिससे कि उत्तम प्रांत में लोकतंत्र का यज्ञ सफल हो सका था के आभार स्वरूप उत्तम प्रांत के भी मुख्य यजमान और प्रधान पुरोहित (जैसा कि पहले बताया जा चुका है इन दोनों पदों पर एक ही व्यक्ति आसीन हैं) अब अपनी सुषुप्तावस्था की कमी के कारण धरती पर एक-- आध भटकते हुए " नस्ल बलि के लायक नागरिकों " को पकड़-- पकड़ कर या तो बंदीगृहों में डाल रहे हैं या संचार तंत्रों के सम्मुख ही नस्लबलि दे दे रहे हैं। पर निजी स्तर पर भी यज्ञ के आयोजन में जब कभी नस्लबलि के लिए वध्य की आवश्यकता पड़ जाती है तो लोग चाहे तो किसी भटकते "नस्ल बलि के लायक नागरिकों " को पकड़ ले रहे हैं या सरकारी बंदीगृहों में संचित समुच्चय में से या तो मुख्य यजमान से मांग ले रहे हैं या कभी-- कभी लोकतंत्र के प्रति अपनी अटूट प्रतिबद्धता के कारण बलपूर्वक निकाल कर भी उनकी नस्ल बलि दे दे रहे हैं। पर क्या कर्नाटक प्रांत के इस यज्ञ की सफलता का दायित्व केवल इन्हीं पर है या हम सबका (बहुसंख्यक नस्ल) सामुहिक दायित्व है ?

और दक्षिणा पथ के इस प्रांत के यज्ञ की सफलता के बाद भी हममें शिथिलता नहीं आनी चाहिए क्योंकि हमें 2024 के अखिल भारतीय यज्ञ की भी तो तैयारी करनी है। तो आइए हम आज ही नस्लबलि देकर एक नस्ल रहित मजबूत लोकतंत्र की स्थापना का संकल्प लेते हुए इस

यज्ञ की भी तैयारी कर दें जिससे कि संविधान निर्माताओं के सपनों का "नस्ल रहित राष्ट्र " हम बना सकें।

धन्यवाद।

यह आलेख कर्नाटक विधानसभा चुनाव 2023 की तैयारियों पर लिखा गया है।

♦♦♦♦♦

संदर्भ

1.0 सिंह जसवंत, जिन्ना: इण्डिया पार्टीशन , इंडिपेंडेंस, रूपा पब्लिकेशन, संस्करण 2009 , पृष्ट संख्या 135-36

2.0 आडवाणी एल के , माय कंट्री माय लाईफ , रूपा पब्लिकेशन, संस्करण 2008 , पृष्ट संख्या 820 .

3.0 डेलरिंपल विलियम , द एज ऑफ काली , ब्लूम्सबरी पब्लिकेशन न्यू दिल्ली, संस्करण 2017 , पृष्ट संख्या 209-10

4.0 द टाइम्स, 14 अगस्त 1948

5.0 कश्मीर टाइम्स, 1 मई 2024 , वेद भसीन द्वारा जम्मू विश्वविद्यालय में सितम्बर 2003 में दिए गए सार्वजनिक व्याख्यान – विभाजन के अनुभव: जम्मू 1947।

हमारा संविधान और इसके निर्माता : खूबियां और खामियां

जुलाई 1945 में ब्रिटेन में एटली के नेतृत्व में नई सरकार का गठन हुआ और द्वितीय विश्वयुद्ध के दौरान अपने किए गए वायदों के अनुसार उन्होंने भारत की शासन व्यवस्था भारतीयों के हाथों में सौंपने के उद्देश्य से एक त्रिसदस्यीय मंत्रीमंडलीय समिति भारत भेजा जिसकी अनुशंसा के आलोक में संविधान सभा का गठन हुआ, जिसके सदस्य अप्रत्यक्ष वयस्क मताधिकार से निर्वाचित हुए और जिसमें प्रारंभ में 389 सदस्य थे पर बाद में मुस्लिम लीग के अलग हो जाने के कारण 299 सदस्य रह गए जिनमें महिला 15, अनुसूचित जाति 26 और अनुसूचित जनजाति के 33 सदस्य थे। इनमें देशी रियासतों के 70 सदस्य मनोनीत थे, निर्वाचित नहीं। संविधान सभा में 9 समितियां थीं। डॉ० अम्बेडकर भी इनमें से एक समिति --- प्रारूपन समिति के अध्यक्ष थे। पर गौर करने लायक तथ्य यह है कि इनमें से एक भी समिति का अध्यक्ष कोई मुस्लिम नहीं था जबकि मौलाना अबुल कलाम आज़ाद 1940 से 1945 तक कांग्रेस के राष्ट्रपति रहे (उस समय अध्यक्ष को राष्ट्रपति कहा जाता था) थे और संयुक्त प्रांत से निर्वाचित थे। पर यह हिन्दू संविधान सभा न बनकर रह जाए इसलिए हरेंद्र कुमार मुखर्जी (धर्मांतरित ईसाई) को अल्पसंख्यकांची उप समिति का अध्यक्ष बनाया गया था जबकि अल्पसंख्यक सलाहकार समिति के अध्यक्ष सरदार वल्लभ भाई पटेल थे (जिन्होंने धार्मिक अल्पसंख्यकों के विशेषाधिकार प्रस्तावों का पुरजोर विरोध किया था [1])। और तब सब ने मिलकर पहले तो ब्रिटिश भारत और आजादी की घोषणा के बाद स्वतंत्र भारत के नागरिकों के लिए एक संविधान तैयार किया। पर चूंकि भारत में मूर्ति पूजा और व्यक्ति पूजा की प्राचीन परंपरा रही है इसलिए संविधान निर्माण का श्रेय किसी संस्था को न देकर जब किसी व्यक्ति को दी जाती है तो इसमें

1

मुझे कोई आश्चर्य नहीं लगता है। इसलिए वर्तमान पीढ़ी के बहुसंख्य लोगों की तरह मेरा भी मानना है कि भारतीय संविधान को संविधान सभा ने नहीं बल्कि बाबा साहेब भीम राव अंबेडकर ने लिखा है। पर ऐसी मान्यता पालने के कुछ खतरे भी हैं क्योंकि संविधान की खूबियों का श्रेय जब किसी व्यक्ति को देंगे तो खामियों का श्रेय भी उसी को देना होगा। इसलिए मेरा वर्तमान आलेख बाबा साहेब भीम राव अम्बेडकर और उनके द्वारा लिखित संविधान की खूबियों और खामियों तक सीमित होगा।

सबसे पहले मैं यह स्पष्ट करना चाहूंगा कि आज भारत के लोग संविधान के प्रति इतना समर्पण का प्रर्दशन इसलिए नहीं कर रहे हैं कि संविधान में खूबियां ही खूबियां हैं बल्कि इसलिए कर रहे हैं कि संविधान भूरी चमड़ी के भारतीयों द्वारा बनाया गया है। परन्तु मेरा मानना है कि यह मान्यता भारतीयों के नस्लीय या अंधराष्ट्रीय चेतना का प्रतीक है न कि किसी वस्तुनिष्ठ सोच का। जब भारतीय संविधान लिखा जा रहा था, उसी समय जापान का भी संविधान लिखा जा रहा था। यह आक्रमणकारी अमेरिका के लगभग 25 सैन्य अधिकारियों द्वारा मैक आर्थर के निर्देश में अल्पावधि में लिखा गया संविधान था। पर जापान की प्रजा ने इस संविधान को " शांति संविधान " या " मैक आर्थर संविधान " कहकर स्वागत किया और 3 मई 1947 से प्रत्येक वर्ष इस दिन को हर्षोल्लास के साथ संविधान दिवस के रूप में मनाने का संकल्प लिया क्योंकि यह उनके लिए वहां की अधिनायक वादी शासन व्यवस्था और अपने ही सम्राट द्वारा अधिरोपित आक्रामक राष्ट्रवाद से मुक्ति का मार्ग था न कि किसी बाह्य आक्रमणकारी शक्तियों द्वारा अधिरोपित दंड संहिता। इसलिए मेरा मत है कि संविधान के प्रति समर्पण का भाव उसके लिखने वाले की राष्ट्रीयता या नस्ल से तय नहीं होनी चाहिए बल्कि उसमें निहित वस्तुनिष्ठ तथ्यों से तय होनी चाहिए। आज भी कुछ लोग, जो नस्ल बोध से निरपेक्ष हैं और जिनकी सोच में वस्तुनिष्ठता बची है और जो जीवन के शुरुआती वर्षों में या तो ब्रिटिश व्यवस्था को अपनी आंखों से देखे हैं या उसकी तरंगों को महसूस किए

हैं, अक्सर कहते दिख जाते हैं कि वर्तमान व्यवस्था से तो बेहतर ब्रिटिश व्यवस्था ही थी।

इधर हाल के वर्षों में दलितों का भी संविधान के प्रति अप्रत्याशित उत्साह बढ़ा है, वह भी शुद्ध नस्लीय या जातीय सोच का परिणाम है न कि सार्वजनिक संविधान बोध का क्योंकि उन्हें पिछले कुछ दशकों में ही ज्ञात हुआ है कि संविधान कोई संविधान सभा के सामुहिक प्रयास का प्रतिफल नहीं है बल्कि यह एक दलित के अप्रतिम प्रतिभा का परिणाम है। पर मेरा मानना है कि इसी संविधान की खामियों के कारण हज़ारों दलित आज भी अपराध से अधिक सजा काट लेने के बावजूद भी कारागारों में बंद हैं और कारागारों में भी उनके लिए कमरे भी अलग आवंटित होते हैं और उनके रसोई भी अलग होते हैं। इसके बावजूद मैं आज 26 नवम्बर को सम्पूर्ण प्रभुत्व संपन्न लोकतंत्रात्मक गणराज्य के सभी नागरिकों को उपासना की स्वतंत्रता और अवसर की समता देने वाले संविधान के लेखन की पूर्णाहुति की ढेर सारी शुभकामनाएं देना चाहता हूं। पर जब मैं सूक्ष्मता से देखता हूं तो पाता हूं कि अंबेडकर का यह लिखित संविधान कोई त्रुटि रहित और ठोस संहिता नहीं है बल्कि यह द्रव्य है। 70 वर्षों के भीतर ही इसमें 100 से ज्यादा संशोधन हो चुके हैं जबकि जापान का संविधान आज भी दुनिया का सबसे पुराना असंशोधित संविधान है। तो इतने संशोधनों के बाद कौन से प्रावधान अंबेडकर के मूल विचार थे और कौन से प्रावधान अंबेडकर के बाद की पीढ़ी के? और किस संविधान का सम्मान किया जाए? अंबेडकर द्वारा लिखित मूल संविधान का या 100 बार से भी अधिक संशोधित अद्यतन संविधान का? निर्णय करना मुश्किल है।

सबसे प्रथम संशोधन तो संविधान अंगीकृत करने के 1 साल बीतते ही लाने पड़े जब मद्रास की एक युवती को चिकित्सा महाविद्यालय में इस आधार पर नामांकन नहीं मिल पाया कि वह ब्राह्मण थी जबकि उससे कम अंक वाले अन्य पिछड़े वर्ग के अभ्यर्थी का नामांकन हो गया। तो उच्च और उच्चतर न्यायालय ने उसके अवसर की समता का सम्मान करते हुए सरकार के फ़ैसले को रद्द कर दिया। तो हम कैसे कह सकते हैं कि संविधान निर्माता अप्रतिम प्रतिभा के धनी और दूरद्रष्टा थे?

पुन: अंबेडकर सामाजिक, आर्थिक और राजनैतिक न्याय की बात तो करते हैं पर सदियों से अन्याय और असामनता पर आधारित समाज में इसकी स्थापना के उपायों पर मौन हो जाते हैं। बाद में संवैधानिक संकट की स्थिति में जवाहर लाल नेहरु के संशोधन विधेयक ने जमींदारी प्रथा के उन्मूलन और पिछड़ों के लिए लोक सेवाओं में भागीदारी सुनिश्चित कर सामाजिक, आर्थिक और राजनैतिक न्याय का मार्ग प्रशस्त किया और अवसर की समता की सार्वजनिक अवधारणा को संशोधित कर उसे चयनात्मक बनाया जिससे कि सदियों से असमानता से ग्रसित समाज में समता की कल्पना मात्र संवैधानिक अवधारणा नहीं होकर प्रायोगिक भी हो सके। बाद के वर्षों में , श्रीमती इंदिरा गांधी द्वारा इन लक्ष्यों की प्राप्ति हेतु समाजवाद और पंथ निरपेक्षता संविधान की प्रस्तावना में जोड़ा गया और अंबेडकर के संविधान में वर्णित संपत्ति के अधिकार को मूल अधिकारों की सूची से हटाकर उसे अनुसूची 9 में डालकर और राजे-महाराजों की पद और पदवी को विलोपित कर उन्हें आम नागरिक बनाया गया एवं उनकी अथाह संपत्तियों को छीनकर उन लोगों में वितरित किया गया जो सामाजिक, धार्मिक और लैंगिक विभेदों के कारण सदियों से संपत्ति के अधिकार से वंचित रहे थे। पर अगर ऐसी चूक संविधान निर्माता से हो गई तो उनकी दूरदृष्टि पर प्रश्न उठना तो स्वाभाविक है।

डॉ० अंबेडकर द्वारा यह घोषित किया गया कि हम भारत के लोग अब परतंत्र नहीं हैं बल्कि संप्रभु हैं। पर आज भी जब एक आम भारतीय किसी सरकारी अधिकारी के पास जाता है तो हाथ जोड़कर, सर झुका कर और नतमस्तक होकर समर्पण भाव से सविनय निवेदन कर उसे सर या मालिक से संबोधित करता है न कि साधिकार अपने अधिकारों की मांग करता है। तो इसमें संप्रभुता का अहसास कहां है? परतंत्रता का विलोपन और स्वतंत्रता का समावेशन कहां है? ब्रिटिश काल में तो महात्मा गांधी का स्वागत करने के लिए वायसराय अपने कक्ष से केवल बाहर ही नहीं निकलते थे बल्कि उनकी बग्घी तक आते थे और महात्मा गांधी भी वायसराय को मिस्टर वायसराय कहकर संबोधित करते थे न कि सर। वायसराय तो ब्रिटिश संप्रभुता के प्रतिनिधि थे और गांधी तो

पराधीनता के प्रतीक थे तो यह कैसे संभव हो पाया? क्या डॉ0 अंबेडकर का संविधान आम नागरिकों को इतना सम्मान और इतनी समता का अधिकार देता है? या शासक या प्रशासक के चमड़े का रंग जनता के रंग के सदृश हो जाने मात्र से जनता में संप्रभुता आ गई और उसकी परतंत्रता समाप्त हो गई? या शासक और शासित का भेद मिटाने में डॉ0 अंबेडकर का संविधान असफल रहा है? यह विचारणीय विषय है।

कहा जाता है कि डॉ० अंबेडकर ने हम भारत के लोगों को दुनिया का सबसे बेहतरीन संविधान दिया है। पर जब संविधान बन रहा था तब देश में हाहाकार मचा हुआ था, लोग भाग रहे थे--- कोई पाकिस्तान की तरफ तो कोई शेष भारत की ओर। अगर सचमुच में अंबेडकर दुनिया का बेहतरीन संविधान लिख रहे होते तो पाकिस्तान के सभी लोग भारत आ जाते और मुहम्मद अली जिन्ना जनशून्य जमीन और चट्टानों पर शासन करने के लिए अकेले रह जाते या वहां के सभी हिंदू ही भाग आते और पाकिस्तान हिंदू शून्य हो जाता या कम से कम पाकिस्तान की तरफ भागता जनसैलाब ठहर गया होता और मुड़कर उस भू -खंड को देखा होता जहां उसके पुरखों की कब्रें पड़ी थीं और जहां उसके बचपन बीते थे। पर ऐसा तो कुछ नहीं हुआ। लोग भागते गए उस भू-खंड की तरफ, जहां उनका कुछ नहीं था, जहां न उनका घर था न जहां की जलवायु से वे परिचित थे। बस नीचे भू-खंड था और ऊपर आसमान। तो हम कैसे कह सकते हैं कि अंबेडकर ने हम भारत के लोगों को दुनिया का सबसे बेहतरीन संविधान दिया है? जब हमारा संविधान बनकर तैयार हुआ तो दुनिया के विभिन्न देशों या ब्रिटिश उपनिवेश के अन्य देशों में रहने वाले अनिवासी भारतीय तो लौट कर भारत नहीं आ गए? बल्कि वे उन्हीं देशों में सदा के लिए बस जाना श्रेयस्कर समझे क्योंकि अंबेडकर के नए संविधान में उनका या उनके बच्चों का भविष्य अंधकारमय लगा था। हज़ारों की संख्या में लोग, जो उस काल में ब्रिटेन में रह रहे थे, भारत का संप्रभु नागरिक बनने की अपेक्षा ब्रिटेन की महारानी की प्रजा बनना स्वीकार कर लिए। तो अंबेडकर के संविधान को दुनिया का सबसे बेहतरीन संविधान कहने

के वस्तुनिष्ठ आधार क्या हैं? भारत सरकार के आंकड़ों के अनुसार 2011 से 2022 के बीच 16.63 लाख लोगों ने भारत की नागरिकता छोड़ी है जबकि इसी अवधि में भारत की नागरिकता लेने वालों की संख्या मात्र कुछेक हजार तक है। अकेले 2022 में 2.25 लाख से अधिक लोगों ने भारत की नागरिकता छोड़कर विदेशों में बस गए [2]तो अपने संविधान के बेहतरीन होने का दावा करना कितना वस्तुनिष्ठ है और कितना नस्लनिष्ठ? हमें इसपर गंभीरता से विचार करना होगा।

यह भी अक्सर दावा किया जाता है कि डॉ0 अंबेडकर के संविधान में नैसर्गिक आकर्षण था जिससे एक उदारवादी राष्ट्र की नींव पड़ी। पर मेरा मानना है कि अंबेडकर के संविधान में कोई नैसर्गिक आकर्षण नहीं था जिससे देशी रियासतें भारतीय गणराज्य में मिलने को आतुर हों। कुछ रियासतों को छोड़कर, जो भी रियासतें भारत में मिलीं वे या तो माउंटबेटन की आभा से प्रभावित होकर या नेहरु के व्यक्तित्व से आशान्वित होकर। पर वे भी नेहरु के बाद अपने भविष्य के लिए आशंकित थे आशावान नहीं। जो रियासतें बच गईं उनका विलय किसी स्थापित नीति से नहीं हुआ। कहीं जनमत संग्रह हुआ तो कहीं जनसंहार। तो हम कैसे कह सकते हैं कि अंबेडकर के संविधान में उदारवाद था और इसमें नैसर्गिक आकर्षण था? इसके विपरीत मुगल काल में बहुत से देशी राजा अकबर की अलिखित नीतियों से प्रभावित होकर मुग़ल साम्राज्य का अंग बनना स्वीकार किये थे और उसके व्यक्तित्व की आभा से प्रभावित होकर उससे पारिवारिक सम्बंध भी बनाए थे। ब्रिटिश शासन के शुरुआती वर्षों में बहुतेरे भारतीय राजा ब्रिटिश शासन की खूबियों से प्रभावित होकर स्वेच्छा से ब्रिटिश साम्राज्य में विलय का निर्णय लिए थे। तो अगर अंबेडकर का संविधान एक उदारवादी राष्ट्र की नींव रखा तो ऑपरेशन पोलो की क्यों आवश्यक्ता पड़ गई या आज पूर्वोत्तर भारत में सशस्त्र बल विशेषाधिकार अधिनियम (AFSPA) , 1958 की या कश्मीर में नागरिकों से ज्यादा सेना लगाने की क्या आवश्यकता है? यहां मैं

---

[2] 2

जिब्राल्टर का उदाहरण देना समीचीन समझता हूं। यह स्पेन के दक्षिणी छोर पर स्थित है और स्पेन से भौगौलिक और सांस्कृतिक रूप से जुड़ा हुआ है और ब्रिटेन से हजारों किलोमीटर दूर है। इसका क्षेत्रफल 7 वर्ग किलोमीटर से भी कम है और इसकी जनसंख्या लगभग 30,000 है और यह 300 वर्षों से अधिक समय से ब्रिटेन का उपनिवेश बना हुआ है। स्पेन सरकार इसे अपने देश का नैसर्गिक अंग मानकर जनमत संग्रह की मांग ब्रिटेन से बार-बार करते आई है और उस मांग का सम्मान करते हुए ब्रिटेन अब तक तीन बार जनमत संग्रह करा चुका है। पर हर बार ब्रिटेन के पक्ष में 97 प्रतिशत से ज्यादा मत पड़ते आए हैं [3]। इसी प्रकार न्यू कैलेडोनिया फ्रांस की मुख्य भूमि से करीब 17000 किलोमीटर दूर एक उपनिवेश है जहां मूल निवासी " कनक " के नेताओं की स्वतंत्रता की मांग पर बार-बार जनमत संग्रह कराये गए हैं पर सभी में फ्रांस के पक्ष में ही बहुमत आये हैं और 2021 में हुए अन्तिम जनमत संग्रह में तो 96 प्रतिशत मत फ्रांस के ही पक्ष में पड़े [4]। तो इसे कहते हैं इतिहास, संस्कृति, भूगोल और भाषा से ऊपर उठकर संविधान के नैसर्गिक आकर्षण से आकर्षित होकर लोगों का जुड़ना और इसे कहते हैं पड़ोसी देश या उपनिवेश की इच्छा का सम्मान करते हुए जनमत संग्रह कराना। क्या हमारा संविधान अपने प्रति जनमानस में इतना आकर्षण पैदा कर सका है और सरकारों में जनभावना के सम्मान की इतनी प्रतिबद्धता पैदा कर सका है कि 1948 के वायदों के अनुरूप कश्मीर में जनमत संग्रह करा सकें ? आखिर कब तक हम AFSPA के सहारे देश की अखंडता को बचाए रखेंगे? हमें इसपर गंभीरता से विचार करना चाहिए।

अंबेडकर ने सदियों से नस्लों एवं जातियों में बंटे हम भारत के लोगों में सार्वजनिक बंधुत्व की भावना उत्पन्न करने के उद्देश्य से संविधान में सामुदायिक प्रतिनिधित्व को नकार दिया और क्षेत्रीयता के आधार पर प्रतिनिधित्व का प्रावधान किया जिससे कि एक भू -खंड में रहने वाले विभिन्न जाति और धर्म के लोगों के बीच मेल-जोल और भाई -चारा बढ़ सके जिससे नस्लीय संघर्षों का न्यूनीकरण हो सके और लोगों को जातीय पंचायतों से मुक्ति मिल सके और साथ ही साथ अपनी

समस्याओं के समाधान हेतु अपने प्रतिनिधि से मिलने के लिए लोगों को लम्बी भौगौलिक दूरियां तय नहीं करनी पड़े। पर क्या इन लक्ष्यों को प्राप्त करने में डॉ0 अंबेडकर का संविधान सफल रहा है? चुनाव भले ही क्षेत्रीय स्तर पर होते हैं पर जाति, नस्ल और संप्रदाय का उस पर गहरा प्रभाव होता है और निर्वाचित प्रतिनिधियों में क्षेत्रीयता की अपेक्षा इन कारकों के प्रति चेतना अपेक्षाकृत ज्यादा होती है इसलिए एक क्षेत्र का सवर्ण प्रतिनिधि दूसरे क्षेत्र के सवर्ण जनता से अपने ही क्षेत्र के दलित जनता की अपेक्षा भावनात्मक रूप से ज्यादा जुड़ा होता है और एक क्षेत्र का हिंदू प्रतिनिधि अपने ही क्षेत्र की मुस्लिम जनता की अपेक्षा दूसरे क्षेत्र या राज्य की हिंदू जनता के अधिक निकट होता है। पर मैं इसे अंबेडकर के आदर्शवादी सोच की अपेक्षा अंबेडकर के संविधान की असफलता ज्यादा मानता हूं। संविधान की इसी असफलता के कारण आज भी बंदीगृहों में कक्ष जाति और धर्मों के आधार पर आवंटित होते हैं, शिक्षण संस्थानों, आरक्षीवासों और सैन्यगारों तक में रसोई जाति और धर्म के आधार पर संचालित होते हैं। और आज भी खाप पंचायतें सक्रिय हैं। पर जब मैं सामाजिक और राजनीतिक व्यवस्थाओं को कालखंड के आधार पर तुलनात्मक विश्लेषण करता हूं तो इसे संविधान की असफलता की अपेक्षा आंशिक सफलता मानता हूं और अंबेडकर के क्षेत्रीय निर्वाचन की अवधारणा को दूरदृष्टि से भरा देश हितकारी और लोक हितकारी कदम मानता हूं।

संविधान का और गहनता से अध्ययन करने के पूर्व हमें उस पृष्ठभूमि को जानना होगा कि अंबेडकर संविधान सभा कैसे पहुंचे। 1946 के चुनाव में अंबेडकर का दल "अनुसूचित जाति संघ " का खाता नहीं खुला और अंबेडकर स्वयं भी चुनाव हार गए थे। इसके बाद वे मुस्लिम लीग की सहायता से बंगाल (आधुनिक बांग्लादेश देश) से चुनाव जीतकर संविधान सभा पहुंचे। पर कुछ ही महीनों बाद भारत के विभाजन की घोषणा हो गई और अंबेडकर का वह क्षेत्र पूर्वी पाकिस्तान के हिस्से में चला गया। तब अंबेडकर को झटका लगा। पर वे हर हालत में संविधान सभा जाना चाहते थे क्योंकि उन्हें लगता था कि दलितों के वे एक मात्र नेता हैं जो दलितों का उद्धार कर सकते हैं। इस परिस्थिति

में वे समझौता का मार्ग अपनाते हैं और उसी कांग्रेस और उसी गांधी के पास जाते हैं जिसका वे जीवनपर्यंत विरोध करते आए थे और कांग्रेस अपने एक सदस्य का त्याग पत्र दिलवाकर दूसरा चुनाव करवाकर अंबेडकर को संविधान सभा में भेजता है। और चूंकि इस समय तक कांग्रेस में दक्षिण पंथी गुट का प्रभाव बढ़ गया था तो उससे अंबेडकर का प्रभावित होना स्वाभाविक था। यहां से अंबेडकर के वक्तव्यों और कर्तव्यों में हिंदुत्व का एक मद्धिम छाप दिखने लगता है और वे बार-बार मुस्लिम लीग और मुसलमानों को कोसने लगते हैं। तो मैं कैसे कहूं कि अंबेडकर आज के औसत अवसरवादी राजनीतिज्ञों से भिन्न थे?

शायद इसी परिस्थिति जन्य प्रवृति के कारण जब संविधान का निर्माण हुआ तो अंबेडकर ने उसमें धर्मनिरपेक्षता या पंथ निरपेक्षता और समाजवाद जैसे आधुनिक आदर्शों की अवधारणा का समावेशन नहीं किया। और जब संविधान में दलितों के लिए लोक सेवाओं और लोकतांत्रिक संस्थाओं में प्रतिनिधत्व सुनिश्चित करने की बारी आई तो उन्होंने उन्हीं दलितों को इसका अधिकार दिया जो वृहत हिन्दू धर्म की अधीनता स्वीकार करने को तैयार हो गए। उन्होंने उन दलितों के लिए विशेष सुविधाओं के द्वार सदा के लिए बंद कर दिया जो अपनी अंतर्रात्मा की आवाज़ पर हिंदू से कोई इतर धर्म का अवलंबन करना चाहते थे। मैं यहां यह स्पष्ट करना चाहूंगा कि उसके पूर्व दलितों का कोई संस्थागत धर्म नहीं था क्योंकि हिंदू धर्म की वर्ण व्यवस्था ब्राह्मण, क्षत्रिय, वैश्य और शूद्र तक सीमित थी और दलित पौराणिक और ऐतिहासिक रूप से इनमें से किसी भी वर्ण में नहीं आते थे [5] और मैं यहां "हिंदू धर्म की अधीनता" वाक्यांश का प्रयोग भी पूरी जिम्मेवारी से कर रहा हूं क्योंकि अंबेडकर भी जानते थे और गांधी भी जानते थे कि इन दलितों को इस चातुर्वर्ण्य व्यवस्था में कहीं समानता का अधिकार नहीं मिलेगा क्योंकि उनमें तो अपने आप में असमानता थी। लगभग 1000 वर्षों के इस्लामी शासन ने दलितों को न तो इस्लाम अपनाने के लिए बाध्य किया और न ही प्रलोभन दिया। पर अंबेडकर ने संविधान निर्माण कर दलितों को प्रलोभन भी दिया और बाध्य भी किया। और अंबेडकर ने गांधी के उन सपनों को साकार किया जिसमें वे दलितों

को वृहत हिन्दू धर्म का अंग मानते थे। इसलिए मेरा मत है कि हिंदुत्व के समक्ष दलितों का समर्पण पूना पैक्ट के समय नहीं हुआ बल्कि 26 जनवरी 1950 को अंबेडकर के संविधान लागू होने के साथ हुआ। तो संविधान की प्रस्तावना में हम भारत के लोगों को डॉ० अंबेदकर द्वारा दिए गए धर्म और उपासना की स्वतंत्रता के अर्थ क्या हैं और निहितार्थ क्या हैं?

अंबेडकर यहीं नहीं रुकते हैं। वह हिंदुत्व की अवधारणा को व्यापक बनाने और उसे समावेशी प्रमाणित करने के उद्देश्य से बौद्ध, जैन और सिख धर्मों के स्वतंत्र अस्तित्व को नकारते हैं और उन्हें हिंदू धर्म की शाखाएं घोषित करते हैं, इस आधार पर कि उनकी उत्पत्ति भारत में हुई हैं। पर जब हम इतिहास में देखते हैं तो पाते हैं कि इनकी उत्पत्ति हिंदू धर्म की शाखाओं के रूप में नहीं हुई हैं बल्कि हिन्दू धर्म की स्थापित मान्यताओं के प्रतिक्रियास्वरूप हुई हैं और इनके बीच वैचारिक और व्यावहारिक संघर्षों का लंबा इतिहास रहा है। बुद्ध तो स्वयं नास्तिक थे और बौद्ध धर्म भी नास्तिक है तब यह हिंदू धर्म, जिसकी मूल अवधारणा में ईश्वर और अवतारवाद है, की शाखा कैसे हो सकती है? इसी तरह जैन धर्म भी नास्तिक धर्म है। इसके विपरीत, हिंदू और मुस्लिम दोनों ईश्वर में आस्था रखने वाले धर्म हैं और इस कारण मध्यकाल में हिंदू और मुस्लिम सम्मिलित रूप से बौद्ध और जैन धर्मावलंबियों से दुराव और उपेक्षा भाव रखते थे। तो क्या कारण थे कि अंबेडकर ने इन्हें हिंदू धर्म की शाखाएं माना? क्या इस देश में हिंदू धर्म से विलगित या विपरीत किसी अन्य धर्म की अवधारण की उत्पत्ति का अधिकार हम भारत के लोगों को नहीं है? तो संविधान प्रदत्त उपासना की स्वतंत्रता कैसी ?

हिंदू धर्म के प्रति यह परिस्थितिजनित प्रवृति धीरे-धीरे अंबेडकर की नैसर्गिक मानसिक प्रवृत्ति बन जाती है जिसके कारण हिन्दू धर्म की आलोचना के बावजूद भी वे इससे निकटता बनाए रखना चाहते हैं और जीवन के अन्तिम वर्षों में हिन्दुत्व का परित्याग कर बौद्ध बनने का सार्वजनिक प्रदर्शन करते हैं। पर उनके इस प्रर्दशन में कितना विरोधाभास है? कितना धर्म है और कितनी राजनीति है? जब संविधान

में उन्होंने स्वयं उल्लिखित किया कि बौद्ध कोई अलग धर्म नहीं है बल्कि हिन्दू धर्म की शाखा मात्र है तो बौद्धित्व के लिए हिन्दुत्व के परित्याग का प्रश्न ही नहीं उठता है। क्या पेड़ की शाखा कभी अपने तना का त्याग करती है? इसलिए पूर्व प्रधानमन्त्री श्री अटल बिहारी बाजपेई की कविता "हिन्दू जीवन, हिंदू तन-मन, रग-रग मेरा हिंदू परिचय" डॉ० अंबेडकर पर चरितार्थ होता है। अपनी इसी नैसर्गिक मानसिक प्रवृत्ति के परिणामस्वरुप अंबेडकर हिन्दू धर्म छोड़कर नहीं बल्कि हिंदुत्व अपना कर हिंदुत्व का विरोध करना चाहते थे। वे दलितों को हिंदुत्व से दूर उतना ही ले जाना चाहते थे जिससे कि वे पृथक दलितवाद की राजनीति कर सकें क्योंकि उन्हें पता था कि हिंदुत्व से अत्यधिक दूरी उनके राजनीति के लिए असाध्य हो सकती है। इसी रणनीति के तहत वे दलितों के मन्दिर प्रवेश का आंदोलन करते हैं जिसके प्रतिक्रियास्वरूप हिंसक घटनाएं भी घटती हैं। अन्यथा वे दलितों को मस्जिद या गिरजा घर में भी प्रवेश करा सकते थे जहां के धर्म के रखवाले बांह फैलाकर उनका स्वागत करते। पर अंबेडकर ने ऐसा नहीं किया। आखिर क्यों? हमें इस पर गंभीरता से विचार करना चाहिए।

इसी प्रकार अंबेडकर जब अस्पृश्यता पर तीक्ष्ण प्रहार करते हैं तो उसमें व्यापकता का अभाव है। वह दुनिया से इस मनोवृति को नहीं हटाना चहते हैं। वह केवल हिंदू अस्पृश्यों की बात करते हैं मुस्लिम अस्पृश्यों की नहीं। उनके इसी साम्प्रदायिक सोच का परिणाम है कि आज भले ही हिंदू दलित कुछ हद तक शेष हिंदुओं के लिए स्पृश्य हो गए हों और उनके लिए अस्पृश्यता का भाव रखना सामाजिक और राजनीतिक पाप बन गया हो पर पूरा मुस्लिम समुदाय और दलित ईसाई आज भी अस्पृश्यता का दंश झेलने को अभिशप्त है। आज भी उनके साथ अस्पृश्यता का व्यवहार करना न कोई सामाजिक असंवेदना है, न कोई राजनीतिक अनैतिकता है , न कोई बौद्धिक बुराई है , न कोई अध्यात्मिक पाप है और न ही कोई कानूनी अपराध है। उनके प्रति अस्पृश्यता को दूर करने के लिए न कोई आंदोलन खड़ा हो पाया, न कोई महापुरुष पैदा ले पाया और न ही कोई विधान बन

पाया और अस्पृश्यता निषेध का आंदोलन हिंदू धर्म का आंतरिक आन्दोलन बन कर रह गया।

पर क्या सचमुच अंबेडकर हिन्दू दलितों को स्पृश्य बनाना चाहते थे? अगर ऐसा होता तो वे पहले दलितों के अंदर की अस्पृश्यता दूर कर शेष हिन्दुओं के समक्ष आदर्श प्रस्तुत करते न कि हिन्दू धर्म को कोसकर और देवालयों में जबरन घुसकर। और अगर अंबेडकर ऐसा सचमुच कर पाते तो आज भी भंगी मोची के लिए अस्पृश्य नहीं रहता और डोम दुसाध (पासवान) के लिए अस्पृश्य नहीं होता। पर अंबेडकर को आदर्श नहीं प्रस्तुत करना था, बल्कि उन्हें तो केवल आन्दोलन करना था। उन्हें सामाजिक बदलाव नहीं करना था बल्कि उन्हें केवल राजनीतिक चेतना जगानी थी जिससे कि वे उसका महत्तम राजनैतिक लाभ उठा सकें।

जहां तक पृथक निर्वाचन का प्रश्न है, इस पर भी अंबेडकर के विचार सार्वजनिक नहीं थे बल्कि सीमित थे। वे दलितों के लिए पृथक निर्वाचन की मांग तो करते हैं और इसके विरोध में गांधी के उपवास को भयादोहन तक प्रमाणित करते हैं पर मुस्लिम लीग की इसी प्रकार की मांग का विरोध करते हैं और इसे देश की एकता के लिए खतरा मानते हैं। तो यह दोहरी मानसिकता क्यों?

जहां तक शिक्षण संस्थानों और लोकसेवाओं में वंचित और दलित तबकों के आरक्षण का प्रश्न है, यह डॉ० अंबेडकर की न तो निजी अवधारणा थी और न उनका निजी क्रियान्वयन था। बल्कि इसकी शुरूआत एक गोरी चमड़ी के ब्रिटिश भारतीय लोक सेवक विलियम हंटर ने 1882 में की थी। बाद में 1909 के भारत सरकार अधिनियम में शिक्षण संस्थानों, सरकारी नौकरियों और लोकतांत्रिक संस्थानों में जातीय या नस्लीय या धार्मिक आधार पर वंचित समुदायों का समानुपातिक प्रतिनिधत्व देने का प्रावधान हुआ जो ब्रिटिश संसद के सदस्यों का भारतीय समाज का सूक्ष्मता से अध्ययन और वंचित वर्गों के प्रति संवेदनशीलता का परिचायक है। इसी प्रकार 1918 में दलित वर्गों के लिए मोंटेग्यू चेम्सफोर्ड की रिफॉर्म्स ब्रिटिश संसद में पेश की गई जिसे भारत सरकार अधिनियम 1919 में समायोजित किया गया।

1916 में सर हेनरी शार्म ने दलितों को परिभाषित किया और 1918 में सर एल सी मिलर ने पिछड़ा वर्ग को परिभाषित किया। मद्रास प्रेसीडेंसी ने 1921 में जातिगत सरकारी आज्ञा पत्र जारी किया जिसके अनुसार गैर ब्राह्मण को 44 प्रतिशत, ब्राह्मण को 16 प्रतिशत, एंग्लो - इंडियन को 16 प्रतिशत, मुस्लिम को 16 प्रतिशत, एवं अनूसूचित जाति को 8 प्रतिशत आरक्षण का प्रावधान हुआ (महात्मा गांधी और कांग्रेस के विरोध के कारण इसे 1927 में लागू किया गया)। 1943 में अखिल भारतीय स्तर पर अनुसूचित जाति के लिए 8.33 प्रतिशत (जिसे 1946 में बढ़ाकर 12.5 प्रतिशत) आरक्षण का प्रावधान अंबेडकर के संविधान लिखने के वर्षों पूर्व किया गया (विदित हो कि इसमें अनुसूचित जनजाति के लिए कोई प्रावधान नहीं किया गया क्योंकि उनकी साक्षरता दर नगण्य थी फिर भी उन्हें लोकतांत्रिक संस्थानों में समानुपातिक प्रतिनिधित्व का अधिकार 1935 के भारत सरकार अधिनियम में मिल चुका था)[6, 7]। पर बाद के वर्षों में महात्मा गांधी और अन्य कांग्रेसी नेताओं ने संयुक्त प्रयास से अपने उद्धारकों और चिंतकों को और पीड़ितों और पीड़कों को चमड़े के गोरे और भूरे रंग के आधार पर पहचानने का जो साधारण सूक्ष्मदर्शी यंत्र आविष्कृत किया, उसी के परिणामस्वरूप विलियम हंटर , मोंटेग्यू चेम्सफोर्ड, सर हेनरी शार्म, सर एल सी मिलर और ब्रिटिश संसद के संवेदनशील सदस्य शत्रु और संवेदनहीन दिखने लगे और भारतीय जनमानस ने उनको स्मृतिलोप कर देना श्रेयस्कर समझा। इसके बाद के वर्षों में समाजवादी चिंतकों ने अपने तप और तपस्या के बल पर इस साधारण सूक्ष्मदर्शी यंत्र को उत्कृष्ट कर परा सूक्ष्मदर्शी यंत्र का इजात किया जिससे कि वे भूरे चमड़े में गोरेपन और कालेपन के विभिन्न आनुपातिक मिश्रणों को पहचान कर शत्रु और संबंधी का सही निर्णय कर सकें। पिछले 2-3 दशकों से नव समाजवादी और राष्ट्रवादी चिंतकों में इतिहास बोध जगा है और वे दूरबीन का आविष्कार कर लिए हैं जिसपर वे पिछली पीढ़ी के समाजवादी चिंतकों द्वारा निर्मित परा सूक्ष्मदर्शी यंत्र को जोड़कर वर्तमान के ही नहीं बल्कि इतिहास के भी शत्रुओं और संबंधियों को देख सकें। जिसकी दूरबीन जितनी लंबी, वह उतना ही दूर तक देख सका है। कुछ को अंबेडकर नजर आए हैं तो

कुछ को शिवाजी और कुछ को महाराणा प्रताप नजर आए हैं। कुछ की तो दूरबीन इतनी लंबी है कि वह सम्राट अशोक तक को देख कर आह्लादित हो उठा है। और किसी-किसी की तो दूरबीन इतनी परिष्कृत है कि उसे परा इतिहास में भी इतिहास दिखने लगा है और केवल उन्हीं में अपने पूर्वजों को दिन-रात देख रहा है और अपने उसी यंत्र से सभी देशवासियों को भी देखने को बाध्य करने में लगा है। पर मैं जब भी दूरबीन से अपने पूर्वजों को देखता हूं तो केवल बंदर नजर आते हैं।

अब आइए , समाज के वंचित वर्गों के लिए आरक्षण में अंबेडकर के योगदान पर जिसके लिए अंबेडकर को सर्वाधिक याद किया जाता है और जिसके कारण एक जनखंड उनको अपना उद्धारक मानता है और दूसरा जनखंड अपना उन्नमूलक। पर जैसा कि मैं ऊपर के अनुच्छेद में स्पष्ट कर चुका हूं कि अंबेडकर के संविधान लिखने के पूर्व भी समाज के विभिन्न वंचित वर्गों के लिए आरक्षण का प्रावधान था और वह ज्यादा वैज्ञानिक था और अधिक समावेशी था क्योंकि वह समाज की सूक्ष्मता से अध्ययन का परिणाम था। उसमें समाज के किसी जनखंड के छूटने की संभावनाएं कम थीं। पर अंबेडकर ने इन सारे वैज्ञानिक तथ्यों को नकार दिया और सभी विशेषाधिकारों को समाप्त कर दिया। जीवन भर वंचितों के विभेद और शोषण की लड़ाई लड़ने वाला शिक्षण संस्थानों , लोक सेवाओं और लोक संस्थानों में पूर्व से चली आ रही समानुपातिक प्रतिनिधत्व की अवधारणा पर विराम लगा देता है। वह केवल जन की संख्या पर बल देता है पर जन के सामाजिक विन्यास को नकार देता है। और अपने इस निर्णय पर विरोध की आशंका को रोकने के लिए इसे संविधान की धारा 340 के शीत गृह में डाल देता है। और दलितों के स्वघोषित नेता होने के बावजूद दलितों के लोकतान्त्रिक विशेषाधिकारों (लोक सेवा में नहीं) जिसके तहत उन्हें संसद और विधानसभाओं में समानुपातिक स्थान सुनिश्चित करने का प्रावधान 1935 के संविधान में किया गया था की अगले 10 वर्षों में समाप्ति की घोषणा कर दलित चेतना पर विराम लगा देता है। इससे तो एक आदर्शवादी संविधान का निर्माण हो सकता है पर एक आदर्शवादी समाज की स्थापना नहीं की जा सकती है बल्कि इससे तो

सामाजिक विषमता में निरंतरता आएगी और उसमें उत्तरोत्तर वृद्धि होगी। वह तो अंबेडकर के बाद के दलित और गैर दलित नेताओं की दूरदर्शिता है जो अंबेडकर की इन अदूरदर्शी प्रावधानों को समझे और दलितों के इस आरक्षण को बार-बार विस्तारित किए -- कभी सामाजिक परिवर्तन की निरंतरता के लिए तो कभी अपनी राजनीतिक अस्तित्व की रक्षा के लिए। मेरा मत है कि अगर ऐसा नहीं किया गया होता तो दलितों की सामाजिक और राजनीतिक स्थिति ऐसी नहीं रहती जो आज दिख रही है। इसी तरह आम दलितों के सशक्तिकरण के लिए अस्पृश्यता को कानूनी अपराध, दलित प्रताड़ना कानून और सदियों से सर पर मानव मल ढोने की प्रथा के उन्मूलन हेतु जो कानून बने, वे अंबेडकर के संविधान में उल्लिखित नहीं थे बल्कि बाद के राजनेताओं की सोच के परिणाम थे। तो हम कैसे कह सकते हैं कि अंबेडकर दलितों के उद्धारक थे और एक मात्र उद्धारक थे? सछूत वंचितों के अधिकारों को अंबेडकर द्वारा शीतगृह में डालने के परिणामस्वरुप ही अन्य पिछड़ी जातियां 40 वर्षों से भी अधिक समय तक अपने अधिकारों से वंचित रहीं। पर इन सबके बावजूद आज अंबेडकर को आरक्षण का जनक और वंचितों का तारक और दलितों का उद्धारक मानना और उनके लिखित संविधान को अपने विशेषाधिकारों का घोषणा पत्र मानना कितना वस्तुनिष्ठ है और कितना नस्लनिष्ठ या कितना व्यक्तिनिष्ठ? और एक जनखंड का अंबेडकर को अपना उन्मूलनकर्ता मानना और उनके लिखित संविधान को अपनी सम्भ्रांतता की समाप्ति का अभिज्ञापन पत्र मानना कितना भ्रामक है और कितनी नस्लीय सोच है?

तो ऐसा कैसे हो गया? जीवन भर सामाजिक विषमता और विभिन्नता का विच्छेदन और विवेचन करने वाला एकाएक उसपर क्षद्मावरण कैसे डाल दिया? दलितों को समता का सपना दिखाने वाला दलितों के विशेषाधिकारों की समाप्ति का उद्घोषक कैसे बन गया? वंचितों की बात कहने वाला वंचितों को पहचानने से इनकार क्यों कर दिया? हिंदू महिलाओं के लिए कोड बिल लाने वाला महिलाओं को प्रतिनिधित्व देने से मना क्यों कर दिया? क्या वह किसी वाह्य दबाव में था? या इसकी

पटकथा का लेखन उसके संविधान सभा में प्रवेश की पृष्ठभूमि में ही लिखी गई थी ? या वह किसी विषकन्या के प्रभाव में तो नहीं आ गया था (वैसे किसी महिला को विषकन्या कहना मेरे व्यक्तिगत विचारों के अनुकूल नहीं है)? या भारत के संविधान का निर्माता समाज के यथार्थ से ऊपर उठकर क्षद्म आदर्शवाद की कल्पना लोक में विचरण तो नहीं कर रहा था? हमें इसपर गंभीरता से विचार करने की आवश्यक्ता है।

अम्बेडकर यहीं नहीं रुकते हैं , बल्कि संविधान को हिंदुत्वोन्मुखी बनाने के लिए देश के कमज़ोर वर्गों के विशेषाधिकारों की समाप्ति के क्रम में आंग्ल भारतीयों के लिए भी दशकों से चली आ रही लोक सेवाओं और लोकतांत्रिक संस्थानों में विशेष आरक्षण को अगले 10 वर्षों में पूर्ण समाप्ति की घोषणा कर देते हैं क्योंकि वे (आंग्ल भारतीय) दलितों की भांति हिंदू धर्म की अधीनता स्वीकार करने को तैयार नहीं थे और अम्बेडकर तो उन्हीं दलितों के विशेषाधिकारों को जारी रखना चाहते थे जो हिन्दू धर्म की चातुर्वर्ण्य व्यवस्था में सबसे निम्न शूद्रों से भी निम्न कोटि में समायोजन को तैयार थे। इस परिस्थिति में आंग्ल भारतीयों को इस देश में अपना और अपनी आने वाली पीढ़ियों का भविष्य असुरक्षित और अंधकारमय लगा फलस्वरूप वे इस संविधान की घोषणा के बाद बार- बार नस्लीय समूहों में केवल अपने पितृ देश ब्रिटेन या उसके शेष बचे उपनिवेशों या अधिराज्यों यथा ऑस्ट्रेलिया और कनाडा आदि में ही नहीं पलायन कर गए बल्कि धार्मिक अल्पसंख्यकों के लिए प्रतिकूल माने जाने वाले पड़ोस के इस्लामिक देश पूर्वी पाकिस्तान (बांग्ला देश) में भी शरणागत हो गए (1970 में लगभग 9000 आंग्ल -, भारतीयों का पूर्वी पाकिस्तान पलायन हुआ था [8]। और उनके पलायन का यह क्रम आज भी जारी है। फिर भी हम अम्बेडकर को देश के वंचितों और उपेक्षितों का उद्धारक और उनके लिखित संविधान को दुनिया का बेहतरीन संविधान मानते हैं। क्या आंग्ल- भारतीय उपेक्षित नहीं थे ? क्या वे वंचित नहीं थे ? या वे इस देश के नागरिक नहीं थे ? और क्या एक लोकतांत्रिक देश जो धर्म, जाति, नस्ल और लिंग के विभेद को नकारता हो , से नस्लीय अल्पसंख्यकों का इस प्रकार

क्रमिक पलायन हमें इसके संविधान के प्रावधानों और इसके लिखने वाले के इरादों पर प्रश्न चिन्ह खड़ा करने को विवश नहीं करता है ?

मैं तो आज पूरे भारत के न्यायप्रिय नागरिकों को संविधान की पूर्णाहुति की शुभकामनाएं देना चाहता था क्योंकि इसमें सबके लिए स्वतंत्र और निष्पक्ष न्यायपालिका का प्रावधान डॉ० अम्बेडकर ने किया है। पर न्यायपालिका क्या सचमुच स्वतंत्र और निष्पक्ष है? इस पर हमें सूक्ष्मता से विचार करना होगा। मुझे तो कम से कम ऐसा प्रतीत नहीं होता है जब हाल के कुछ वर्षों का पश्चावलोकन करता हूं। हां एक काल खंड था जब न्यायपालिका देश के प्रधानमन्त्री तक को कटघड़े में खड़ा कर सकती थी और प्रश्न भी पूछ सकती थी। और इतना ही नहीं , कारावास तक भेजने का आत्मबल भी रखती थी। पर आज क्या यह संभव है? बाबा साहेब का संविधान तो उस काल खंड में भी था और आज भी है। तो यह परिवर्तन कैसे? उसकी विपरीत विवेचना कैसे? और क्या न्यायालय का निष्पक्ष और स्वतंत्र होना ही नागरिकों के लिए न्याय की प्रतिभूति है? इससे तो न्यायालय निरंकुश हो जाएगा। मेरा मत है कि न्यायालय को केवल निष्पक्ष और स्वतंत्र ही नहीं होना चाहिए बल्कि उसे जनता के प्रति संवेदनशील और उत्तरदायी भी होना चाहिए। पर जब हम न्यायालय में दशकों से पड़े मामलों को देखते हैं तो न्यायालय की प्रासंगिकता पर प्रश्न उठने लगते हैं और व्यापक जनसंहार, दंगों और लूट के मामलों , जिनसे अखिल भारतीय स्तर पर देश की नींव हिल गई हो हों , में भी किसी भी व्यक्ति पर जब दोष सिद्ध होते नहीं दिखता है तो न्यायालय की निष्पक्षत्ता और स्वतंत्रता संदिग्ध प्रतीत होती है और उसकी प्रासंगिकता पर प्रश्न उठने लगते हैं। क्या इसी न्याय व्यवस्था के लिए संविधान और उसके लेखक का गुणगान होना चाहिए ? और क्या 26 जनवरी 1950 के पूर्व की न्यायिक व्यवस्था परतंत्र और सापेक्ष थी ? हमें इसका भूतलक्षी अध्ययन करना चाहिए।

संविधान की एक महत्त्वपूर्ण विशेषता है कि यह केवल केंद्र और राज्य स्तर पर ही सरकारों की व्यवस्था नहीं करती है बल्कि स्थानीय स्तर पर भी। संविधान की धारा 40 में इसका प्रावधान डॉ० अंबेडकर ने किया है जिससे कि देश की दिशा और दशा तय करने का अधिकार

केवल अकादमिक और अभिजात्य लोगों के पास ही नहीं रहे बल्कि देश के आम निरक्षर और निर्धन नागरिक भी अपनी सीमित राजनैतिक दायरे में देश के निर्माण में अपनी भागीदारी दे सकें। और यही महात्मा गांधी के भी स्वराज का सपना था जिसका लाभ आज संपूर्ण भारत में स्थानीय निकायों के निर्वाचित प्रतिनिधि उठा रहे हैं। दलित, महादलित, आदिवासी, पिछड़े, अत्यंत पिछड़े और अगड़े सभी। और वह भी अपनी-अपनी जनसंख्या के समानुपात। सभी वर्गों में एक राजनैतिक चेतना का संचार हुआ है और उनकी सामाजिक स्थिति में बदलाव आया है। यह है अंबेडकर के संविधान का परिणाम। पर जब हम इसे ऐतिहासिक दृष्टिकोण से देखते हैं तो पाते हैं कि यह शायद अंबेडकर का सपना नहीं था, यह तो गाँधी का सपना था जिसका प्रावधान तो अंबेडकर ने कर दिया पर उसे संवैधानिक अधिकार नहीं बनाया क्योंकि अंबेडकर का मत था कि ग्राम -संस्थाएं सदियों से दलितों का शोषण करते आईं हैं और इसे संवैधानिक अधिकार दे देने पर उनके शोषण को कानूनी मान्यता मिल जायेगी। बाद में कांग्रेस पार्टी की सरकार के समय एक ब्राह्मण प्रधानमन्त्री श्री पी ० वी ० नरसिंहा राव द्वारा इसे संवैधानिक अधिकारों की श्रेणी में डाला गया और तब से लगातार चुनाव हो रहे हैं। तो इस सम्बंध में गांधी ज्यादा दूरदर्शी थे या अंबेडकर? पाठक स्वयं निर्णय करें।

अंबेडकर ने संविधान में वयस्क मताधिकार का अधिकार देश के हर नागरिक को बिना किसी जाति, धर्म नस्ल या आर्थिक आधार पर विभेद के दिया और देश के निर्माण में वैसे लोगों को समान महत्व दिया जो सदियों से सत्ता से या तो प्रताड़ित थे या सता के प्रति निरपेक्ष थे। यहां गौर करने वाली बात है कि उस समय तक दुनिया के सबसे विकसित देश अमेरिका में भी सार्वजनिक वयस्क मताधिकार की व्यवस्था नहीं थी। इसलिए संविधान दिवस की शुभकामनाएं मैं देश के समस्त वयस्क नागरिकों को देना चाहता हूं। पर मेरा मानना है कि इस सार्वजनिक मताधिकार को कुछ सीमित करने की आवश्यक्ता थी। मताधिकार से जनमानस देश की दिशा और दशा तय करता है। इसलिए मत देने वाले को विवेकशील और राजनीतिक रूप से सचेत और सचरित्र होना

चाहिए जिससे कि वह किसी बाह्य दबाव या प्रलोभन के बिना मत दे सके। इसके साथ ही , मतदाता का संविधान के प्रति आस्था और उसकी मूल भावनाओं से वैचारिक अनुकूलन होना चाहिए नहीं तो कोई भी उन्मादी संगठन या व्यक्ति जनता को उद्वेलित या दिग्भ्रमित कर बहुमत हासिल कर सत्ता में आकर संविधान को ही पलट सकता है। इसलिए जिन व्यक्तियों को संविधान की मूल भावनाएं और उच्च आदर्शों में आस्था न हो, उन्हें वयस्क मताधिकार का अधिकार नहीं मिलना चाहिए। पर इसके विपरीत सार्वजनिक वयस्क मताधिकार का अधिकार उन लोगों को भी है, जो बलात्कारी हैं, नरसंहारी हैं या विध्वंसक गतिविधियों में लिप्त हैं या वैसे संगठनों के सदस्य हैं जिनके विचार संविधान की मूल भावनाओं के प्रतिकूल हैं जैसे विभिन्न धार्मिक संगठनों के नेता क्योंकि लगभग सभी प्रस्थापित धर्मों की मान्यताएं पुरातन विचारों पर आधारित हैं जब सार्वजनिक बंधुत्व, समता और स्वतंत्रता के सिद्धांत, जो आधुनिक लोकतंत्र की नींव हैं, का विकास नहीं हुआ था। तो कैसे आशा की जा सकती है कि इन संगठनों से प्रशिक्षित मतदाता लोकतन्त्र में आधुनिक मूल्यों की स्थापना के लिए मत देगा? इसलिए मेरा मत है कि ऐसे लोगों को मत का अधिकार लोकतन्त्र को कमजोर करेगा न कि मजबूत और आधुनिक मानवीय मूल्यों की स्थापना में बाधक सिद्ध होगा न कि साधक।

अंबेडकर के संविधान की जो एक महत्वपूर्ण कमी मुझे नजर आती है, वह है नागरिकों में संस्थागत राजनीतिक बौद्धिक्ता और चेतना के संवर्धन का अभाव। अंबेडकर ने ऐसी कोई संवैधानिक व्यवस्था सुनिश्चित नहीं की जिससे वयस्क होकर नागरिक सार्वजनिक राजनीति में अपनी सेवा दे सके। किसी व्यक्ति को चिकित्सा पेशा में अभिरुचि है या अभियंता या अधिवक्ता पेशे में ही अभिरुचि है तो उसका एक प्रशिक्षण होता है जिससे कि उसमें उस पेशे के प्रति एक अपनत्व बोध का विकास होता है और पेशे की बारीकियों को समझ पाता है पर राजनीति में सेवा देने के लिए अम्बेडकर ने ऐसी कोई व्यवस्था नहीं की जिससे कि किसी बच्चे को उसके लिए शुरू से तैयार किया जा सके। किसी विद्यालय के छात्र से अगर हम पूछते हैं कि बड़ा होकर तुम क्या

बनना चाहते हो तो वह बताता है कि वह कुशल चिकित्सक बनना चाहता है या अभियंता बनना चाहता है या बड़ा प्रशासनिक अधिकारी बनना चाहता है पर वह यह नहीं कहता है कि वह राजनेता बनना चाहता है। इसलिए आज राजनीति अकादमिक जीवन में असफल या उच्छृंखल लोगों का अन्तिम शरण स्थल बन कर रह गया है और इस देश की दिशा और दशा तय करने की जिम्मेवारी जनता के प्रति अनुत्तरदायी नौकरशाहों के हाथों में चली गई है। मेरा मानना है कि स्वतंत्रता के शुरुआती वर्षों में देश को सकारात्मक दिशा इसलिए मिल सकी क्योंकि उस काल के अधिकांश राजनेता ब्रिटिश संस्थाओं में प्रशिक्षित थे। पर आज के राजनीतिक वातावरण में गंभीरता या परिपक्कता की आशा कैसे की जा सकती है? इसमें तो अगंभीर और अपरिपक्क लोग ही आएंगे जो कभी अपने नाना या दादा की या पिता की राजनीतिक विरासत के नाम पर मत मांगेंगे, कभी चाय बेचने की चर्चा करेंगे , कभी भैंस चराने का महिमा मंडन करेंगे और कभी अपनी वंशानुगत कृपणता का कीर्तन गा--गा कर मत मांगेंगे। पर क्या राजनैतिक परिपक्कता का यही पैमाना होना चाहिए? लोकतांत्रिक संस्थाओं के सदस्यों की यही योग्यता होनी चाहिए? राजनैतिक कौशल विकास की संस्थाओं के अभाव में ही राजनीति में वंशवाद बढ़ा है और धन-बल का प्रभाव दिन-ब-दिन बढ़ते जा रहा है। और राजनेताओं में प्रशिक्षण के अभाव में ही मतदाताओं की भाषा, पोशाक, संस्कृति, दाढ़ी या टोपी का अनुकरण कर मत बटोरने की प्रवृति बढ़ी है। पर क्या हम कभी अपने चिकित्सक से या अपने अधिवक्ता से या अपने किसी प्रशासनिक अधिकारी से इसकी आशा करते हैं कि उसके पोशाक, उसकी भाषा या बोली, या दाढ़ी या टोपी हमारी तरह ही हो या उसकी जाति या धर्म हमारे तरह हो? उससे तो हमारी मात्र आशा रहती है कि वह अपने पेशे के लिए अर्हक हो और हमारी समस्याओं के शीघ्र एवं संतोषप्रद समाधान की निपुणता रखता हो। ऐसा इसलिए संभव हो पाया है कि उसके कौशल का विकास स्थापित संस्थाओं में हुआ है और उसके आचरण व्यावसायिक या प्रशासनिक नियामकों से नियंत्रित होते हैं। पर राजनीति में ऐसा कुछ भी नहीं है। ब्रिटिश शासन काल में इंडियन पॉलिटिकल सर्विस नाम की एक सेवा होती थी जिसके सदस्यों

से उच्च राजनैतिक बौद्धिकता की आशा की जाती थी। पर अंबेडकर के संविधान में ऐसी कोई संवैधानिक संस्था या सेवा का प्रावधान नहीं है जो पेशेवर राजनीतिज्ञ का निर्माण कर सके। इसलिए राजनीति देश का सबसे असंगठित और असुगठित क्षेत्र बनकर रह गया है जिसके कोई लिखित मानदंड नहीं हैं और विचारों में कोई निरंतरता नहीं है। आज नेता किसी विशेष दल में रहता है, कल दूसरे दल में और परसों तीसरे दल में। आज का साम्यवादी कल समाजवादी बन जाता है और परसों साम्प्रदायवादी क्योंकि इनके आचरण को परिभाषित और नियंत्रित करने के लिए कोई संवैधानिक नियामक का प्रावधान अंबेडकर के संविधान में नहीं किया गया है। इसलिए वैसे नागरिक, जो अपनी नैसर्गिक मानसिक प्रवृति के शमन हेतु राजनीति में अपने जीवन वृति का सपना देखते हैं, वे किसी स्थापित संवैधानिक संस्थाओं के अभाव में पारंपरिक संस्थाओं, जिनके चरित्र अक्सर आधुनिक लोकतंत्र की मर्यादाओं के अनुरूप नहीं होते हैं और जिनके विचार संविधान के विचार से अक्सर विपरीत होते हैं, की कक्षाओं में जाकर अपनी राजनीतिक कौशल का विकास करने को विवश होते हैं, भले ही वे अपनी अंतर्रात्मा से ऐसा नहीं करना चाहते हों। और इन्हीं पारंपरिक राजनीतिक कौशल के श्रोतों के कारण नरसंहार, लूट, जघन्य अपराध, दंगे और उन्माद की घटनाएं घटती हैं जो इनके राजनीतिक जीवन में प्रोन्नति में सहायक होती हैं क्योंकि ऐसी घटनाएं अभियुक्तों के लिए उपाधि और पत्रोपाधि का काम करती हैं। इसलिए मेरा मत है कि मत लेने या देने के लिए किसी अपवर्जन के नियमों के अभाव में अंबेडकर के इस संविधान ने आम लोगों को राजनीति से निरपेक्ष बना दिया है और जनता और देश का भविष्य अयोग्य , अकर्मण्य और गैर जिम्मेवार लोगों के हाथों में सौंप दिया है। यहां पर मुझे ब्रिटेन के तत्कालीन प्रधान मंत्री विंस्टन चर्चिल का वक्तव्य याद आता है जब वे कहते हैं कि भारतीयों को सत्ता हस्तांतरण से शक्ति दुष्टों , लुटेरों और शरारती लोगों के हाथों में चली जायेगी। भारतीय राजनेता निम्न चरित्र के और अक्षम होंगे। सत्ता के लिए वे अपने आप में लड़ेंगे और भारत राजनीतिक कलह में बर्बाद हो जाएगा। भारत में एक ऐसा दिन भी आएगा जब हवा और पानी पर भी कर लगा दिया जाएगा। [9] इसी क्रम में उपान्त

वायसराय लार्ड वैवेल ने भी अपने विदाई भाषण में भारत के लोगों को संबोधित करते हुए कहा था ---- आपके लिए अब कठिन , दुःसाध्य और खतरनाक घड़ी आने वाली है। मुझे आशा है कि आप उनसे लड़ने में सफल होंगे। ईश्वर से मेरी कामना है कि वे आपकी रक्षा करें।[10] लगभग 15 मिनटों के अपने रेडियो संदेश में उन्होंने भविष्य के भारत के निर्माण में भारतीय राजनेताओं के सकारात्मक योगदान के लिए आशा का एक शब्द भी व्यक्त नहीं किया। आज पता चल रहा है कि चर्चिल और वैवेल कितने दूरदर्शी थे।

आज मैं दुनिया के वंचित और दलित समुदाय को संविधान दिवस की शुभकामनाएं देना चाहता था क्योंकि इसके निर्माता बाबा साहेब भीम राव अम्बेडकर ने महाराष्ट्र के महाड़ में चौदार तालाब का पानी पीकर जल पर जाति और धर्म से ऊपर उठकर इसपर सार्वजनिक अधिकार को स्थापित किया था (महात्मा गांधी के नमक सत्याग्रह के समानांतर)। पर जब मैं थोड़ा रुक कर देखता हूं तो पाता हूं कि उनका यह आंदोलन जीवन के नैसर्गिक श्रोतों पर सार्वजनिक अधिकार बोध का आंदोलन नहीं था बल्कि यह केवल दलितों तक सीमित था। इसमें व्यापकता का अभाव था क्योंकि यही अंबेडकर जब 3 मई 1948 को सिंधु नदी के जल के बंटवारे के लिए भारत-पाकिस्तान की अंतर-अधिराज्य वार्ता में जाते हैं तो जल के नैसर्गिक श्रोत पर पाकिस्तान के अधिकार को नकार देते हैं और संधि की शर्तों को कठोर और अराजनयिक बना देते हैं और जल प्रवाह को पुनः रोकने की धमकी देकर पाकिस्तान को अपनी शर्तों को मानने को विवश करते दिखते हैं (विदित हो कि "यथा- स्थिति समझौता" की समय सीमा 31 मार्च , 1948 को समाप्त हो गई थी जिसके फलस्वरूप 1 अप्रैल , 1948 से पूर्वी पंजाब सरकार ने पश्चिमी पंजाब की ओर सिंधु नदी के जलप्रवाह को रोक दिया था पर प्रत्याशित अंतर - अधिराज्य वार्ता के शुभ संकेतों के रूप में 30 अप्रैल को जल प्रवाह को पूर्वी पंजाब सरकार ने स्थापित कर दिया था।) फलस्वरूप , जब वार्ता टूटने की स्थिति में हो गई तो पाकिस्तान के प्रतिनिधि गुलाम मोहम्मद ने अम्बेडकर के इस अड़ियल रुख की चर्चा जवाहर लाल नेहरु से की और तब अगले दिन नेहरू ने , अम्बेडकर

के बिना , स्वयं उस वार्ता में उपस्थित होकर उसे सौहार्दपूर्ण, समावेशी और निर्णायक बनाया। पुनः एक दशक बाद , विश्व बैंक की मध्यस्थता में , 19 सितंबर 1960 को , करांची में पंडित नेहरू और जनरल याहिया की बैठक में यह सहमति बनी कि नैसर्गिक श्रोतों पर दोनों देशों का बराबर का अधिकार है और इसे किसी भी पक्ष द्वारा किसी भी परिस्थिति में बाधित नहीं किया जा सकता है [11]। इसलिए मेरा मानना है कि महाड़ का आंदोलन एक प्रतिक्रियावादी सोच का परिणाम था न कि देश या दुनिया में उच्च मानवीय मूल्यों की स्थापना का आंदोलन।

मैं तो आज संविधान दिवस के अवसर पर देश की सभी महिलाओं को बधाई देना चाहता था क्योंकि इसने सदियों से लैंगिक विभेद का शिकार और आर्थिक अधिकारों से वंचित महिलाओं को लैंगिक विभेद से मुक्ति का मार्ग प्रशस्त किया और उन्हें भी संपत्ति रखने का अधिकार दिया। पर जब मैं रुक कर देखता हूं तो पाता हूं कि संविधान निर्माता डॉ० अंबेडकर के ऐसे आदर्श विचार सार्वजनिक नहीं थे। वे केवल वृहत हिन्दू समुदाय की महिलाओं के लिए थे न कि देश की प्रत्येक महिला के लिए क्योंकि अंबेडकर " हिन्दू आचार संहिता " लोक सभा में लाए थे। पर इसे भी वे कानून बनाने में बुरी तरह असफल रहे थे। बाद में जवाहर लाल नेहरु अपने तृतीय कार्यकाल में अपनी राजनीतिक कौशल से इसे कुछ परिवर्तित रूप में पास कराकर कानून बनवाने में सफल रहे। इसपर अम्बेडकर ने नेहरु को धन्यवाद देते हुए कहा था कि आज मेरा सपना पूरा हो गया। पर गैर -हिन्दू महिलाओं के लिए अम्बेडकर ने कोई ऐसी मुक्ति का मार्ग नहीं सुझाया था। तो क्या अम्बेडकर के सपने केवल हिन्दू महिलाओं के उद्धार तक सीमित थे या लैंगिक असमानता केवल हिन्दू समुदाय के ही लक्षण थे? क्या गैर हिन्दू महिलाएं लैंगिक असमानता का शिकार नहीं थीं? अगर ऐसा है तो वे सम्पूर्ण हिन्दू महिलाओं को धर्म त्याग कर गैर हिन्दू धर्म अपना लेने को प्रेरित करते न कि " हिन्दू आचार संहिता " लाकर हिन्दू कट्टरपंथियों का कोपभाजन बनने को अभिसप्त होते। इसलिए मेरा मत है कि दुनिया के सभी धर्मों का उदय उस काल में हुआ है जब लैंगिक समानता की सोच मानव सभ्यता में विकसित नहीं हुई थी और

इसलिए सभी धर्मों की नींव में लैंगिक असमानता है। महात्मा बुद्ध भी महिलाओं को बौद्ध भिक्षुणी नहीं बनाना चाहते थे पर जब विवश होकर उन्हें अपने विचारों को बदलना पड़ा तो वे इसे बौद्ध धर्म के दीर्घायु के लिए शुभ संकेत नहीं माने थे। इसलिए अगर " हिन्दू आचार संहिता " से करोड़ों हिन्दू महिलाओं के उद्धार का मार्ग प्रशस्त हुआ तो गैर हिन्दू महिलाओं को उस मार्ग से वंचित रखना साम्प्रदायिक सोच होगी न कि सार्वजनिक। पर क्या डॉ० अंबेडकर हिंदू महिलाओं को सचमुच लैंगिक असमानता से मुक्ति दिलाकर अधिकार संपन्न बनाना चाहते थे? या घर की चहारदीवारी के अंदर ही उनको अधिकार संपन्न बनाना चाहते थे, लोक जीवन में नहीं? क्योंकि सदियों से लैंगिक असमानता का शिकार रही महिलाएं बिना किसी विशेष प्रावधान के लोक जीवन में लैंगिक बराबरी नहीं कर सकती थीं। पर उनके लिए न तो लोक सेवाओं में और न ही लोकतान्त्रिक संस्थानों में डॉ० अंबेडकर ने कोई भागीदारी सुनिश्चित किया। इसके विपरीत , ब्रिटिश सांसद भारत की महिलाओं की लैंगिक विभेद के प्रति अधिक संवेदनशील थे और इसलिए भारत सरकार अधिनियम 1935 के अंतर्गत महिलाओं के लिए प्रांतीय और राज्य विधान सभाओं में प्रतिनिधित्व सुनिश्चित किया गया था। पर गौर करने योग्य तथ्य यह है कि इसकी मांग या आशा न तो भारतीय नेताओं ने की थी और न ही महिलाओं ने। पर महिलाओं की इस अलग पहचान को मानने से डॉ० अम्बेडकर ने इनकार कर दिया और उनके प्रतिनिधित्व को अपने संविधान से विलोपित कर दिया। और इसके ऐसे दुष्परिणाम हुए कि आज तक स्वतंत्र भारत के संसद और विधान सभाओं में महिलाओं का प्रतिनिधत्व सुनिश्चित नहीं हो पाया है जिससे उनका प्रतिनिधित्व जनसंख्या के अनुपात में नगण्य रहा है और लोकतन्त्र की ये संस्थाएं भारतीय पुरुषों की प्रतिनिधि संस्थाएं बन कर रह गई हैं। परन्तु नई पीढ़ी के कुछ राजनेताओं ने अम्बेडकर की इस चूक को समझा है और स्थानीय निकाय चुनावों में महिलाओं का समानुपातिक प्रतिनिधत्व सुनिश्चित करने का प्रयास किया है। पर अम्बेडकर की महिलाओं के प्रति ऐतिहासिक लैंगिक असंवेदनशीलता के फलस्वरूप आज भी स्थानीय निकायों की चुनी हुई महिला जनप्रतिनिधियों में से अधिकांश अपने पति या परिवार के सदस्यों को

अपना प्रतिनिधि बनाकर अपने दायित्वों का निर्वहन करती हैं। तो आज मैं कैसे देश की महिलाओं को संविधान दिवस की बधाई दूं?

जब मैं देश के मजदूरों और मेहनतकशों को संविधान दिवस की बधाई देना चाहता हूं तो थोड़ा ठिठक जाता हूं क्योंकि अम्बेडकर उनकी मेहनत को नकार देते हैं और उनके शोषण को नजरंदाज कर देते हैं। उनका मानना है कि शोषण केवल जातिगत है, पेशागत नहीं। किसी भी मनुष्य का शोषण और दमन केवल इसलिए होता है क्योंकि वह जन्म से दलित है न कि किसी विशेष पेशे में है। इसी कारण अम्बेडकर ने अपने संविधान में मजदूर संगठनों को लोक तांत्रिक प्रतिनिधत्व देने से इनकार कर दिया था जबकि 1935 के भारत सरकार अधिनियम ने मजदूरों की अलग पहचान कर मजदूर संगठनों का प्रतिनिधत्व सुनिश्चित किया था। पर अम्बेडकर ने अपने संविधान में इस प्रावधान को विलोपित कर दिया। उनका तर्क था कि इन मजदूर संगठनों के नेता अक्सर सवर्ण होते हैं और वे कभी भी दलित मजदूरों का भला नहीं कर सकते हैं। दलितों का उद्धार और उत्थान केवल एक दलित ही कर सकता है। मेरा मानना है कि यह एक प्रतिक्रियावादी सोच है, सार्वजनिक नहीं। और प्रतिक्रियावादी सोच से किसी जनखंड को उद्वेलित किया जा सकता है, उन्मादित किया जा सकता है पर जनमानस का निर्माण नहीं किया जा सकता है। स्वतंत्र भारत का इतिहास साक्षी है कि मजदूर संगठनों और साम्यवादियों ने अपने सवर्ण नेतृत्व के बावजूद समाज के निचले वर्गों का आर्थिक और सामाजिक उत्थान किया है और उन्हें अधिकार संपन्न बनाया है। भूमिहीनों को भूमि पर हक दिलवाया है और बेघरों को घर दिया है। इनके लाभार्थी अधिकतर दलित और दमित ही हैं। इसलिए अंबेडकर का यह विचार मुझे नैतिक कम और राजनैतिक अधिक प्रतीत होता है। पर अंबेडकर अपनी धारणा को सुद्दढ़ करने के उद्देश्य से दलितों को साम्यवादी लोगों से दूर रहने की सलाह देते हैं। इसके पीछे अंबेडकर के सोच रहे हों कि पेशे बदलते रहते हैं पर जाति नहीं बदलती है और इसलिए जाति पर आधारित राजनीति दीर्घकाल तक की जा सकती है पर वर्ग की राजनीति अल्पकालीन होगी। और अन्य राजनेताओं की भांति

अंबेडकर भी दीर्घकालीन राजनीति करना चाहते थे अल्पकालीन नहीं और अपनी राजनीतिक विरासत को अपने ही आनुवंशिक लोगों को सौंपना चाहते थे न कि संवैचारिक लोगों को। तो मैं कैसे देश के मजदूरों और मेहनतकशों को आज अंबेडकर द्वारा लिखित इस संविधान की शुभकामनाएं दूं?

अंबेडकर दलितों पर अपनी राजनीति सुदृढ़ करने के लिए यहीं नहीं रुकते हैं। वे गांधी को भी चुनौती देते हुए कहते हैं कि गांधी अगर दलित होते तो उनकी संवेदनाएं और प्राथमिकताएं भिन्न प्रकार की होतीं। मैं इस विचार से सहमत नहीं हूं। क्या सती प्रथा को रोकने के लिए राजा राम मोहन राय को सती की चिता पर चढ़ना पड़ा था या लॉर्ड विलियम बेंटिक को भारतीय महिला बनना पड़ा था। या अमेरिका में दास प्रथा समाप्त करने के लिए जार्ज वाशिंगटन को अश्वेत बनना पड़ा था? यह तो उनकी सार्वजनिक मानवीय संवेदना का परिणाम था। पर अंबेडकर संवेदना का भी नस्लीकरण कर देते हैं। अंबेडकर यहीं नहीं रुकते हैं। वे दलितों और दलित राजनीति पर अपना एकाधिकार स्थापित करते हुए उनसे इतर किसी भी दलित नेतृत्व को नकारते हैं। दलितों के उभरते जन नेता श्री जगजीवन राम को कांग्रेस का टुकड़खोर तक कहते हैं। और इसी एकात्मक सोच के कारण दलीय राजनीति में सफल नहीं हो पाते हैं। पर सफलता की उत्कट आकांक्षा में तीव्र गति से नीतियां और दल बनाते और बदलते रहते हैं। कभी स्वतंत्र मजदूर दल तो कभी अनुसूचित जाति फेडरेशन तो कभी रिपब्लिक पार्टी ऑफ इंडिया। पर न तो स्वतंत्रता के पूर्व न ही स्वतंत्रता के बाद अपने दल का जनाधार बढ़ा पाते हैं और न ही उन्हें सीटों में तब्दील कर पाते हैं। तो कैसे कहा जाए कि अंबेडकर दलितों के सर्वमान्य नेता थे? पर अम्बेडकर निश्चित ही उच्च कोटि के विद्वान थे इसलिए वे दलितों के जन नेता भले ही नहीं बन पाए हों पर दलितों के अकादमिक नेता अवश्य थे।

संवेदना के नस्लीकरण के प्रकरण को विराम देने के पूर्व मैं यह कहना चाहूंगा कि अंबेडकर को इसका जनक मानना या उसपर अंबेडकर का एकाधिकार मानना उन पर मिथ्या रोपण करना होगा। वास्तव में

भारत में इसका कौन जनक रहा है, कहना असंभव है पर इसकी अवधारणा शुंग काल में भी थी और स्वर्ण युग कहे जाने वाले गुप्त काल में भी। वास्तव में गुप्त काल में तो इस अवधारणा को सर्वाधिक प्रबलता मिली। फिर सल्तनत काल और मुगल काल में भी इसमें क्रमिक वृद्धि होते रहा और ब्रिटिश काल में अंग्रेजों के न्यूनीकरण के प्रयासों के बावजूद हमारे देश के नेताओं ने इस अवधारणा को अपने तप से सिंचित कर पुष्पित और पल्लवित किया और अपने-अपने नस्लीय सूक्ष्मदर्शी यंत्र की आवर्धन क्षमता के अनुरूप नैतिकता और न्याय को परिभाषित करने का प्रयास किया। अंबेडकर इसके एक कड़ी मात्र हैं, जनक नहीं। फिर अंबेडकर के भ्रातृत्व को बढ़ावा देने वाले संविधान के लागू होने के पश्चात अचानक इसमें संवेग आ गया है। इसलिए जब दलितों के साथ अन्याय होता है तो केवल दलित उसकी संवेदना महसूस कर पाते हैं और अगर पिछड़ों के साथ कुछ होता है तो पिछड़े और अगड़ों के साथ होता है तो अगड़े। जब 12/13 फरवरी 1992 की मध्य रात्रि में बिहार के गया जिले में लगभग 40 सवर्णों की हत्या एक प्रतिबंधित नक्सली संगठन द्वारा की जाती है तो कुछ जनखंड उत्साहित होता है तो कुछ उद्वेलित। घटना एक पर प्रतिक्रियाएं अनेक प्रकार की। इसी प्रकार , जब 1 दिसंबर , 1997 की मध्य रात्रि में बिहार के अरवल जिले में 58 दलितों की हत्या सवर्ण संगठनों द्वारा की जाती है तो एक जनखंड आह्लादित होता है और दूसरा जनखंड आर्तनादित और अन्य जनखंड निरपेक्ष। कहीं कोई सार्वजनिक संवेदना नहीं। हत्या की कहीं कोई सार्वजनिक निंदा या उसपर कोई सार्वजनिक पश्चाताप नहीं। संवेदना पर जाति और वर्ग भारी। इसी तरह मुस्लिमों के साथ कुछ भी होता है तो संवेदना केवल मुस्लिम महसूस कर पाते हैं और हिंदू या तो आह्लादित हो जाते हैं या संवेदनहीन। इसी का परिणाम है कि जब दिल्ली में निर्भया कांड होता है तो पूरा दिल्ली उबल जाता है और राष्ट्रपति भवन पर भी हमला हो जाता है पर कठुआ में एक अबोध मुस्लिम बच्ची के साथ सामुहिक बलात्कार और तत्पश्चात उसकी निर्मम हत्या होती है तो हत्यारे और बलात्कारी के लिए संवेदनाएं उमड़ जाती हैं और मृत अबोध बच्ची के लिए दुर्भावनाएं। लोकतान्त्रिक जीवन में भी संवेदनाओं का आधार यही है। इसलिए कश्मीर में जब मौलिक

अधिकारों का हनन होता है और 1 करोड़ से अधिक लोगों और उनके जनप्रतिनिधियों को जब महीनों तक बच्चों सहित गृह बंदी बनाकर रखा जाता है तो इंदिरा गांधी के आपातकाल को आज तक कोसने वाले लोग भी सरकार का जयघोष करते हैं। आज सरकार और सत्ता में बैठे लोग, जो कश्मीर फाइल्स पर देशव्यापी संवेदना उत्प्रेरित और उद्वेलित कर रहे हैं और जो जनखंड इसपर अनुपात से ज्यादा आंसू बहा रहा है, वह कोई सार्वजनिक संवेदना नहीं है बल्कि यह नस्लीय है और इसमें मात्र राजनीति है कोई नैतिकता नहीं, कोई संवेदना नहीं। मेरा मत है कि न्याय और संवेदना को सूक्ष्मदर्शी यंत्र से देखने की विलक्षण कला हमारे पूर्वजों ने अगर विकसित नहीं की होती तो शायद हमारे देश का न भूत ऐसा होता न वर्तमान। और अगर ऐसा नहीं होता तो आज सत्ता में बैठे लोगों के इतिहास गुजरात के दंगों से जुड़े नहीं होते और उनके चाल, चरित्र और चेहरे ऐसे नहीं होते और उनके चीर इतने चमकीले (केसरिया) नहीं होते और न ही उनके बोल इतने बड़बोले होते और न ही उनके भाषण इतने भड़कीले होते। और जब इतिहास के साथ वर्तमान तक संवेदना के नस्लीकरण की इतनी लम्बी श्रृंखला रही हो तो सार्वजनिक संवेदना और नैसर्गिक न्याय की आशा अंबेडकर से करना क्या उचित होगा?

मैं अंबेडकर के निजी जीवन पर कोई टिप्पणी नहीं करना चाहता हूं। एडविना और नेहरू के सम्बन्धों के कुछ निजी पत्र जब मुहम्मद अली जिन्ना को हासिल हुए तो उन्होंने भी साफ कहा था कि सीजर की पत्नी को निजता का अधिकार है, उस पर मैं कोई टिप्पणी नहीं करना चाहता हूं और किसी के निजी सम्बन्धों का राजनीतिक उपयोग नहीं करना चाहता हूं। पर इस सम्बंध में मेरा यह भी मानना है कि जो लोग सार्वजनिक जीवन जीते हैं उन्हें अपने निजी सम्बन्धों के प्रति संयमित और सतर्क रहना चाहिए क्योंकि उनका जीवन जनमानस के लिए आदर्श प्रस्तुत करता है और जनमानस अपने जीवन में उसका अनुसरण और अनुकरण करना चाहता है। और साथ ही साथ उनके निजी सम्बन्धों के कारण सार्वजनिक जीवन पर भी प्रभाव पड़ने की पूरी संभावनाएं बनी रहती हैं। अंबेडकर जब जीवन के अन्तिम छोर

पर पहुंचते हैं तो एक पारंपरिक सामंत की भांति अविवाहित चितपावन ब्राह्मण कन्या से (किसी विधवा या परित्यकता से नहीं) विवाह करते हैं केवल अपनी यौन संतुष्टि के लिए , क्योंकि पहली पत्नी से ही उनका परिवार भरा-पूरा था। अंबेडकरवादी कहते हैं कि पत्नी के अभाव में उनमें अकेलापन आ गया था और संविधान लिखते समय उनका यह अकेलापन और उनकी वय जनित बीमारियां बाधा बन रही थीं। इसी कारण वृद्धावस्था में अपनी सेवा के लिए और महान उद्देश्यों के निर्वहन के लिए उन्होंने यह विवाह किया था। पर मेरा मानना है कि यह किसी के निजी जीवन पर अनावश्यक क्षद्मावरण है। अंबेडकर के पूर्व भी भारत के लिए एक संविधान लिखा गया था लॉर्ड मैकाले द्वारा और केवल भारत के लिए ही नहीं , बल्कि ब्रिटिश उपनिवेश के अधिकांश देशों के लिए। और लॉर्ड मैकाले आजीवन अविवाहित थे। तो क्या उनका अकेलापन उनके संहिताकरण में बाधा बना? इसकी चर्चा क्या मैकाले ने कभी किया? इसलिए मेरा मत है कि डा० अंबेडकर ने यह विवाह केवल अपनी यौनेच्छा की पूर्ति के लिए किया था। इसमें न कोई उच्च आदर्श थे और न ही कोई सार्वजनिक उद्देश्य। सामंतवादी लोगों की तरह वे भी इसका पूरा ध्यान रखे कि उससे बच्चे नहीं हो पाएं जिससे कि उनके निजी संपत्ति में अपनी सजातीय प्रथम पत्नी से उत्पन्न बच्चों के साथ हिस्सेदारी का कोई प्रश्न उठ सके। तो इस तरह के सम्बन्धों को विवाह कहना कितना उचित होगा? और पत्नी कहना कितना उचित होगा? पाठक स्वयं निर्णय करें। उनसे बेहतर तो मध्यकालीन मुग़ल थे जो गैर मुस्लिम महिलाओं से भी विवाह कर यथोचित सम्मान और पहचान देते थे और उनसे उत्पन्न संतानों और मुस्लिम पत्नियों से उत्पन्न संतानों में कोई विभेद नहीं करते थे और हिंदुस्तान की बादशाहत पर भी समान रूप से हक देते थे। दूसरी बात मैं कहना चाहूंगा कि पति और पत्नी दो अलग-अलग व्यक्ति हैं, दोनों की मृत्यु क्या एक साथ ही होती है? दोनों तो नैसर्गिक रूप से अलग-अलग मृत्यु को प्राप्त होते हैं। इसलिये एक के मरने के बाद दूसरे को अकेलापन का दंश झेलना तो स्वाभाविक है। इसी को तो दूर करने के लिए पति-पत्नी के संयोग से परिवार बनता है जो एक की मृत्यु के बाद दूसरे को आर्थिक, शारीरिक और मानसिक रूप से अकेलापन महसूस

नहीं होने देता है। तो क्या अंबेडकर के जीवन के अन्तिम दिनों में उनके वंशज उनके साथ खड़े नहीं थे? तो आज क्यों वे अपने को अंबेडकर की विरासत का उत्तराधिकारी प्रमाणित करने को आतुर हैं? या डॉ० अंबेडकर मृत्यु के दिन तक पुरूष के सपत्नीक रहने की आध्यात्मिक अनिवार्यता मानते थे। यह तो सती प्रथा से मात्र एक कदम पीछे रहना होगा। और अगर यह मात्र अकेलापन दूर करने हेतु लिया गया निर्णय था तो क्या अपनी मृत्यु के पूर्व उन्होंने मृत्यु परांत अपनी पत्नी के अकेलापन को दूर करने के लिए उन्हें विधवा विवाह करने के लिए प्रेरित किया था? क्योंकि उनकी मृत्यु के लगभग पचास वर्षों बाद तक डॉ० सविता जीवित रहीं। क्या उन्हें अकेलापन नहीं महसूस हुआ होगा? क्या उनकी कोई अपनी यौनेच्छा नहीं रही होगी? क्या यह लैंगिक विभेद नहीं है? डॉ० अंबेडकर ने केवल डॉ० शारदा कबीर से विवाह ही नहीं किया बल्कि हिन्दू धर्म की पुरूष मानसिकता से प्रेरित होकर उनका नाम भी बदल कर डॉ० सविता अम्बेडकर रख दिया जिससे की उनकी (डॉ० सविता की) अपनी कोई व्यक्तिगत पहचान नहीं बच पाए। और विवाह के उद्देश्यों को सेवा से जोड़कर पति को स्वामी और पत्नी को सेवक बना देना तो पौराणिक और सनातनी विचार है। इसमें वैज्ञानिकता कहां है? और इसमें लैंगिक समानता कहां है? यह आधुनिक मानवीय मूल्यों के अनुरूप कहां है? तो इस मानसिक प्रवृति को सार्वजनिक लैंगिक समानता का पोषक कैसे माना जाए और इसे पारंपरिक पुरूष प्रधान हिन्दू मानसिकता से अलग कैसे देखा जाए क्योंकि मुस्लिम समुदाय में विवाहोपरांत महिलाओं के नवीन नामकरण का प्रचलन नहीं है।

पर मेरा मानना है कि लंबे सार्वजनिक जीवन में कभी-कभी ऐसी घटनाएं घट जाती हैं जो निजी जीवन को प्रभावित कर देती हैं और कभी-कभी निजी जीवन में ऐसी घटनाऐं घट जाती हैं जो सार्वजनिक जीवन पर कलुश के छीटें छोड़ जाती हैं। इसलिए जो सार्वजनिक जीवन जीते हैं, उन्हें विशेष सतर्कता बरतने की आवश्यक्ता है और जनमानस को भी कलुष के एक-आध छींटों को स्मृति लोप कर देने की आवश्यक्ता है।

अब आइए उनके द्वितीय विवाह पर दलित समुदाय की प्रतिक्रिया पर। दलित समुदाय उनके इस विवाह पर अपना तीव्र विरोध दर्ज किया और इसे बार-बार एक साजिश प्रमाणित करने पर अड़ा रहा क्योंकि उसका मानना था कि एक दलित किसी अन्य वर्ग की कन्या , चाहे वह ब्राह्मणों में भी सबसे शुद्ध रक्त मानी जाने वाली चितपावन ब्राह्मण ही क्यों न हो, से विवाह कर ही नहीं सकता है। यह धार्मिक पाप और सामाजिक बुराई है। इसका शायद एक कारण था अंबेडकर द्वारा दलितों में अनावश्यक नस्लीय शुद्धता का बोध कराना (गैर दलितों की भांति) और दूसरा कारण था अंबेडकर द्वारा खड़ी की गई दलितों की पृथक राजनीति में विराम की संभावना। दूसरे कारण के संबंध में मैं कहना चाहूंगा कि द्वितीय विवाह के बाद अंबेडकर के हिन्दू विरोध की राजनीति सचमुच कमजोर पड़ जाती है और वे समझौतावादी होने लगते हैं। और जब वे अपनी एक पुस्तक की प्रस्तावना में अपनी दूसरी पत्नी के सहयोगों की चर्चा करते हैं तो दलित समुदाय के तीव्र विरोध के कारण प्रकाशक को उसे विलोपित करना पड़ता है। यह उस मानसिकता से अलग कैसे हुई जब दलितों को कुएं से पानी पीने का विरोध गैर दलित करते थे और दलितों को अपने देवालयों में प्रवेश नहीं करने देते थे? डॉ० सविता अंबेडकर या डॉ० शारदा कबीर ने तो अपने चित की पावनता का त्याग कर एक दलित का आलिंगन कर लिया पर क्या दलित समुदाय अपनी नस्लीय पहचान का त्याग कर डॉ० सविता का आलिंगन कर पाया? डॉ० अंबेदकर और उनकी पहली पत्नी का विवाह एक सामाजिक विवशता रही होगी पर दूसरी पत्नी से उनका विवाह तो मुझे प्रकृति का प्रारब्ध प्रतीत होता है। पर मैंने तो उत्तर प्रदेश के लखनऊ , जो दलित राजनीति की पहली और सफल प्रयोगशाला मानी जाती है , में डॉ० अंबेडकर और उनकी दलित पत्नी की दर्जनों मूर्तियां देखी हैं पर डॉ० सविता की एक भी मूर्ति नहीं देखा है। उनकी तो स्थिति सामंतों की रक्षिता की भांति हो गई जो सामंत के लिए मनबहलाव की वस्तु हो पर जिसकी कोई सामाजिक स्वीकार्यता न हो। यह जातीय या नस्लीय विभेद नहीं है तो क्या है?

अब आइए इसपर विचार करते हैं कि इन सब असफलताओं और कमियों के बावजूद अंबेडकर दलित चेतना के प्रतीक पुरूष कैसे बन गए? दलितों का कोई अन्य नेता या कोई गैर दलित ऐसा क्यों नहीं बन पाया? इस पर मेरा मत है कि नस्लीय चेतना से पूर्ण समाज में किसी गैर दलित का दलितों का प्रतीक पुरूष बनना एक अपवाद होता है नैसर्गिक प्रवृति नहीं। और अगर कोई अपवाद स्वरूप बन भी जाता है तो इतिहास में उसकी निरंतरता नहीं रहती है बल्कि एक कालखंड तक सीमित होकर रह जाती है क्योंकि मैंने पूर्व में ही बताया है कि महात्मा गांधी ने जो सूक्ष्मदर्शी यंत्र का आविष्कार किया था, उस पर धीरे-धीरे महात्मा गांधी का सर्वाधिकार समाप्त हो गया और वह सार्वजनिक प्रयोग की वस्तु बन गई। हर जाति और हर नस्ल का व्यक्ति अब उसे समानाधिकार से प्रयोग कर सकता था। इसलिए अपनी अथक प्रयासों और विभिन्न प्रयोगों के बावजूद गांधी स्वयं भी दलितों के प्रतीक पुरूष नहीं बन पाए। अन्य पिछड़े वर्गो की पहचान हेतु विधेयक पेश करने के बावजूद नेहरू अपने ब्राह्मण होने के कारण अन्य पिछड़ों के प्रतीक पुरूष नहीं बन पाए। इसी तरह पहली बार पिछड़ों की देश व्यापि वैज्ञानिक पहचान करने और उन्हें बराबरी का हक दिलाने की अनुशंसा के बावजूद ब्राह्मण काका कालेलकर पिछड़ों के नेता नहीं बन पाए और मण्डल आयोग की सिफारिशों को लागू कर पिछड़ों के मसीहा बनने का प्रयास करने वाले राजपूत वी ० पी ० सिंह का आभा मंडल शीघ्र ही मलिन हो गया जबकि वी ० पी ० मंडल का आभा मण्डल निरंतर प्रकाशमान होते रहा। इसी प्रकार दलितों के मंदिर प्रवेश का आन्दोलन करने पर अंबेडकर दलितों के उद्धारक बन गए पर तत्कालीन बिहार के देवघर में विश्व प्रसिद्ध वैद्यनाथ धाम के मंदिर में दलितों को प्रवेश दिलाने के लिए पंडों पर गोलियां तक चलवाने वाले बिहार के प्रथम मुख्यमंत्री श्री कृष्ण सिंह दलितों के नेता नहीं बन पाए। इसलिए मेरा मत है कि प्रतीक पुरूष बनने के लिए कृतित्व से अधिक महत्वपूर्ण जातित्व है क्योंकि सबसे वस्तुनिष्ठ लक्षण वही है बाकी तो व्यक्तिनिष्ठ है। तो इन परिस्थितियों में किसी गैर दलित के दलितों का प्रतीक पुरूष बनने की आशा कैसे की जा सकती है?

पर अंबेडकर से इतर कोई दलित दलितों का प्रतीक पुरूष क्यों नहीं बन पाया? मेरा मानना है कि प्रतीक पुरूष बनने के लिए जाति या नस्ल के बाद जो दूसरी आवश्यक्ता है, वह है वर्तमान या तत्कालीन व्यवस्था से उसके विचारों की प्रतिकूलता और उसका गैर समझौतावादी होना और सत्ता से निरंतर संघर्ष का इतिहास न कि सफलता और नस्ल के प्रति वास्तविक योगदान। इसी कारण से महाराणा प्रताप राजपूतों के प्रतीक पुरूष बने न कि मानसिंह। और इसी कारण से शिवाजी मराठा अस्मिता के प्रतीक पुरूष बन पाए नहीं तो मुग़ल इतिहास में सबसे ज्यादा मराठे मनसबदार तो औरंगजेब के काल में थे और शिवाजी के साथ तो मराठे कम और अफगान ज्यादा थे। और इसी तरह महाराणा प्रताप की सेना में राजपूत कम और अफगान अधिक थे। राजपूत तो मुग़ल सेना में थे और मुग़ल सेना के सेनापति भी राजपूत थे। इसी कारण जगजीवन राम दलितों के प्रतीक पुरूष नहीं बन पाए क्योंकि उनका चरित्र समझौतावादी था। वे सत्ता के साथ मिलकर और सत्ता में रहकर दलितों का उद्धार करना चाहते थे और मेरा व्यक्तिगत अवलोकन है कि दलितों के उत्थान और उद्धार में उनका योगदान अंबेडकर से कहीं अधिक रहा है। सत्ता में रहने के कारण वे दलितों के लिए दर्जनों लोक कल्याणकारी योजनाएं लाने में सफल रहे। उनकी वेषभूषा और रहन-सहन भी एक आम भारतीय की तरह थे जबकि अंबेडकर की वेषभूषा गैर भारतीय थी क्योंकि अंबेडकर अपनी वेषभूषा से दलितों में अलग पहचान और उनमें अलग चेतना जगाना चाहते थे। इस कारण जगजीवन राम दलितों के सफल जन नेता बन पाए जबकि अंबेडकर एक असफल अकादमिक नेता। फिर भी जगजीवन राम दलितों के प्रतीक पुरूष आज नहीं हैं। इसका कारण हाल के दशकों के इतिहास में है। जब मान्यवर कांशी राम अपनी सरकारी सेवा से त्यागपत्र देकर दलितों में राजनीतिक चेतना जगाने का आंदोलन शुरू किए तो उस काल में जगजीवन राम जीवित थे और उनकी अपनी राजनीतिक सोच थी और अपनी राजनीतिक पहचान थी और कांशी राम जैसा स्वतंत्र विचारों का व्यक्ति उनकी छाया में रहकर कोई स्वतंत्र पहचान नहीं बना सकता था इसलिए वे जगजीवन राम के समानांतर एक राजनीतिक मंच खड़ा करना चाहते थे। और राजनीति

में शीघ्र सफलता के लिए आवश्यक है अधिकाधिक लोगों को अल्पावधि में आकर्षित करना। पर हमारे समाज की सबसे बड़ी विडंबना रही है कि वह विचारों से आकर्षित नहीं होता है बल्कि व्यक्ति से आकर्षित होता है और जीवित व्यक्ति से जनता प्रश्न कर सकती है और उनकी खूबियों के साथ - साथ खामियों को अपनी आंखों से देख सकती है और परिस्थिति संगत उनके उभरते और बदलते विचारों का साक्षी स्वयं रहती है। इसलिए जीवित व्यक्ति जन आकषर्ण का केंद्र नहीं बन पाता है जबकि ऐतिहासिक दूरियां इन नैसर्गिक कमियों को दूर कर देती हैं और जनता को केवल खूबियां ही खूबियां नजर आती हैं। इसलिए मान्यवर कांशीराम ने दलितों के प्रतीक पुरूष के लिए दूरबीन से जब सूक्ष्मदर्शी यंत्र लगाकर देखा तो डॉ० अंबेडकर सबसे उपयुक्त व्यक्ति लगे और उनको केंद्र में रखकर राजनीति की शुरुआत जब कांशी राम करते हैं तो वे दलितों के स्वाभाविक नेता के रूप में उभरते हैं। और जब लोकतन्त्र में कोई जनाकर्षण का स्वाभाविक श्रोत बन जाता है तो उससे प्रश्न पूछना लोकतांत्रिक पाप हो जता है जिससे कि वह चुनावी वैतरणी में डूबकर अधोगति को प्राप्त होता है। तो ऐसे खतरों का जोखिम आख़िर कौन उठाना चाहेगा ? पर मान्यवर कांशी राम के इस राजनीतिक प्रयोग से दलितों में भले ही नवीन राजनीतिक चेतना जगी हो और परिणामस्वरूप भले ही गांवों , कस्बों और जिला या राज्य स्तर पर दलितों का स्वतंत्र और प्रभावी नेतृत्व उभरा हो पर उनमें क्रमशः संकीर्ण दृष्टि का समावेश हुआ है जिससे उनमें कोई वैचारिक व्यापकता नहीं पनप सकी है। फलस्वरूप , अखिल भारतीय स्तर पर कोई सर्वमान्य और सार्वजनिक नेता दलित समुदाय देश को नहीं दे पाया है जबकि इस प्रयोग के पूर्व जगजीवन राम जैसा सर्वमान्य और सार्वजनिक नेता दलित समुदाय ने देश को दिया था।

अंत में डॉ0 अंबेडकर और उनके लिखित संविधान पर अन्तिम टिप्पणी करते हुए कहना चाहूंगा कि दुनिया का कितना भी महान व्यक्ति हो या दुनिया की कितनी भी अच्छी पुस्तक हो उनमें कुछ न कुछ त्रुटियां तो रह ही जाती हैं। हमें उन त्रुटियों को नजरंदाज करना चाहिए और उनके आदर्शों को अपने जीवन में उतारने का प्रयास करना चाहिए

जिससे कि हम आने वाली पीढ़ियों को बेहतर जीवन दे सकें और उनमें पिछली पीढ़ी से भी बेहतर व्यक्तित्व की आशा कर सकें। और दलितों को भी कहना चाहूंगा कि अंबेडकर के लिखित इस संविधान को गीता और बाइबिल या कुरान मत बनने दीजिए और आंखें मूंदकर धूप और नैवेद्य दिखाकर कर्ता या कीर्ति की पूजा मत कीजिए बल्कि इसे एक प्रतिभा संपन्न मनुष्य की अमूल्य विरासत मानकर सम्मान कीजिए और आँखें खोलकर सजगता से इसकी रक्षा करने का प्रण लीजिए।

लेखनी को विराम देने के पूर्व मैं यह स्पष्ट करना चाहूंगा कि मेरे इस आलेख का उद्देश्य न तो किसी की भावनाओं को ठेस पहुंचाना है और न ही अंबेडकर के कद को छोटा करना है क्योंकि ऐसा करना सूरज को पत्थर मारना होगा क्योंकि अंबेडकर का कद इतना व्यापक था कि संविधान निर्माण में उनकी अपरिहार्यता को देखते हुए ही विपरीत वैचारिक ध्रुवों के नेताओं ने भी संविधान सभा में उनकी उपस्थिति सुनिश्चित किया। मेरा एक मात्र उद्देश्य जनमानस की सोच से व्यक्तिनिष्ठता का निष्कासन और वस्तुनिष्ठता का समावेशन है। इसके अतिरिक्त और कुछ भी नहीं।

यह आलेख 26 नवंबर 2023 को संविधान दिवस के अवसर पर लिखा गया है।

संदर्भ

1.0 गुहा रामचंद्र , भारत गांधी के बाद : दुनिया के विशालतम लोकतन्त्र का इतिहास , पेंगुइन रेंडम हाउस इंप्रिंट , हिन्दी अनुवाद सुशांत झा , संस्करण 2021 , पृष्ट संख्या 140

2.0 फरवरी 2023 को विदेश मंत्री श्री एस0 जय शंकर द्वारा राज्य सभा में वक्तव्य , http// www.indiatv.in

3.0 गार्डियन आर्किव्स, टेरेंस प्री, 11 सितंबर 2018 http//www.the guardian.com

4.0 स्मिथ एथेंस , तीसरे स्वतंत्रता जनमत के बाद न्यू कोलेडेनिया का भविष्य: एक फ्रांसीसी संतुलनकारी कार्य, विज्ञान ब्लॉग, युरेक रिसर्च , 26 जुलाई 2022

5.0 अरोड़ा नमित इंडियन्स : ए ब्रीफ हिस्टरी ऑफ ए सिविलाइजेशन , अल्बरूनिज इण्डिया , पेंगुइन रेंडम हाउस इंडिया, संस्करण 2021 , पृष्ट संख्या 131

6.0 जागरणजोश , भारत में आरक्षण का इतिहास : एक समग्र विश्लेषण , 27 दिसम्बर 2016

7.0 स्टीफेन सिंथिया , द हिस्ट्री ऑफ रिजर्वेशन इन इंडिया फ्रॉम1800s टू 1950s

https://www.academia.edu

8.0 एंगलो इन्डियन लोग , विकिपीडिया

9.0 चर्चिल ऑन इण्डिया, द चर्चिल प्रोजेक्ट

10.0 सिंह जसवंत , जिन्ना : इण्डिया पार्टिशन इंडिपेंडेंस , रूपा पब्लिकेशन , संस्करण 2009 , पृष्ट संख्या 425-427

11.0 सिन्हा उत्तम कुमार , इंडस बेसिन अनइंटरअप्टेड , पेंगुइन रेंडम हाउस, संस्करण 2021 ,176-177 एवं 257

♦♦♦♦♦

समान नागारिक संहिता : क्षद्म राष्ट्रवाद के कफन में राष्ट्र के दफन की तैयारी

2024 के लोकसभा चुनावों की तैयारी शुरू हो गई है। शासक दल इस बार सामान नागरिक संहिता को चुनावी मुद्दा बनाकर चुनाव में उतरने की तैयारी करने को प्रतिबद्ध प्रतीत होता है और संभावनाएं अधिक हैं कि वह चुनाव से पूर्व इसे लागू भी कर दे। पर आखिर इस संहिता के अर्थ क्या हैं, निहितार्थ क्या हैं, इसकी पृष्ठभूमि क्या है और इसके परिणाम क्या होंगे ? आज हम इन मुद्दों पर गम्भीरता और गहनता से विचार करेंगे।

शासक दल का मानना है कि समान नागरिक संहिता संविधान निर्देशित एक आदर्श व्यवस्था है जिससे पूरे देश के नागरिकों के आचार-विचार और व्यवहार समान हो जायेंगे और ब्रितानी काल से चली आ रही तथाकथित विभाजनकारी हिंदू और मुस्लिम आचार संहितायें स्वतः समाप्त हो जाएंगी और भारत एक अटूट, अविच्छिन्न और अखंड राष्ट्र बन पाएगा। इन्हीं तथाकथित महान उद्देश्यों की प्राप्ति हेतु उसने समान नागरिक संहिता पर विधेयक लाने का संकेत दिया है।

इधर सरकार इस प्रस्तावित विधेयक को संविधान सम्मत बनाने के लिए 22 वें विधि आयोग से सलाह मांगी है और विधि आयोग ने इसे लोकतांत्रिक बनाने के लिए जन सामान्य से सुझाव आमंत्रित किया है। सतही तौर पर सरकार और विधि आयोग का यह प्रयास जनोन्मुखी प्रतीत होता है पर यथार्थ में यह जन से कोसों दूर है। इसकी क्या असंदिग्धता है कि जितने सारे सुझाव आयोग को प्राप्त होंगे उन्हें पढ़ा और समझा जायेगा और उन पर विचार भी किया जाएगा? क्या आयोग सारे मन्तव्यों को सार्वजनिक करेगा? और क्या ऐसा संभव है? यह भी तो हो सकता है कि आयोग अपना विचार बना लिया हो और प्रेषित सुझाओं को कूड़ेदान को समर्पित कर दे। और अगर 140 करोड़ की

आबादी वाले देश का हर वयस्क नागरिक और होनहार बच्चे अपने-अपने विचार आयोग को प्रेषित कर दें तो क्या आयोग उन्हें पढ़ पाएगा? भारत एक वृहत देश है, यह कोई नगर राज्य नहीं है जिसमें सभी नागरिकों से विचार आमंत्रित कर उनका गहन अध्ययन किया जा सके और तदुपरान्त कोई निर्णय लिया जा सके। इसलिए यह पूरी प्रक्रिया जटिल और कठिन है और अप्रायोगिक भी है। सरकार की मंशा संदिग्ध है। इसकी संभावनाएं अधिक हैं कि सरकार स्वयं निर्णय ले चुकी हो पर उसके दुष्परिणामों का दायित्व आम जनता पर डालकर स्वयं दोष मुक्त होना चाह रही हो। इसलिए यह प्रक्रिया सरकार को संदेह के घेरे में डाल रही है।

और क्या इस महत्वपूर्ण विधेयक के लिए इस प्रकार का यह प्रथम प्रयास है? इसके पूर्व भी 21 वें विधि आयोग से सरकार ने इस विषय पर सलाह मांगी थी और उस आयोग ने भी जनता से एकाधिक बार सुझाव मांगा था। पर उन सुझाओं का क्या हुआ और उसके निष्कर्ष क्या निकले? क्या किसी को पता है? जब सार्वजनिक सुझाव आमंत्रित जाते हैं तो उसके निष्कर्षों को सार्वजनिक करना आयोग का नैतिक दायित्व बनता है। पर ऐसा हुआ तो नहीं? तो लोक सभा चुनावों से ठीक पूर्व नए सिरे से पुनः जनता से सुझाव मांगना नैतिक कम और राजनैतिक अधिक प्रतीत होता है।

बावजूद इन आशंकाओं के सरकार और आयोग का कहना है कि वह इस विधेयक के सभी हित धारकों के सुझाव का सम्मान करना चाहती है इसलिए वह सार्वजनिक सुझाव आमंत्रित कर रही है। पर क्या सचमुच में महत्वपूर्ण विधेयकों के लिए जनता से सुझाव आमंत्रित करने की परम्परा रही है? क्या धारा 370 के विलोपन के समय सरकार जम्मू -कश्मीर की जनता की राय मांगी थी? इतिहास तो यह कि इसके लिए जम्मू--कश्मीर के जनप्रतिनिधियों को उनकी जनता के साथ महीनों तक गृह बंदी बनाकर रखा गया था जिससे कि वे न तो विधेयक पर चर्चा में भाग ले सकें और न ही मत विभाजन में हिस्सा ले सकें और न ही अपनी जनता के साथ सड़कों पर उतर कर इसके पक्ष या विपक्ष में कोई प्रदर्शन कर सकें। इसी प्रकार जब नागरिकता संशोधन विधेयक

लाया गया था तो इस विधेयक से प्रभावित होने वाले जन खंडों से क्या सुझाव आमंत्रित किए गए थे? या तीन तलाक के मुद्दे पर सरकार मुस्लिम समुदाय या मुस्लिम धर्म गुरुओं से राय ली थी? अगर उस काल में हित धारकों के हित का निर्णय सरकार करने में संवैधानिक और नैतिक रूप से सक्षम थी तो इस बार जनशुमारी की आवश्यकता क्यों पड़ गई है? क्या सरकार इसका उत्तर देगी?

और अगर सरकार सचमुच में इस विधेयक पर निर्णय लेने में किसी प्रकार का नैतिक संकोच या संवैधानिक अवरोध महसूस कर रही है तो क्या सरकार को सलाह देने के लिए पर्याप्त संवैधानिक संस्थानों का अभाव है? सरकार नेता प्रतिपक्ष से भी तो राय ले सकती थी। या सभी निबंधित राजनीतिक दलों से भी तो राय ले सकती थी। या आम जनता की राय लेने की अपेक्षा देश के विभिन्न राज्यों की विधान सभाओं और विधान परिषदों के सदस्यों की राय ले सकती थी या सभी विधान सभा और परिषदों में इस विधेयक को पेश कर वाद-विवाद करवा सकती थी और जो अन्तिम निर्णय होता उस पर विचार कर सकती थी। पर सरकार ऐसा नहीं कर रही है। आखिर क्यों? क्या ये लोकतांत्रिक संस्थाएं जनता का प्रतिनिधित्व नहीं करती हैं या सरकार का इन लोकतांत्रिक संस्थाओं पर विश्वास समाप्त हो गया है?

सरकार तो महान्यायवादी और अन्य संविधान विशेषज्ञों की भी तो राय ले सकती थी। पर सरकार यह भी नहीं कर रही है। क्या सरकार का विधि विशेषज्ञों के संवैधानिक ज्ञान पर भरोसा समाप्त हो गया है? या सरकार जन की आड़ में सभी संवैधानिक प्रावधानों की उपेक्षा कर अधिनायक बनने की मंशा पाल रही है? हमें इस पर गम्भीरता से विचार करना चाहिए और सरकार को इन प्रश्नों का उत्तर देश के जन मानस को देना चाहिए।

पर सरकार और आयोग के इस कदम से विभिन्न धर्मों के धर्माधीशों में कोई असंतोष उत्पन्न नहीं हो और सरकार के समक्ष उनकी प्रभुता में प्रत्यक्ष ह्रास का अहसास नहीं हो और सरकार और आयोग की निष्पक्ष और निरपेक्ष मध्यस्थ की छवि बनी रहे के लिए आयोग ने सभी मान्यता प्राप्त धार्मिक संगठनों से भी सुझाव आमंत्रित किया है। पर निर्वाचित

जन प्रतिनिधियों की अपेक्षा स्वयंभू धार्मिक संगठनों की राय लेना इस पूरी प्रक्रिया को अलोकतांत्रिक और संदेहास्पद बना देता है। एक निर्वाचित जन प्रतिनिधि भारत के संविधान के प्रति समर्पण का शपथ लेता है जबकि ऐसी कोई बाध्यता धार्मिक संगठनों की नहीं होती है। इन संगठनों के सदस्य अक्सर अपनी मानसिक प्रवृति और प्रकृति के कारण सत्ता, सरकार और संस्कृति पर अपनी प्रभुता और प्रभाव बनाए रखना चाहते हैं और सार्वजनिक समानता, राष्ट्रीय बंधुत्व और व्यक्तिगत स्वतंत्रता में अक्सर इनका विश्वास नहीं होता है और इनकी सोच की सीमाएं इनके धर्मों या संप्रदायों की सीमा से बाहर नहीं जा पाती हैं जिसके कारण अन्य धर्मावलंबियों को ये नैतिक रूप से निम्न, आध्यात्मिक रूप से अस्पृश्य और सामाजिक रूप से पृथक मानते हैं। तो कैसे इनसे आशा की जा सकती है कि आधुनिक मानवीय मूल्यों पर आधारित विधान बनाने में ये किसी प्रकार का सकारात्मक सुझाव या सहयोग दे पाएंगे और अपने ही संकीर्ण विचारों और व्यवहारों को सम्पूर्ण जन मानस पर अधिरोपित करने का प्रयास नहीं करेंगे बल्कि एक अंतर धार्मिक संस्कृति की अवधारणा का अनुमोदन करेंगे? इसलिए विशेष रूप से इन संगठनों की राय का आह्वान करना सरकार की नियत पर संदेह पैदा करता है।

और यह संदेह गहरा तब हो जाता है जब हम देखते हैं कि विगत 8 / 9 वर्षों में सरकार पर धर्म विशेष के लोगों पर उत्पीड़न के आरोप लगे हैं और छोटी-छोटी तकनीकी त्रुटियों के कारण उनके धार्मिक संगठनों की मान्यताएं सरकार द्वारा निरस्त कर दी गई हैं। और दूसरी तरफ अन्य धर्म विशेष के संगठनों के उन्माद के प्रोत्साहन के आरोप सरकार पर लगे हैं और इस अवसर का लाभ उठाकर धर्म की आड़ में नए-नए उपद्रवी धार्मिक संघटन खड़े हुए हैं जो शासन और प्रशासन की न्यूनतम मर्यादाओं का भी पालन नहीं करते हैं और अपने से इतर धर्म के लोगों की दिन-दहाड़े मॉब लिंचिंग से कोई परहेज नहीं करते हैं। इस एकांगी वातावरण में धार्मिक संघटनों से इस महत्वपूर्ण विषय पर राय का आह्वान करना कितना निष्पक्ष और निःसंदेह होगा?

सरकार की निष्पक्षता पर सन्देह तब और गहरा हो जाता है जब हम देखते हैं कि 2--4 पक्षों पूर्व ही सरकार ने संविधान की न्यूनतम मर्यादाओं का पालन किए बगैर संसद के नए भवन का उद्‌घाटन धार्मिक रीति-रिवाज से धर्म विशेष के धर्माधीशों की उपस्थिति में किया है और इसमें न तो लोकतंत्र के संरक्षक (राष्ट्रपति) को आमंत्रित किया और न ही विपक्ष के सांसदों को। इस पृष्ठभूमि में सरकार का इस विषय पर सभी मान्यता प्राप्त धार्मिक संगठनों से सुझाव का आह्वान मात्र एक छलावा प्रतीत होता है और अपने एकांगी पूर्वाग्रहों को देश पर अधिरोपित करने का (अ)नैतिक अस्त्र।

और क्या समान नागरिक संहिता देश के नागरिकों पर अधिरोपित करने का नैतिक अधिकार राज्य को है? यह तो मात्र एक नीति निर्देशक तत्व है जो राज्य के प्रवृत्ति और प्रकृति को निर्देशित करता है न कि आदेशित। इसलिए न्यायालय इसे लागू करने के लिए सरकार को बाध्य नहीं कर सकता है और न ही सरकारें इसे नागरिकों पर अधिरोपित कर सकती हैं। फिर भी न्यायपालिका सरकार को इसे लागू करने का निर्देश दे रही है और सरकार न्यायपालिका के इस निर्देश को आदेश मानकर लागू करने की अपनी प्रतिबद्धता प्रदर्शित कर रही है। आखिर क्यों?

जन के लिए राज्य एक भू- राजनैतिक इकाई है। यह कोई नस्लीय या धार्मिक इकाई नहीं है। लोगों की नैतिकता और आध्यात्मिकता का आधार नस्ल, धर्म या संप्रदाय होते हैं न कि राज्य क्योंकि आधुनिक राष्ट्रीय राज्यों की उत्पत्ति के अभी एक शताब्दी भी पूरे नहीं हुए हैं जबकि लोग नस्ल और संप्रदाय या धर्म को सदियों से जीते आ रहे हैं और जब राज्यों के अस्तित्व नहीं थे तो यही नस्ल और धर्म इनके रक्षक थे और इनके द्वारा प्रतिपादित और निर्देशित परंपराएं ही लोगों के जीवन के आदर्श रहे हैं। ये लोगों के गुण सूत्रों की कणिकाओं तक को प्रभावित कर चुके हैं जबकि आधुनिक राष्ट्र जनता का वाह्य आवरण मात्र हैं। इसके बावजूद आज राज्य अपने अस्तित्व के अल्पावधि में ही धर्म और नस्ल के सारे प्रभावों को जन के गुण सूत्रों से निष्कासित कर स्वयं को स्थापित करना चाह रहा है। आखिर इतनी आतुरता क्यों? क्या

सदियों के प्रभाव को रातों-रात समाप्त किया जा सकता है? परंपराएं भी तो रातों-रात नहीं बनी होंगी और धर्म या संप्रदाय और नस्ल भी तो रातों-रात नहीं बने होंगे? उनके बनने में सदियों लगे होंगे। तो जब धर्म या नस्ल अपनी परंपराओं को जन पर रातों-रात अधिरोपित नहीं किए तो आज राज्य क्यों रातों-रात उन परंपराओं को जन के जीवन से निष्कासित कर स्वयं को स्थापित करने को आतुर है?

ब्रिटिश काल में भी समान नागरिक संहिता पर ईस्ट इण्डिया कम्पनी ने जब द्वितीय विधि आयोग से 19 वीं शताब्दी के मध्य में परामर्श मांगा तो आयोग ने लोगों की धार्मिक और नस्लीय चेतना का सम्मान करते हुए इसे अव्यावहारिक और राज्य के लिए अनैतिक करार दिया था और हिंदू नागरिक संहिता और मुस्लिम नागरिक संहिता में हस्तक्षेप करने से मना कर दिया था [1]। ब्रिटिश पूर्व इस्लामिक शासन में भी बादशाहों ने शरिया कानून अधिरोपित नहीं किए। हिंदुओं को हिंदू के रूप में ही जीने दिया जिससे हिंदू अपनी परंपराएं बनाए और बचाए रख सकें। हिंदुओं की नागरिक संहिता की व्याख्या, रक्षा और कार्यान्वयन का अधिकार राज्य न तो स्वयं अधिकृत किया और न ही किसी काज़ी को दिया बल्कि हिंदुओं (ब्राह्मणों) को ही दिया और काज़ी को केवल मुस्लिम परंपराओं की व्याख्या और रक्षा तक सीमित रखा। [2]। वह तो लोकतंत्र का काल नहीं था। मुस्लिम बादशाह चाहते तो समान नागरिक संहिता के नाम पर शरिया कानून हिंदुओं पर भी अधिरोपित कर सकते थे। पर ऐसा तो उन्होंने नहीं किया? यह प्रजा की नस्लीय या धार्मिक चेतना के प्रति उनकी संवेदनशीलता को प्रदर्शित करता है। इसके बावजूद आज इतिहास उन्हें धार्मिक रूप से असंवेदनशील और अधिनायक प्रमाणित करने को आतुर है। आखिर क्यों? और आज वर्तमान शासन व्यवस्था स्वनिर्मित समान नागरिक संहिता अधिरोपित कर स्वयं को संवेदनशील और लोक नायक प्रमाणित करने को व्याकुल है। आखिर कैसे?

पर धार्मिक विविधता के प्रति अपनी उपरोक्त संवेदनशीलता के बावजूद भी मुस्लिम शासकों ने नैसर्गिक मानवीय मूल्यों की रक्षा के प्रति अपनी प्रतिबद्धता का परिचय देते हुए हिंदू समाज में प्रचलित बाल

विवाह, शिशु हत्या और सती प्रथा जैसे अमानवीय प्रथाओं पर प्रतिबंध लगाया था [3]। पर चूंकि सामाजिक या धार्मिक सुधारों का श्रेय किसी गैर हिंदू और गैर हिंदुस्तानी को देने की ऐतिहासिक परंपरा हमारे देश में नहीं रही है इसलिए इन कुप्रथाओं के उन्मूलन की शुरुआत ब्रिटिश काल से मानी जाती है और इनका सारा श्रेय बंगाल में पुनर्जागरण के तथाकथित अग्रदूत राजा राम मोहन राय को दिया जाता है जबकि ऐतिहासिक रूप से ईसाई मिशनरियों ने यूरोप के पुनर्जागरण को भारतीय उपमहाद्वीप में लाया था और उन्हीं के नैतिक दबाव के फलस्वरूप इन कुप्रथाओं पर ईस्ट इण्डिया कम्पनी ने प्रतिबंध लगाया था [4]। फिर भी मेरा मत है कि इतिहास की इन वास्तविकताओं के बावजूद हिंदू पुनर्जागरण में राजा राम मोहन राय के योगदान को न तो नकारा जा सकता है और न ही न्यूनीकृत किया जा सकता है।

पर मध्य काल के शासन को भले ही आज का इतिहासकार इस्लामी शासन कहने की परंपरा विकसित कर लिया हो और उस काल के शासकों का हिंदुओं के प्रति दंडात्मक या दमनात्मक चरित्र चित्रण करने का गल्प गढ़ लिया हो के बावजूद उस काल में बहुसंख्य हिंदू प्रजा की भावनाओं का सम्मान करते हुए राज्य द्वारा गो हत्या पर भी एकाधिक बार प्रतिबंध लगाए गए थे [5]। और साम्राज्य की बहुसंख्यक हिन्दू प्रजा की भावनाओं का सम्मान करने की इसी प्रवृत्ति के कारण बंगाल में जब एक मुस्लिम यात्री ने हिंदुओं के एक गांव में मोर पक्षी को मारकर खा गया तो स्थानीय मुग़ल अधिकारी ने उसके एक हाथ को काटने की सजा सुनाई थी जिसे एक अगस्टीनियन पादरी फ्रे सेबेस्टियन मैनरीक ने अपने प्रभाव से बचा दिया [6]। इसी क्रम में मुग़ल बादशाह जहांगीर ने जैन मुनि उदयहर्ष के आग्रह पर जैनियों के त्योहार पर्युसन के पवित्र दिनों में पशु बलि पर 14 अप्रैल 1610 को राजकीय निषेधाज्ञा जारी किया था [7]। इन तथ्यों के बावजूद मध्य काल के शासन को धार्मिक रूप से एकांगी और हिंदुओं या अन्य गैर -मुस्लिम धर्मावलंबियों के प्रति असहिष्णु और असंवेदनशील कहने की कला आज का इतिहासकार विकसित कर लिया है। आख़िर क्यों? क्या आज हम साम्प्रदायिक राजनीति द्वारा पोषित अपनी मानसिक प्रवृत्ति को

त्याग कर स्वतंत्र बौद्धिक क्षमता से उस काल का निष्पक्ष और निरपेक्ष पुनर्मूल्यांकन करेंगे?

इस प्रकार जब तथाकथित लंबे मुस्लिम और ईसाई शासन काल में यहां के लोगों पर समान नागरिक संहिता अधिरोपित नहीं किया गया तो आज आखिर कौन सा संकट देश के समक्ष खड़ा हो गया है जो सरकार को ऐसा करने को विवश कर रहा है? क्या सरकार जनता के बीच अपनी विवशता को साझा करेगी? किसी भी समस्या पर नए विधेयक लाने के पूर्व सरकार को समस्या की विकटता को जनता के समक्ष प्रस्तुत करना चाहिए और उस समस्या से राज्य द्वारा अनावश्यक वहन किए जाने वाले नैतिक या आर्थिक अधिभार के परिमाण की चर्चा करनी चाहिए। पर क्या सरकार ऐसा कर रही है? सरकार के प्रधान का कहना है कि एक ही घर में दो अलग-अलग प्रकार के भोजन नहीं बन सकते हैं। पर क्या उसे पता नहीं है कि घर में बच्चे भी होते हैं, वयस्क भी होते हैं, बूढ़े भी होते हैं, रोगी भी होते हैं और निरोगी भी होते हैं? क्या सबके लिए एक ही व्यंजन तैयार होता है? और क्या सभी सदस्यों के नैसर्गिक स्वाद एक ही होते हैं? अगर कोई ऐसा सोचता है तो परिवार की सच्चाई से वह सचमुच अवगत नहीं है या वह जान-बूझकर परिवार में मनोवैज्ञानिक तनाव और बिखराव पैदा करना चाहता है। इसी तरह अगर कोई राजनेता ऐसा सोचता है और कहता है तो वह जनता का मनोवैज्ञानिक धुव्रीकरण कर देश में अनावश्यक तनाव और बिखराव पैदा करना चाहता है। तो क्या देश के प्रधान का वक्तव्य कहीं 2024 के लोक सभा चुनावों के पूर्व देश में विभेद और बिखराव पैदा कर मतदाताओं के धुव्रीकरण का प्रयास तो नहीं है? क्या सबका साथ, सबका विकास और सबका विश्वास मात्र एक छलावा है? जो जन खण्ड इस देश को अटूट और अखंड देखना चाहता है उसके लिए यह विचारणीय विषय है।

वास्तव में समान नागरिक संहिता जितना आदर्श प्रतीत होता है उतना ही अनुपयोगी है। यह एक राष्ट्र के रूप में आदर्श की कल्पना मात्र है जिसे अनंत काल में लागू करने का निर्देश राज्य को है। पर क्या उस अनंत की कोई समय सीमा हो सकती है। वर्तमान सत्ता तो लोगों को

कह रही है कि इसे 70 वर्षों में लागू नहीं किया गया। पर जब हम कागज पर एक बिंदु अंकित करते हैं तो हमारी कल्पना होती है कि उस बिंदु की कोई लंबाई, चौड़ाई या ऊंचाई नहीं होगी। पर क्या ऐसी कोई बिंदु हो सकती है? इसी प्रकार जब किसी समतल पर रेखा खींचते हैं तो हमारी कल्पना होती है कि रेखा की लंबाई अनंत तक होगी पर मोटाई शून्य होगी। पर क्या शून्य मोटाई वाली कोई रेखा हो सकती है? और क्या अनंत तक हम कोई रेखा खींच सकते हैं? जब कागज ही सीमित है तो रेखा कैसे अनंत होगी। पर कल्पना तो हम अनंत का ही न करते हैं ! इसी तरह समान आचार संहिता एक आदर्श व्यवस्था है जिसकी कल्पना देश के हर नागरिक को करनी चाहिए और उस आदर्श की प्राप्ति का लक्ष्य हम सबको रखना चाहिए। और उस लक्ष्य की प्राप्ति के प्रयोजन के बिना राष्ट्र का कोई नैतिक अस्तित्व नहीं है। पर क्या इस आदर्श को अधिरोपित करने का नैतिक अधिकार सरकार को है? सरकार का दायित्व तो जन मानस की राजनीतिक असामनता, आर्थिक उत्थान और सामाजिक समरसता और समानता स्थापित करना है। तो क्या इन दायित्वों के प्रति अपनी विफलता से नागरिकों को दिग्भ्रमित करने के लिए तो नहीं अब सरकार नैतिक नेतृत्व करने का संकल्प लेना चाहती है? आज हमें इसपर गम्भीरता से विचार करना होगा।

सत्ताधारी दल और सरकार के प्रधान का कहना है कि समान नागरिक संहिता के प्रावधान संविधान के नीति निर्देशक तत्वों में से एक हैं और 70 वर्षों में गैर-हिंदुओं के तुष्टिकरण की प्रवृति के कारण सरकारें इसे लागू नहीं कर पाईं हैं। इस संबंध में सरकार से मेरा पूछना है कि क्या संविधान में एक ही नीति निर्देशक तत्व हैं? उसमें तो सरकार को एक ही काम के लिए पुरुष और स्त्री को समान मजदूरी सुनिश्चित करने , 6 से 14 वर्ष के बच्चों के लिए निःशुल्क शिक्षा की व्यवस्था करने, 6 वर्ष से कम उम्र के बच्चों की निःशुल्क चिकित्सा सुनिश्चित करने के भी निर्देश प्राप्त हैं। क्या हमने ये लक्ष्य प्राप्त कर लिये हैं? अगर नहीं तो वर्तमान सत्ता इन मुद्दों पर पिछले 70 वर्षों की सरकारों को क्यों नहीं उलाहना दे रही है? लोगों को अपनी क्षमता के अनुसार रोजगार प्रदान

करने और कार्य स्थल पर सम्मानजनक वातावरण निर्माण करने का भी निर्देश सरकार को प्राप्त है (इसी निर्देश के तहत महात्मा गांधी नेशनल रूरल एम्प्लॉयमेंट गारंटी एक्ट लाया गया था जिसमें लोगों को भुखमरी से बचाने और विस्थापन से रोकने की क्षमता थी) तो क्यों आज भी लाखों युवा बेरोजगार हैं? सरकार का प्रधान इस पर कोई विधेयक लाने की सार्वजनिक घोषणा क्यों नहीं कर रहा है? अनुसूचित जनजाति एवं अनुसूचित जाति के लोगों के सामाजिक एवं आर्थिक उत्थान करने के संवैधानिक निर्देशों के बावजूद भी इन वर्गों के लोगों के चेहरे पर आज भी मूत्र-श्राव की घटनाएं क्यों घट रही हैं? क्यों आज भी दलित अपने विवाह में घोड़ी पर नहीं बैठ पाता है? क्या सरकार इन प्रश्नों का उत्तर देगी? धन के केंद्रीकरण की रोक के संवैधानिक निर्देशों के बावजूद भी क्यों सरकार के प्रधान पर पूंजीपतियों से निकटता के आरोप लग रहे हैं? और इन आरोपों पर क्यों उसका सार्वजनिक स्पष्टीकरण नहीं आ रहा है? और आख़िर क्यों इस प्रवृति को रोकने को आतुर जन खंड या संगठनों को शहरी नक्सल या माओ से प्रेरित कह कर लम्बे समय तक कारावासों में डाला जा रहा है? आख़िर आज देश को uniform living code की आवश्यकता है या uniform civil code की? देश को गरीबी और भुखमरी से उबारने और आर्थिक असमानता दूर करने को चिंतित जन खंड को आज इस पर निर्णय करने की घड़ी आ गई है। क्यों पूरे देश में मद्य एवं मादक पदार्थों के निषेध के संवैधानिक निर्देश के बावजूद आज भी प्रति वर्ष लाखों लोग मद्यपान जनित रोगों से असमय मृत्यु को प्राप्त हो रहे हैं और राजस्व का महत्त्वपूर्ण हिस्सा आज भी सरकार को मदिरा और अन्य मादक पदार्थों की बिक्री से प्राप्त हो रहा है? विश्व में शांति की स्थापना करना भी सरकार का संवैधानिक लक्ष्य निर्देशित है तो क्यों देश का रक्षा मंत्री बार-बार सीमा का उल्लंघन कर पड़ोसी देशों पर हमले की धमकी दे रहा है? क्यों बार-बार देश का प्रधान सेवक जन सभाओं में अपनी कृत्रिम पौरुष का प्रदर्शन कर मत मांग रहा है? क्यों नहीं वह इन जन सभाओं में अपने शांति के प्रयासों की विवरणी जनता के समक्ष प्रस्तुत कर रहा है? लक्ष्य तो वैश्विक शांति की स्थापना है पर व्यवहार विपरीत है? आख़िर क्यों? क्या समान नागरिक संहिता लागू करने को संकल्पित

सरकार और इसके पक्ष में खड़ा आतुर जनखण्ड इन प्रश्नों का उत्तर देगा?

फिर भी अगर इन प्रश्नों पर सरकार मौन रहकर भी समान नागरिक संहिता लागू करने को दृढ़ संकल्पित है तो भी इस संहिता के प्रावधान क्या हैं और इसके आयाम क्या होंगे और यह नागरिक जीवन के किन-किन पहलुओं को प्रभावित करेगा पर तो सरकार का स्पष्टीकरण सार्वजनिक होना चाहिए? पर सरकार या आयोग अभी तक इस संहिता के प्रावधानों को प्रतिपादित नहीं कर पाई है और इस जटिल विषय पर जन से राय मांग रही है और जनता से आशा कर रही है कि अंधेरे में टटोल कर कुछ अप्रत्याशित विचार उसे दे दे। आखिर कितनी हास्यास्पद है यह स्थिति? सरकार की आतुरता से आभास हो रहा है कि वह इसे किसी भी तरह 2024 के लोक सभा चुनावों के पहले पारित करा लेना चाहती है जिससे कि वह इसका लोकतांत्रिक लाभ उठा सके। पर जब इसके आयाम ही निर्धारित नहीं होंगे और प्रावधान ही परिभाषित नहीं होंगे तो कानून का क्या होगा? नागरिकता संशोधन विधेयक और राष्ट्रीय पंजीकरण विधेयक 2019 के सफलतापूर्वक पारित होने के 4 वर्षों के बाद भी अगर सरकार इनके प्रावधानों को परिभाषित और प्रतिपादित नहीं कर पाई है तो यह कैसे मान लिया जाये कि इस विधेयक के प्रति सरकार की मनसा स्वच्छ और निर्मल है? यह तो मात्र देश को ध्रुवीकृत कर चुनावी वैतरणी पार करने की आतुरता प्रतीत होती है।

इस अनिश्चितता की स्थिति में एक सामान्य बौद्धिकता का नागरिक इस अधिनियम के स्वरूप का पूर्वानुमान ही कर सकता है। पर जब देश का प्रधानसेवक सार्वजनिक रूप से कहता हो कि पिछली सरकारों ने मुस्लिम तुष्टिकरण की प्रवृति के कारण इस महत्त्वपूर्ण विषय पर अधिनियम नहीं लाया तो प्रस्तावित विधेयक और विधि की प्रवृति स्वतः स्पष्ट होने लगती है। और जब नए संसद भवन का उद्घाटन संवैधानिक रीति-रिवाजों से नहीं होकर वैदिक रीति-रिवाजों से होता हो और संवैधानिक प्रमुख को और संसद के निर्वाचित सदस्यों को जिसमें आमन्त्रित नहीं कर एक धर्म विशेष के धर्माधीशों को निमंत्रित किया

जाता हो तो अनिश्चितता की संभावनाएं और कम हो जाती हैं और एक सामान्य नागरिक की कल्पना की सीमाएं अपने आप न्यून हो जाती हैं। इस पृष्ठभूमि में अधिकाधिक संभावनाएं हैं कि समान नागरिक संहिता का आधार वैदिक संस्कृति हो और उसके प्रावधानों के मूल में वेदों की ऋचाएं हों और सामाजिक वर्गीकरण का आधार चातुर्वर्ण व्यवस्था हो। पर यह तो अधिनियम के शीर्षक के एकदम विपरीत होगा और शीर्षक के छलावे में लोगों को भ्रमित कर देश में असामनता को पुनर्स्थापित करना होगा। परन्तु इन प्रच्छन्न उद्देश्यों के बावजूद भी सरकार को इसके लिए अपार जन समर्थन मिलने की संभावनाएं हैं जिसके कारण सरकार में अति आतुरता दिख रही है। पर क्या इस संभावित सामाजिक व्यवस्था के लिए हिन्दुत्व की सभी जातियां और उप जातियां स्वयं तैयार हैं?

फिर भी उपरोक्त संभावित खतरों के बावजूद हिंदू समुदाय का बहुसंख्यक वर्ग इस समान नागरिक संहिता के पक्ष में सरकार के साथ खड़ा दिख रहा है परंतु गैर हिंदू विशेषकर मुस्लिम और ईसाई आशंकित हैं और इससे अखिल भारतीय स्तर पर साम्प्रदायिक ध्रुवीकरण का खतरा बना हुआ है। तो अगर सचमुच सरकार समान नागरिक संहिता लाकर एक समता मूलक देश बनाना चाहती है तो क्यों नहीं वह देश की आबादी में 80 प्रतिशत हिस्सेदारी वाले हिंदू समुदाय में पहले इसे लागू करती है? 20 प्रतिशत लोग अगर इससे बाहर रह भी जाते हैं तो बहुत ज्यादा अंतर नहीं पड़ता है। सत्ताधारी दल ने गैर-- हिंदुओं को लोक सभा या विधान सभा की उम्मीदवारी से वंचित कर यह तो प्रमाणित कर ही दिया है कि गैर--हिंदुओं की प्रतिनिधित्व विहीनता के बावजूद सरकार और शासन सुचारू रूप से चल सकते हैं। तो क्या इस आचार संहिता से गैर-हिंदुओं को वंचित कर देश में समता और भ्रातृत्व का वातावरण कायम नहीं किया जा सकता है? पर क्या देश का संपूर्ण हिंदू समुदाय अपने अंदर की विभिन्नताओं और विविधताओं को भुलाकर एक समान नागरिक संहिता के लिए तैयार है? यहां तो हिन्दुत्व के अंदर ही अलग-अलग आचार संहिताएं हैं। ब्राह्मण अपनी रीति-रिवाजों से जीते हैं और दलित

अपनी रीति-रिवाजों के साथ। ब्राह्मण दलितों को हीन दृष्टि से देखते हैं और उनकी परंपराओं का उपहास उड़ाते हैं तो दलित भी ब्राह्मणों का उपहास उड़ाने में नहीं चूकते हैं। हिंदू आचार संहिता तो एक ही है फिर भी परंपराएं और संस्कृतियां भिन्न-भिन्न हैं। ब्राह्मणों में भी दक्षिण भारत के ब्राह्मणों की संस्कृति अलग है। उनमें तो सगोत्रीय विवाह की परम्परा है और मामा और भांजी के बीच तक विवाह की परम्परा है जबकि उत्तर भारत में इस तरह के विवाह अकल्पनीय हैं। दक्षिण भारत में भी कुछ ब्राह्मणों में मातृ सत्तात्मक परिवार की परम्परा है और महिलाएं एकाधिक विवाह कर सकती हैं। उत्तर भारत में भी बनारसी या कान्यकुब्जी ब्राह्मणों में मांसाहार वर्जित है जबकि मैथिल ब्राह्मण मछली और मांस का सेवन पारंपरिक रूप से करते हैं और उनके धार्मिक रीति-रिवाजों में भी इसका प्रयोग होता है। तो जब ब्राह्मण के अंदर ही इतनी विभिन्नताएं और विविधताएं हैं तो हम कैसे कह सकते हैं कि मुस्लिम और हिंदू या ईसाई के बीच कोई विभिन्नताएं नहीं होंगी। वास्तव में यहीं विभिन्नताएं तो एक धर्म का दूसरे धर्म से अलग पहचान बनाती हैं और किसी धर्म विशेष के प्रति आकर्षण या विकर्षण पैदा करती हैं और लोग एक धर्म का परित्याग कर दूसरे धर्म को अपनाते हैं। पर जब संहितायें एक होंगी तो धर्मों की अलग पहचानें समाप्त हो जाएंगी और लोग धर्मों के प्रति उदासीन हो जायेंगे और धर्म भी अपने धर्मावलंबियों के प्रति अपने मानवीय कर्तव्यों से विमुख हो जायेगा। समाज में धार्मिक या आध्यात्मिक नीरसता आ जायेगी और एक उबाऊ परम्परा को त्याग कर दूसरे आकर्षक परंपरा को अपनाने का उनका मार्ग बंद हो जाएगा और लोग चाहे-अनचाहे धर्म की दासता में बने रहेंगे और धर्मों में भी जड़ता आ जायेगी। वह लोगों को न तो विशेष मार्ग दे पाएगा और न ही लोगों को आकर्षित करने के लिए अपने स्वरूप में परिवर्तन कर पाएगा। धर्म लोगों की विवशता बन जायेगी न कि विकल्प और लोगों के आध्यात्मिक मुक्ति का वैकल्पिक मार्ग सदा के लिए बंद हो जाएगा। तो क्या सरकार समान नागरिक संहिता की आड़ में लोगों की धार्मिक स्वतंत्रता छीनना चाहती है? या हिंदू धर्म की गैर बराबरी की परंपराओं से बचने के लिए दूसरे धर्म को अंगीकार करने के अधिकारों को नागरिकों से छीनना चाहती है? क्या समान

नागरिक संहिता लागू करने को आतुर हिंदू की अकुलीन जातियां इस पर विचार करेंगी? और क्या दक्षिण भारत के ब्राह्मण अपनी मातृ सत्तात्मक व्यवस्था त्यागने को तैयार हैं? या दक्षिण भारत की अन्य हिंदू जातियां अपनी सगोत्रीय विवाह की परम्परा त्यागने को तैयार हैं? या उत्तर भारत के हिंदू सगोत्रीय विवाह की परम्परा अंगीकार करने को तैयार हैं? अगर नहीं तो मुस्लिम या ईसाई समुदाय से वे कैसे आशा कर सकते हैं कि वे अपनी सदियों पुरानी परम्परा को त्याग कर सरकार द्वारा अधिरोपित एक नई परम्परा को अंगीकार करने को तैयार हो जायेंगे?

यहां यह भी उल्लेख करना समीचीन होगा कि उत्तर पूर्व राज्यों में गारो और खासी जनजातियां परंपरागत रूप से मातृसत्तात्मक हैं और ईसाई धर्म के आगमन के साथ 200 वर्षों से अधिक समय से ईसाई धर्मावलंबी भी हैं। तो ऐसा कैसे हो गया कि वे ईसाई होकर भी अपनी मातृ सत्तात्मक परम्परा को बचाए और बनाए रख पाईं हैं और लंबे ईसाई शासन (ब्रिटिश) ने भी उन्हें अपनी इस विशिष्ट परम्परा को त्यागने को विवश नहीं किया ? ईसाई धर्म और ईसाई शासन दोनों ने उनकी इस विशिष्ट परम्परा को विभिन्नता की अपेक्षा विविधता मानकर संरक्षित किया। पर आज कौन सी समस्या देश के समक्ष खड़ी हो गई है कि ये विविधताएं अब विभिन्नताएं नज़र आने लगी हैं और वर्तमान सरकार उन्हें विलोपित कर समानता अधिरोपित करने को आतुर प्रतीत हो रही है ? वह तो राजशाही का काल था और अब तो लोकशाही का काल है। कहीं बहुमत पर आधारित लोक शाही इन छोटे-छोटे सांस्कृतिक समूहों को निगल कर एक अविच्छिन्न सांस्कृतिक देश का निर्माण तो नहीं करना चाह रही है ? इस देश की विविधता और बहुलता को बनाए और बचाए रखने को चिंतित और संकल्पित जन खण्ड को आज इस पर गहनता से विचार करना चाहिए।

पर क्या संविधान निर्माताओं ने सचमुच इस देश की विभिन्नता और बहुलता को मिटाने के लिए समान नागरिक संहिता का निर्देश हमें दिया है ? शायद नहीं। वास्तव में उनके लिए इसके अर्थ अलग थे पर वर्तमान सरकार अपने निहित उद्देश्यों के लिए कुछ अलग अर्थ लगा

रही है। संविधान निर्माण के समय राष्ट्रवाद की अवधारण विकसित हो रही थी और यह मात्र कुछ बौद्धिक लोगों के बीच सीमित थी। जबकि बहुसंख्यक जनता राष्ट्र को समझ भी नहीं सकती थी। इसलिए हमारे संविधान निर्माताओं ने आने वाली सरकारों को निर्देश दिया कि वे भविष्य में ऐसे प्रयास करेंगी कि इस उप महाद्वीपीय देश के लोग अपनी भौगोलिक, सांस्कृतिक , धार्मिक और नस्लीय विभेदों और विविधों को बनाए और बचाए रखने के बावजूद राष्ट्रीय भ्रातृत्व की भावना से जुड़कर एक महसूस करेंगे जिससे कि एक अखण्ड और अटूट भारत का निर्माण हो सके। इसी लक्ष्य की प्राप्ति के लिए उन्होंने समान नागरिक संहिता का निर्देश दिया। पर हो क्या रहा है ? इसके नाम पर देश के धार्मिक , नस्लीय और सांस्कृतिक अल्पसंख्यकों को उनकी विशिष्टता के विलोपन का भय दिखाया जा रहा है। उन्हें अपनी विशिष्ट पहचान को सदा के लिए समाप्त कर उनपर हिंदुत्व के अधिरोपण का भय दिखाया जा रहा है। भावनात्मक समानता प्राप्त करने के लक्ष्य को भौतिक समानता अधिरोपित करने का अधिकार माना जा रहा है। यह तो उसी प्रकार हुआ कि विद्यालय में शिक्षा का लक्ष्य बच्चों में समानता बोध कराना हो परन्तु इसकी शीघ्र प्राप्ति के लिए शिक्षक काले बच्चों को चेहरे पर सफेद लेप लगाकर आने का निर्देश जारी करे नहीं तो उन्हें विद्यालय आने से ही मना कर दे। पर क्या इससे बच्चों में समानता बोध लाई जा सकती है। पर शिक्षा का तो अन्तिम लक्ष्य यहीं होता है कि अपनी नैसर्गिक और सामाजिक विभिन्नताओं के बावजूद विद्यालय में छात्र भावनात्मक समानता का बोध कर सकें। और इसी प्रकार राष्ट्र का भी तो यहीं लक्ष्य होना चाहिए कि प्रत्येक नागरिक अपनी भौगोलिक और भौतिक विभिन्नताओं के बावजूद एक भावनात्मक समानता को महसूस कर सके। पर हो क्या रहा है ? समान नागरिक संहिता की आड़ में सरकार नैसर्गिक भौतिक और भौगोलिक असमानता को विलोपित कर नागरिकों में भावनात्मक विभिन्नता की चौड़ी खाई बनाने का प्रयास कर रही है जिससे कि वह आगामी लोकसभा चुनावों में बहुमत हासिल कर सके।

और अगर दुनिया के सभी देश अपने-अपने देशों में इसी प्रकार स्व निर्मित समान नागरिक संहिता अधिरोपित कर दें तो धर्मों का क्या होगा? उनका तो अस्तित्व ही खतरे में पड़ जायेगा। आज धर्म ही है जो कंटीली सीमाओं के बावजूद बांग्लादेश या पाकिस्तान के हिंदुओं को भारत के हिंदुओं से जोड़ता है और उनमें सांस्कृतिक आदान-प्रदान और वैवाहिक संबंधों को जारी रखने की संभावनाएं पैदा करता है। धर्म ही है जो हजारों किलोमीटर दूर अमेरिका या ब्रिटेन में बसे किसी हिंदू को वहां के ईसाई की अपेक्षा भारत के हिंदू के ज्यादा करीब ला देता है। पर अगर इन सभी देशों की अलग-अलग स्वतंत्र नागरिक संहितायें हों तो क्या ऐसा हो सकता है? तब तो बांग्लादेश या पाकिस्तान या नेपाल का एक हिंदू भारत के हिंदू से बिल्कुल अलग होगा और वह वैवाहिक सम्बंध भारत के किसी हिंदू की अपेक्षा अपने ही देश के किसी गैर -हिंदू से करने को अधिक सहज महसूस करेगा। इसी तरह भारत का कोई हिंदू नेपाल के हिंदू परिवार में विवाह करने की अपेक्षा भारत के किसी मुस्लिम या ईसाई परिवार में विवाह करना चाहेगा। तो हिन्दुत्व के अस्तित्व के लिए चिन्तित जनखंड क्या इन संभावनाओं के लिए तैयार है? या वह अपने अति उत्साह से हिंदुत्व को ही दुनिया से समेट कर भारत की भौगौलिक सीमाओं तक सीमित कर देना चाह रहा है? क्या हिंदुत्व को एक वैश्विक धर्म के रूप में देखने को विचारशील जनखंड आज इस पर गहनता से विचार करेगा?

वास्तव में जब पहली बार लॉर्ड मैकाले द्वारा यहां धार्मिक संहिताएँ बनाई गई तो मैकाले ने कोई ईसाई संहिता यहां के लोगों पर अधिरोपित नहीं किया बल्कि यहां के लोगों की परंपराओं का अध्ययन कर उन्हीं को संहिताबद्ध किया जिससे कि लोग स्थापित परंपराओं से विचलित आचरण नहीं कर सकें। और स्वतन्त्र भारत के लिए हिंदू आचार संहिता बनाते समय भी यहीं किया गया जिससे कि ब्राह्मण होते हुए भी अय्यर और अयंगर अपनी- अपनी विशिष्ट पहचान बनाए रख सकें और हिंदू होकर भी नायर अपनी मातृ सत्तात्मक परम्परा बचाए रख सकें और उत्तर भारत का वृहत हिंदू समुदाय भी उनकी इन विविध परंपराओं की निरंतरता से अपनी पितृ सत्तात्मक परम्परा के लिए न तो कोई

व्यवहारिक और न ही कोई वैचारिक प्रतिस्पर्धा महसूस कर सके। सभी तो हिंदू ही हैं और सभी के लिए तो एक ही हिंदू आचार संहिता है। तो यह कैसे संभव हो सका है? समान नागरिक संहिता के प्रति अति भावुक जन खंड क्या इस पर विचार करेगा?

और जहां तक कानून का प्रश्न है, हमने पूर्व में भी बाल-विवाह निरोधक कानून, मादा भ्रूण हत्या कानून और दहेज निरोधक कानून बनाया है और ये तीनों सामाजिक कुरीतियां हिंदू समुदाय में ही मुख्य रूप से थीं। पर क्या सचमुच हम इन कुरीतियों का उन्मूलन कर सके हैं? दहेज की प्रथा आज भी विद्यमान है और सर्वव्यापी भी है, बावजूद इसके कि आज लाखों की संख्या में इस कानून के तहत लोग कारागारों में बंद हैं। तो आखिर ऐसा कैसे संभव हो सका है कि कानून भी है और लोग कारागारों में बंद भी हैं पर दहेज प्रथा अबाध और अनवरत जारी है और दिन-प्रतिदिन अपने नए आयामों को छू भी रही है। जो जनखंड समान नागरिक संहिता के पक्ष में उन्मादित है क्या इन प्रश्नों का उत्तर देगा? और जो सरकार इस विधेयक को विधि बनाने को आतुर है क्या संसद में दहेज उन्मूलन पर एक श्वेत पत्र ला सकती है? जब दशकों तक कानून होने के बावजूद भी दहेज प्रथा अनवरत जारी है तो हम कैसे आशा कर सकते हैं कि समान नागरिक संहिता पर कानून आ जाने पर रातों-रात देश के विभिन्न नस्लों, जातियों और धर्मों के लोगों के आचार-विचार और व्यवहार सामान हो जायेंगे? यह भी तो हो सकता है कि कानून लागू हो जाए और विभिन्नताएं बनी भी रहें और कानून के तहत लाखों लोग कारागारों में बंद भी हो जाएं। बिहार में शराबबंदी कानून इसका प्रत्यक्ष प्रमाण है। तो क्या समान नागरिक संहिता लागू करने की आतुरता किसी जनखंड विशेष को कारागारों में बंद कर नागरिक और लोकतांत्रिक अधिकारों से वंचित करने की वैधानिक साजिश तो नहीं है? क्या देश का जनमानस इस पर गम्भीरता से विचार करेगा? और क्या रातों-रात देश पर समान नागरिक संहिता अधिरोपित करने को आतुर सरकार देश के गैर- हिंदू जनखंड की इन आशंकाओं का समाधान करेगी?

इसलिए इस सम्बंध में मेरा व्यक्तिगत विचार है कि सामान नागरिक संहिता पर अधिनियम बना देने से देश में आचार-विचार और व्यवहार में समानताएं नहीं आ जाएंगी बल्कि पूर्ववत जारी रहेंगी। पर लोग अनावश्यक कारागारों में बंद हो जाएंगे, लाखों मानव संसाधन की क्षति होगी, घर उजड़ जायेंगे और बच्चे भूखों मर जायेंगे। स्त्रियां सधवा होते हुए भी विधवा हो जाएंगी। संविधान द्वारा निर्देशित इस लक्ष्य को सीमित समय में प्राप्त करने का एक ही उपाय है और वह है लोगों में परस्पर अंतर्नस्लीय और अंतरधार्मिक वैवाहिक विनिमय को प्रोत्साहित करना या अनिवार्य करना और अंत: नस्लीय या अंत: धार्मिक विवाह को निषिद्ध या हतोत्साहित करना। पर क्या समान नागरिक संहिता के लिए उत्साहित जनखंड और आतुर सरकार इसके लिए तैयार है? यहां तो हिंदू समुदाय के अन्दर ही सैकड़ों जातियां हैं जिनमें वैवाहिक विनिमय सरकार द्वारा मान्यता के बावजूद भी सामाजिक रूप से अमान्य हैं। 2000 वर्षों से अधिक समय तक साथ रहते हुए भी ब्राह्मण और दलित वैवाहिक विनिमय नहीं कर पाए हैं और अलग-अलग जनखंड के रूप में समानांतर जीते आ रहे हैं। एक ही जाति में भी विभिन्न उपजातियां हैं जो परस्पर वैवाहिक विनिमय नहीं करती हैं और सदियों से अपनी विशिष्ट पहचान बनाए और बचाए हैं। क्या इसे किसी विधि द्वारा विलोपित करने का नैतिक अधिकार सरकार को है? तो हम कैसे आशा कर सकते हैं कि गैर -हिंदू अपने सभी पारंपरिक पहचानों, प्रथाओं और आचारों को विलोपित कर सरकार द्वारा अधिरोपित एक समान नागरिक संहिता के लिए तैयार हो जायेंगे?

और आख़िर यह कैसी समानता है जिससे कोई जनखंड आशंकित है, सशंकित है और अन्दर ही अन्दर भयाक्रांत है? आज भी मुस्लिम समुदाय हिंदू के कुलीन वर्ग का ही नहीं बल्कि वर्ण व्यवस्था में सबसे निचले पायदान पर खड़े शुद्र और परंपरागत रूप से अस्पृश्य माने जाने वाले दलित के भी अस्पृश्यता का शिकार है। दलित अपनी अस्पृश्यता की शिकायत तो न्यायालय में भी कर सकता है, समाज में भी कर सकता है और राजनीति में भी कर सकता है पर मुस्लिम अपनी अस्पृश्यता की शिकायत कहीं नहीं कर सकता है। अगर एक दलित

बच्चे के साथ किसी विद्यालय में अस्पृश्यता होती है तो यह संचार तंत्रों के लिए वाकयुद्ध लायक घटना और राजनीति दलों के लिए निन्दनीय अपराध होता है पर जब एक मुस्लिम छात्र इस प्रकार के विभेद का शिकार होता है तो न तो इसकी शिकायत वह विद्यालय में कर पाता है, न ही समाज में, न ही न्यायालय में और न ही संचार तंत्रों में। उसकी अस्पृश्यता राजनीति के लिए भी कोई निंदनीय या विचारणीय विषय नहीं बन पाती है। मानो अस्पृश्यता उसकी नियति हो और उसे सहन या वहन करना उसका सामाजिक दायित्व हो। आख़िर क्यों? क्या मुस्लिम समुदाय पर समानता अधिरोपित करने को आतुर जनखंड इसका उत्तर देगा? और क्या इसके रहते समाज कोई समानता के आदर्श की प्राप्ति कर सकता है? और क्या समान नागरिक संहिता अधिरोपित करने को आतुर सरकार दलितों के विरुद्ध अस्पृश्यता निवारण के समरूप मुस्लिमों के विरुद्ध अस्पृश्यता निवारण का कोई कानून लाएगी? अगर नहीं तो वह समान नागरिक संहिता पर विधि बनाकर किन आदर्शों की प्राप्ति करने को आतुर है? क्या सरकार उन आदर्शों की व्याख्या करेगी?

संविधान में तो प्रत्येक नागरिक की समानता का प्रावधान है। फिर भी समाज के कमजोर वर्गों के लिए विशेष कानून हैं। दलित समुदाय के लिए संवैधानिक संस्थाओं और सरकारी सेवाओं में आरक्षण के प्रावधान हैं। पिछड़ों के लिए के लिए शिक्षण संस्थानों और सरकारी सेवाओं में आरक्षण के प्रावधान हैं। और अब तो आर्थिक रूप से कमजोर अगड़ों के लिए भी आरक्षण के प्रावधान किए गए हैं। आख़िर क्यों? समानता के साथ-साथ यह विषमता क्यों? क्योंकि संवैधानिक समानता एक आदर्श व्यवस्था है पर समाज का यथार्थ नहीं है। समाज तो विषमता पर आधारित है और उस आदर्श की प्राप्ति के लिए समाज के इस यथार्थ को संविधान निर्माताओं ने स्वीकार किया और इसलिए इन वर्गीय आरक्षणों का प्रावधान किया। क्या इन वर्गीय आरक्षणों के बिना देश संवैधानिक समानता के आदर्श को प्राप्त कर सकता है? गैर हिंदुओं पर इस कृत्रिम समानता को अधिरोपित करने को आतुर जन खंड क्या इसका उत्तर देगा? या समानता के आदर्श को रातों-रात

मुस्लिमों पर अधिरोपित करने को आतुर हिंदू समुदाय के विभिन्न जनखंड क्या सामाजिक विषमता की यथार्थ पर आधारित आरक्षण व्यवस्था को त्याग कर रातों-रात संवैधानिक समानता को स्वयं स्वीकार करने को तैयार हैं?

वास्तव में समानता रातों-रात अधिरोपित नहीं की जा सकती है बल्कि इसे स्थापित करने के लिए सरकार द्वारा प्रावधान किए जा सकते हैं। संवैधानिक संस्थानों और सरकारी सेवाओं में आरक्षण द्वारा समाज के विभिन्न वर्गों की भागीदारी सुनिश्चित करने का प्रावधान इसी उद्देश्य की प्राप्ति हेतु प्रयास है। पर क्या तथाकथित स्वतंत्रता के 70 वर्षों में सरकारें मुस्लिम समुदाय का इन संस्थानों में समानुपातिक प्रतिनिधित्व सुनिश्चित करा पाई हैं? समान नागरिक संहिता अधिरोपित करने को संकल्पित वर्तमान सत्ता क्या पिछली सरकारों से इस पर कोई स्पष्टीकरण मांगेगी? या बार-बार पिछली सरकारों पर मुस्लिम तुष्टिकरण का आरोप लगाने वाली वर्तमान सरकार क्या इसपर कोई स्वेत पत्र लायेगी? सच्चाई तो यह है कि सरकारी सेवाओं से मुस्लिम समाज को वंचित करने के लिए वर्तमान सरकार द्वारा बार-बार प्रयास किए जा रहे हैं। संघ लोक सेवा आयोग में मुस्लिम अभ्यर्थियों का अपनी मेधा के आधार पर चयनित होने पर भी सत्ताधारी दल के आनुषंगिक संगठनों और संचार स्रोतों द्वारा जिहाद की आशंकाएं व्यक्त की जाती हैं। कर्नाटक प्रांत में उनके आरक्षण को हिंदू समुदाय के अन्य वर्गों में बांट दिया जा रहा है। अन्य राज्यों में भी हिंदू समुदाय के विभिन्न वर्गों के लिए निर्धारित आरक्षित पदों (क्योंकि आज तक मुस्लिम समुदाय अपने साम्प्रदायिक आरक्षण की मांग नहीं किया है) पर अपनी सामाजिक स्थिति के कारण मुस्लिम अभ्यर्थियों के अनायास चयनित हो जाने पर भी हाय-तौबा मचने लग रहा है और सत्ताधारी दल उन्हें इससे भी वंचित करने की रात-दिन धमकी दे रहा है और आरक्षण के प्रावधानों को शुद्ध हिंदू आरक्षण बनाने के अपने संकल्प को बार-बार सार्वजनिक रूप से दोहरा है। सत्ताधारी दल लोक सभा और विधान सभा के निर्वाचनों में मुस्लिम समुदाय को अस्पृश्य मानता है और उन्हें उम्मीदवारी से पूर्ण रूप से वंचित रखता है। अब तो सत्ताधारी दल के

राष्ट्रीय स्तर के कुछ राजनेता उनके मतों की भी अवहेलना की सार्वजनिक घोषणा करने लगे हैं और कुछ तो उन्हें मताधिकार से भी वंचित करने की मांग करने लगे हैं। जिन राज्यों के विधान सभा में अपनी जनसंख्या के कारण मुस्लिम बहुलता थी, वहां केंद्र की सरकार विधान सभा को भंग कर अपना शासन चला रही है और नए परिसीमन कर उन्हें कृत्रिम रूप से हिंदू बहुल विधान सभा में बदलने का प्रयास कर रही है। तो क्या इन प्रवृतियों के रहते कोई समानता की कल्पना की जा सकती है? सरकारों का तो यह नैतिक दायित्व बनता है कि लोकतान्त्रिक संस्थाओं में सभी वर्गों का समानुपातिक प्रतिनिधित्व सुनिश्चित करें। पर वर्तमान सरकार की तो प्रवृति विपरीत है और दमनकारी भी है। इस पृष्ठभूमि में समान नागरिक संहिता का अधिरोपण सचमुच सन्देह पैदा करता है। क्या सरकार इन संदेहों को दूर करेगी? क्या गैर हिंदुओं पर कृत्रिम समानता अधिरोपित करने को संकल्पित सरकार संवैधानिक संस्थाओं में उन्हें समानुपातिक प्रतिनिधित्व देगी? मुस्लिम समुदाय पर समानता अधिरोपित करने को आतुर देश का प्रधान सेवक क्या मुस्लिमों की आर्थिक, सामाजिक और शैक्षणिक स्थिति के अध्ययन के लिए 2005 में गठित सच्चर आयोग के सुझावों को अक्षरशः लागू करने को तैयार है? आज देश के प्रधान सेवक जब गुजरात प्रान्त के मुख्य सेवक थे तो 2006 में अपनी सरकार की तरफ से उच्चतम न्यायालय में शपथ पत्र देकर इस आयोग के निष्कर्षों को आधारहीन और मिथ्या बताया था और उसके सुझावों के क्रियान्वयन पर अविलम्ब रोक लगाने का आग्रह किया था। पर वही व्यक्ति आज मुस्लिमों पर हिंदुओं के समान नागरिक संहिता अधिरोपित कर तथाकथित समानता स्थापित करने को संकल्पित है। पर क्या आर्थिक, सामाजिक और शैक्षणिक विषमता के रहते कोई समानता स्थापित हो सकती है ? क्या आज का प्रधान सेवक इसका उत्तर देगा? और क्या समान नागरिक संहिता के समर्थन में खड़ा जनखंड सरकारी सेवाओं में उन्हें समानुपातिक भागीदारी देगा? अगर नहीं तो इस अधिरोपित कृत्रिम समानता के प्रति इतनी भावुकता क्यों?

इस विधेयक को लोकतान्त्रिक सम्बलता प्रदान करने के लिए यह तर्क प्रसारित और प्रचारित किया जा रहा है कि पड़ोस के देशों में समान नागरिक संहिता लागू है। पर दुनिया का कोई भी आधुनिक देश, जो अपने अस्तित्व के प्रति संवेदनशील है, ऐसा नहीं कर सकता है। पाकिस्तान भले ही मुस्लिम राष्ट्र हो पर वहां भी विभिन्न जातीय और जनजातीय समूहों की परंपराओं को कानूनी मान्यता प्राप्त है और सरकार उनकी विशिष्ट संस्कृतियों की रक्षा करने को कानूनी रूप से बाध्य है। मुस्लिम बहुसंख्यकवाद से अल्पसंख्यक समुदायों की रक्षा के लिए वहां की संवैधानिक संस्थानों में गैर मुस्लिमों के लिए सीटें सुरक्षित हैं। अगर ऐसा नहीं हो तो वहां के गैर- मुस्लिम देश के विरुद्ध संगठित आतंकवाद का हिस्सा बन जायेंगे और पाकिस्तान के अस्तित्व को ही खतरा उत्पन्न हो जायेगा क्योंकि जब भी एक बहुनस्लीय देश में कृत्रिम समानता अधिरोपित करने का प्रयास सरकारें करती हैं तो देश के विखंडन का खतरा उत्पन्न हो जाता है। पाकिस्तान के संविधान सभा में कायदे आजम मुहम्मद अली जिन्ना ने कहा था "पाकिस्तान में आप अपने मंदिरों में जाने के लिए पूरी तरह से स्वतंत्र हैं, आप अपनी मस्जिदों या अन्य पूजा स्थलों में जाने के लिए स्वतंत्र हैं। धर्म और जाति के आधार पर पाकिस्तान में कोई भेदभाव नहीं होगा"। [8] पर वही कायदे आजम जब ढाका विश्वविद्यालय में घोषणा करते हैं कि पाकिस्तान की एक ही भाषा होगी और वह होगी उर्दू तो पूर्वी पाकिस्तान के लोगों को बंगाली भाषा और बंगाली संस्कृति खतरे में दिखी जिसका परिणाम 1971 के पाकिस्तान विभाजन के रूप में दिखा। इसी प्रकार जब श्रीलंका में सिंहल संस्कृति तमिलों पर अधिरोपित करने के प्रयास हुए तो देश का अस्तित्व ही खतरे में पड़ गया। फिर भी हम अपने पड़ोसी देशों के इतिहास से कुछ भी सीखने को तैयार नहीं हैं। आखिर क्यों?

भारत में भी अखिल भारतीय भाषा के रूप में हिंदी को अधिरोपित करने के जब-जब प्रयास हुए तब-तब देश में गृह युद्ध की स्थिति बनी है और आज तक हम देश की एक सर्वस्वीकार्य भाषा नहीं बना पाए हैं। पर वर्तमान सत्ता अपने तथाकथित अखंड और अविच्छिन्न राष्ट्र के

निर्माण हेतु सम्पूर्ण देश के लिए एक सर्वस्वीकार्य समान नागरिक संहिता अधिरोपित करने को आतुर है। आख़िर क्यों? क्या वह इतिहास से कुछ भी नहीं सीखना चाहती है? या क्षणिक राजनीतिक उद्देश्यों की प्राप्ति के लिए देश को पुनः गृह युद्ध में धकेलना चाहती है और इसके टुकड़े-टुकड़े करना चाहती है? आख़िर क्यों वह आज समान नागरिक संहिता की आड़ में अपने क्षद्म राष्ट्रवाद के कफ़न में राष्ट्र को ही दफ़न कर देने को आतुर है? क्या देश के अस्तित्व के लिए संवेदनशील जनखंड आज इस पर गम्भीरता से विचार करेगा?

यह आलेख लोकसभा चुनाव 2024 के पूर्व की तैयारियों पर लिखा गया है।

♦♦♦♦♦

संदर्भ

1.0 विकिपीडिया , भारतीय विधि आयोग

2.0 अर्ली अब्राहम, द लास्ट स्प्रिंग , लाईफ इन इंडियाज लास्ट गोल्डेन एज , भाग 2 , पेंगुइन रेंडम हाउस , संस्करण 2015 , पृष्ट संख्या 263

3.0 चंद्रा सतीश , मध्यकालीन भारत , राष्ट्रीय शैक्षिक अनुसंधान एवं प्रशिक्षण परिषद् , वर्ग ग्यारह की इतिहास की पाठ्य पुस्तक , पृष्ट संख्या 215

4.0 आईवरमी रॉबर्ट, हुगली , द ग्लोबल हिस्ट्री ऑफ ए रिवर , हार्पर कोलिंस पब्लिशर्स ,संस्करण 2021 , पृष्ट संख्या 125-158

5.0 अर्ली अब्राहम , द लास्ट स्प्रिंग , लाईफ इन इंडियाज लास्ट गोल्डेन एज , भाग 2 पेंगुइन रेंडम हाउस, संस्करण 2015 , पृष्ट संख्या 29

6.0 आईवरमी रॉबर्ट , हुगली, द ग्लोब हिस्ट्री ऑफ ए रिवर , हार्पर कोलिंस पब्लिशर्स , संस्करण 2021 , पृष्ट संख्या 29

7.0 निकोल फर्गस , शाहजहां : द राइज एंड फॉल ऑफ द मुग़ल एंपेरर , पेंगुइन रेंडम हाउस , संस्करण 2018 , पृष्ट संख्या 74 और 355

8.0 सिंह जसवंत , जिन्ना: इण्डिया पार्टिशन इंडिपेंडेंस , रूपा पब्लिकेशन , संस्करण 2009 , पृष्ट संख्या 573

देश की ऐतिहासिकता को निगलता सांप्रदायिकता का दानव

बाबरी मस्जिद बनाम राम जन्मभूमि मामले में उच्चतम न्यायालय का निर्णय आ जाने पर देश के अल्पसंख्यक समुदाय और शांतिप्रिय जनखंड को लगा था कि अब देश की सांप्रदायिक राजनीति का सदा के लिए अंत हो गया। पर उनका यह अनुमान मिथ्या प्रमाणित हुआ और बाबरी मस्जिद पर न्यायालय के निर्णय ने सांप्रदायिक राजनीति का अंत नहीं बल्कि उसका प्रारंभ कर दिया। न्यायालय के निर्णय ने मानो सांप्रदायिकता के शेर को आदमखोर बना दिया। पूर्व में जो उन्माद बाबरी मस्जिद तक केंद्रित था अब वह विकेंद्रित होकर पूरे देश में फैल गया। देश के हर मस्जिद और मजार अब उसके लक्ष्य पर आ गए।

दो मिनट का अज़ान, जिसे सुनकर आज के मेरे जैसे लाखों युवा अपने बचपन में तड़के सुबह पढ़ने के लिए उठते थे और जो विद्यालय में अज़ान की आवाज से ही मध्यांतर की उद्घोषणा होने की परंपरा के साक्षी रहे हैं , उन्हें यह आवाज अब कर्णभेदी लगने लगी और ब्रह्म बेला में जगने का दैहिक , दैविक और भौतिक लाभ दुनिया को बताने वाले लोगों को भी यह नींद में व्यवधान लगने लगा। इसलिए अब वे मस्जिदों की मीनारों पर चढ़कर उसके ध्वनि-विस्तारक यंत्र या तो उतारने लगे या अज़ान के समय ही हनुमान चालीसा पढ़ने लगे। पर अब जब मस्जिदों से ध्वनि-विस्तारक यंत्र या तो उतार दिए गए हैं या उतार लिए गए हैं तो उन्हें अज़ान के अर्थ और निहितार्थ पर आपत्ति होने लगी है। और अभी यह मामला थमा भी नहीं है कि ज्ञानवापी मस्जिद, ताजमहल और कुतुब मीनार के मामले सामने आ गए हैं। पर ये ताजे मामले बाबरी मस्जिद के मामले से भिन्न इस अर्थ में हैं कि इनमें जनखंड, न्यायालय और सरकार, तीनों के बीच का अंतर धूमिल हो गया है और

तीनों में एक अभूतपूर्व प्रतिस्पर्धा दिखने लगी है कि इन ऐतिहासिक धरोहरों को जमींदोज करने का श्रेय आख़िर कौन ले।

पर जब हम वर्तमान की इन घटनाओं को भूतलक्षी दृष्टिकोण से देखते हैं तो पाते हैं कि ये पृथक और नवीन घटनाएं नहीं हैं बल्कि लगभग 100 वर्षों के हमारे इतिहास का अंग हैं जिसमें वृहत्तर जनखण्ड लघुत्तर जनखंड को लक्षित करते आ रहा है और समाज और देश की हर समस्याओं का मूल कारण उसे ही मान रहा है और उसके पहनावे को , उसके पकवानों को , उसकी भाषा को , उसकी परंपराओं को , उसके रहन - सहन को, उसके धर्म को और उसके इतिहास को पृथकता और अस्पृश्यता से देखने का वातावरण बनाया है। मैं इसे 100 वर्षों तक सीमित कर रहा हूँ क्योंकि 1857 की क्रांति के समय उत्तर भारत के लगभग सभी राजे-राजवाड़े मुग़ल बादशाह बहादुर शाह ज़फ़र को देश का नैसर्गिक बादशाह मानकर क्रांति का बिगुल फूंके थे और ईस्ट इण्डिया कम्पनी के ब्राह्मण सैनिक बिना किसी सांप्रदायिक चेतना के लाल किले के बूढ़े और अक्षम बादशाह को अपना नैसर्गिक अभिभावक मानकर उसकी शरण में पहुंचे थे (बावजूद इस तथ्य के कि क्रांति की शुरुआत कारतूसों में गाय और सुअर की चर्बी की मिलावट के अफ़वाह से हुई थी) और इसी मानसिक बोध के कारण 11 मार्च, 1783 को मुग़ल बादशाह शाह आलम द्वितीय को पराजित कर लाल किले पर " निशान साहिब " लहराने के पश्चात सिखों के सरदार जस्सा सिंह अहलूवालिया ने जब मुग़लिया तख्त पर अपना आसन जमाना चाहा तो उनके सेनापति जस्सा सिंह रामगढ़िया और अन्य सहयोगियों ने केवल उसका विरोध ही नहीं किया बल्कि उसे बांह पकड़कर नीचे उतार दिया। और यही मुग़ल बादशाह शाह आलम द्वितीय जब अपने ही वजीर इमाद उल मुल्क के भय से निर्वासित होकर कंगालों की भांति संरक्षक की तलाश में दर-दर भटक रहा था तब हजारों हिंदुस्तानी बिना किसी साम्प्रदायिक बोध के उसे निःशुल्क सामरिक सेवा देने को तैयार हो गए थे और उसे सरंक्षण देने के लिए जब 18 नवंबर 1771 को पेशवा का प्रतिनिधि महादजी सिंधिया मिलने आया तो निर्वासित बादशाह के सम्मुख जमीन पर औंधे मुंह लेटकर

और उसके पैरों पर अपना सिर रख कर उसके प्रति अपना सम्मान प्रदर्शित किया [1]। ईस्वी 1759 में भी होलकर , सिंधिया , जाटों और मराठों की संयुक्त सेनाएं मुग़ल वजीर ईमाद- उल- मुल्क के साजिश में लाल क़िले में घुसीं तो मराठों का सेनापति सदा शिव राऊ भाऊ ने जब शाही दरबार और मुगलिया तख्त को क्षति पहुंचाना शुरू किया तो जाटों के सेनापति सूरजमल और होलकर ने कड़ा प्रतिरोध किया और उसका साथ छोड़कर अपनी-- अपनी सेनाओं के साथ चले गए [2] और जब अति उत्साह में उसने अपने बेटे को मुगलिया तख्त पर बिठाना चाहा तो इमाद -उल -मुल्क ने ही उसका विरोध किया फलस्वरूप एक अन्य मुग़ल मुही -उल - मिन्नत को शाहजहां तृतीय के नाम से तख्तनसीन कराया गया। इसी प्रकार औरंगजेब की मृत्यु के पश्चात जब मुग़लों का पराभाव शुरू हो गया और शासन और सम्राट दोनों सैयद बंधुओं के अधीन हो गए तब भी उन्हें खुद हिंदुस्तान की गद्दी पर तख्तनसीन होने का नैतिक साहस नहीं हुआ और इसलिए एक मुग़ल बादशाह को अपदस्थ कर या हत्या हत्या करवा कर किसी मुग़ल को ही अगला बादशाह घोषित करते थे। और जब शाह आलम द्वितीय और अवध के नवाब शुजा-उद-दौला और बंगाल के नवाब मीर क़ासिम की संयुक्त सेनाओं को 1764 में अंग्रेजों ने बक्सर के युद्ध में पराजित किया तो सर्वप्रथम पराजित और निर्वासित बादशाह को भारत का नैसर्गिक बादशाह मानकर 12 अगस्त 1765 को इलाहाबाद में अपने ही छावनी में बंगाल के ब्रिटिश ईस्ट इंडिया कंपनी के तत्कालीन गवर्नर लॉर्ड क्लाइव के खाने की मेज पर एक आराम कुर्सी रख अस्थायी तख़्त बनाकर उसपर विराजमान कराया [3] क्योंकि उन्हें पता था कि बंगाल की दीवानी को नैतिक मान्यता तब तक नहीं मिल सकती है जब तक मुग़ल बादशाह उसका अनुमोदन नहीं कर दे। (विदित हो कि बिहार की हिलसा की लड़ाई के बाद भी अंग्रेजों ने इसी मुग़ल बादशाह को पटना में ऐसे ही फरवरी 1761 में तख्त नसीन किया था [4])। इतना ही नहीं, जब मुग़ल बादशाह पेशवा के संरक्षण में जी रहा था तब भी 1791 में पुणे में पेशवा ने हिंदुस्तान के बादशाह के तख्त की प्रतिकृति के समक्ष तीन बार झुक कर अभिवादन कर अपनी अधीनता प्रदर्शित किया [5]। और द्वितीय आंग्ल मराठा युद्ध के बाद जब

मुग़ल बादशाह अंग्रजों के संरक्षण में पूरी तरह आ गया तब भी शाह आलम द्वितीय की मृत्यु (1806) के 30 वर्षों उपरांत तक ब्रिटिश ईस्ट इंडिया कम्पनी के द्वारा उसके नाम के सिक्के जारी करते रहा गया। ऐसे अनगिनत उदाहरण हैं जो मुगल बादशाह की अक्षुण्णता और हिंदुस्तान की बादशाहत पर मुगल वंश के सर्वाधिकार को प्रमाणित करते हैं।

पर पता नहीं आज का स्वयंभू इतिहासकार क्यों बार-बार मुग़लों को विदेशी कह रहा है। क्यों वह बार-बार मुग़लों को अत्याचारी, अनाचारी और दुराचारी प्रमाणित करने को आतुर है ? क्यों वह मध्यकालीन तथाकथित इस्लामी शासन को भारत के इतिहास में एक काला अध्याय मान रहा है और उस काल में विकसित महान् हिंदुस्तानी-संस्कृति को अभारतीय मान रहा है? आखिर इसके ऐतिहासिक स्रोत और साक्ष्य क्या हैं? या यह मात्र देश की राजनीति में उकसाव और उन्माद लाने की गहरी साजिश है? क्या देश का जनमानस आज इसपर गंभीरता से विचार करेगा?

यह ऐतिहासिक सत्य है कि मुग़ल या अन्य मुस्लिम शासक भारतीय उपमहाद्वीप में बाहर से आए थे पर क्या देश की सीमाएं उस काल में आज की तरह निर्धारित थीं ? क्या इसी भूखंड में अलग-अलग, सैंकड़ों स्वतंत्र राजनीतिक इकाईयां नहीं थीं जो प्रतिदिन आपस में संघर्षरत थीं ? तो इस परिस्थिति में देशी और विदेशी को परिभाषित करना कितना श्वेत-श्याम होगा? और अगर मुस्लिम विदेशी थे, आक्रांता थे तो आर्य, यूनानी, शक, कुषाण और हूण क्या थे? पर परिस्थितिनुकूल, इतिहास की व्याख्या करने वाला सांप्रदायिक-जनखंड आर्यों की बातें आने पर इतिहास को पाश्चात्य साजिश का परिणाम कह देता है और उसे मिथ्या करार देता है। पर अगर उसकी बातों को मान भी लें तो इस्लाम के आगमन और आक्रमण के पूर्व दर्जनों विदेशी जातियों का इस भू-खंड पर आगमन हुआ और इनमें से कोई भी आगंतुक नस्ल पारपत्र और आग्रमण अनुमति लेकर यहाँ नहीं आई थी और किसी भी आगंतुक नस्ल का स्वागत पूर्व से रहने वाली नस्लें नहीं करती हैं क्योंकि भोजन के सीमित स्रोतों और आवास के सीमित साधनों को कोई भी

नस्ल साझा नहीं करना चाहती है। इसलिए आगमन के साथ आक्रमण और आक्रमण के साथ संघर्ष का होना तो स्वभाविक है। पर आज आक्रमण का अभियोग लग रहा है तो केवल मुस्लिम शासकों पर! पर हम भूल जाते हैं कि इस्लाम के उदय के पूर्व तुर्कों की जो टोलियां आईं उन्होंने ही कालांतर में राजपूत वंशों की स्थापना की जबकि इस्लाम के उदय के बाद जो तुर्कों की टोलियां आईं वे मुस्लिम वंशों की स्थापना की और राजपूत वंशों ने किसी संगठित धर्म के अभाव में ब्राह्मणों की अधीनता स्वीकार कर हिंदुत्व का अभिन्न अंग बन गईं। इसी तरह शक, कुषाण और अन्य इस्लाम पूर्व नस्लों के साथ हुआ। परन्तु आज का जनखंडी इतिहासकार देशी और विदेशी के कालखण्ड और भूखंड का निर्धारण अपनी राजनीतिक लाभ और हानि के दृष्टिकोण से कर रहा है। पर इस संबंध में नृविज्ञानियों का मत है कि मानव-सभ्यता की शुरुआत अफ्रीका से हुई है और दुनिया की वर्तमान सभी आबादियां उन्हीं पूर्वजों की वंशज हैं और कालक्रम में उसी स्थान से विभिन्न टोलियों में भोजन और आवास की खोज में चलकर दुनिया के विभिन्न हिस्सों में बसती गईं हैं क्योंकि प्रकृति ने मानवीय जीवनयापन के जो नैसर्गिक स्रोत इस धरा पर उपलब्ध कराए हैं वे प्रारंभ में सार्वजनिक थे नस्लों और देशों की सीमाओं से परे और उनपर पूरी मानावता का समान अधिकार था। पर आज का राष्ट्रवादी इतिहासकार मानवता के इस नैसर्गिक प्रवास और प्रवाह को देशी और विदेशी के दृष्टिकोण से जनमानस को देखने को बाध्य कर रहा है। आख़िर क्यों ? क्या वह मानव-सभ्यता के नैसर्गिक नियमों से अपरिचित है? और क्या आधुनिक राष्ट्रवाद अपनी सीमाओं को सुदृढ़ कर इसे रोकने में सफल रहा है? आज भी 1 लाख से अधिक भारतीय अवैध रूप से ब्रिटेन में रह रहे हैं [6] और लाखों भारतीय अब भी यूरोप के अन्य देशों और अमेरिका में अवैध रूप से रह रहे हैं। इसी क्रम में , लाखों बांग्लादेशी नागरिक भारत के सीमावर्ती प्रदेशों में अवैध रूप से रह रहे हैं और हमारी आशंकाओं और हमारे राजनेताओं के त्राहिमाम के विपरीत 5 लाख बिहारी [7] और 10 लाख भारतीय अवैध रूप से बांग्लादेश में रह रहे हैं और 10 बिलियन डॉलर के साथ बांग्लादेश भारत का चौथा सबसे बडा प्रेषण श्रोत है [8] और 26 जून 2021 को अवैध रूप से बांग्लादेश

में प्रवेश कर रहे 11 भारतीयों को बांग्लादेशी पुलिस ने गिरफ्तार किया [9] मानवता के इस नैसर्गिक प्रवाह को जब आधुनिक राष्ट्रों की सीमाएं रोकने में असफल रही हैं और नस्लीय राष्ट्रवाद स्थापित करने को आतुर जनखंड खुद अपनी नस्ल के प्रवाह को रोकने में विफल रहा है तो सहस्राब्दी पूर्व जब राज्य की सीमाएं निर्धारित नहीं थीं और मनुष्य की नागरिकता परिभाषित नहीं थी तब मानवता के नैसर्गिक प्रवाह और प्रवास को किस आधार पर आज अवैध प्रमाणित करने को उन्मादी राष्ट्रवाद आतुर है ? क्या देशी और विदेशी के इस कृत्रिम विभाजन के आधार पर इतिहास के राजवंशों की नैतिकता का निर्धारण आज करना उचित होगा ? इस आधार पर तो फ़िजी, सूरीनाम और मॉरिशस आदि देशों में पिछली कुछ शताब्दियों में बसे भारतीयों को सत्ता और शासन का कोई नैतिक अधिकार नहीं होना चाहिए? जबकि इस सोच के विपरीत ये प्रवासी भारतीय उन देशों में सत्ता के शिखर पर पहुंचे हैं और उन्होंने उन देशों के विकास में भी अपना अहम योगदान दिया है। पर अपनी मानसिक विडंबना के कारण भारत का वही जनखंड जो मुस्लिम शासकों के शासन करने के नैतिक अधिकार को आज भूतलक्षी चुनौती दे रहा है इन द्वीपों के भारतवंशियों के शासन करने और सत्ता के शिखर पर पहुंचने पर आह्लादित होता है। इसी प्रकार ब्रिटेन या अमेरिका में किसी भारतीय नस्ल के नागरिक के शासन के उच्च पदों पर बैठने पर वह भारत में आतिशबाजी करता है पर अपने देश में जब किसी विदेशी मूल की महिला का सत्ता के शिखर पर बैठने का अवसर आता है तो वह सामूहिक विलाप करने लगता है, चहुं ओर विरोध करने लगता है। आखिर यह मानसिक विडंबना क्यों? नस्लीय प्रभुता का नैसर्गिक बोध क्यों? और क्या उसके इसी नस्लीय प्रभुता बोध के कारण आज तक दक्षिण भारत का कोई द्रविड़ या सुदूर उतर पूर्व का कोई खासी या गारो इस देश का शासनाध्यक्ष नहीं बन पाया है? या उत्तर भारत का ही कोई गैर-हिंदू न तो शासन के शिखर पर पहुंच पाया है और न ही राजनीति के शिखर पर (डॉ० मनमोहन सिंह का सिख धर्म संवैधानिक रूप से वृहत हिंदू समुदाय का अंग है, कोई पृथक और स्वतंत्र धर्म नहीं और न ही वे अपनी स्वतंत्र राजनैतिक कौशल से प्रधानमन्त्री बन सके थे)? क्या संवैधानिक समता के

क्षद्मावरण में इस देश में नस्लीय प्रभुता की राजनीति करने वाला जनखंड दुनिया को इसका उत्तर देगा?

एक अभियोग जो आज का वृहत हिंदू समुदाय मुस्लिम शासकों पर लगा रहा है वह है उनके विभेदपूर्ण धार्मिक और समाजिक नीतियों का जिसके परिणामस्वरूप गैर-मुस्लिम समुदाय का शोषण और दोहन हुआ और उनकी आर्थिक, समाजिक और राजनीतिक स्थिति में निरंतर ह्रास हुआ। इस संबंध में मैं पूछना चाहूँगा कि क्या मुस्लिम शासन के पूर्व भारतीय समाज-व्यवस्था समता मूलक थी? क्या यहाँ लोकतंत्रात्मक गणराज्य था? क्या हिंदू और बौद्ध समुदाय एक-दूसरे के पूरक थे? क्या वर्ण-व्यवस्था पर आधारित समाज, मुस्लिम शासकों की देन है? क्या चांडालों का उदय भारत का स्वर्णिम युग कहे जाने गुप्त काल में हुआ था या मुस्लिम शासकों के काल में? क्या द्रविड़ नस्लों, बौद्धों और जैनों का उत्तर भारत से पलायन इस्लामिक शासन के कारण हुआ या हिंदू शासकों की नीतियों के कारण? अगर मुस्लिम शासन के पूर्व ही भारत की मुख्य भूमि में बौद्ध और जैन समुदाय नगण्य हो गए थे तो धार्मिक उत्पीड़न का आरोप मुस्लिम शासकों पर लगाना ऐतिहासिक रूप से कितना सत्य और कितना कपोल कल्पित है? मुस्लिम काल में तो हिंदू आबादी का इतने बड़े पैमाने पर पलायन नहीं हुआ! ईसा के पूर्व और कुषाण काल में भी उत्तर भारत की एक बड़ी आबादी बौद्ध थी तो कैसे संभव हुआ कि मुस्लिम शासन के पूर्व ही बौद्ध यहाँ अल्पसंख्यक हो गए? क्या यह ब्राह्मण और गुप्त शासकों की धार्मिक असहिष्णुता के परिणाम नहीं थे? 84000 बौद्ध-स्तूप क्या प्राकृतिक रूप से नष्ट हो गए या मुस्लिम शासकों ने उनका विध्वंस किया? भूत का साम्प्रदायिक छिद्रान्वेषण करने वाला आज का इतिहासकार क्या बता सकता है कि तथाकथित मुस्लिम आक्रांताओं का सामना किसी बौद्ध राजा से क्यों नहीं हुआ? क्या इन प्रश्नों का उत्तर इस भूखंड के तथाकथित विकृत इतिहास को आज सुकृत करने को आतुर जनखंड देगा? लगभग 700 वर्षों से अधिक समय तक दिल्ली की गद्दी पर बैठे किसी मुस्लिम सुल्तान या बदशाह की हत्या किसी हिंदू राजा या दरबारी ने क्यों नहीं की ? जबकि उसके पूर्व हिंदू, बौद्ध

को मारकर मगध की गद्दी पर बैठते थे और बौद्ध, हिंदू को मारकर! इसके विपरीत इस्लामिक काल में अगर किसी सुल्तान या बादशाह को मारकर किसी ने गद्दी पर कब्ज़ा किया तो वह मुस्लिम था और इस काल में दिल्ली का कोई बादशाह अगर किसी बाहरी हमलावर से पराजित हुआ या लज्जित हुआ तो वे हमलावर भी मुस्लिम थे। परंतु आज वृहत हिंदू समुदाय धार्मिक शोषण और दोहन का आरोप जिन मुस्लिम शासकों पर लगा रहा है उनकी रक्षा हिंदू राजाओं और नरेशों ने ही की थी! इतिहास की एकाध घटनाओं और चरित्रों का अनुपात से अधिक महिमामंडल जो आज किया जा रहा है वह मात्र आज के जनमानस की सांप्रदायिक सोच का परिणाम है। अगर ऐसा नहीं होता तो महाराणा प्रताप की सेना में अफ़गान नहीं होते, मुगल सेना के नायक राजपूत नहीं होते, शिवाजी की सेना में मराठे कम और अफ़गान अधिक और मुग़ल सेना में मराठे अधिक नहीं होते और इसी इस्लामिक राजवंश की पुनर्स्थापना के लिए ही ईस्टइण्डियाकम्पनी के ब्राह्मण सैनिकों ने 1857 में अपनी कुर्बानियां दी थीं और अंतिम मुग़ल बादशाह के निर्वासन पर हिंदू और मुसलमान दोनों ने सामूहिक विलाप किया था। पर हम इतिहास को आज सांप्रदायिकता के ताल से देखने को विवश हैं क्योंकि बिना ताल के हमें केवल पौराणिकता दिखती है - उड़ने वाले बंदर, बोलने वाले दोपाये भालू, दस सिरों वाले भीमकाय राक्षस और और अष्ट भुजाकार देवी देवताएं!

नव प्रबुद्ध इतिहासकारों द्वारा आज यह भी आरोप लगाया जा रहा है कि इस्लामिक शासन ने प्राचीन भारत के ज्ञान-विज्ञान को नष्ट कर दिया और नालंदा विश्वविद्यालय को ध्वस्त कर दिया। पर क्या नालंदा विश्वविद्यालय को केवल मुस्लिमों ने ध्वस्त किये ? क्या उसके पूर्व शिवभक्त हूण आक्रमणकारी मिहिरकुल द्वारा पांचवीं शताब्दी के उत्तरार्ध और बंगाल के गौड़ ब्राह्मण शासक शशांक द्वारा सातवीं शताब्दी के पूर्वार्द्ध में इसे नष्ट नहीं किया गया था? और मुस्लिम आक्रमणकारी बख़्तियार ख़िलजी द्वारा इसे नष्ट करने के जो कारण बताए जाते हैं वे भी कितने हास्यास्पद हैं। क्या ऐसा हो सकता है कि कोई व्यक्ति, जिसकी व्यथा कोई वैद्य दूर करे, वह उसकी और उसकी

विद्या को नष्ट कर दे? यह सामान्य मानवीय प्रकृति और प्रवृत्ति के विरुद्ध है। इसलिए इस बात की संभावना प्रबल है कि बख़्तियार ख़िलजी की मामूली-सी व्यथा का हरण जब किसी वैद्य ने नहीं कर पाया हो तो असंख्य और स्थूल पुस्तकों को देखकर उसे उनमें लिखित ज्ञान की निरर्थकता का बोध हुआ हो और इससे क्रुद्ध होकर उसने विश्विद्यालय को जलाने का आदेश दिया हो। पर जनश्रुतियों में प्रचलित धारणा से यह सिद्ध करने का प्रयास किया जाता है कि 'आभार और आचार', मुस्लिम-संस्कृति के अंग नहीं हैं , बल्कि इनपर केवल हिंदुओं का एकाधिकार है। पर जब ये जनश्रुतियां इतिहासकारों के लिए तथ्य बन जाएं और ऐसे इतिहासकार बौद्धिकता विहीन सांप्रदायिक-सत्ता के मार्गदर्शक बन जाएं तो नैसर्गिक मानवीय प्रकृति और प्रवृत्ति पर विचार करने का प्रश्न ही नहीं उठता है। इस संबंध में एक और बात मैं कहना चाहूँगा कि कोई भी सत्ता अपने को चिरस्थाई बनाने के लिए विपरीत बौद्धिकता की धारा को अवरुद्ध या उसका उन्मूलन करना चाहती है। बख़्तियार ख़िलजी के पूर्व भी ऐसी प्रवृत्तियां रही थीं और बाद में भी और आज भी सतत् जारी हैं। अगर ऐसा नहीं होता तो दिल्ली के जवाहर लाल नेहरू विश्विद्यालय पर आज हमले नहीं होते, जामिया मिल्लिया पर आक्रमण नहीं होते , अलीगढ़ मुस्लिम विश्वविद्यालय को नष्ट करने के प्रयास नहीं होते और बनारस हिन्दू विश्वविद्यालय अक्षुण्ण नहीं रहता। पर आज का स्वयंभू इतिहासकार केवल बख़्तियार ख़िलजी से प्रश्न करना चाहता है। आख़िर क्यों ?

जहां तक ज्ञान को नष्ट करने का प्रश्न है, वह भ्रामक प्रतीत होता है क्योंकि भारत में कागज मुस्लिम शासकों द्वारा पर्सिया (ईरान) से 13 वीं शताब्दी में लाया गया था [10]। उसके पूर्व यहाँ पर शिलालेखों और भोजपत्रों पर लिखने की प्रथा थी (यह भी यूनानी आक्रमणकारियों द्वारा लाई गई थी)। शिलालेखों में वहनीयता नहीं होती है और भोजपत्रों की अर्धायु सीमित होती है इसलिए ज्ञान का प्रसार मुस्लिम शासन के पूर्व सीमित था और इसपर केवल पुरोहित-वर्ग का एकाधिकार था। वेद और पुराण भी लिखित नहीं थे। महाभारत और रामायण भी कव्य और गव्य थे और इनका भी अधिकार पुरोहित-वर्ग को ही प्राप्त था। तो हम

कैसे कह सकते हैं कि मुस्लिम शासन के पूर्व यह भूखण्ड असीमित ज्ञान का केंद्र था और यहाँ के विश्विद्यालय और पुस्तकालय असंख्य और स्थूल पुस्तकों से भरे पड़े थे ? इस्लामिक शासन के आने के साथ कागज का प्रयोग शुरु हुआ। इससे लेखन का विकास हुआ, ज्ञान की वहनीयता बढ़ी, गव्य और कव्य-ग्रंथों को लिपिबद्ध किया गया और इतिहास में पहली बार ज्ञान और पठन-पाठन पुरोहित-वर्ग से बाहर निकलकर अन्य जातियों यथा - कायस्थ और खत्री के पास गया (यद्यपि इसकी सीमित शुरुआत उत्तर गुप्त काल में हो गई थी) पर इसके बावजूद पुरोहित-वर्ग ने संस्कृत को देवभाषा और उस भाषा पर अपना एकाधिकार मानकर ज्ञान को अन्य वर्गों और जातियों से साझा नहीं किया। इसलिए लेखन और पठन-कार्य में लगी नईं एवं अकुलीन हिंदू जातियों ने संस्कृत की अपेक्षा अरबी-फारसी भाषाओं में निपुणता ग्रहण की और शासन-प्रशासन में उच्च पदों पर आसीन भी हुईं। इधर संस्कृत जनभाषा नहीं बन पाई , बल्कि देवभाषा बनी रही और उसका ज्ञान सार्वजनिक नहीं हो पाया। तो हम कैसे कह सकते हैं कि इस्लामिक शासन ने देश के असीमित और सार्वजनिक ज्ञान को नष्ट कर दिया?

अब आते हैं विज्ञान पर! इस संबंध में मेरा मत है कि सभी धर्मों के प्रवर्तकों ने अपने-अपने काल में प्रचलित अवधारणाओं के अनुरूप प्रकृति की निरंतरताओं और विलक्षणताओं की व्याख्या करने के प्रयास किये हैं यद्यपि उनका ज्ञान वैज्ञानिक कम और आध्यात्मिक अधिक था। पर इस्लाम शायद पहला धर्म होगा जिसने कहा कि पृथ्वी, सूर्य और तारे निर्जीव हैं, वे बोलते नहीं हैं, चलते नहीं हैं और मंदिरों की मूर्तियां भी पार्थिव और निर्जीव हैं, अलौकिक और सजीव नहीं। तो इसमें अवैज्ञानिकता कहाँ है और अज्ञान कहाँ है? यह तो लोगों को विज्ञान के प्रति प्रवृत्त करना है! और भले ही आधुनिक विज्ञान के बुनियादी सिद्धांतों का विकास इस्लामिक शासन के दौरान नहीं हुआ हो पर तकनीक का तीव्रता से विकास अवश्य हुआ। चमड़े का कारोबार और उससे जूते बनाने की तकनीक, सिले हुए वस्त्रों का उद्योग, इत्र का व्यवसाय और उत्कृष्ट भवन-निर्माण कला इत्यादि का विकास इस्लामी शासकों के सरंक्षण में ही हुआ। हो सकता है कि

इसका एक कारण यह भी हो कि कुरान में बार-बार तालीम हासिल करने पर जोर दिया गया है और तालीम का विकास इस्लाम के उदय के पश्चात अरब में आई वैज्ञानिक सोच के कारण संभव हो सका और तकनीक के विकास ने यहाँ के लोगों के जीवन-स्तर को बेहतर करने के साथ-साथ यहाँ के चांडालों एवं शूद्रों को रोजगार के नए अवसर उपलब्ध कराए और उन्हें स्वावलंबी और सशक्त बनाया। पर हिंदू का अभिजात्य-वर्ग अपनी धार्मिक और सामाजिक पूर्वाग्रहों के कारण उस तकनीक से दूरी बनाए रखा। यहाँ यह उल्लेख करना समीचीन होगा कि 20वीं सदी के प्रथम दशक में जब लॉर्ड कर्जन ने भारत में तकनीक के विकास के लिए अभियंत्रण एवं चिकित्सा-संस्थानों की नींव डाली तो यहाँ का कुलीन समुदाय और कांग्रेस के तत्कालीन नेताओं ने उसे भारतीयों को अतिप्रतिष्ठित भारतीय नागरिक सेवा से वंचित करने की साजिश बताकर खारिज कर दिया था और भारतीयों को इन तकनीकी शिक्षण-संस्थानों से दूर रहने की सलाह दी थी पर आज वही कुलीन समुदाय अपने बच्चों का उन्हीं शिक्षण-संस्थानों में नामांकन कराने को लालायित है। पर इसके बावजूद भी अपनी वैचारिक जड़ता के कारण आज भी वह समाजिक-स्तर पर तकनीक से पारंपरिक दूरी बनाए हुए है और मुस्लिम किशोरों को 'पंचर पुत्र' कहकर संबोधित करता है और हिंदू काश्तकारों को नीची निगाहों से देखकर अपमानित करता है। आखिर क्यों?

आज मुस्लिम शासकों पर यह भी आरोप लगाया जा रहा है कि वे संस्थागत रूप से प्रजा का आर्थिक शोषण करते थे और स्वयं विलासितापूर्ण जीवन जीते थे। इस संबंध में मैं कहना चाहूँगा कि कुछ अपवादों को छोड़कर दुनिया के हर कोने में राजतंत्र ऐतिहासिक रूप से राजोन्मुखी रहा है, जन-कल्याण उसका मूल उद्देश्य नहीं रहा है और यही उस व्यवस्था के पतन का कारण भी रहा है। इस प्रवृत्ति से न तो हिंदू शासक पृथक रहे हैं और न ही मुस्लिम शासक। इसके बावजूद जब हम मध्यकालीन इतिहास का गहनता से अध्ययन करते हैं तो पाते हैं कि आधुनिक लोकतंत्र में प्रचलित जनकल्याण की अवधारणाओं की नींव मुस्लिम शासन के दौरान ही रखी गईं। उपभोक्ता अधिकारों के

संरक्षण के लिए बाजार पर नियंत्रण, परित्यक्त भूमि पर कृषि के लिए शासन द्वारा प्रजा को प्रोत्साहन और सामरिक आवश्यकताओं का बोझ प्रजा पर कम करने के लिए सैनिकों और उनके परिवार के सदस्यों के लिए करमुक्त सामग्रियों की उपलब्धता सुनिश्चित करने के लिए विशेष सरकारी दुकानें अल्लाऊद्दीन खिलजी के शासनकाल में खोली गईं। कृषि को बढ़ावा देने के लिए कृषि-विभाग (दीवान - ए -अमीर - कोही) खोलने, भूमि की उर्वरता बढ़ाने व मानसून पर कृषकों की निर्भरता कम करने लिए नहरों का पहली बार निर्माण, राज्य की तरफ से किसानों को कृषि हेतु ऋण देने की प्रथा, प्राकृतिक आपदाओं में फसल की क्षति होने पर राज्य द्वारा ऋण-विमुक्ति की प्रथा, विधवाओं और अनाथों के लिए सरकारी अनुदान, सरकारी औषधालयों और शिक्षा के लिए मदरसों का निर्माण और राज्य की तरफ से अकाल पीड़ित प्रजा में निःशुल्क खाद्यान-वितरण (दीवान - ए -खैरात) की प्रथा तुगलक काल में शुरु हुई। कृषकों की आय में पुनः वृद्धि हेतु बड़े पैमाने पर नहरों का निर्माण और गंगा दोआब के क्षेत्र में वर्ष में दो बार फसल पैदावार की शुरुआत मुग़ल बादशाह जहांगीर के शासन काल में हुई। [11]। पर इन दूरदृष्टि से परिपूर्ण अवधारणाओं और योजनाओं के लिए आज उन्हें कोई आभार व्यक्त नहीं करता है। आख़िर क्यों? और क्यों वर्तमान सरकार इन लोक कल्याणकारी योजनाओं का जनक स्वयं को प्रमाणित करने का दावा करती है ? क्या आज का इतिहासकार उससे से इन प्रश्नों का उत्तर पूछेगा ?

इसी प्रकार सेना को नियमित और नगद वेतन देने की प्रथा अकबर ने शुरु की (वैसे इसकी शुरुआत सल्तनत काल में अलाउद्दीन खिलजी ने की थी) ताकि सेना लूट के लालच में पड़ोसी राज्यों पर हमला करने को आतुर न रहे और राज्य की छवि एक लुटेरी-संस्था से जनकल्याणकारी संस्था के रूप में विकसित हो सके (वैसे औरंगजेब के शासन काल तक लूट का माल मुग़ल राजस्व का प्रमुख श्रोत रहा और अकबर ने मानसिंह को राजस्थान अभियान पर सेना को लूटने की अनुमति नहीं देने के लिए डांटा भी था [12])। इसके पूर्व सेना को नगद और नियमित वेतन देने की प्रथा नहीं थी बल्कि पड़ोसी राज्यों

पर आक्रमण से मिली लूट और जुर्माने की राशि से सेना का वेतन या हिस्सा तय होता था। पर नियमित और नगद वेतन ने सेना को संयम दिया और राज्य के विस्तार के लिए गैर-सामरिक नीतियों के प्रति बादशाह को प्रेरित किया और भारतीय उपमहाद्वीप को राजनीतिक और सामरिक स्थायित्व दिया। यह प्रयोग केवल भारत के लिए ही अभिनव नहीं था बल्कि यूरोप में भी उस काल में शायद ही सेना को नियमित और नगद वेतन देने की प्रथा थी। इसलिए यह कहना कि मुस्लिम शासक केवल अक्रांता थे और इस देश में केवल लूटमार करते थे ऐतिहासिक रूप से सत्य प्रतीत नहीं होता है।

मध्य काल के मुस्लिम शासकों पर आज यह भी आरोप लगाया जा रहा है कि इस्लामिक शासन ने हिंदू समुदाय को कमजोर किया और उसे अपमानित किया। पर तथ्य इसके विपरीत हैं। इस्लाम के आगमन के पूर्व 'हिंदू' नाम का कोई धर्म नहीं था। समाज विभिन्न नस्लों और संप्रदायों में बंटा था। सभी नस्लों और संप्रदायों के अलग-अलग आराध्य थे। सभी अपने-अपने आराध्यों के उपासना-स्थल बनाते थे और सब में वैचारिक और व्यावहारिक संघर्ष हुआ करते थे। पर इस्लाम के मानने वालों ने सिंधु नदी के पूर्व में बसने वाले सभी मूर्ति पूजकों के लिए एक संबोधन 'हिंदू' का प्रयोग किया। उसके पूर्व किसी वैष्णव, शैव या शाक्त में न तो कोई समानता थी और न ही कोई एकजुटता। सबका अपना-अपना स्वतंत्र अस्तित्व था।मुस्लिम शासन ने इन सबके लिए एक शब्द 'हिंदू' का प्रयोग करके गैर -इस्लामी सभी मूर्ति पूजकों को एक नए धर्म में पिरो दिया। इसलिए मेरा मत है कि मुस्लिम शासन ने आधुनिक हिंदू धर्म की नींव डाली। वैसे तो हिंदू शब्द की उत्पत्ति सिंधु नदी से कहा जाता है पर इस संबंध में मैं कहना चाहूँगा कि प्राचीन यूनान में बड़े पैमाने पर मूर्ति पूजा का प्रचलन था और उनके धर्म को 'हेलेनिक धर्म' कहा जाता था तो इसकी प्रबल संभावना है कि मुस्लिम शासकों ने भारत के सभी मूर्ति पूजकों को उसी हेलेनिक धर्म का अनुयायी मानकर हिंदू कहा हो। इसपर अग्रतर गहन शोध की आवश्यकता है।

आज मुस्लिम शासकों पर यह भी आरोप लगाया जा रहा है कि उन्होंने अपना धर्म, संस्कृति, खानपान और रहन-सहन यहाँ के लोगों पर अधिरोपित किया। पर अगर इस आरोप में सत्यता होती तो लम्बे इस्लामिक शासन के बावजूद भी आज इस्लाम भारत में अल्पसंख्यकों का धर्म नहीं रहता। और अगर इन आरोपों में सत्यता है भी तो मुझे इसमें नैतिकता नजर आती है क्योंकि मुस्लिम शासकों ने उसी संस्कृति को यहाँ के लोगों पर अधिरोपित किया जिसका पालन वे खुद करते थे; उसी पहनावे को अधिरोपित किया जिसे वे खुद पहनते थे और उसी खाद्य को अधिरोपित किया जिसे वे खुद खाते थे। उन्होंने अगर दूसरों को गोमांस खिलाया तो वे स्वयं भी उसे खाते थे। उन्होंने यहाँ के लोगों को अखाद्य पदार्थ (गो मूत्र और गाय का गोबर) और पौष्टिकता-रहित उच्छिष्ट या अपशिष्ट खाने को तो बाध्य नहीं किया! उन्होंने अपनी चरण की धूलि का धोवन पीने को तो किसी को बाध्य नहीं किया! और अगर उन्होंने अपनी उपासना को यहाँ के लोगों पर अधिरोपित किया तो उसी आराध्य को अधिरोपित किया जिसकी उपासना वे स्वयं करते थे और उसी पवित्र पुस्तक को अधिरोपित किया जिसका पाठ वे स्वयं करते थे। उन्होंने तो नहीं कहा कि यह उपास्य केवल मेरा है इसलिये इसकी उपासना केवल मैं ही कर सकता हूँ और यह उपासना-स्थल केवल मेरा है इसमें मैं किसी अन्य नस्ल को प्रवेश नहीं करने दूँगा; यह पवित्र पुस्तक मेरी है और इसका पठन और श्रवण केवल मैं करूँगा और अगर कोई अन्य पठन करते दिख गया तो रामायण के शम्बूक की भांति मृत्यु को प्राप्त होगा और अगर श्रवण करते पाया गया तो उसकी जिह्वा काट ली जायेगी [13] या उसके कानों में शीशा पिघला कर डाल दिया जाएगा। उनके तो आराध्य सार्वजनिक थे, उनके आराधना-स्थल तो सर्वनस्लीय थे और उनके पवित्र पुस्तक तो सर्वग्राही थे - नस्लों, जातियों और संपन्नता और -विपन्नता की सीमाओं से मुक्त। उन्होंने तो सबका आह्वान किया कि आओ ! हमारी उपासना-स्थल में, हमारे समकक्ष खड़े होकर हमारे उपास्य की उपासना करो; हमारी पुस्तक को पढ़कर तुम भी हमारी तरह पवित्र बन जाओ ताकि तुम्हें कोई अछूत न समझे! तो

अगर यह धर्म और संस्कृति का अधिरोपण है तो इसमें अमानवीयता कहाँ है? इसमें अनैतिकता कहाँ है और इसमें अलगाव या उपेक्षा का भाव कहाँ है? इसमें नस्लीय-दंभ कहाँ है? इसमें अपने नस्ल के रक्त की शुद्धता बनाए रखने का निरंतर प्रयास कहाँ है? और इसमें धर्म की अभिवृद्धि का एक मात्र स्रोत अंत: प्रजनन और बहुप्रजनन कहाँ है? यहाँ तो धर्म विचारों पर आधारित है और उसकी अभिवृद्धि तो विचारों की अभिवृद्धि पर आधारित है! पर आज के स्वयंभू इतिहासकार को यह धर्म और संस्कृति का अधिरोपण लगता है और उपास्य और उपासना पर एकाधिकार स्वतंत्रता! पर धर्म के अधिरोपण का आरोप लगाने वाला जनखंड क्या बता सकता है कि लंबे इस्लामिक शासनकाल में किसी मुस्लिम शासक ने संपूर्ण साम्राज्य में गैर-मुस्लिमों की अनदेखी कर समान नागरिक संहिता अधिरोपित किया हो? उन्होंने तो इसे गैर-मुस्लिमों की इच्छा पर ही छोड़ दिया। उन्होंने इस्लामी शरियत गैर-मुस्लिम प्रजा पर तो अधिरोपित नहीं किया! हिन्दुओं के नागरिक अधिकारों की रक्षा का भार तो कुलीन हिंदुओं पर ही छोड़ा, किसी काज़ी पर नहीं। पर आज देश में समान नागरिक संहिता के क्षद्मावरण में अपना धर्म और अपनी संस्कृति मुस्लिमों पर अधिरोपित करने को आतुर जनखंड मुस्लिम शासकों पर ही अपना धर्म और अपनी संस्कृति अधिरोपित करने का आरोप लगा रहा है। आख़िर क्यों? और क्या इस आतुर जनखंड को पता नहीं है कि देश में समता और समानता देश की विविधता का सम्मान करने से आता है न कि समान नागरिक संहिता अधिरोपित करने से? और क्या उसे यह भी पता नहीं है कि देश को एक सूत्र में बांधने के लिए 'समान नागरिक संहिता' (Uniform Civil Code) नहीं बल्कि 'समान जीवन संहिता ' (uniform living code) आवश्यक है? पर क्या वह इसके लिए तैयार है?

मुस्लिम शासकों की अपेक्षाकृत धर्मनिरपेक्षता की प्रतिबद्धता के कारण ही अछूत, अछूत बने रहे। उन्हें इस्लाम धारण करने को विवश नहीं किया गया और हिंदू उत्तर भारत के मैदानों में बने रहे, उन्हें बौद्धों की भांति भारत के सुदूरवर्ती कोनों में पलायन नहीं करना पड़ा और द्रविड़ों की भांति दक्षिण भारत की ओर प्रवास नहीं करना पड़ा। पर

दलितों की इस स्वतंत्रता पर सबसे बड़ा आक्रमण 26 जनवरी, 1950 को हुआ जब उन्हें भारतीय गणतंत्र की स्थापना के साथ विवश होकर हिंदू बनना पड़ा। दुनिया के इतिहास में इतने बड़े पैमाने पर धर्मांतरण या धर्माधिरोपण कोई धर्मांध शासक करा पाया है क्या ? पर आज धर्माधिरोपण के आरोप केवल मुस्लिम शासकों पर लगाये जा रहे हैं। आख़िर क्यों?

इन तथ्यों के बावजूद यह नहीं कहा जा सकता है कि मध्य काल में मुस्लिम शासकों द्वारा धर्मानंतरण नहीं कराए गए होंगे पर इसके ऐतिहासिक दृष्टांत सीमित हैं। मेरा मत है कि ऐसा तभी संभव है जब शासन और धर्म दोनों के शिखर पर एक ही व्यक्ति बैठा हो पर इतिहास की शुरूआत से ही सौभाग्यवश भारत में राजनीति और धर्म में विलगाव रहा है। यहां न तो पोप का शासन रहा है न ही खलीफा का तो शासक वर्ग द्वारा जबरन धर्मानंतरण क्यों कराया जाएगा। इसलिए न तो यहां " क्रुसेड " हुए न ही " जिहाद " और अगर इनके समरूप घटनाएं हुईं भी तो मध्य काल के पूर्व पुष्य मित्र शुंग के काल में। और इसी के कारण लंबे मुस्लिम शासन के बावजूद भी यहां का बहुसंख्यक वर्ग हिंदू बने रहा पर युरोप और अरब में ऐसा नहीं हो सका।

इसके बावजूद मेरा मत है कि धर्मांतरण दुनिया के सभी धर्मों की प्रवृति रही है क्योंकि बहुप्रजनन के बाद धर्मांतरण ही धर्मों के विस्तार का श्रोत रहा है जिससे वे दुनिया में अपना प्रसार और प्रभुत्व स्थापित कर सकें नहीं तो यूनान में हेलेनिक धर्म सदा के लिए समाप्त नहीं हो गया होता और सम्पूर्ण रोमन सम्राज्य ईसाई नहीं बन गया होता। और धर्मों की यह प्रवृति होनी भी चाहिए नहीं तो धर्म अंतःप्रजनन का उद्देश्यहीन जन खण्ड बन कर रह जायेगा।

पर क्या धर्मांतरण सदा अधिरोपित होते हैं या पर-धर्म की विशेषताओं से प्रभावित होकर स्वैक्षिक भी होते हैं ? मुग़ल सम्राट अकबर पर " दीन ए इलाही " किसने अधिरोपित किया , पंडित तानसेन को मियां तानसेन (उनकी कब्र ग्वालियर में है) किसने बनने को विवश किया, मानसिंह और टोडरमल कैसे हिंदू बने रहे और अकबर के अथक प्रयासों के बावजूद दीन ए इलाही की सदस्यों की संख्या तीन अंकों में

क्यों नहीं पहुंच सकी ? क्या आज धर्माधिरोपण का आरोप लगाने वाला जनखण्ड इन प्रश्नों का उत्तर दे सकता है ? मेरा मत है कि मध्य काल में लोगों को धर्म परिवर्तन और मनोनुकूल धर्म धारण की स्वंतत्रता थी और इसमें न तो शासन बाधक था और न ही आज की तरह उन्मादियों की टोली बाधक थी बल्कि यह व्यक्ति की इच्छा पर निर्भर था। पर आज क्या हो रहा है ? शासन धर्मांतरण पर कठोर से कठोर विधियां बना रहा है और उन्मादियों की टोली धर्मांतरण करने वाले को प्रताड़ित करने को सड़कों पर निकल चुकी है और "घर वापसी" के नाम पर समुदाय विशेष के लोगों को धर्म परिवर्तन के लिए आतंकित कर रहा है। क्या संविधान प्रदत्त तथाकथित उपासना की स्वतंत्रता के यही अर्थ हैं कि नागरिक चाह कर भी अपनी वंशानुगत धर्म का परित्याग नहीं कर सके और न ही अपने विवेक से अपने धर्म का चयन कर सके ? क्या मध्यकाल में धर्माधीश नहीं थे जो धर्म परिवर्तन को रोक सकें ? मेरा मत है कि मध्य काल में लोगों को ऐसी स्वतंत्रता इसलिए मिल सकी कि लोग व्यक्ति थे न कि आज की तरह धर्म की राजनीति करने वाले नेताओं के " वोट बैंक " और राजनीति भी धर्माधीशों से स्वतंत्र थी न कि आज की तरह धर्माधीशों की शरणागत। इसलिए लोग अपेक्षाकृत स्वतंत्र और स्वच्छंद थे। पर आज लोगों को "आज़ादी " दिलाने के नाम पर कितना " गुलाम " बनाया गया है क्या जनमानस इसपर गम्भीरता से विचार करेगा और संविधान के प्रति अति भावुक जनखंड्ड संविधान निर्माताओं से से इन प्रश्नों का उत्तर पूछेगा ?

और क्या धर्म अपने आप में अपरिवर्तनशील और अचल है ? वैदिक काल में मुख्य देवता इंद्र, वरुण और सोम थे , ईरानियों के प्रभाव में सूर्य और अग्नि की पूजा होने लगी और यूनानियों ने यहां ब्रह्मा, विष्णु और महेश की स्थापना के साथ - साथ विभिन्न अन्य कार्यों के लिए भी अलग -अलग देवताओं और देवियों को लाया (यूनान में ब्रह्मा, विष्णु और महेश के शिलालेख मिले हैं और अन्य हिंदू देवी देवताओं के के समतुल्य पात्रों का भी वर्णन हेलेनिक धर्म में है)। बाद की शताब्दियों में शकों ने अपने देवता शिव को महेश के ही पर्यायवाची के रूप में स्थापित कर दिया। इसी प्रकार कृष्ण के हेलेनिक समतुल्य हेरकलीज

थे। ईसा के बाद भी आईं विभिन्न विदेशी नस्लों ने भी अपने देवताओं को यहां प्रतिष्ठापित किया और मध्य काल में भी यह सतत जारी रहा और आधुनिक काल में भी जारी है (संतोषी मां की पूजा इसपर फिल्म बनने के पश्चात शुरू हुई)। तो इन्द्र, वरुण और सोम से शुरू हुआ हिंदुत्व ब्रह्मा, विष्णु और महेश से होते हुए 33 करोड़ देवताओं का धर्म कैसे बन गया ? क्या धर्म को अचल और अपरिवर्तनीय बताना वाला जनखंड आज इसपर गम्भीरता से विचार करेगा ?

इसी प्रकार जब इस्लाम अरब से निकलकर ईरान पहुंचा तो कब्र पर मजार और मकबरे बनाने की प्रथा शुरू हुई और भारत आते आते उन स्थलों को उपासना स्थल के रूप में जन मान्यता मिल गई जहां हिंदू मान्यताओं के अनुरूप खाद्य पदार्थों का अर्पण और तत्पश्चात उनका श्रद्धालुओं में वितरण भी होने लगा जबकि अरब के इस्लाम में तो कब्र को अज्ञात रखने का प्रावधान था और उसपर एक भी ईंट रखने का निषेध था (इसके बाबजूद पैगंबर मुहम्मद की कब्र सुरक्षित है) और अल्लाह के अलावा किसी और की उपासना की मनाही थी। क्या मुस्लिम समुदाय को ये परिवर्तन करने के लिए ईरान या भारत में कोई विवश किया ?

इसलिए मेरा मत है कि सदियों से हिंदुत्व और इस्लाम में ये परिवर्तन अपने वातावरण के अन्य धर्मों से सीखकर अपने धर्म को बेहतर और अद्यतन बनाकर उसके अस्तित्व को बचाए और बनाए रखने की नैसर्गिक मानवीय प्रवृति और प्रकृति के परिणाम थे और मध्यकालीन इस्लामिक शासन में धर्मानंतरण , कुछ विरल अपवादों को छोड़कर, बेहतर मानवीय मूल्यों की खोज में व्यक्ति के सतत प्रयास के परिणाम थे न कि सत्ता और शासन द्वारा धर्माधिरोपण के। फिर भी आज का पश्चगामी हिंदू जन खण्ड धर्म को अचल और अपरिवर्तनीय बनाने को आतुर दिख रहा है और हिंदुत्व को वेदों के काल में पुनः ले जाना चाह रहा है। पर क्या वह ब्रह्मा, विष्णु और महेश को त्यागने को तैयार है और क्या अपने 33 करोड़ देवताओं को नकारने को तत्पर है और क्या अनगिनत देवी देवताओं के मन्दिरों का स्वयं विध्वंस करने को सहमत है (यद्यपि दयानंद सरस्वती और राजाराम मोहन राय ने क्रमशः आर्य

समाज और ब्रह्म समाज की स्थापना से इसकी शुरुआत की थी पर उनके प्रयास बुरी तरह असफल रहे) ?

एक अन्य आरोप जो आज मुस्लिम शासकों पर लगाए जा रहे हैं वह है उनके "आक्रांता" होने का। पर मध्यकाल के लंबे इतिहास को पूरी तरह से खंगालने के बावजूद ऐसा कोई मुस्लिम शासक नजर नहीं आता है जो पुष्यमित्र शुंग की भांति बौद्धों के एक सिर के बदले राजकीय कोष से 100 स्वर्ण मुद्राओं के पारितोषिक की घोषणा करे और अपनी इस घोषणा के क्रियान्वयन के लिए सियालकोट तक जाए और इस क्रम में मार्ग में पड़े सभी बौद्ध विहारों का मतवाले हाथी की तरह विध्वंस करता जाए। पर आज उसी पुष्यमित्र शुंग के वंशज इतिहास का हिसाब आज के मुस्लिम समुदाय से मांग रहे हैं और मस्जिदों की खुदाई कर मन्दिरों के अवशेष ढूँढ़ रहे हैं। क्या वे अपने मंदिरों को खोदकर बौद्ध विहारों के अवशेष ढूँढ़ने देंगे? क्या इस देश की मिट्टी में दबे बौद्धों के सिरों को ढूँढ़ने देंगे? और विस्थापित कश्मीरी पंडितों को कश्मीर में पुनर्स्थापित करने को आतुर आज का पश्चगामी जनखंड क्या विस्थापित बौद्धों और द्रविड़ों को उत्तर भारत के मैदानी इलाकों में पुनर्स्थापित करने की सहमति देगा?

और अगर मध्य काल "अक्रांता" मुस्लिम शासकों का काल था तो क्या मुस्लिम शासन के पूर्व कोई राजा किसी दूसरे राजा पर हमला नहीं करता था? चिर शांति थी? चहुं ओर भाईचारा था? वास्तविकता तो यह है कि यह उप महाद्वीप सैंकड़ों टुकड़ों में बंटा था। आज के राजस्थान में ही दर्जनों स्वतन्त्र राजे-रजवाड़े थे जो दिन-रात एक-दूसरे पर हमला करते रहते थे। तो मुस्लिम शासकों को अक्रांता कहना कितना काल्पनिक और कितना ऐतिहासिक है? वास्तव में इन छोटे-छोटे स्वतन्त्र राज्यों को अपनी दूरदर्शिता और रण-कौशल से जीतकर मुस्लिम शासकों ने एक वृहत भारत का निर्माण किया और इस भूखंड को राजनीतिक स्थायित्व दिया जिसका उपभोग आज तक की पीढ़ी कर रही है। पर " लौह पुरुष " कहलाने का हक सरदार पटेल को मिला, इस देश के इतिहास में "नेपोलियन" कहलाने का श्रेय समुद्रगुप्त

को मिला और "चक्रवर्ती सम्राट" कहलाने का अधिकार अशोक को मिला। आख़िर क्यों?

और अगर मुस्लिम आक्रांता थे तो मराठे क्या थे? मराठों ने तो किसी को नहीं छोड़ा! पुरुष, स्त्रियां, दुधमुहे बच्चों , हिंदू और -मुस्लिम सबको समान रूप से लूटा। यहाँ तक कि गर्भवती महिलाओं और अबोध बच्चियों तक को अपनी हवस का शिकार बनाया। लूट में तो उन्होंने कोई विभेद नहीं किया। पेशवा ब्राह्मण होकर भी ब्राह्मणों तक को नहीं छोड़ा (क्योंकि शास्त्रों के अनुसार शायद उन्हें ब्रह्महत्या का पाप नहीं लगना था) बंगाल को भी लूटा, राजस्थान को भी लूटा, दिल्ली को भी रौंदा और आज के महाराष्ट्र तक को भी नहीं छोड़ा; मन्दिरों को भी लूटा और गायों का भी कत्लेआम किया। वर्धमान के तत्कालीन महाराजा के पुरोहित पंडित वाणेश्वर विद्यालंकार ने मराठों के चरित्र का चित्रण करते हुए लिखा है कि 'उनमें दया का अभाव है, वे गर्भवती महिलाओं, दुधमुहे बच्चों, ब्राह्मणों और गरीबों का कत्ल करने वाले हैं और प्रकृति से भयानक हैं और हर तरह के लूट और हर प्रकार के पाप करने में निपुण हैं'। वे बंगाल के लिए प्रलय हैं और यहां के लोगों के लिए उल्कापिंड की तरह विनाशकारी हैं। इसी प्रकार बंगाली कवि पंडित गंगा राम ने महाराष्ट्र पुराण में मराठों का चरित्र चित्रण करते हुए लिखा है कि आगमन की अफ़वाह मात्र से पंडित अपनी पोथियों को कक्ष में दबाकर भागने लगे, राजपूत इतने डरे हुए थे कि वे अपनी तलवार फेंककर भागे , हिंदू दुकानदार अपनी दुकानों को छोड़कर भागे और कुलीन महिलाएं जो घर के बाहर कभी पैर नहीं रखीं थीं वे सर पर अपनी गठरी लेकर भाग रहीं थीं। उसी समय मराठे एका एक टूट पड़े। वे अन्य चीजों को छोड़ सोना और चांदी छीन लिए। किसी की हाथ काट लिए , किसी के नाक और कान और किसी की सीधे हत्या कर दिए। वे सबसे सुंदर महिलाओं को खींचकर बाहर लाए और उनके गर्दन और और उंगलियों को बांध दिए। और जब एक हमलावार किसी महिला से निवृत हो जाता तो दुसरे के लिए छोड़ देता जबकि महिला दया की भीख मांगती रहती। बरगी (मराठे) ये घृणित एवं पाश्विक पापाचार कर महिलाओं को छोड़ देते।

खेतों को लूट कर वे गांवों में घुसे और घरों में आग लगा दिए और छोटे और बड़े सभी घरों में आग लगा दिए। वे पूरे गांव में आग लगाकर चारों तरफ लूट मचाते रहे। वे कुछ लोगों के हाथ पीछे बांध दिए और कुछ को सीधे भूमि पर पटक दिए और अपने जूतों से ठोकर मारकर कहते " रुपए निकालो ! रुपए निकालो ! रुपए निकालो ! और जब उन्हें रुपए नहीं मिलते तो अपने शिकार की नाशिका में जल डाल देते या जल कुंडों में डूबो देते। रुपए की मांग पूरी नहीं होने पर वे लोगों को मार देते.... भवनों और फूस की झोपड़ियों और और विष्णु मंडपों चाहे छोटे हो या बड़े सबको जला देते.... जो भी ब्रह्मण , वैष्णव या संन्यासी दिखा उसकी वे हत्या कर दिए , और उन्होंने सैकड़ों की संख्या में गायों और महिलाओं का कत्ल कर दिया [14]।

यह है तत्कालीन हिंदू इतिहासकारों और साहित्यकारों द्वारा मराठों का चरित्र चित्रण। और ऐतिहासिकता तो यही है कि उस काल में मुस्लिम शासकों ने ही अपने युद्ध कौशल और कूटनीति से मानवता के अभिशाप और हिंदुत्व के इन हत्यारों से अपनी हिंदू और गैर-हिंदू प्रजा की रक्षा करने का भरसक प्रयास किया। पर जब इतिहास को आज सांप्रदायिकता के संकीर्ण ताल से देखा जा रहा है तो मुस्लिम लुटेरे दिख रहे हैं और मराठे देशभक्त और हिंदू रक्षक प्रतीत हो रहे हैं। आख़िर कब हम नग्न आंखों से इतिहास को देखना शुरू करेंगे?

यह भी कहा जाता रहा है कि मुस्लिम शासकों और मुस्लिम आक्रमणकारियों ने हिंदुओं के मंदिरों का विध्वंस किया , उपासना-स्थलों को लूटा और उनमें प्रतिष्ठापित प्रतिमाओं को तोड़ा। इस संबंध में मैं कहना चाहूँगा कि जब प्राचीन ट्रॉय पर यूनान का हमला हुआ तो सबसे पहले यूनानी योद्धा एकिलिस ने ट्रॉय के देवता अपोलो की मूर्ति का सिर काटा क्योंकि उस काल में यह धारणा थी कि अपोलो ही ट्रॉय का रक्षक है। भारतीय उपमहाद्वीप में भी विभिन्न समुदायों के अलग-अलग देवता हुए हैं और वे उसके आध्यात्मिक रक्षक माने गए हैं। इसलिए कोई भी हमलावर जब हमला करेगा तो सबसे पहले वह इन आध्यात्मिक रक्षकों की प्रतिमाओं को अवश्य तोड़ना चाहेगा। वेद वर्णित दशराज युद्ध भी इंद्र की प्रतिमा तोड़ने का परिणाम था। इस्लामी

शासन के पूर्व ब्राह्मण शासकों ने भी बुद्ध की प्रतिमा तोड़ीं और बौद्ध विहारों को ध्वस्त किया। बंगाल के शासक शशांक ने मूल बोधि वृक्ष को उखाड़ फेंका और नालंदा विश्वविद्यालय को ध्वस्त कर दिया। इसी तरह जब भी अवसर मिला बौद्ध शासकों और भिक्षुओं ने हिंदू मन्दिरों को क्षतिग्रस्त किया और उनमें प्रतिष्ठापित प्रतिमाओं को भंजित किया और हिंदुत्व को अपमानित करने का प्रयास किया (नालंदा के संग्रहालय में लगभग 8 वीं सदी की एक बौद्ध भिक्षु की प्रतिमा संरक्षित है जिसका एक पैर शिव के सिर का भंजन कर रहा है तो दुसरा पैर पार्वती के स्तन का मर्दन कर रहा है)। वैष्णव शासकों ने शिव की प्रतिमाएं तोड़ीं और शिवालयों को लूटा और शैव शासकों ने विष्णु की प्रतिमाएं तोड़ीं और उनके मन्दिरों को लूटा। इतना ही नहीं, एक ही संप्रदाय के लोगों में भी संघर्ष हुए [15]। हिंदुओं के देवताओं के राजा इन्द्र का दूसरा नाम है "पुरंदर " है जिसका अर्थ होता है 'किलों या नगरों को ध्वस्त करने वाला'। इसी प्रकार हिंदुओं के एक अन्य देवता सोम के बारे में उल्लिखित है कि वह राक्षसों का वध करता था , उनके घरों में आग लगवा देता था और श्याम वर्ण के लोगों की त्वचा उधेड़ देता था। और इन्हीं प्रवृतियों के अनुरूप प्रत्येक हिंदू देवी-देवताओं की जो मानव-स्वरूप प्रतिमाएं हैं वे घातक अस्त्र-शस्त्रों से लैस हैं। किसी के भी हाथ में बुद्ध की भांति भिक्षा-पात्र नहीं है और जो पौराणिक ग्रंथ हैं उन सब में युद्ध, विजय और विनाश की कथायें हैं। तो हम कैसे कह सकते हैं कि प्रतिमा-भंजन और उपासना-स्थलों की लूट केवल मुस्लिम शासकों के चरित्र के अंग रहे हैं ? मेरा मत है कि प्रतिमाओं को भंजित करना सामरिक अभियान की स्वाभाविक एवं प्राचीन प्रक्रिया रही है, मुस्लिम हमलावरों द्वारा की गई कोई नई खोज नहीं और इसी प्रवृति के परिणामस्वरूप जब वर्तमान के त्रिपुरा में 25 वर्षों के लगातार वामपंथी शासन को पराजित कर मार्च, 2018 में नई दल की सरकार बनी तो शपथ ग्रहण के ही दिन राजधानी अगरतल्ला में लेनिन की प्रतिमा को जमींदोज किया गया। तो प्रतिमाओं के भंजन का अभियोग केवल मुस्लिम शासकों पर लगाना ऐतिहासिक दृष्टि से कितना न्यायोचित होगा ?

और जब मन्दिर उपासना के साथ - साथ अकूत धन के भंडार भी हों और उनमें प्रतिष्ठापित प्रतिमाएं बहुमूल्य हों तो उनका हमलावारों के लूट का लक्ष्य बनना स्वाभाविक हो जाता है। क्या कोई चोर या लुटेरा घर में चोरी या लूट करने जायेगा तो घर के पूजा गृह में रखे आभूषणों और उसमें प्रतिष्ठापित बहुमूल्य धातु की मूर्तियों और उनके अलंकारों को अक्षुण्ण छोड़ देगा ? उसके लूट या चोरी का लक्ष्य तो पूजा गृह ही होगा। क्या उसका धर्म या उसकी आस्था उसके लूट या चोरी के स्वरुप का निर्धारण कर पाएंगी ? अगर ऐसा होता तो आज मन्दिरों की बहुमूल्य मूर्तियों की चोरी में उनके पुरोहित या उनके रक्षक ही सूत्रधार या सहभागी नहीं पाए जाते।

और जब मंदिरों की आय में पुरोहित के साथ राज्य भी सहभागी हो तो राजा और राज्य के बाद मंदिर ही बाहरी हमलावारों के अगले लक्ष्य होंगे क्योंकि हमलावार राजा स्थानीय राजा के आय के हर श्रोतों पर हमला करना चाहेगा और उसे आर्थिक रूप से पंगु बनाना चाहेगा और स्थानीय राजा आय के हर श्रोतों की रक्षा करना चाहेगा। इसलिए तृतीय आंग्ल मैसूर युद्ध के समय 1792 में जब मराठों ने श्रृंगेरी मठ (शंकराचार्य द्वारा स्थापित प्रथम पीठ) को लूटा, उसमें प्रतिष्ठापित शारदा की मूर्ति को भंजित किया और ब्राह्मणों का कत्लेआम किया तो उसका पुनर्निर्माण टिप्पू सुलतान ने करवाया। [16] और इसी क्रम में तिरुपति के प्रसिद्ध बालाजी मन्दिर को मराठों ने लूटना चाहा तो उसकी रक्षा आर्कोट के नवाब ने की [17] और 1803 में जब कटक में ईस्ट इंडिया कंपनी की सेना पहुंची तो पुरी के प्रसिद्ध जगन्नाथ मन्दिर के पुरोहित ने मराठों की लूट से अपनी रक्षा की गुहार लगाते हुए मन्दिर का स्वामित्व अंग्रजों को सौंप दिया। [18] फिर भी पता नहीं किस इतिहासबोध से आज मराठे देश भक्त और हिंदू हित रक्षक बन गए हैं और टिप्पु सुल्तान, पठान और ईस्ट इंडिया कंपनी के अंग्रेज हमलावार और हिंदू पीड़क और प्रताड़क हो गए हैं ?

पर इन तथ्यों के बावजूद यह कहना कि मध्यकाल में तुर्की और अफगानी हमलों के कारण मात्र आर्थिक लूट थे सत्य नहीं होगा। वास्ताव में , जब अरब में कुरान की प्रकाशना हुई तो वहां के लोगों को

लगा कि उनकी पुस्तक (यद्यपि पैगंबर मुहम्मद के जीवन काल में कुरआन लिखित रूप में नहीं था) दुनिया की सबसे पवित्र पुस्तक है और उनका ज्ञान दुनिया का सबसे उत्कृष्ट ज्ञान है और यह सोच उनमें इस परिमाण तक घर कर गई थी कि वे इसके प्रति आवेशित हो गए थे और उनमें उन्माद आ गया था। पर वे अपवाद नहीं थे बल्कि दुनिया के हर नस्लों और हर धर्मों की यहीं सोच रही है। आज भी एक ईसाई यही मानता है कि उसकी बाइबिल ही सबसे पवित्र पुस्तक है और दुनिया के लिए ज्ञान का अन्तिम श्रोत है, एक बौद्ध मानता है कि बुद्ध के उपदेश और त्रिपिटकों के ज्ञान के अलावा दुनिया के सभी ज्ञान निरर्थक हैं, एक पारसी मानता है कि जेंद अवेस्ता सबसे पवित्र पुस्तक है और एक हिंदू मानता है कि वेद, पुराण, स्मृतियां और गीता ही दुनिया की पवित्रतम पुस्तकें हैं और इनमें लिखित ज्ञान ही उत्कृष्ट ज्ञान हैं तो अगर कोई मुस्लिम ऐसा ही मानता है तो उसे अपवाद कैसे कहा जा सकता है ? और जब ऐसी सोच होगी तो उसके प्रति आवेश और कुछ हद तक उन्माद का आना स्वाभाविक है और इस उन्माद में अन्य धर्मों या संप्रदायों के नैसर्गिक मानवीय अधिकारों का हनन कुछ हद तक अवश्यंभावी है। पर मुस्लिम आक्रमणकारियों का यह आवेश या उन्माद समावेशी था असमावेशी नहीं क्योंकि अगर उनके द्वारा हिंदू देवालय तोड़े गए और उनमें प्रतिष्ठापित प्रतिमाओं को भंजित किया गया तो हिंदुओं को इस्लाम के रूप में एक वैकल्पिक धर्म दिया गया और उन्हें एक वैकल्पिक अराध्य दिया गया जबकि कोई शैव जब किसी वैष्णव के देवालयों पर हमला करता था तो अपनी पुस्तक या अपना ज्ञान वैष्णव को नहीं देता था और जब कोई वैष्णव शैव पर हमला करता था तो उनके देवालयों में भले ही अपने आराध्य की प्रतिमाएं स्थापित कर देता हो पर शिव के उपासकों को वैष्णव बनने का अवसर नहीं देता था बल्कि उनकी हत्या कर देता था क्योंकि वह दुसरे संप्रदाय का जड़मूल से नाश कर अपने संप्रदाय की प्रभुता स्थापित करना चाहता था (1690 में नासिक कुंभ में शैवों और वैष्णवों की लड़ाई में 60,000 लोग मारे गए, 1760 में हरिद्वार कुंभ में शैव -- वैष्णव संघर्ष में 1800 स्नानार्थी मारे गए और 1789 में नासिक के ट्रंबकेश्वर के कुंभ में 12000 से भी अधिक स्नानार्थी शैवों की हत्या वैष्णवओं ने बिना किसी

विकल्प प्रस्तुत किए कुछ ही घंटों में कर दी) न कि कोई धार्मिक परिवर्तन लाकर उनका अपने संप्रदाय में पुनर्वास करना उसका उद्देश्य होता था। इसी प्रकार जब कोई हिंदू किसी बौद्ध विहार पर आक्रमण करता था तो बौद्ध धर्मावलंबियों की हत्या कर देता था न कि वेद या गीता के ग्रंथों से उसका स्वागत करता था , बल्कि उसकी हर कोशिश होती थी की अपने पवित्र ग्रंथों की पावनता की रक्षा विधर्मियों के स्पर्श से की जाए और उनके उत्कृष्ट ज्ञान की अक्षुण्णता और गोपनीयता की रक्षा हर परिस्थिति में की जाए। कहीं कोई विकल्प नहीं, कहीं कोई समावेशन नहीं और कहीं कोई पुनर्वास नहीं। इसके विपरित मुस्लिम हमलावारों ने इस्लाम और कुरान के रूप में विकल्प दिया और जो भी उनके इस विकल्प का चयन किया उसे उन्होंने अपनी पवित्र पुस्तक दिया और उसमें लिखित ज्ञान को पढ़ने , सुनने और तत्पश्चात आत्मसात करने का अधिकार दिया और अपने अल्लाह की इबादत करने और अपने मस्जिदों में साधिकार प्रवेश की अनुमति दिया। पर हिंदुओं में ही कुलीन हिंदुओं ने न तो अपनी पवित्र पुस्तकों को अकुलिन हिंदुओं को स्पर्श करने दिया, न ही उनके ज्ञान को पढ़ने या सुनने दिया, न ही अपने देवताओं को पूजने दिया और न ही अपने देवालयों में प्रवेश करने दिया। इसी असमावेशी प्रवृति के कारण तीन सहस्त्राब्दियों तक साथ साथ रहने के बावजूद भी कोई अकुलीन हिंदू कुलीन नहीं बन पाया और इस्लाम पूर्व जो भी नस्लें भारत में आईं वे किसी स्थापित धर्म के अभाव में नैसर्गिक रूप से हिंदू धर्म का हिस्सा तो बन गईं पर कुलीन हिंदू नहीं बन सकीं और न ही कुलीन हिंदूओं की पुस्तकें पढ़ने, सुनने और उनकी व्याख्या करने का अधिकार उन्हें मिल पाया। तो हम कैसे कह सकते हैं कि कुलीन हिंदुओं का यहां के लोगों के प्रति दृष्टिकोण मध्य काल के तुर्की और अफ़गानी आक्रमण कारियों की अपेक्षा अधिक समावेशी था ?

इसके बावजूद , यह कहना कि हिंदू धर्म एक असमावेशी धर्म रहा है और इसमें पुनर्वास की व्यव्स्था नहीं रही है और और बहुप्रजनन ही इसके विस्तार का श्रोत रहा है ऐतिहासिक रूप से सत्य नहीं होगा। मनु स्मृति के प्राचीनतम भाष्यकार मेधातिथि ने कहा है कि आर्यावर्त के

बाहर की भूमि को पवित्र करने के लिए वहां आर्यों की सामाजिक व्यव्स्था (वर्ण व्यवस्था) अधिरोपित करनी चाहिए। परंतु इस समावेशन में भी समरूप और सदृश्य बनाने की योजना नहीं थी बल्कि , बड़े पैमाने पर श्रमिक और सेवक बनाने की योजना थी जिससे कि हिंदू का कुलीन वर्ग बिना किसी श्रम और बिना किसी कर के सुख और समृद्धि में जी सके (क्योंकि ब्राह्मणों को न तो कोई श्रम करना पड़ता था और न ही कोई कर देना पड़ता था [19] और न्युनाधिक यह व्यवस्था आज भी जारी है)। शायद इसी व्यव्स्था के अधिरोपण के डर से द्रविडों और बौद्धों का बड़े पैमाने पर भारत की मुख्य भूमि से पलायन हुआ हो जबकि इस्लाम के डर से किसी हिंदू या उसके किसी वर्ग विशेष का बड़े पैमाने पर पलायन मध्य काल में नहीं हुआ और इसी के कारण पिछले तीन सहस्त्राब्दियों में धर्म परिवर्तन कर कोई गैर- हिंदू कुलीन हिंदू नहीं बन पाया है और शूद्र , हिंदू जनखन्ड का आज भी सबसे बड़ा उपखंड है और उसकी सामाजिक, आर्थिक और शैक्षणिक स्तर निम्नतर है। इन तथ्यों के बावजूद , यह कहना कि मुस्लिम शासकों ने ही धर्म अधिरोपित किए हैं और हिंदू शासकों ने नहीं और हिंदू धर्म यहां के लोगों के लिए वरदान था और इस्लाम अभिशाप बनकर आया कितना ऐतिहासिक और कितना न्यायोचित होगा ?

परंतु ऐसा कहना कि विचारों के प्रति आवेश और उन्माद केवल धर्म के चरित्र रहे हैं और गैर-धार्मिक संघठन इससे अक्षुण्ण रहे हैं सत्य नहीं होगा। पिछली शताब्दी के पूर्वार्द्ध में भारत में ब्रिटिश उपनिवेशवाद के विरुद्ध आंदोलन हुए और अंततः ब्रितानियों को भारत को " स्वतंत्र " करना पड़ा और भारतीय राजनेताओं ने यहां "ब्रिटिश आयातित लोकतंत्र" स्थापित किया। पर इस "स्वंतत्रता और लोकतंत्र" से भारतीय राजनेता इतने आवेशित और उन्मादित थे कि वे इसे पड़ोस के पांडिचेरी , गोवा और अन्य गैर ब्रिटिश उपनिवेशों के साथ--साथ दुनिया के अन्य ब्रिटिश और गैर ब्रिटिश उपनिवेशों में और नेपाल के राजशाही तक में स्थापित करने को आतुर हो गए क्योंकि उनका मानना था कि यूरोपीय उपनिवेशवाद से " स्वतंत्रता" और भारत सदृश "लोकतंत्र " की स्थापना से ही दुनिया के लोगों का कल्याण हो सकता

है और इस विचार की स्थापना के लिए बहुतेरे बार उन्होंने नैसर्गिक मानवीय मूल्यों का हनन भी किया और अंतरराष्ट्रीय मानदंडों का उल्लंघन भी किया। इसी प्रकार रूस में जब 1917 में बोल्सेविक क्रांति हुई तो वहां की सरकार साम्यवाद की विचारधारा से इतनी आवेशित हो गई कि अपने पड़ोसी सभी छोटे -- छोटे देशों को निगल कर सोवियत संघ का रूप धारण तो की ही दुनिया के सभी देशों को इस संघ में शामिल करने को उन्मादित हो गई फलस्वरूप , दुनिया में शीत युद्ध की स्थिति उत्पन्न हो गई। ब्रिटिश भारत और तदुपरांत स्वतंत्र भारत भी साम्यवाद के इन बढ़ते प्रभावों से आशंकित थे और गांधी और नेहरू भी " आतंकित " थे इसलिए जब " भारत सरकार अधीनियम 1935 " के आलोक में 1937 में प्रांतीय सरकारों का गठन हुआ तो उनका मूल उद्देश्य जमींदारी उन्मूलन नहीं बल्कि साम्यवाद का सफाया था और इसके लिए कांग्रेसी सरकारों द्वारा साम्यवादियों को बर्बरता पूर्वक कुचला गया, उनपर गोलियां भी चलाई गईं और उनकी हत्याएं भी की गईं (बिहार के सचिवालय पर प्रदर्शन में दर्जनों साम्यवादी मारे गए थे) और जब 1957 में दुनिया में पहली बार केरल में निर्वाचित साम्यवादी सरकार सत्ता में आई तो अपने विचारों के आवेश में और अमेरिका और अन्य यूरोपीय देशों के दबाव में तत्कालीन प्रधानमन्त्री जवाहर लाल नेहरु ने उसे 1959 में बर्खास्त कर दिया और वहां के लोगों पर अपने "सपनों का समाजवाद" अधिरोपित कर दिया। तो हम कैसे कह सकते हैं कि केवल धर्म या संप्रदाय के प्रति आवेश ही उन्माद पैदा करता है और गैर धार्मिक संस्थाएं इससे अछूती हैं ? इसलिए मध्यकालीन तुर्की या अफगानी हमले केवल इस्लामिक उन्माद के परिणाम नहीं थे बल्कि व्यापक मानवीय प्रवृत्ति के परिणाम थे।

एक अन्य आरोप जो मुस्लिम शासकों पर आज लगाए जा रहे हैं वह है जजिया कर का। इस संबंध में मैं कहना चाहूँगा कि यह अब तक की सबसे वस्तुनिष्ठ कर-व्यव्स्था थी जिसमें कर चोरी की संभावनाएं न्यूनतम थीं और यह एक प्रकार का आयकर था क्योंकि इसमें प्रत्येक गैर मुस्लिम को नहीं रखा गया था बल्कि उसी को रखा गया था जो

धनोपार्जन करता था जबकि महिलाओं , 14 वर्ष से कम वय के बच्चों, पुरोहित-वर्ग , साधु-संतों , विकलांगों , बीमारों, पागलों और राज्य की सुरक्षा के लिए सेवा देने वाले सामरिक व्यक्तियों या नस्लों को इससे मुक्त रखा गया था और आय और समृद्धि के आधार पर इसके तीन स्तर निर्धारित थे। 2500 रुपए से ऊपर की वार्षिक आय के लोगों को 13 रुपए, 250 से 2500 तक की वार्षिक वालों को 6.5 रुपए और वैसे नृधन व्यस्कों जिनकी वार्षिक आय 52 रुपए से अधिक थी और अपने और अपने परिवार का भरण – पोषण करने में सक्षम थे उन पर 3.25 रुपए वार्षिक जजिया लगता था जबकि वैसे लोगों जिनके पास कोई सम्पत्ति नहीं थी और जिनकी वार्षिक आय परिवार के भरण – पोषण के अतिरिक्त नहीं थी उन्हें जजिया से मुक्त रखा गया था। [20] पर अलाउद्दीन खिलजी, मोहम्मद बिन तुगलक और औरंगज़ेब की विशेष आलोचना आज का इतिहासकार इसलिए करता है कि इन्होंने सभी प्रचलित परंपराओं के विपरीत पुरोहित-वर्ग को भी जजिया के दायरे में लाया था (यद्यपि अलाउद्दीन के काल में दिल्ली की गैरब्राह्मण हिंदू प्रजा ब्राह्मणों के बदले भी जजिया देने को तैयार हो गई थी)। तो इन शासकों की विशेष आलोचना कर आज का तथाकथित राष्ट्रवादी देश में समाजवाद की स्थापना करना चाहता है या कुलीनवाद को पुनर्जीवित करना चाहता है? आखिर उसकी मनोवृत्ति क्या है?

अब प्रश्न उठता है कि यह तो प्रजा के साथ धार्मिक विभेद हुआ। इस संबंध में मैं यहाँ स्पष्ट करना चाहूँगा कि इसके समानांतर मुस्लिम समुदाय को ज़कात देना पड़ता था और जो ज़कात पूर्व में व्यक्ति की इच्छा पर निर्भर करता था उसे बाद के मुस्लिम शासकों ने राज्य द्वारा निर्धारित कर दिया और जो कर व्यक्ति अपनी इच्छा से असहाय जन को दे सकता था उसे राज्य स्वयं लेने लगा और इस्लामी शासन के शुरुआती वर्षों में ज़कात की जो राशि इस्लाम के ख़लीफ़ा को जाती थी उसे उत्तरवर्ती मुस्लिम शासकों ने भेजना बंद कर दिया और उसका उपयोग यहां (हिंदुस्तान में) की प्रजा की सुरक्षा के लिए किया जाने लगा। तो हम कैसे कह सकते हैं कि जजिया धार्मिक उत्पीड़न के लिए लगाई गई विभेदपूर्ण कर-व्यवस्था थी?

यहाँ पाठकों को स्मृतिबोध कराना समीचीन होगा कि जब पाकिस्तान का नवनिर्माण हो रहा था तो राजस्व के लिए इसी ज़कात की प्रस्तावना उसके शुरुआती नेताओं ने की थीं। पर संतुलन हेतु गैर-मुस्लिम जनता पर जजिया लगाने की विवशता हो जाती इसलिए विवाद और प्रतिवाद से बचने के लिए इस प्रस्ताव का अवधारनावस्था में ही परित्याग कर दिया गया।

पर यह सत्य है कि जजिया की दर ज़कात की अपेक्षा एकांगी थी पर यह इस्लामी शासन के अमानवीय नहीं बल्कि मानवीय चरित्र को दर्शाता है क्योंकि गैर-मुस्लिम प्रजा इस कर को देकर मुस्लिम शासन में अपने धन और धर्म के साथ सुरक्षित रह सकती थी। पर जब हम इस्लाम पूर्व के शासनों को देखते हैं तो पाते हैं कि एक हिंदू राज्य में किसी बौद्ध को न तो धन का अधिकार था और न ही धर्म का और न ही अपने जीवन का। क्या पुष्यमित्र शुंग ने बौद्धों को अतिरिक्त कर देकर अपने शासन में धन, धर्म या जीवन का अधिकार दिया था? इसी तरह शैव राजाओं के राज्य में वैष्णव प्रजा और वैष्णव राजाओं के राज्य में शैव प्रजा की सुरक्षा की कोई प्रत्याभूति नहीं थी। इस्लाम के शुरुआती दशकों में जब जजिया का क्रियान्वयन नहीं हो सका था तो संपूर्ण अरब इस्लामी ख़लीफ़ाओं के प्रभाव में आने पर अविच्छिन्न रूप से इस्लाम बन गया क्योंकि विजेता इस्लामी लड़ाके विजित प्रजा को इस्लाम स्वीकार करने के लिए उत्तप्रेरित और आतंकित करते थे (यद्यपि कुरान में आतंकित कर इस्लाम कबूल करवाने की मनाही थी) पर ख़लीफ़ा उमर ने इस्लाम को और मानवीय बनाने और गैर-इस्लामिक विजित प्रजा में इस्लाम की आत्मस्वीकृति बढ़ाने के उद्देश्य से इस आतंक और लूट को निषेध घोषित कर दिया। परिणामस्वरूप लूट तो कमतर हो गया पर आतंक कायम रहा क्योंकि लूट 'वैज्ञानिक' है और आतंक 'मनोवैज्ञानिक'। इसलिए इस निषेधाज्ञा का सबसे बड़ा प्रभाव या दुष्प्रभाव यह हुआ कि संपूर्ण अरब अविच्छिन्न रूप से इस्लाम बन गया और उसमें विच्छिन्नता और विविधता का कोई लेश नहीं बच पाया। पर जब इस्लाम का प्रसार अरब के बाहर हुआ और इस्लाम एक धर्म के आवरण से निकलकर राज्य के रूप में स्थापित हुआ तो

इस्लामिक राज्य की मुस्लिम सेना के संधारण के लिए मुस्लिम प्रजा की अपेक्षा उसे धन की आवश्यकता अधिक महसूस हुई और इसलिए अब्बासी ख़लीफ़ाओं ने धर्मान्तरण की अपेक्षा धन पर अधिक जोर दिया और गैर मुस्लिम प्रजा से सुरक्षा की प्रतिभूति के रूप में जजिया वसूलना शुरू कर दिया (वैसे कुछ इतिहासकार जजिया को बायजेंटाइन और सासानी शासकों द्वारा विजित प्रजा पर अधिरोपित प्राक – इस्लामिक कर मानते हैं [21])। पर जजिया से बचने के लिए जब बड़े पैमाने पर लोग धर्मांतरित होकर मुस्लिम बनने लगे तो अब्बासी ख़लीफ़ाओं ने धर्मांतरण पर ही पाबंदी लगा दी और इस प्रकार अरब के बाहर के लोग अपना धन, धर्म और जीवन मुस्लिम शासन में भी बचाए रखने में सफल रहे और भारतीय उपमहाद्वीप में भी हिंदुत्व कायम रह सका , यहां के लोगों की संस्कृति, यहाँ के उपासना-स्थल और उनमें बैठे देवगण सुरक्षित रह पाए नहीं तो प्राचीन एवं शक्तिशाली पूर्वी रोमन साम्राज्य को जड़मूल से नष्ट कर देने वाले इस्लामी शासन के समक्ष टुकड़ों में बंटा हिंदुस्तान और नस्लों , वर्णों और जातियों में बंटा हिंदुत्व क्या टिक पाता?

इसके विपरित जजिया जैसे कर की अवधारण के अभाव में ही उत्तर भारत में न बुद्ध बच पाए और न ही कोई बौद्ध विहार; पूर्वी रोमन साम्राज्य में न ईसा बच पाए न ईसाइयत; न ही चीन में कन्फ्यूशियस बच पाए और न ही जापान और कोरिया आदि देशों में बौद्ध से इतर कोई विचारधारा पनप पाई। तो हम कैसे कह सकते हैं कि जजिया गैर-मुस्लिम प्रजा पर मुस्लिम शासन द्वारा अधिरोपित दमनकारी कर व्यवस्था थी? मेरा मत है कि यह इस्लामी शासन में गैर-मुस्लिम समुदायों के सह-अस्तित्व और सुरक्षा की प्रतिभूति थी क्योंकि इसका उपयोग सम्राज्य की सुरक्षा पर किया जाता था और जो व्यक्ति या नस्लें सेना में सेवा देती थीं उन्हें इस कर से मुक्त रखा गया था (औरंगजेब ने राजपूताना के राजपूतों को भी इस कर के दायरे में लाया था)। पर क्या ऐसी कोई प्रतिभूति आज का तथाकथित समता मूलक धर्मनिरपेक्ष लोकतंत्र अपने धार्मिक अल्पसंख्यकों को दे पाया है? अगर हाँ ! तो आज मॉब लिंचिंग की घटनाएं क्यों हो रही हैं और मस्जिदों पर बार-

बार केसरिया क्यों लहराया जा रहा है, ग्राहम स्टेंस और उनके बच्चों की हत्याएं क्यों हुईं , उड़ीसा के कंधमाल में ईसाइयों के नरसंहार क्यों हुए और गुजरात में 2002 में जनसंहार क्यों हुए। क्या तथाकथित उदारवादी भारतीय गणतंत्र इसका उतर देगा?

और क्या जजिया और ज़कात की विषम कर-व्यवस्था केवल इस्लामी शासन तक सीमित थी? क्या हिंदू राजाओं के शासन में कर-व्यवस्था समान थी? क्या मराठों के शासन में गैर-मराठों और गैर-ब्रह्माणों पर जजिया से भी अधिक दमनकारी कर-व्यवस्था अधिरोपित नहीं थी? और क्या राजपूत राजाओं के राज्यों में गैर-कुलीन और गैर-सामरिक नस्लों पर कर का अतिरिक्त बोझ नहीं था? (इस्लाम पूर्व हिंदू राजाओं के राज्य में किसानों और पशुपालकों को अन्यान्य करों के अलावा आय का छठा भाग संपति और परिवार की सुरक्षा की प्रतिभूति के रूप में अदा करना पड़ता था [22]) और स्वतंत्र हिंदू राजाओं के शासन में ही तो गैर-कुलीन और गैर-सामरिक नस्ल की महिलाओं को 'स्तन-कर' देना पड़ता था। क्या मुस्लिम शासकों ने ऐसे अनैतिक कर गैर-मुस्लिम महिलाओं पर अधिरोपित किए थे ? उन्होंने तो महिलाओं को जजिया से भी मुक्त रखा था। पर आज का संकीर्ण इतिहासकार दिन-रात केवल जजिया को नस्लीय-विभेद पर आधारित कर-व्यवस्था प्रमाणित करने को आतुर है। आख़िर क्यों? आख़िर इतिहास को सांप्रदायिकता के ताल से वह कब तक देखेगा और भूत में इस देश के अकुलीन और गैर-सामरिक हिंदुओं पर किए गए अपने अत्याचारों पर कब तक पर्दा डालेगा? आख़िर कब तक?

कर की इस एकांगी व्यवस्था के इतिहास में और गहराई से जाने पर पता चलता है कि सम्राट अशोक ने जब गौतम बुद्ध के जन्म स्थल कपिलवस्तु का भ्रमण किया तो वहां के लोगों को राजकीय करों से मुक्त करने की घोषणा की। पर इस एकांगी कर व्यव्स्था पर आज का भी बौद्ध आह्लादित होता है और आज के हिंदू इतिहासकारों और हिंदू जनखंड को भी इसपर कोई आपत्ति नहीं होती है। और आज वर्तमान शासन द्वारा उन्हीं नगरों और शहरों को सार्वजनिक कोष से सैकड़ों करोड़ों में अनुदान देना और उन्हें पर्यटन स्थलों के रूप में विकसित

करना जहां केवल हिंदू धर्म के पौराणिक देवी- देवताओं के अवतार या निर्वाण हुए हों और उन्हीं मार्गों का निर्माण कराना जिसपर हिंदू तीर्थयात्रियों के आवागमन की संभावित क्षमताएं हों क्या सार्वजनिक करों का एक धर्म विशेष के लिए चयनात्मक वितरण नहीं है ? तो यह जजिया से भिन्न कैसे कहा जा सकता है ? और जजिया की राशि तो सम्राज्य की सुरक्षा के लिए सेना पर व्यय होती थी किसी मस्जिद या मजार के निर्माण पर तो नहीं (वैसे इस्लामिक परंपरा के अनुसार जजिया की राशि खजाना – ए जजिया के रूप में अलग रखने और उसकी राशि को राज्य द्वारा धार्मिक अनुदानों पर व्यय करने का प्रवधान था। इसी प्रकार जकात की राशि भी अलग कोष में रखने और उसकी राशि को भी धार्मिक अनुदानों पर व्यय करने का प्रवधान था [23])। और इसके बावजूद भी जब आज मॉब लिंचिंग की घटनाएं हों और दंगों में शासन का प्रच्छन सहयोग वृहत्तर जनखण्ड के साथ हो तो क्या यह वर्तमान कर प्रणाली जजिया से भी दमनात्मक और चयनात्मक नहीं हो जाती है ?

और जैसा कि ऊपर के अनुच्छेद में स्पष्ट किया जा चुका है कि जजिया की राशि साम्राज्य की सुरक्षा पर खर्च होती थी और यह इस्लामिक शासन में गैर इस्लामिक प्रजा की सुरक्षा की प्रतिभूति थी पर इस्लामिक शासन के पूर्व या इस्लामिक शासन से इतर स्वतन्त्र हिंदू राजाओं के राज्यों में सैन्य सुरक्षा का व्यय वेश्यालयों पर "कर और दंड " से प्राप्त राजस्व से वहन किया जाता था और इसके लिए राजा वेश्यावृति के अनैतिक व्यवसाय को प्रोत्साहित करता था। [24]। तो जजिया को बार बार अनैतिक प्रमाणित करने वाला जनखण्ड बता सकता है कि हिंदू बालाओं और महिलाओं से वेश्यावृति कराकर प्रजा को सुरक्षा की प्रतिभूति देना कितना नैतिक था ? पर आज के इतिहासकार की विवशता है कि उन्हीं हिंदू राजाओं को आज उसे हिंदू महिलाओं के शील का रक्षक प्रमाणित करना पड़ रहा है और उस व्यवसाय से मुक्ति दिलाने वाले वाले मुस्लिम शासकों को उसे हिंदू महिलाओं के शील का भक्षक प्रमाणित करना पड़ रहा है। आख़िर क्यों ?

उपर्युक्त तथ्यों के बावजूद भी अगर जजिया एक दमनकारी कर-व्यवस्था थी तो आज लोगों को मदिरापान, तंबाकू सेवन और अन्य मादक एवं उत्तेजक पदार्थों के सेवन हेतु प्रत्यक्ष या परोक्ष रूप से प्रोत्साहित कर राजस्व की उगाही करना कितनी उदारवादी व्यवस्था है ? कुरान में इन पदार्थों के सेवन के सैद्धांतिक निषेध होने के कारण लंबे इस्लामिक शासन में कोई सुल्तान या बादशाह इन मादक पदार्थों के सेवन को प्रोत्साहित कर राजकोष को समृद्ध करने का राजकीय प्रयास नहीं किया बल्कि बार बार निषेधाज्ञा जारी कर प्रजा (जिसमें बहसंख्य हिंदू ही थे) को इन मादक पदार्थों के सेवन से हतोत्साहित करने का ही प्रयास किया (मुग़ल बादशाह जहांगीर ने 1617 में धूम्रपान पर भी प्रतिबंध लगाया था [25] तो आज के शासक हिंदुओं के लिए हितकारी और मध्यकाल के मुस्लिम शासक हिंदुओं के लिए अहितकारी कैसे हो गए ? मुस्लिम शासकों ने तो हिंदुओं के स्वास्थ्य की कीमत पर राजकोष को समृद्ध करने का प्रयास नहीं किया ?पर वर्तमान शासन द्वारा नागरिकों के स्वास्थ्य और आर्थिक स्मृद्धि की कीमत पर उपासना हेतु नदियों के जल में स्नान को 'कर मुक्त' करना, रसायनों से युक्त मूर्तियों को नदियों में अबाध प्रवाहित कर जलीय जीवों के लिए जल को घातक और मनुष्य के लिए अपेय बना देना पंरतु जीवन जारी रखने के लिए जल के पीने को 'कर युक्त' करना और जीवन रक्षक औषधियों को भी कर के दायरे में रखना कितनी जनोपकारी व्यवस्था है? जजिया से तो केवल धन की क्षति होती थी पर कर की इस आधुनिक व्यव्स्था से तो धन और जीवन दोनों की क्षति हो रही है।

इधर कुछ प्रदेशों की "करुण सरकारें" जनमानस पर 'गोवंश-संवर्धन कर' लगाने का विचार कर रही हैं। तो क्या यह धार्मिक कर नहीं हुआ? क्या जजिया से इसकी समतुल्यता स्थापित नहीं की जा सकती है? और इससे तो अपनी जनसंख्या के अनुपात के कारण हिन्दू समुदाय ही अधिकाधिक शोषित होगा। पर हिंदू समुदाय इसपर अपनी मौन सहमति ही नहीं दे रहा है बल्कि इसकी मुखर स्वीकारोक्ति भी कर रहा है। मध्य काल के मुस्लिम शासकों के जजिया का विरोध करते-

करते आज का हिंदू खुद हिंदू शासकों के हिन्दुत्व के मकड़जाल में फंसने को आतुर है। आख़िर क्यों?

जजिया की कर व्यवस्था को विराम देने के पूर्व मैं पुनः कहना चाहूंगा कि मुस्लिम भारत में शासक के रूप में आए थे और हर शासक वर्ग अपने लिए शासन से विशेष सुविधाओं और करों में विशेष कमी या विमुक्ति सुनिश्चित कराता है। और यह व्यवस्था इस्लामिक काल में भी थी और आज भी जारी है और जब औरंगजेब ने जजिया पुनः अधिरोपित किया तो उस काल के भी गैर -मुस्लिम राजकीय कर्मचारियों / पदाधिकारियों को जजिया से मुक्त रखा गया था। [26] इतना ही नहीं , आज के बड़े उद्योग घरानों की भांति, सूरत के प्रसिद्ध व्यापारी रुस्तम मानक ने तो बादशाह पर अपने प्रभाव का उपयोग कर अपने पारसी समुदाय को ही जजिया से मुक्त करवा लिया [27]।

आधुनिक इतिहास वेताओं द्वारा यह भी कहा जा रहा है कि इस्लाम के प्रभाव के कारण मध्य काल में महिलाओं की स्थिति दयनीय हो गई और मुस्लिम शासकों के कारण यहाँ की हजारों हिंदू महिलाओं को जौहर की ज्वाला में जलना पड़ा। इसपर मेरा मत है कि उत्तर वैदिक काल से ही महिलाओं की समाजिक स्थिति में उत्तरोत्तर गिरावट होती गई और मध्य काल में भी जारी रही लेकिन इसके कारण धार्मिक की अपेक्षा समाजिक और राजनीतिक अधिक थे। जब एक नस्ल दूसरी नस्ल पर आक्रमण करती है तो उपासना-स्थलों के बाद उसका दूसरा लक्ष्य महिलाएँ ही होती हैं जिससे कि वह विजित नस्ल को लंबे समय तक पराजय का अहसास करा सके और जब गर्भ-निरोध के वैज्ञानिक साधन नहीं थे तो इनसे उत्पन्न संततियों से यह विजित नस्ल पर विजेता नस्ल की अमिट छाप छोड़ने की प्रक्रिया थी। इस प्रक्रिया का उपयोग प्राचीन यूनान में भी हुआ, रोम में भी हुआ , ईसा पूर्व भारत में भी हुआ और ईसा के बाद के भारत में भी हुआ; ऑपरेशन पोलो में भी हुआ, जम्मू के 1947/48 के सांप्रदायिक नरसंहार में भी हुआ और बांग्लादेश मुक्ति-संग्राम में भी हुआ। यह न तो किसी एक नस्ल की पहचान है और न ही एक धर्म की। पर इसे केवल मध्य काल के मुस्लिम शासकों के चरित्र का आवश्यक अंग कहना कितना ऐतिहासिक होगा और

कितना नस्लीय? क्या आज का सत्ता पोषित इतिहासकार इसपर विचार करेगा ?

पर मध्य काल में इस्लाम के प्रभाव के कारण महिलाओं के प्रति एक सकारात्मक सोच आई। इसमें विजित नस्ल की महिलाओं से बलात्कार करने की अपेक्षा उनसे विवाह करने की प्रथा शुरु हुई और इसके साथ ही उन महिलाओं के पूर्व पति से उत्पन्न संतानों के पुनर्वास का कर्त्तव्य भी विजेता नस्ल के लिए निर्धारित हुआ। इसलिए जब अल्लाउद्दीन खिलजी ने गुजरात पर विजय प्राप्त किया तो उसने वहाँ की रानी कमला देवी से बलात्कार नहीं किया बल्कि उससे विवाह किया, उसे अन्य रानियों के समतुल्य अधिकार दिया और उसके पूर्व पति (राजा कर्ण) से उत्पन्न पुत्री देवल देवी को अपने पुत्र से विवाह कर उसका भी पुनर्वास किया। पर जब मध्यकालीन इतिहास को हम खंगालेंगे तो ऐसे उदाहरण शायद ही मिलें जब एक हिंदू शासक ने विजित मुस्लिम समुदाय की महिला से विवाह किया हो पर बलात्कार अवश्य हुए और अगर अपवाद स्वरूप विवाह किया भी हो तो उसे पत्नी का सम्मान नहीं दिया। पर जब इतिहासकार की सोच नस्लीय और साम्प्रदायिक हो तो आर्दश, अत्याचार बन जाते हैं और अत्याचार, आर्दश।

इसी क्रम में मुग़लों पर आज आरोप लगाया जा है कि उन्होंने राजपूत कन्याओं से विवाह किया पर मुग़ल वंश के अधिकतर बादशाह इन्हीं राजपूत माताओं की संतान हुए क्योंकि मुग़लों ने न तो हिंदू या मुस्लिम बेगमों में विभेद किया और न ही उन बेगमों से उत्पन्न बच्चों में। इसलिए मुग़ल वंश के एकाधिक बादशाह राजपूत माताओं के पुत्र थे - जहांगीर और शाहजहां भी और इनके राज्यारोहण के समय इनकी माताओं के धर्म का कोई प्रश्न नहीं उठा। इसके विपरित हिंदू की सामरिक जातियां मुस्लिम महिलाओं या अन्य जाति की हिंदू महिलाओं का बलात्कार तो करते थे और यौन शोषण तो करते थे (अलाउद्दीन खिलजी की बेटी फिरोजा से दरबार में रह रहे जालौर के राजा कान्हड़ देव के पुत्र विरमदेव की नजदीकियां हो गईं पर जब अलाउद्दीन ने उसे विवाह का प्रस्ताव भेजा तो पिता पुत्र अपने नस्लीय अभिमान में इनकार कर गए जिससे जालौर पर अलाऊद्दीन को हमला करना पड़ा और हजारों

राजपूतों के साथ पिता पुत्र दोनों मारे गए) पर अपनी नस्लीय या जातिवादी मानसिकता के कारण उसे पत्नी या रानी का हक नहीं देते थे और उन महिलाओं से उत्पन्न बच्चे किसी प्रकार के समाजिक और आर्थिक अधिकारों के अभाव में भिक्षावृत्ति के लिए विवश होते थे। तो हिंदू महिलाओं का शोषण किसने किया? मुग़लों ने या हिंदू सामरिक नस्लों ने? क्या आज का उन्मादी हिन्दुत्व इसपर विचार करेगा? और विवाह करना क्या अत्याचार है और अमानवीय है ? तब तो दुनिया का कोई भी विवाह अत्याचार और अमानवीय होगा केवल अंतर्जातीय या अंतरधार्मिक क्यों? और अगर इस्लाम पूर्व इतिहास को देखेंगे तो पाएंगे कि बहुतेरे राजाओं ने विजित राजा की कन्याओं से सामरिक समझौतों के तहत विवाह किए या जबरन उन्हें उठाकर लाए और सीता का सतीत्व और राम की मर्यादा केवल दंत कथाओं तक सीमित थी और समाज के वास्तविक चरित्र से इसका कोई लेना देना नहीं था। अजातशत्रु ने भी इस नीति को अपनाया, बिम्बिसार ने भी और चंद्रगुप्त मौर्य ने भी। पर रामायण के लक्ष्मण द्वारा बड़े भाई की पत्नी को भी माता का दर्जा देने वाला जनखंड क्या बता सकता है कि समुद्रगुप्त ने अपने बड़े भाई रामगुप्त की हत्या कर उसकी पत्नी ध्रुव देवी से विवाह क्यों किया? पर दोष केवल मुस्लिम शासकों को दिया जाता है! कृत्य वही, पर व्याख्या अलग-अलग - एक में सम्मान और दूसरे में अपमान बोध! आख़िर क्यों?

मुस्लिम शासकों ने भी साम्राज्य और प्रजा की रक्षा के लिए अपनी कन्याओं का वैवाहिक विनिमय किया। जल्लालुद्दीन ख़िलजी ने मंगोलों के हमलों से साम्राज्य की रक्षा के लिए अपनी कन्या का विवाह चंगेज़ ख़ां के नाती, मंगोल राजकुमार उलूग खां से किया और मंगोलों को अपनी सेना में रखा और दिल्ली के मंगोलपुरी में उन्हें बसाया। इसी प्रकार, प्रजा को लूट से बचाने के लिए मुग़लों ने अहमद शाह अब्दाली और नादिर शाह के साथ भी वैवाहिक विनिमय किये। पर हिंदू सामरिक नस्लें अपनी नस्लीय प्रभुता-बोध के कारण इस तरह के वैवाहिक विनिमय से अपेक्षाकृत पृथक रहीं और तथाकथित नस्लीय स्वाभिमान की रक्षा के लिए अपनी प्रजा को लूट का शिकार बनने दिया,

सेना को केसरिया करने दिया और स्त्रियों को जौहर की ज्वाला में जलने दिया। तब साम्राज्य और प्रजा के असली रक्षक कौन थे? नस्लीय प्रभुता की रक्षा में सर्वस्व न्यौछावर कर देने वाले हिंदू शासक या कन्या विनिमय कर साम्राज्य और प्रजा की रक्षा करने वाले मुस्लिम सुल्तान और बादशाह? और कन्या विनिमय की यह परंपरा वैश्विक थी, भारतीय या इस्लामिक नहीं। इंग्लैंड में स्कॉटलैंड के विलय के समय भी इस परंपरा का निर्वहन हुआ था। पर पता नहीं आख़िर क्यों आज का स्वयंभू इतिहासकार इसे अपमान और अत्याचार मान रहा है ?

मध्य काल के पूर्व भारतीय समाज-व्यवस्था में यह धारणा थी कि अंतर्जातीय विवाह धार्मिक अपराध हैं और इनसे उत्पन्न संततियां वर्णसंकर होती हैं और इसलिए समाजिक, शारीरिक और मानसिक रूप से कमजोर होती हैं। पूर्व मध्य काल के मुस्लिम शासकों ने इस धारणा को कुछ अपवादों के साथ बनाए रखा पर मुग़लों ने हिंदू सामरिक नस्लों की महिलाओं से विवाह कर स्त्री-पुरुष यौन-संबंधों की सार्वभौमिकता और सार्वजनिकता को पुनर्स्थापित किया और। उनसे उत्पन्न संतानों ने भारत का बादशाह बनकर वर्णसंकर बच्चों की समाजिक स्वीकार्यता को प्रतिष्ठापित किया और मुग़ल बादशाहों ने सत्ता में बराबर की भागीदारी देकर ऐसे बच्चों के साथ विभेद की प्राचीन परंपरा को तोड़ा। तो हम कैसे कह सकते हैं कि लंबे इस्लामिक शासन ने केवल विभेदपूर्ण समाजिक और राजनीतिक परंपराओं की स्थापना इस देश में किया है और उनमें कोई आर्दश नहीं था? पर मुग़लों द्वारा स्थापित इन नए आदर्शों को हिंदू सामरिक नस्लों ने न तो उनसे विनिमय किया और न ही उसकी स्थापना हिंदू समुदाय में होने दिया और एक क्षद्म नस्लीय प्रभुता-बोध के शिकार बने रहे। तो हम कैसे कह सकते हैं कि हिंदू सामरिक नस्लें इस देश के लिए या कम-से-कम हिंदू समुदाय के लिए अनुकरणीय आदर्श की स्थापना कर सकीं?

और जहाँ तक मुस्लिम शासकों के कारण जौहर की ज्वाला में हिंदू महिलाओं के जलने का प्रश्न है, यह विशुद्ध रूप से कुछ हिंदू सामरिक नस्लों के स्त्री-पुरूष यौन-संबंधों के प्रति संकीर्णता का परिणाम है।

यह मध्य पूर्व में नहीं था और न ही काबुल में ऐसी प्रथा थी। इसकी शुरुआत तथाकथित मुस्लिम आक्रांताओं के आगमन से बहुत पहले हो गई थी। सबसे पहले सती प्रथा का ऐतिहासिक उल्लेख शिव भक्त शकों के आक्रमण के कारण गोप राजा की मृत्यु पर उनकी पत्नी द्वारा किए जाने का मिलता है। कुछ इतिहासकार तो इसकी शुरूआत ईसा पूर्व के प्रथम सहस्राब्दी के मध्य का मानते हैं और कुछ इसके यूनानी सभ्यता के प्रभाव का परिणाम मानते हैं [28]। इसकी महिमा और महत्व का उल्लेख इस्लाम पूर्व हिंदू धर्म के पुराणों में मिलता है। तो हम कैसे कह सकते हैं कि यह मुस्लिम शासकों की प्रतिक्रिया में शुरु की गई प्रथा थी? वास्तव में, मुस्लिम शासकों ने इसे रोकने का भरसक प्रयास किया ------व्यक्तिगत-स्तर पर भी और राजकीय-स्तर पर भी [29]। इसके बावजूद तत्कालीन इतिहास कारों ने उनपर निष्क्रियता के आरोप लगाये हैं [30]। पर जब कोई प्रथा धर्म का अंग बन जाती है तो उसे न कोई व्यक्ति रोक पाता है और न ही राज्य। मेरा मत है कि इसकी शुरुआत हिंदू धर्म की उन अवधारणाओं के परिणामस्वरूप हुई जिसमें स्त्री और पुरुष का वैवाहिक संबंध सात जन्मों का माना गया है और शायद इसलिए पुरुष के मरणोपरांत स्त्री के उसकी चिता पर सती होने की प्रथा चली होगी। मध्यकाल में यह प्रथा अपने चरम पर पहुंच गई क्योंकि यहाँ तक आते-आते हिंदू धर्म में स्त्रियाँ, व्यक्ति से वस्तु बन गईं थीं और उस वस्तु पर केवल उसके पति या नस्ल के पुरुष का अधिकार था और उसकी तथाकथित सतीत्व की रक्षा हर हाल में करना उसके नस्ल का सामरिक कर्त्तव्य था। इसी से प्रेरित होकर जौहर के आयोजन हुए जबकि इसका कारण इस्लाम धर्म और मुस्लिम शासकों को आज बताया जा रहा है। पर क्या कुरान या हदीस में इस प्रथा की चर्चा है? और क्या मुस्लिम सामरिक नस्लों ने इसका अनुकरण किया? और 1987 में राजस्थान की रूप कुंवर की घटना के लिए इस्लाम दोषी था या मुसलमान? क्या इसका उत्तर आज का उन्मादी हिन्दुत्व देगा? और मध्य काल की टूटी हुई निर्जीव मूर्तियों का हिसाब आज के मुस्लिम समुदाय से मांगने वाला जनखंड क्या जौहर की ज्वाला में जली सजीव हिंदू महिलाओं का हिसाब दुनिया को देगा? इसलिए मेरा मत है कि मध्यकाल का जौहर तथाकथित स्वर्ण युग की

सती प्रथा का विस्तार था और यह हिंदू धर्म की सामरिक नस्लों की पुरुषों का अपनी महिलाओं के यौनाचार पर सर्वाधिकार का प्रतीक था और इसका आधार मात्र नस्लीय-प्रभुता थी।

पर स्त्रियों की सामाजिक स्थिति में गिरावट की इस निरंतरता के बावजूद मध्य काल के इस्लामिक शासन में इस दिशा में सकारात्मक परिवर्तन हुए। स्त्रियों की नैसर्गिक शारिरिक दुर्बलता का सम्मान करते हुए उन्हें सामरिक अभियानों से अक्षुण्ण रखने की प्रथा चली और विजित और विजेता दोनों पक्षों ने इस प्रथा का कमोवेश पालन किया। इसलिए चौसा की लड़ाई में जब हुमायूं के हरम की महिलाएँ शेरशाह सूरी के कब्जे में आईं तो उसने उन्हें सम्मानपूर्वक हुमायूं को लौटा दिया। इसी प्रकार, 1761 ईस्वी में जब लाल किले पर अहमद शाह अब्दाली के प्रतिनिधि का शासन कायम हो गया और मुग़ल बादशाह अपने संरक्षक की तलाश में दर -- दर भटक रहा था तब भी लाल किले के हरम की मुगलिया महिलाएँ लाल क़िले में ही अपनी आबरू के साथ सुरक्षित रहीं और शासन की तरफ से उनका जीवन निर्वहन भत्ता जारी रहा। इसके विपरीत बृहद्रथ की हत्या कर पुष्यमित्र शुंग ने जब मगध पर अधिकार किया तो मौर्य राजवंश की एक भी महिला जीवित नहीं बच पाईं। यहाँ तक कि गर्भवती महिलाओं का गर्भाशय चीरकर उनमें पल रहे भ्रूण को निकालकर अग्नि को समर्पित कर दिया गया (शायद इसी से प्रेरित होकर 2002 के गुजरात के नस्लीय नरसंहार में गर्भवती महिलाओं का गर्भाशय चीरकर उनके भ्रूण को अग्नि को समर्पित किया गया था)। इसी तरह कलिंग युद्ध के समय अशोक का सामना राजकुमारी पद्मा से हुआ। इतिहास से इतर पौराणिक कथाओं में भी न तो सूर्पनखा के नारीत्व का सम्मान किया गया और न ही ताड़का या पूतना का वध करने में कोई संकोच किया गया। इसलिए यह कहना कि मध्य काल के इस्लामी शासन में महिलाओं के लैंगिक सम्मान में ह्रास हुआ और उसके पूर्व उन्हें अधिक समाजिक सुरक्षा और बेहतर लैंगिक सम्मान प्राप्त थे ऐतिहासिक कम और काल्पनिक अधिक प्रतीत होता है।

जहाँ तक महिलाओं के आर्थिक अधिकारों का प्रश्न है हिंदू महिलाएँ समाजिक और धार्मिक रूप से इस्लामी शासन से पूर्व पूर्णरूपेण वंचित थीं और इस्लामी शासन में भी उनकी आर्थिक स्थिति में कोई सुधार नहीं हुआ जबकि मुस्लिम महिलाएँ आर्थिक रूप से बेहतर थीं। इस आर्थिक विभेद का आधार धार्मिक अधिक और समाजिक कम था क्योंकि हिंदू धर्म की व्यवस्थाएं चांडालों, शूद्रों और महिलाओं को संपत्ति का अधिकार नहीं देती थीं जबकि इस्लाम संपत्ति में महिलाओं का हक सुनिश्चित करता था और इसलिए महिलाओं की अपने पति पर पूर्णरूपेण निर्भरता नहीं थी फलस्वरूप मुस्लिम महिलाएँ व्यापार भी कर सकती थीं, धनोपार्जन भी कर सकती थीं और शासन भी कर सकती थीं जबकि हिंदू महिलाओं के लिए मध्य काल में वेश्यावृति ही ऐसा व्यवसाय था जो उन्हें आत्मनिर्भरता दे सकता था पर इस्लाम से पूर्व और इस्लामी शासन से इत्तर ऐसी महिलाओं को भी हिंदू राजाओं के यहां और मंदिरों में क्रमशः नगरवधू और और देवदासी के रूप में निःशुल्क यौन सेवा देनी पड़ती थी क्योंकि अपने शरीर पर भी उनका कोई स्वामित्व नहीं था जिसका उपयोग कर वे धनोपार्जन कर सकें और आर्थिक और सामाजिक रूप से आत्म निर्भर बन सकें और शासन और राजनीति में अपनी स्वतंत्र पहचान बना सकें इसलिए इस्लामिक शासन ने रज़िया सुल्ताना जैसी स्वतंत्र महिला शासिका भी इस देश को दे पाया पर पूरे मध्य काल में स्वतंत्र हिंदू रानी नहीं हो सकीं और अगर अपवाद स्वरूप हुईं भी तो वे अपने नाबालिग पुत्रों के नाम पर शासन करती थीं जबकि मुग़ल महिलाएँ तो शासन में प्रत्यक्ष और परोक्ष दोनों रूपों में भाग लिया करती थीं , व्यापार भी करती थीं और धनोपार्जन भी करती थीं (मुग़ल बादशाह जहांगीर की पत्नी मल्लिका ए जहां, नूर जहां और शाहजहां की बेटियां रौशन आरा और जहां आरा)। तो हम कैसे कह सकते हैं कि इस्लामिक शासन में महिलाओं की स्थिति इस्लाम पूर्व के शासन की अपेक्षा बदतर थी? पर दुर्भाग्य वश हिंदू समुदाय ने अपनी महिलाओं पर लैंगिक प्रभुता बनाए रखने के लिए इस्लाम के इन प्रगतिशील विचारों से हिंदुत्व को न्युनाधिक अक्षुण्ण रखा।

इसी प्रकार शिक्षा के क्षेत्र में भी मुस्लिम महिलाओं की स्थिति बेहतर थी क्योंकि शिक्षा ग्रहण का अधिकार इस्लाम में लिंग और नस्ल से निरपेक्ष था (यद्यपि कुलीनता का बोध कुछ नस्लों में अवश्य था)। इसी के फलस्वरूप मध्य काल में अनेकों विदुषी मुस्लिम महिलाएँ अरबी-फ़ारसी में अपनी साहित्यिक रचनाएं कर पाईं जो आज भी इन भाषाओं की समृद्धि के श्रोत हैं। ' हुमायूंनामा' भी हुमायूँ की सौतेली बहन गुलबदन बानो की अमर कृति है और इसी क्रम में नूर जहां, जहां आरा और रौशन आरा जैसी विदुषी मुस्लिम महिलाओं ने भी अपनी --अपनी रचनाओं से अरबी -- फ़ारसी भाषाओं को समृद्धि प्रदान किया है। पर चूंकि हिंदू धर्म में शूद्रों और स्त्रियों को पठन-पाठन की मनाही थी और इसपर केवल पुरोहित पुरुषों का एकाधिकार था इसलिए मध्य काल में न तो हिंदू स्त्रियाँ कोई साहित्यिक रचना कर पाईं और न ही किसी गैर-ब्राह्मण की कोई कृति अमर हो पाई। इसलिए पूरे मध्य काल में अगर हिंदू स्त्रियाँ समाजिक, आर्थिक और राजनीतिक रूप से उपेक्षित रहीं तो उसका दोषारोपण मुस्लिम शासकों और इस्लाम पर करना क्या ऐतिहासिक रूप से तर्कसंगत होगा?

पारिवारिक-स्तर पर भी हिंदू महिलाओं की स्थिति मुस्लिम महिलाओं से बदतर थी। इसका मूल कारण धार्मिक था क्योंकि इस्लाम में विवाह एक अनुबंध था जिसे आवश्यकतानुसार क्षतिपूर्ति देकर तोड़ा भी जा सकता था जबकि हिंदू विवाह जन्म-जन्मांतर का बंधन था और अपरिवर्तनीय था। इस अपरिवर्तनशीलता के कारण पुरुष पत्नी को वस्तु मानकर उच्च-से-उच्च स्तर की मानसिक और शारीरिक प्रताड़नाएं दे सकता था और मृत्युपरांत उस वस्तु को अगले जन्म में भी भोग और प्रताड़ना के लिए ले जा सकता था। इसके विपरित विवाह अनुबंध होने के कारण विवाहोपरांत मुस्लिम महिलाओं के लिए न तो सिंदूर धारण करने की अनिवार्यता थी और न ही अपने नाम या उपनाम में परिवर्तन की आवश्यकता थी और दांपत्य में असंतुलन की स्थिति में पति की उपेक्षा या प्रताड़ना से मुक्ति भी पा सकती थीं। इसी तरह हिंदू-ग्रंथों में महिलाओं के कौमार्य पर विशेष बल के कारण परित्यक्त महिलाओं के पारिवारिक और सामाजिक पुनर्वास की कोई व्यवस्था

नहीं थी और पुरुषों के वैवाहिक विनियमन के अभाव में मृत्यु-शय्या पर पड़ा पुरुष भी कुँआरी कन्याओं से ही विवाह करना चाहता था किसी विधवा या परित्यक्ता से नहीं। इसके विपरीत इस्लाम में महिलाओं के कौमार्य पर कोई बल नहीं था और इस कारण विधवा या परित्यक्ता के सामाजिक और पारिवारिक पुनर्वास की समस्या नहीं थी। तो हम कैसे कह सकते हैं कि इस्लामी शासन या इस्लाम-धर्म के दुष्प्रभाव के कारण हिन्दू महिलाओं की सामाजिक और पारिवारिक स्थिति में गिरावट आई?

महिलाओं की पारिवारिक स्थिति के संदर्भ को थोड़ा और विस्तार देते हुए मैं कहना चाहूंगा कि आज तक हिंदू समुदाय अपनी महिलाओं के लिए न तो कोई सम्मानजनक संबोधन ढूँढ़ पाया है और न ही हिन्दी भाषा कोई सम्मानजनक अभिवादन ढूँढ़ पाई है। यहाँ पुरुष और स्त्री का संबंध पारंपरिक रूप से स्वामी और दासी का रहा है और इसलिए अभिवादन हेतु महिलाएँ पुरुषों के चरण-स्पर्श करते आईं हैं। पर क्या इस परंपरा के रहते समाज में लैंगिक समानता लाई जा सकती है? इसके विपरीत मुस्लिम समुदाय में महिलाओं के लिए सम्मानजनक संबोधन भी रहा है और अभिवादन भी। तो हम कैसे कह सकते हैं कि इस्लाम के कारण हिन्दू महिलाओं की पारिवारिक स्थिति में गिरावट आई? बल्कि वास्तविकता तो यह है कि हिंदू समुदाय के प्रभाव में इस्लाम में भी महिलाओं की पारिवारिक स्थिति में गिरावट आई। उन्हें भी उनके बच्चों या पति के संबंधों से संबोधित किया जाने लगा और उनके पति , पुत्र और पौत्र के साथ नौकर भी उन्हें 'आप' की जगह 'तुम' कहकर संबोधित करने लगे और वृहत हिंदू समुदाय की तरह उनमें भी विवाह की अपरिवर्तनशीलता आ गई और वे भी अपने ऊपर अपने पति का स्वामित्व प्रदर्शित करने के लिए सिंदूर धारण करने लगीं फलस्वरूप वे भी हिंदू महिलाओं की भांति पारिवारिक-स्तर पर मानसिक और शारीरिक प्रताड़ना का शिकार होने लगीं।

अब मैं वर्तमान के स्वयंभू इतिहासकारों के सबसे बड़े " खलनायक " औरंगज़ेब पर लगाए गए आरोपों का अन्वेषण और विश्लेषण करना चाहूँगा।

औरंगज़ेब के चरित्र का गहन विश्लेषण करने पर हम पाते हैं कि वह अति आत्मसंयमी, शुद्धतावादी , मितव्ययी, प्रजोन्मुख, विस्तारवादी शासक था। वह स्वयं चटाई पर सोता था और व्यक्तिगत व्यय के लिए व्यक्तिगत उद्यम करता था तथा मदिरा पान नहीं करता था। परंतु दुर्भाग्यवश आचरण में इसी तरह की शुद्धता की अपेक्षा अपने अधीनस्थ राजाओं और अपनी प्रजा से भी करता था। धर्म को वह व्यक्तिगत-स्तर पर सीमित रखना चाहता था और प्रजा से भी ऐसी ही आशा करता था। पर जब धर्म किसी समुदाय-विशेष के लिए व्यापार बन जाए , जीवन जीने की पद्धति को छोड़ जीविकोपार्जन का जरिया बन जाए और धनोपार्जन का धंधा बन जाए तो उसे ऐसे शासक शत्रु लगेंगे ही। पर क्या वह प्रजा का भी शत्रु होगा ? और जब समाजिक विषमता के पोषक धर्माधीशों का शासन में हस्तक्षेप की संभावनाएँ नगण्य हों जाएं तो वह शासक धर्मविरोधी तो कहलाएगा ही। पर क्या वह राष्ट्र विरोधी भी होगा ?

भारत के लंबे इतिहास में औरंगज़ेब उन विरले बादशाहों में था जिसने यूरोप में साम्यवाद की विचारधारा के जन्म के पूर्व भारत में इसकी नींव रखने का प्रयास किया था। वह धर्म को व्यक्ति तक सीमित रखना चाहता था और उसे राज्य के निकट नहीं आने देना चाहता था। राज्य , साम्राज्य और प्रजा के प्रति उसकी दृढ़-निष्ठा थी। इसके लिए बादशाह बनने के पूर्व और बादशाह बनने के बाद उसने सैंकड़ों लड़ाइयाँ लड़ी और अपने साहस और शौर्य से अशोक महान् के बाद पहली बार उसने भारत को इतना विस्तार दिया और उसके सामरिक अभियानों का मूल उद्देश्य एक विस्तृत भारत का निर्माण करना था। उसने न तो किसी गैर-मुस्लिम शासक की तरह या किसी अन्य मुस्लिम शासक की भांति यौनाचार से प्रेरित होकर कोई युद्ध अभियान किया न ही समझौते की शर्त यौनाचार या विवाह रखा और अशोक के विपरीत, उसने राज्य-सत्ता का प्रयोग किसी धर्म-विशेष के विस्तार के लिए नहीं किया और न ही अपने अभियानों को उसने किसी साम्प्रदायिक आधार पर चयनात्मक बनाया। उसने हिंदू राज्यों पर भी अभियान किया , असम के अहोम पर भी अभियान किया और बीजापुर के आदिलशाही और

गोलकुंडा के कुतुबशाही को भी समर्पण के लिए विवश किया (यहां के मस्जिदों और अशुरखानों को अपने घोड़ों का अस्तबल बना दिया [31])। आज जो पूर्वोत्तर भारत है उसे भारत का अंग औरंगज़ेब ने ही बनाया और इतिहास में पहली बार गंगा-यमुना के मैदानों में रहने वाले लोगों के लिए ब्रह्मपुत्र की घाटी में बसने का मार्ग प्रशस्त किया और गंगा की घाटी तक शताब्दियों से ठहरे हिंदू और इस्लाम धर्म को अराकान की पर्वत-श्रृंखलाओं तक पहुंचने का अवसर दिया और इस देश को अपनी प्राकृतिक सीमाओं तक विस्तार दिया जिसका अभिमान और उपभोग आज की पीढ़ी भी कर रही है। पर हैदराबाद की हत्याओं पर हर्षोल्लास करने वाली, गोवा में आक्रमण पर गर्व करने वाली और सिक्किम के भारत में विलय की नैतिकता पर मौन रहने वाली आज की पीढ़ी औरंगजेब को आक्रामक कह रही है और उसकी नीतियों को विस्तारवादी कह रही है। आख़िर क्यों ?

और आज का इतिहासकार भले ही उसे मुग़ल बादशाह कह रहा हो और उसकी सेना को मुग़ल या मुस्लिम सेना कह रहा हो पर उसने अपनी सेना में हर उन नस्लों और जातियों को शामिल किया जो उसे सामरिक अभियानों में सफलता दिला सकें। उसने सेना के संगठन का आधार साम्प्रदायिक नहीं होने दिया और विजित प्रदेशों में मुग़लिया ध्वज लहराया, कोई इस्लामिक ध्वज नहीं और हिंदुस्तान को चरमोत्कर्ष पर ले जाने के बावजूद उसने उसे हिंदुस्तान ही रहने दिया, इस्लामिस्तान के रूप में संबोधित नहीं किया। फिर भी उसके सदाचार को दुराचार और अन्य विजेताओं के यौनाचार को सदाचार आज का स्वयंभू इतिहासकार क्यों कह रहा है ? उसके साम्राज्य-विस्तार के अभियानों को 'मुस्लिम आक्रमण' क्यों कह रहा है? अशोक महान् और समुद्रगुप्त की विस्तारवादी नीतियों का स्तुति-गान लिखने वाला इतिहासकार औरंगज़ेब तक आते-आते निंदा लेख क्यों लिखने लग जाता है और हिंदू और बौद्ध शासकों की विस्तारवादी नीतियों से आह्लादित और उन्मादित होने वाला आज का जनखंड, औरंगज़ेब की विस्तारवादी नीतियों से आहत और प्रताड़ित क्यों महसूस कर रहा है?

आख़िर उसकी प्रतिबद्धता क्या है - राष्ट्र या कुछ और? और आख़िर उसकी तथाकथित राष्ट्रभक्ति का पैमाना क्या है?

अशोक ने राज्य से विमुख होकर अपने जीवन का उद्देश्य धर्म-प्रचार बनाया और 'शस्त्र-विजय' की अपेक्षा 'धम्म-विजय' का मार्ग अपनाया और लोगों को एक धर्म-विशेष को धारण करने के लिए प्रोत्साहित और प्रलोभित किया। पर क्या औरंगज़ेब ने ऐसा कुछ किया? उसने न तो अपने जीवन का उद्देश्य धर्म-प्रचार बनाया और न ही उसने लोगों को इस्लाम कबूलने के लिए विवश किया। उसने तो राज्य को धर्म से पृथक रखा और राज्य के स्वरूप को धर्मनिरपेक्ष बनाए रखा। उसने न तो अशोक की तरह राज्य की संपत्ति को अपनी व्यक्तिगत संपत्ति मानकर बौद्ध भिक्षुओं के समतुल्य मुस्लिम फकीरों को अपरिमित उपहार दिया और न ही गुप्त राजाओं की तरह ब्राह्मणों के समतुल्य मुस्लिम उलेमाओं को असीमित दान दिया। फिर भी अशोक महान और औरंगज़ेब बदनाम ! अशोक की राज्य-विमुख और धर्मोन्मुख नीतियों से आहत और उपेक्षित होकर एक ब्राह्मण सेनापति को उसके वंशज बृहद्रथ की हत्या करनी पड़ी पर औरंगजेब के सेनापति तो मानसिंह कछवाहा के वंशज बने रहे। औरंगज़ेब की नीतियों से उपेक्षित और आहत होकर न तो उन्होंने औरंगज़ेब पर हमला किया और न ही औरंगज़ेब के वंशजों पर। तो हम कैसे कह सकते हैं कि औरंगज़ेब एक कट्टर मुस्लिम बादशाह था और उसकी नीतियां हिंदू विरोधी थीं? पर यह तो सत्य है कि औरंगज़ेब जन्म से मुस्लिम था और जीवन भर संयमी और शुद्ध मुस्लिम बना रहा। पर अशोक की धर्मपरायणता का गौरव गान करने वाला आज का स्वयंभू इतिहासकार औरंगज़ेब से धर्म-विमुखता की आशा कर रहा है। आख़िर क्यों?

साम्राज्य को चिरस्थाई बनाने के लिए औरंगज़ेब ने बगावत की हर आवाज़ को कुशलता और क्रूरतापूर्वक दबाया। और यहाँ ध्यान देने योग्य है कि मुग़लों के लंबे शासनकाल में किसी गैर-मुग़ल ने साम्राज्य के विरुद्ध बगावत नहीं किया बल्कि मुग़ल शहजादों ने ही किया और अपने लंबे शासनकाल में औरंगज़ेब ने उन बगावतों को कुचलने के लिए अपने पुत्रों, पुत्रियों और पौत्रों को भी कठोर कारावास की लंबी

सजाएं देने में कोई हिचक या झिझक महसूस नहीं किया (विद्रोही शहजादा अकबर औरंगजेब के डर से ईरान भाग गया जहां उसकी मृत्यु हो गई) क्योंकि राज्य और साम्राज्य को उसने अपने इन वंशजों पर वरीयता दिया। इसके बावजूद कुछ लोग कहते हैं कि औरंगज़ेब मुग़ल-साम्राज्य के पतन का कारण था। पर अगर औरंगज़ेब की जगह कोई अन्य मुग़ल शाहजादा बादशाह बना होता तो राज्य और साम्राज्य को शायद ही इतनी ऊंचाइयों पर पहुंचाया होता बल्कि संभावनाएं अधिक हैं कि साम्राजय अलगावाद के समक्ष समर्पण कर गुप्तोत्तर काल की तरह बिखर गया होता या विदेशी हमलों से विच्छिन्न हो गया होता। इन आशंकाओं की पुष्टि औरंगज़ेब की मृत्यु के पश्चात होती है जब भारत पर विदेशी आक्रमणों का सिलसिला पुनः शुरु हो गया और साम्राज्य बिखरने लगा और मानसिंह कछवाहा के वंशज भी दिल्ली से दूरी बनाने लगे। इसलिए यह कहना कि मुग़ल साम्राज्य के पतन का कारण औरंगज़ेब था ऐतिहासिक कम और आधुनिक अधिक प्रतीत होता है।

साम्राज्य और शासन में उभरते हिंदू चेतना से आशंकित होकर हिंदू अधिकारियों पर अपनी निर्भरता कम करने के लिए औरंगज़ेब मुस्लिम अधिकारियों की संख्या बढ़ाना चाहता था पर उसकी इस व्यक्तिगत इच्छा के बावजूद हिंदू मनसबदारों की संख्या में लगभग 50 प्रतिशत की वृद्धि हुई [32] और सम्पूर्ण मुग़ल काल में सबसे ज्यादा हिंदू दरबारी और अधिकारी उसी के काल में थे क्योंकि अपनी व्यक्तिगत इच्छा पर वह प्रतिभा और क्षमता को वरीयता देना चाहता था और साम्प्रदायिकता को साम्राज्य की सुदृढ़ता में आड़े नहीं आने देना चाहता था। उसने दिवानी (वित मंत्री) का पद एक हिंदू दरबारी रघुनाथ को दिया और उसके अल्प कालीन वित्तीय प्रबंधन से इतना प्रभावित हुआ कि उसकी मृत्यु (1663) के 4 दशकों के बाद भी अपने जीवन के अन्तिम क्षणों में अपने वज़ीर को लिखे पत्र में राजा रघुनाथ के कथन " सरकारी दायित्व विशेष अनुभवी और पेशे में दक्ष लोगों के हाथों में सौंपना चाहिए न कि नैतिक रूप से कमज़ोर और लालची लोगों के हाथों में " को उद्धृत किया। [33] आख़िर आज कितने लोग हैं जो किसी

सहयोगी की मृत्यु के इतने दिनों बाद भी साम्राज्य या शासन के प्रति उसकी निष्ठा को याद करेंगे ? इतने दिनों में तो पुत्र भी पिता की निष्ठा को भूल जाता है। अपने शासन के अन्तिम दिनों में भी औरंगजेब अपने इस विचार पर अडिग था कि शासन में नियुक्ति की योग्यता धार्मिक प्रवृत्ति नहीं होनी चाहिए। एक सुन्नी मुस्लिम दरबारी ने जब बादशाह से एक फारसी शिया मुस्लिम को मुग़ल सेवा में नियुक्ति से वंचित करने का इस आधार पर अनुरोध किया कि वह विधर्मी है तो बादशाह ने उसके अननुमोदन को अस्वीकार करते हुए कहा " सांसारिकता का धर्म से क्या सम्बंध है ? शासन को विधर्मी के मामले में दखल देने का क्या अधिकार है ? आपके लिए अपना धर्म और मेरे लिए मेरा अपना। अगर आपके सुझाए गए नियम का अनुपालन किया जाए तो मुझे शासन से सभी हिंदू राजाओं और उनके अनुगामियों को निकालना होगा। पर बुद्धिमान लोग इस आधार पर शासन से सक्षम अधिकारियों को निकालने की सलाह नहीं देते हैं। [34] और इसी प्रवृति के फलस्वरूप , मुग़ल सेवा में नियुक्ति का आधार नस्लीय, राष्ट्रीय, धार्मिक या वर्गीय पहचानों से निरपेक्ष था [35] और एक समय तो 12 मुग़ल प्रांतों में 8 प्रांतों के राजस्व के प्रधान हिंदू (खत्री और कायस्थ और एक में राजपूत पर आश्चर्य जनक रूप से एक भी ब्राह्मण नहीं) थे [36]। तो हम कैसे कह सकते हैं कि औरंगज़ेब साम्प्रदायिक दुर्भावना से ग्रस्त एक कट्टर मुस्लिम बादशाह था? पर वर्तमान की विडम्बना है कि तथाकथित आज़ादी के 75 वर्षों बाद भी शुद्ध प्रतिभा की अवहेलना कर शासन और प्रशासन की क्षमता और गुणवत्ता की कीमत पर भी वर्गीय आरक्षणों की सीमाएं बिना किसी वैज्ञानिक आधार पर निरंतर बढ़ाते रहने की मांग करने वाले विभिन्न जनखण्ड और इन आरक्षणों को शुद्ध हिंदू आरक्षण बनाने को कृतसंकल्पित सत्ता भी औरंगजेब की नीतियों को हिंदुओं के लिए असमावेशी और मुस्लिमों के लिए एकांगी प्रमाणित करने को आतुर हैं। आख़िर क्यों ?

इसी प्रकार बंगाल में जब पहली बार दीवान के पद का सृजन हुआ तो औरंगजेब ने इस पद के लिए बिना किसी वंश परंपरा का ध्यान रखे एक ब्रह्मण के पुत्र मुर्शीद कुली खान खां जिसने बाद में मुर्शिदाबाद

शहर बसाया और जिसका बचपन का नाम सूर्य नारायण मिश्रा था और जिसे पिता ने दक्कन के एक मुग़ल अधिकारी हाजी सफी को विक्रय कर दिया था को उपयुक्त समझा। पर आज जवाहरलाल नेहरू के सुदूर पूर्वजों में अपने सूक्ष्मदर्शी यंत्र से इस्लाम का अंश ढूंढने को आतुर इतिहासकारों को भी औरंगजेब की नीतियां मुस्लिम परस्त लग रही हैं। औरंगजेब ने तो मुर्शीद कुली खान के पिता या पितामह में हिंदुत्व को नहीं ढूंढा था। उसके लिए तो योग्यता ही पैमाना था। फिर भी आज औरंगजेब कट्टर मुस्लिम बादशाह कहा जा रहा है और उसकी नीतियां मुस्लिम परस्त कही जा रही हैं। आखिर क्यों ?

प्रजा के प्रति अपनी गहरी निष्ठा के कारण ही उस काल में जब राज्य और राजा के बीच कोई निश्चित सीमा रेखा नहीं थी और अधिकांश राजा भोग-विलास और मदिरा पान में लगे रहते थे और हिंदू राजा दर्जनों रानियाँ और सैकड़ों पटरानियाँ रखा करते थे तब औरंगजेब मदिरा पान से स्वयं तो दूर रहा ही पूरे साम्राज्य में भी उसने इसपर निषेधाज्ञा जारी किया था और इस्लाम के निर्देशानुसार उसने सीमा से अधिक विवाह नहीं किया। जीवन की विलासिताओं से वह सदा दूर रहा और अपनी व्यक्तिगत आवश्यकताओं की पूर्ति के लिए व्यक्तिगत-श्रम करता था। 'बादशाह की प्रत्येक संपत्ति रियाया की होती है और बादशाह की अपनी कोई व्यक्तिगत संपत्ति नहीं होती है' [37] के सिद्धांत पर वह जीवनपर्यंत चलता रहा और मृत्युपरांत भी उसे अन्य मुग़ल बादशाहों की भांति बड़े मकबरों में दफ़न होने की इच्छा नहीं थी बल्कि वह तो इस देश की एक इंच भी भूमि अपने लिए नहीं रखना चाहता था इसलिये बीबी के मकबरे की अपेक्षा अपने उस्ताद के साधारण से कब्र के पास दफ़न होना उसने उचित समझा और इसमें होने वाले व्यय की राशि भी लगभग 90 वर्षों का बूढ़ा बादशाह अपनी व्यक्तिगत श्रम से अर्जित किया था न कि राजकीय कोष से आवंटित किया था। विश्व-इतिहास में शायद ही किसी सम्राट ने ऐसा किया हो और वह भी तब, जब दुनिया कार्ल मार्क्स के समाजवाद और लेनिन के साम्यवाद से अनभिज्ञ थी। तो हम कैसे कह सकते हैं कि औरंगज़ेब की निष्ठा प्रजा के प्रति नहीं थी बल्कि इस्लाम के प्रति थी?

प्रजा के प्रति अपनी इसी नस्ल निरपेक्ष निष्ठा के कारण ही उसने हर वह काम किया जिससे प्रजा में समृद्धि आ सके। उसने संपूर्ण देश में मदिरा पान पर निषेधाज्ञा जारी किया (पर यूरोपियन को इससे इस निषेधाज्ञा से विशेष मुक्ति थी [38]) जबकि अगर वह चाहता तो आज के शासकों की भांति प्रजा को मदिरा पान के लिए प्रोत्साहित कर राजकीय कोष भर सकता था (पंरतु उसका यह प्रयोग असफल शायद इसलिय हुआ की हिंदू धर्म में मदिरापान को धार्मिक मान्यता प्राप्त है)। इसी क्रम में , उसने आडंबर रहित धर्म का पालन कर प्रजा और उसके धर्माधीशों के लिए एक आदर्श प्रस्तुत किया पर इसके बावजूद भी जब कुछ धर्माधीशों ने धर्म को व्यवसाय बनाए रखा और धर्म के नाम पर धोखा देकर प्रजा का आर्थिक-शोषण करना जारी रखा तो वैसे आराधना-स्थलों का राजकीय-स्तर पर उसने विध्वंस भी किया। इसमें मंदिर भी थे और मस्जिद भी थे और मजार भी थे (लगभग 300 से ऊपर मजारों का विध्वंस उसने किया)। तो क्या प्रजा को आर्थिक-शोषण से मुक्ति दिलाना राजा का कर्त्तव्य नहीं है? क्या उसे भी हिंदू राजाओं की भाँति पुरोहितवर्ग के साथ मिलकर धर्म का व्यापार करना चाहिए था? मेरा मत है कि औरंगज़ेब ने उन्हीं देवालयों का विध्वंस किया जो या तो प्रजा के आर्थिक-शोषण के साधन बन गए थे [39] या शासन के लिए संकट बन गए थे। अगर ऐसा नहीं होता तो बनारस में वह केवल एक मंदिर का ही विध्वंस क्यों करता, वह तो बनारस क्या, देश के हर मंदिर का विध्वंस कर सकता था क्योंकि वह तो निरंकुश था पर उसने बनारस के ही अन्य मन्दिरों को अक्षुण्ण छोड़ दिया और बनारस औरंगज़ेब के काल में भी और उसके बाद भी 'मंदिरों का शहर' बना रहा , वह कभी 'मस्जिदों का शहर' तो नहीं बना। आख़िर ऐसा कैसे हो सका? और क्या स्वतंत्र भारत में अमृतसर के 'स्वर्ण मंदिर' पर भारतीय गणराज्य द्वारा हमला नहीं किया गया था? और पिछले ही वर्ष क्या शासन द्वारा बनारस में मंदिरों को नहीं तोड़ा गया था ? तो क्या भारत 'सिख विरोधी' है या यहाँ की वर्तमान शासनव्यव्स्था हिंदू विरोधी है? मेरा मत है कि 'स्वर्ण मंदिर' पर हमला भारतीय गणराज्य के अस्तित्व के लिए अनिवार्य था और पिछले वर्ष बनारस में मंदिरों को ध्वस्त करना शासन के लिए आवश्यकता थी। तो क्या अस्तित्व की रक्षा

के लिए साम्राज्य के समक्ष ऐसी अनिवार्यताएं और शासन के लिए ऐसी आवश्यकताएं औरंगजेब या अन्य किसी मुस्लिम बादशाह के समक्ष नहीं आई होंगी ? पर इतिहास में घटित समानांतर घटनाओं की परिस्थितिनुकूल चयनातमक व्याख्याएं तत्कालीन शासक की धार्मिक वृति के आधार पर करना कितना न्यायोचित होगा ? क्या आज का जनमानस इसपर विचार करेगा ?

आधुनिक इतिहासकारों का मत है कि औरंगज़ेब ने मन्दिरों का विध्वंस कर उनके अवशेषों पर मस्जिद बनवाया। पर औरंगज़ेब के चरित्र का गहन विश्लेषण करने पर इसकी संभावना कम दिखती है क्योंकि संस्थागत धर्मों में उसकी आस्था न्यून थी। उसने 'मक्का' की कभी यात्रा नहीं किया क्योंकि उसके लिए सबसे पवित्र भूमि हिन्दुस्तान की थी और न ही अन्य मुस्लिम बादशाहों की भांति उसने मक्का के अमीर या इस्लाम के खलीफा को उपहार भिजवाए (बादशाहत के शुरुआती वर्ष में केवल एक बार को छोड़कर) क्योंकि उसका विचार था कि उन्हें उपहार देना प्रजा की गाढ़ी कमाई का उपहास करना होगा (अपने जीवन के अन्तिम दिनों तक वह इस विचार पर कायम रहा इसलिए जब उसकी मृत्यु के कुछ दिनों पूर्व ईस्वी 1707 में ज्वर से मुक्ति के लिए एक दरबारी ज्योतिषी ने हाथी और हीरे दान करने की सलाह दी तो उसने इनकार कर दिया और 4000 रुपए गरीबों में बंटवा दिया। [40] पर अगर मान भी लिया जाए कि उसने धर्मांधता में मंदिर के अवशेषों पर मस्जिद बनवाये तो शिवलिंग और अन्य हिंदू प्रतीकों को उस मस्जिद के परिसर में अक्षुण्ण कैसे छोड़ देगा? वह तो उन्हें तोड़-तोड़कर विरूपित कर देगा और उनकी पहचान नष्ट कर देगा और उन्हें सुदूर प्रक्षेपित कर देगा न कि मस्जिद के अहाते में सुरक्षित और संरक्षित रखेगा! पर उसने इस परिमाण की धर्मांधता प्रदर्शित करने में अगर चूक कर दिया तो क्या आज का खोजी इतिहासकार बता सकता है कि वे शिवलिंग या अन्य हिंदू प्रतीक अपनी पावनता और पवित्रता इतने दिनों तक कैसे बनाए रख पाए क्योंकि हिंदू तो मस्जिद में प्रवेश मात्र से अपवित्र हो जाते हैं और उनकी प्रतिमाएं मुस्लिम या अछूतों के स्पर्श मात्र से अपनी पावनता खो देती हैं। पर यहां तो शताब्दियों तक

उस शिवलिंग को मुस्लिमों ने स्पर्श किया है तो उस अपवित्र और अपावन शिवलिंग को पुन: पूजने की आवश्यकता क्या है? क्या पूजने के लिए देश में शिवलिंगों की कमी हो गई है या शिवलिंग बनाने की कला हिंदू समुदाय भूल गया है? या शिवलिंग देवलोक से गिरे हुए प्रस्तर खंड हैं?

इन संदिग्धताओं के बावजूद अगर यह मान भी लिया जाए कि उसने कुछ मंदिरों के अवशेष पर मस्जिद बनवाए तो इसमें उसकी धार्मिक कट्टरता कम और राजकीय हठधर्मिता अधिक दिखती है। चूँकि वह मुस्लिम था और उस काल में धर्मनिरपेक्षता के सिद्धांतों से दुनिया अपरिचित थी और साम्राज्य के लिए कोई प्रतीक चिह्न नहीं था इसलिए उसकी नैसर्गिक प्रवृत्ति तो मस्जिद ही होगी। पर जो जनखंड आज उसके निर्णयों को धर्मनिरपेक्षता के पैमाने पर तौलने को आतुर है क्या आज के धर्मनिरपेक्ष भारतीय गणतंत्र के शासनाध्यक्ष से पूछ सकता है कि वह आज मस्जिदों को तोड़कर मन्दिर बनाने को क्यों आतुर है? मस्जिद के अवशेष पर तो वह राष्ट्रीय प्रतीक 'अशोक स्तंभ' भी बनवा सकता था या देवालय की अपेक्षा सचिवालय या संग्रहालय भी बनवा सकता था। पर क्या उसने ऐसा कुछ किया है वह तो मस्जिद के अवशेष पर उसी देवता का देवालय बनवा रहा है जिसकी उपासना वह स्वयं करता है। एक धर्मनिरपेक्ष देश के सार्वजनिक कोष से संचालित संस्था "इसरो" द्वारा प्रक्षेपित चंद्रयान के उतराव स्थल का भी नामकरण अपने इष्ट देव के नाम पर " शिव शक्ति प्वाइंट " करता है। अगर सचमुच उसकी निष्ठा राष्ट्र में होती तो इस स्थल का नामकरण " भारत शक्ति प्वाइंट " या देश के राष्ट्रपिता के नाम पर " महात्मा गांधी प्वाइंट " भी तो कर सकता था। पर इसके बावजूद भी अगर उसकी राष्ट्रभक्ति संदेह के घेरे में नहीं आती है और संविधान की धर्मनिरपेक्षता के मूल्यों की रक्षा के प्रति उसकी प्रतिबद्धता पर कोई प्रश्न नहीं उठता है तो आज से 3 शताब्दियों पूर्व किसी मुग़ल बादशाह के मस्जिद बनवाने पर आज प्रश्न खड़ा करना कितना न्यायोचित होगा? क्या उस काल में भारत एक धर्मनिरपेक्ष गणराज्य था? क्या उस काल का मुग़ल बादशाह किसी लिखित संविधान की सीमाओं में बंधा था? और क्या

किसी हिंदू शासक ने मस्जिद बनवाए? क्या मानसिंह कछवाहा के वंशजों ने कोई मस्जिद बनवाए? या किसी वैष्णव शासक ने ही शिवालय बनवाए? क्या आज मन्दिर-मन्दिर और देवालय-देवालय भ्रमण करने वाला शासनाध्यक्ष कभी मस्जिद भी भ्रमण करता है? औरंगजेब ने तो कभी मस्जिद मस्जिद भ्रमण नहीं किया (बावजूद इसके उसने लाहौर का प्रसिद्ध बादशाह मस्जिद बनवाया) ? उसने तो कभी फकीर का परिधान धारण कर मुल्ला या मौलवी बनने का स्वांग नहीं रचा ! वह तो गृहस्थ बादशाह था और बादशाह के ही परिधान में भ्रमण करता था। और आज का वहीं जनखंड जो औरंगज़ेब की धार्मिक वृत्ति में कट्टरता का अनुभव करता है और उसे प्रजा पर अन्याय मानता है क्यों अपने भगवाधारी शासनाध्यक्ष पर करतल ध्वनि करता है और उसपर मत-वर्षा करता है ? आख़िर क्यों ? आख़िर उसकी आस्था संविधान में है या कहीं और ? और उसकी अभिलाषा 'धर्मनिरपेक्ष गणराज्य की स्थापना' है या कुछ और? और वह औरंगज़ेब का मूल्यांकन धर्मनिरपेक्षता के पैमाने पर करना चाहता है या अपनी धार्मिक वृत्ति के पैमाने पर?

पर इन संभावनाओं के बावजूद किसी समकालीन पेशेवर इतिहासकार ने मंदिरों के अवशेष पर मस्जिद बनाने की चर्चा नहीं की है। मुग़ल सेना का सैनिक भीम सेन सक्सेना (यद्यपि उसकी जाति पारंपरिक रूप से सामरिक नस्ल नहीं थी फिर भी उसे मुग़ल सेना में बिना किसी विभेद के रखा गया था) ने अपनी आत्मकथा में औरंगज़ेब के मंदिर-विध्वंस और मस्जिद-निर्माण के चरणबद्ध अभियान की चर्चा नहीं की है और न ही इस कारण सेना या साम्राज्य में उदासीनता या आक्रोश की चर्चा किसी अन्य समकालीन लेखक ने की है। औरंगज़ेब के दरबार का एक ब्राह्मण अधिकारी, 'चंद्रभान' ने तो यहाँ तक लिखा है कि " प्रजा की चहुँ ओर से निरंतर रक्षा करने वाले सम्राट की रक्षा ईश्वर स्वयं करे " [41]। और आज मूर्तियों को ध्वस्त करने का आरोपी मुग़ल बादशाह औरंगजेब ने एलोरा की प्रसिद्ध कलाकृतियों का वर्णन करते हुए खुद लिखा है कि ये ईश्वर की सबसे बेहतरीन कृतियों में से एक हैं। [42] तो हम कैसे कह सकते हैं कि धार्मिक विद्वेष से प्रेरित होकर औरंगजेब ने

मन्दिरों का विध्वंस किया या मूर्तियों को भंजित किया। इसलिए अधिक सम्भावना है कि साम्राज्य द्वारा कुछ मंदिरों के विध्वंस किए जाने को समकालीन हिंदू समुदाय ने साम्राज्य की नियमित कार्यवाई माना हो जबकि आज का जन खण्ड उसे एक अभूतपूर्व कार्यवायी मान रहा है।

पर हमें यह भी याद रखना चाहिए कि इतिहास की घटनाओं की व्याख्या जब तत्काल

की अपेक्षा वर्तमान के परिपेक्ष में की जाती है तो कल के 'महापुरुष' आज के 'कापुरुष' बन जाते हैं और आज के 'कापुरूष' आने वाले कल के 'महापुरुष' ब्रन जाते हैं। पर ऐतिहासिक पात्रों के चरित्र की ऐसी चंचलता क्या समाज में किसी स्थाई आर्दश की स्थापना कर पाएंगी?

और अगर औरंगज़ेब की जगह संत कबीर, राजा राम मोहन राय, स्वामी दयानंद सरस्वती या पेरियार (ई. वी. रामास्वामी) सम्राट होते तो क्या करते? शायद वे भारत में एक भी मूर्ति या मंदिर अभंजित और अक्षुण्ण नहीं छोड़ते। पर वे शक्तिहीन थे, कोई सम्राट नहीं। इसलिए हिंदू धर्म पर उनका हमला सैद्धांतिक तक सीमित रहा। इसके विपरीत औरंगज़ेब एक सम्राट था, उसके पास असीमित शक्तियाँ थीं और वह व्यक्तिगत रूप से मूर्ति पूजा का विरोधी था। फिर भी कुछ अनिवार्य अपवादों को छोड़कर प्रजा को मूर्ति पूजन करने दिया क्योंकि उसका मूल उद्देश्य न तो हिंदू धर्म का विनाश करना था और न ही सुधार करना। उसने हिंदू धर्म को हिन्दुओं पर छोड़ देना श्रेयस्कर समझा। फरवरी 1659 में औरंगजब ने बनारस के मुग़ल अधिकारियों को फरमान जारी करते हुए लिखा " मुझे मालूम हुआ है कि कुछ लोगों द्वारा द्वेष और शत्रुता वश बनारस और उसके आसपास के हिंदुओं और ब्राह्मणों , जो मन्दिरों के स्वामित्व में हैं , को परेशान किया जा रहा है। आप देखें कि कोई भी व्यक्ति इन हिंदुओं और ब्राह्मणों को गैर कानूनी रूप से परेशान नहीं करे जिससे कि वे अपने पारम्परिक स्थान (मंदिर) पर बने रहें और सम्राज्य की निरंतरता की कामना करते रहें। "[43] उपर्युक्त तथयों को और संबलता तब मिलती है जब औरंगजेब का समकालीन फ्रांसीसी इतिहासकार फ्रैंकोईस बर्नियर उड़ीसा के पुरी में जगन्नाथ मंदिर के रथ यात्रा की क्रूरता और भयावहता से विचलित

होकर बादशाह पर आरोप लगाते हुए कहता है कि मुग़ल , मुस्लिम होने के बावजूद, हिंदू धर्म की इन प्राचीन कुप्रथाओं को जारी रखने की अनुमति दिए हुए हैं क्योंकि हिंदुओं के धर्मानुसार आचरण करने में बाधा डालने की या तो उनकी इच्छा नहीं है या उनमें पर्याप्त साहस नहीं है [44] (परन्तु जब बर्नियर और अन्य विदेशी यात्रियों ने इस रथ यात्रा की भयावहता का चित्रण बादशाह के समक्ष किया तो प्रजा के प्रति उसे अपने राजकीय कर्तव्यों का बोध हुआ और 1692 में बादशाह ने मन्दिर को ध्वस्त करने और रथ यात्रा पर रोक लगाने का आदेश देकर अपनी मासूम परन्तु धर्मांध हिंदू प्रजा के प्राणों की रक्षा वहां के धूर्त धर्माधीशों के धंधे एवं भगवान जगन्नाथ के "चक्र" से की)। पर अगर वह भी एक सामान्य व्यक्ति होता तो शायद मूर्ति पूजा की आलोचना खुलकर करता। पर संतों की भी सीमाएं होती हैं और सम्राटों की भी विवशताएँ होती हैं। इससे औरंगज़ेब भी भिज्ञ था और उपर्युक्त धर्म सुधारक भी। और अगर औरंगज़ेब मुस्लिम न होकर हिंदू होता तो वह आज हिंदू विरोधी कहलाता या धर्म-सुधारक? और अगर हिंदू धर्म के ये सुधारक हिंदू न होकर मुस्लिम होते तो वे सुधारक होते या शत्रु? आखिर सुधारक और शत्रु के बीच की विभाजन रेखा क्या है? क्या आज का उन्मादी जनखंड इसे स्पष्ट कर पाएगा ?

संस्थागत धर्मों से राज्य की दूरी बनाने के लिए औरंगज़ेब ने मुहम्मद गोरी के काल से सिक्कों के एक पहलू पर कुरान की आयतें और दूसरे पहलू पर हिंदू देवी-देवताओं की प्रतिमाएँ उकेरने की प्रथा को समाप्त कर दिया और दोनों समुदायों को संतुष्ट करने के लिए उसने अपने इस निर्णय की अलग-अलग व्याख्यायें किया लेकिन जिनकी आस्था राज्य की अपेक्षा धर्म में होगी उन्हें तो ऐसे कदम धर्मविरोधी लगेंगे हीं और शासक और शासन को अपने मनोनुकूल चलाने की इच्छा रखने वालों को तो ऐसे शासक एकांगी लगेंगे हीं। इसमें शासक का क्या दोष है?

पर लंबे शासनकाल में किसी भी शासक से आशा करना कि उसे धर्म के प्रति कभी कोई प्रवृत्ति नहीं आई हो, उसमें कोई अनुराग नहीं जगा हो या वह धर्मविमुख हो गया हो व्यावहारिक कम और सैद्धांतिक अधिक होगा। पर औरंगज़ेब से इनकी आशा करने वाला जनसमुदाय

क्या बता सकता है कि 26 जनवरी 1950 को दुनिया को बड़ी--बड़ी बातें कहने वाला और 1951 में सोमनाथ के मन्दिर के आमंत्रण को ठुकड़ा देने वाला उसका शासनाध्यक्ष (संविधान और पद एक ही है भले ही व्यक्ति अलग - अलग हों) आज मन्दिर - मन्दिर क्यों भटक रहा है और धर्माधीशों से निर्देश क्यों मांग रहा है। औरंगज़ेब के समय तो देश के लिए न कोई लिखित संविधान था और न ही दुनिया में धर्मनिरपेक्षता की अवधारणा विकसित हुई थी। पर आज का उन्मादी जनखंड भूत में जाकर औरंगज़ेब को कठघरे में खड़ा कर रहा है और वर्तमान के शासनाध्यक्ष के मंदिर परिभ्रमण पर हर्षोल्लास कर रहा है। आखिर क्यों?

औरंगजेब पर आज यह भी आरोप लगाया जा रहा है कि द्वेषवश उसने हिंदुओं के होली और दीवाली जैसे त्योहारों को रोकने का प्रयास किया। पर मेरा मत है कि उसका यह कदम किसी साम्प्रदायिक विद्वेष का परिणाम नहीं था बल्कि उसके अति शुद्धता वादी और संयमी होने का प्रतिफल था। इसलिए उसने होली की पूर्व संध्या पर होलिका दहन के लिए होने वाली लकड़ी की चोरी और होली और दीवाली के हुडदंग को निषेध करने के साथ - साथ पारसी नव वर्ष " नव रोज " , मुस्लिम त्योहारों ईद उल फितर और ईद उल अजहा के हर्षोल्लासों को भी समरूपता से नियंत्रित करने के लिए निषेधज्ञा जारी किया। इतना ही नहीं , वह मुहर्रम के " मातम " को भी नियंत्रित करने के लिए राजाज्ञा जारी किया [45]

आज के इतिहासकारों द्वारा सबसे गंभीर आरोप जो औरंगजेब पर लगाए जा रहे हैं वह है अपने परदादा अकबर द्वारा लगभग 100 वर्षों पूर्व उठा लिए गए जजिया कर के पुनः अधिरोपण का। इस सम्बंध में मैं कहना चाहूंगा कि जजिया के अधिरोपण के साथ ही आर्थिक क्षतिपूर्ति हेतु उसने प्राक इस्लामिक काल से चले आ रहे लगभग 84 करों यथा राहदारी , व्यापार कर, बकरी कर , चारागाह कर, हिंदुओं और मुस्लिमों पर लगने वाले मेला और जलसा कर, मदिरा कर , जुआ कर , वेश्यावृति कर , धन्यवाद प्रसाद कर और दंडाधिकारी द्वारा वसूले गए कर्ज की राशि का एक चौथाई राशि कर के रूप में वसूलने की

प्रथा को समाप्त कर दिया[46]। अगर जजिया अमानवीय कर था तो क्या प्राक - इस्लामिक उपर्युक्त कर मानवीय थे ? और आपदा की परिस्थितियों में तो जजिया की राशि प्रजा को वापस भी कर दी जाती थी[47] थी। पंरतु आज का इतिहासकार वर्तमान पीढ़ी को केवल जजिया के पुनः अधिरोपण को अमानवीय और अनैतिक प्रमाणित कर औरंगजेब का चरित्र चित्रण कर रहा है। आख़िर क्यों ? क्या सांप्रदायिक सत्ता का स्नेह और सामीप्य की उत्कट आकांक्षा उसकी बौद्धिकता पर भारी पड़ रही है ?

एक अन्य आरोप जो औरंगज़ेब पर आज लगाए जा रहे हैं वह है अपने भाइयों की हत्या का और अपने पिता को बंदी बनाने का। इस संबंध में मैं कहना चाहूँगा कि इतिहास में यह घटना अभूतपूर्व नहीं थी। इसके पूर्व भी इससे भी जघन्य हत्याएं हुई थीं पर उनको इतिहास से विलोपित कर देना और औरंगज़ेब के जीवन की इन घटनाओं को आलोकित करना हमारी 'चयनात्मक इतिहास-बोध' का प्रतीक हैं। प्राचीन काल में अजातशत्रु अपने पिता बिम्बिसार की हत्या कर मगध के सिंहासन पर बैठा था और अजातशत्रु की हत्या कर उसका पुत्र गद्दी पर बैठा। चक्रवर्ती सम्राट अशोक अपने भाइयों की हत्या कर मगध की गद्दी पर बैठा था और अपने पिता को बंदी बनाकर अपना राज्याभिषेक करवाया था। मध्य काल में मारवाड़ के शासक अजीत सिंह की हत्या उसके ही पुत्रों ने की थीं , राणा कुम्भा की हत्या उसके पुत्र उदय सिंह ने की थी और राणा सांगा की हत्या उसके विश्वस्त राजपूत सरदारों ने ही की थी। और राजस्थान की ये घटनाएं अपवाद नहीं थीं बल्कि ऐसी दर्जनों घटनाएं हुईं जिनमें पिता ने पुत्रों को मारा और पुत्रों ने पिता को और भाइयों ने भाइयों को मारा ! उन सभी घटनाओं का उल्लेख करना यहाँ व्यावहारिक नहीं होगा। पर इस संबंध में मेरा मत है कि ये राजतंत्रात्मक-व्यवस्था के नैसर्गिक और अपरिहार्य अंश थे लेकिन पता नहीं नव-इतिहास बोध से ओतप्रोत आज की पीढ़ी इन घटनाओं को विस्मृत क्यों कर जाती है और भ्रातृ-हत्या का आरोप केवल औरंगज़ेब पर ही क्यों लगाती है?

मुग़ल वंश परंपरा में भी औरंगजेब का यह कृत्य अपवाद नहीं था। जहांगीर ने भी अपने विद्रोही पुत्र खुसरो को पहले आंखें निकलवा कर अंधा कर बंदीगृह में डाला [48] फिर उसकी हत्या करवाई (या संदिग्ध परिस्थितियों में मारा गया) और जब उसके कब्र पर प्रजा अपनी श्रद्धांजलि अर्पित करना शुरू की तो उस कब्र को भी नष्ट करवा दिया [49]। शाहजहां ने केवल अपने भाई 5 वें मुग़ल बादशाह द्वार बख़्श बुलाकी की हत्या कर हिंदुस्तान की गद्दी पर नहीं बैठा बल्कि पेशेवर इतिहासकारों की स्मृति से भी उसका लोप करा दिया और साथ ही साथ बादशाहत के अन्य सभी संभावित दावेदारों को सदा के लिए समाप्त करने के लिए अपने अन्य भाइयों और उनके अवयस्क बच्चों तक को मरवा दिया। तो ऐसी परम्परा के रहते केवल औरंगजब को दोषी ठहराना कितना न्यायोचित होगा ? और अगर सत्ता के संघर्ष में औरंगजब पराजित हो गया होता तो दारा का व्यवहार उसके साथ क्या इससे बेहतर होता ? इटली का प्रसिद्ध यात्री निकलाओ मनुची लिखता है कि मौत की सजा के दिन जब औरंगजेब ने दारा शिकोह से यहीं प्रश्न किया तो उसने (दारा शिकोह) कहा " वह औरंगजेब के शरीर के चार टुकड़े कर दिल्ली के चार मुख्य दरवाजों पर प्रजा के बीच प्रदर्शन के लिए रखवा देता "। [50]

यहाँ मैं यह भी उल्लेख करना चाहूँगा कि औरंगज़ेब ने अपने पिता को कारावास में नहीं डाला था बल्कि आगरा के किले में ही रखा था और उनकी हत्या नहीं की थी बल्कि उन्हें अपनी प्राकृतिक मौत मरने दिया था और दारा शिकोह की हत्या के समय जो उसका अल्पवयस्क पुत्र उसके साथ था उसी से औरंगज़ेब ने मुग़ल परंपरा के विपरीत जाकर (क्योंकि मुग़लों में लड़कियों की शादी की परंपरा नहीं थी) अपनी बेटी का निकाह कर एक आर्दश प्रस्तुत किया और उसे सूबेदार बनाकर गुजरात भेजा था जिसने औरंगज़ेब के शासन को शिखर तक पहुंचाने का भरसक प्रयास किया। पर जिस दारा की हत्या को साम्राज्य की दीर्घायु के लिए उसके बेटे ने विस्मृत कर देना उचित समझा उसे आज का जागरूक इतिहासकार स्मृत क्यों कर रहा है? क्या मुग़लों के वंशजों के प्रति उसकी आस्था बढ़ गई है या यह मात्र राजनीति है?

पारिवारिक स्तर पर भी औरंगज़ेब न तो अपनी पत्नियों में उनके धर्मों के आधार पर विभेद किया और न ही उनसे उत्पन्न बच्चों में। यहाँ तक कि उसकी हिंदू पत्नी ने उसके साथ सती होने तक की इच्छा प्रकट की थी जिसे औरंगज़ेब ने मना कर दिया था। इसके विपरित , मस्तानी जीवनपर्यंत बाजीराव प्रथम की पत्नी बनने का स्वप्न देखते हुए मृत्यु को प्राप्त हो गई और उन दोनों के संयोग से उत्पन्न बच्चा आजीवन अवैध संतान का कलंक लिए हुए वात्सल्य-सुख को तरसता रहा और हिंदुत्व के प्रति पितृ पक्ष से नैसर्गिक अनुराग होने के बावजूद भी पुणे के चितपावन ब्राह्मणों ने उसे इस्लाम स्वीकारने को विवश किया। तब हम कैसे कह सकते हैं कि औरंगज़ेब या मुग़ल वंश धार्मिक रूप से असमावेशी था और बाजीराव प्रथम और पेशवाओं की नस्ल (चित्पावन ब्राह्मण) समावेशी? आखिर इसके वस्तुनिष्ठ आधार क्या हैं? और आधुनिकता के किन मानदंडों पर आज का भूतलक्षी समाजशास्त्री, औरंगज़ेब का मूल्यांकन कर उसे आदर्शों से रहित और बाजीराव प्रथम को आदर्शों से सहित प्रमाणित करने को आतुर है? आखिर उसकी आधुनिकता और आदर्शों के मानदंड क्या हैं?

स्त्रियों के प्रति अपनी संवेदनशीलता और प्रजा के प्रति नैतिक जिम्मेवारियों के बोध के कारण औरंगज़ेब ने देशभर के वेश्यालयों को बंद करने के आदेश दिए और रूपजीवाओं को सीमित समय में परिणय-सूत्र में बंधकर गृहस्थ जीवन जीने को प्रेरित किया [51] और उनके सामाजिक पुनर्वास हेतु राजकीय वित्तीय सहायता का भी प्रावधान किया था। परंतु स्त्रियों की यौनेक्षा के नैसर्गिक अधिकार के प्रति भी अपनी संवेदनशीलता के कारण पीढ़ियों से मुग़लों में लड़कियों के अविवाहित रहने की परम्परा को तोड़कर उसने हरम की सभी युवतियों का विवाह करवाया (यहां तक कि दारा शिकोह के पुत्र सुलेमान शिकोह जिसे औरंगजेब ने अफ़ीम देकर मरवा दिया था की पुत्री से अपने पुत्र अकबर का निकाह करवाया और अपनी पुत्री जबदातून निशा का निकाह दारा के छोटे पुत्र सिपिर शिकोह से करवाया [52]। तो हम कैसे कह सकते हैं कि औरंगज़ेब एक असंवेदनशील और अप्रगतिशील मुस्लिम बादशाह था? इसके

विपरित , जैसा कि ऊपर के अनुच्छेद में वर्णित किया गया है , गैर मुस्लिम राजाओं के राज्यों में “वेश्यावृति कर” राजकीय आय का प्रमुख श्रोत थी (उनकी आय पर 15 से 30 प्रतिशत तक कर लगाए जाते थे) और उसकी अभिवृद्धि और निरंतरता के लिए राज्य द्वारा विवाहों पर अनुपातहीन कर लगाए जाते थे जिससे कि अधिकाधिक युवतियां अविवाहित रह जाएं और विवश होकर इस व्यवसाय का अंग बन जाएं और राजकीय कोष की समृद्धि में सहायक हों। पर इसके बावजूद आज इतिहास के ये हिंदू राजा हिंदू महिलाओं की स्मिता के रक्षक और औंगजेब भक्षक बन गया है। आख़िर क्यों ?

महिलाओं के प्रति अपनी इसी संवेदनशीलता और प्रगतिशीलता के कारण ही औरंगजेब ने सती जैसी अमानवीय प्रथा के उन्मूलन के लिए परामर्श, उपहार और विधवा वृतिका का प्रवधान कर हजारों हिंदू महिलाओं को ज़ौहर की ज्वाला से बचाकर जीवन दान दिया। इसके बावजूद , समकालीन यूरोपीय दरबारी इतिहासकारों ने इस क्रूर प्रथा के विरुद्ध कोई दंडात्मक प्रावधान नहीं करने के लिए उसकी आलोचना किया है (कोई भी हिंदू विधवा प्रांतीय शासक की अनुमति के बिना सती नहीं हो सकती थी और प्रांतीय शासक जब तक परामर्श, प्रतिवाद ,प्रोत्साहन और प्रलोभन में असफल नहीं हो जाता था तबतक वह इसकी अनुमति नहीं देता था। यहां तक कि खुद असफल होने पर परामर्श और प्रतिवाद के लिए अपने हरम की महिलाओं के बीच भी उसे भेज देता था। इसलिए यह क्रूर प्रथा उन्हीं सूबों (प्रांतों) में जारी रही जो या तो मुगलों के सीधे नियंत्रण में नहीं थे या जहां नस्लीय स्वाभिमान और स्वायतता का सम्मान करते हुए मुस्लिम सूबेदार नियुक्त नहीं किए जाते थे जैसे राजपूताना)।[53] पर औरंगजेब एक हिंदू बहुल देश के मुस्लिम बादशाह की सीमाओं के प्रति भी सजग था इसलिए शायद चाहकर भी कोई दंडात्मक प्रावधान नहीं कर सकता था। अगर स्त्रियों के प्रति उसकी संवेदनाएं चयनात्मक होती तो वह केवल मुस्लिम रूपजीवाओं के पुनर्वास की योजना बनाता और हिंदू रूपजिवाओं को प्रोत्साहित कर राजकीय कोष की अभिवृद्धि करता और अगर उसकी प्रतिबद्धता केवल इस्लाम की अभिवृद्धि होती तो

हिंदू महिलाओं को जौहर की ज्वाला में जलने देता और सती प्रथा के उन्मूलन के लिए राजकीय उपहार और वृत्तिका का प्रावधान कर राजकीय कोष पर अतिरिक्त बोझ नहीं डालता। इसके विपरीत, चक्रवर्ती सम्राट अशोक ने यातना-शिविर बनवाये थे और उसकी ज्वाला में अपनी दासियों तक को जलवाया था और वेश्यालयों तक पर भी भारी कर लगाया था। फिर भी आज अशोक महान् है और उसका स्तंभ भारत का राष्ट्रीय प्रतीक है और औरंगज़ेब हैवान है और उसके प्रतीकों की नीवें खोदी जा रही हैं ! आख़िर क्यों?

वास्तव में औरंगज़ेब के चरित्र को जितना असहिष्णु आधुनिक इतिहासकार बताने का प्रयास कर रहे हैं वह उतना था नहीं। इसे उस काल के एक उदाहरण से समझा जा सकता है। मुग़ल दरबार का एक दरबारी जिसने उम्र की ढलान पर एक नवयवना से विवाह रचाया था ने औरंगज़ेब के समक्ष एक दरबारी कवि के विरुद्ध शिकायत की कि उसपर वह इसके लिए बार-बार व्यंग करता है। इसपर औरंगज़ेब ने शिकायतकर्ता दरबारी को कहा ' वह (टिपण्णीकर्ता दरबारी) जब मुझे (बादशाह को) वह नहीं छोड़ता है तो दूसरों को कैसे बख़्श देगा! मैंने तो उसका पारितोषिक भी इस आशा में बढ़ा दिया कि वह मुझे छोड़ देगा पर इसके बावजूद भी मेरे प्रति उसके व्यंग वाणों में कोई कमी नहीं आई है। हमें अपनी भावनाओं पर नियंत्रण रखना चाहिए और सौहार्द पूर्ण वातावरण में रहना चाहिए " [54] और इस तरह बादशाह ने उस मामले को निपटाया। पर आज की सत्ता जो बात बात पर गैर कानूनी गतिविधियां (रोकथाम) अधीनियम (UAPA) के तहत मुकदमा कर अपने आलोचकों को वर्षों तक बिना किसी न्यायिक सुनवाई के कारागारों में बंद रख रही है वह भी औरंगजेब को असहिष्णु प्रमाणित करने को आतुर दिख रही है और आधुनिक इतिहासकार औरंगज़ेब का ऐसा चरित्र-चित्रण कर रहे हैं मानो वह बिना किसी का पक्ष सुने ही हर मामले में गर्दन पर तलवार चला देता था या हाथी के पैरों से कुचलवा देता था। इसके विपरीत, अकबर का ऐसा चरित्र-चित्रण करते हैं मानो वह बुद्ध की तरह अहिंसा का व्रतधारी था जबकि वास्तविकता तो यह है कि जब साम्राज्य के लिए परिस्थितियाँ उत्पन्न हुईं तो अकबर

भी असहिष्णुता और क्रूरता का परिचय देने से पीछे नहीं रहा। उसने भी परिस्थितियाँ उत्पन्न होने पर अपनी धाय माता माहम अंगा के पुत्र अधम खां की निर्मम हत्या करवाई , गुजरात अभियान के समय अपने कुटुम्बी मुग़लों की भी निर्मम हत्याएं करवाई और परिस्थितियां उत्पन्न होने पर अपने चाचा कामरान के पुत्र अबुल कासिम को भी मौत के घाट उतार दिया [55]। वास्तव में परिस्थितिनुकूल सहिष्णुता और क्रूरता प्रदर्शित करना एक कुशल बादशाह के चरित्र के अनिवार्य अंग हैं और जब-जब इनका अभाव किसी बादशाह में हुआ है तब-तब साम्राज्य बाहरी आक्रमणों से बर्बाद हुआ है या आंतरिक अलगाववाद से बिखरा है। पर आधुनिक इतिहासकार अपनी साम्प्रदायिक प्रवृत्तियों के आधार पर सहिष्णुता और असहिष्णुता की परिभाषाएं गढ़ने का प्रयास कर रहे हैं और उसी आधार पर अकबर और औरंगज़ेब का चरित्र-चित्रण कर रहे हैं। पर वास्तविकता तो यह है कि अकबर और औरंगज़ेब दोनों ही समकालीन अन्य शासकों की भाँति विस्तारवादी बादशाह थे पर औरंगज़ेब के सम्मुख समस्या यह थी कि वह इस्लाम के नियमों के विरुद्ध 4 से अधिक विवाह कर या विवाहेत्तर-संबंध बनाकर साम्राज्य का विस्तार नहीं करना चाहता था जबकि अकबर ने साम्राज्य-विस्तार के लिए इस्लामिक प्रतिबंधों के विरुद्ध विवाह करके साम्राज्य का विस्तार करने का प्रयास किया और जहाँ भी उसकी यह नीति असफल रही वह तलवार की भाषा का सहारा लेने से नहीं चूका। इसलिए यह कहना कि अकबर 'सहिष्णु' था और औरंगज़ेब 'असहिष्णु', तथ्यों से परे है। वास्तव में अकबर एक बादशाह के साथ एक सफल कूटनीतिज्ञ भी था पर औरंगज़ेब एक विशुद्ध बादशाह था।

पर यह कहना कि औरंगजेब केवल विशुद्ध बादशाह था और मानवीय आदर्श उसके चरित्र के नैसर्गिक अंग नहीं थे ऐतिहासिक रूप से सत्य नहीं होगा। उसने अपने कारावास में रह रहे क्षत्रपति शिवाजी के पौत्र शिवाजी द्वितीय का नामकरण " सावजी " (मराठों का संप्रभु राजा) किया। इतना ही नहीं , बल्कि अपनी मृत्यु के पूर्व उसका विवाह अपने ही दो मुग़ल सरदारों रुस्तम राव और सिंधिया की पुत्रियों से करवाया और उपहार स्वरुप विभिन्न जिलों की जागीरें दिया, अपनी व्यक्तिगत

तलवार भेंट किया और साथ ही क्षत्रपति शिवाजी का तलवार ' भवानी ' एवं बीजापुर सल्तनत के सेनापति अफ़ज़ल ख़ान (जिसे शिवाजी ने धोखे से मारा था) की भी तलवार जिन्हें रायगढ़ के किले पर मुग़ल आक्रमण के समय मिर्जा राजा जयसिंह ने जब्त किया था को भी भेंट में दिया। [56] और यह एकल घटना नहीं थी बल्कि औरंगजेब के चरित्र के नैसर्गिक अंश थे। इसलिए जब गोलकुंडा का अपदस्थ बादशाह अबुल हसन , जो मुग़ल कारावास में था , ने जब सार्वजनिक रूप से कहा कि उसे एक संगीतज्ञ को 1 लाख रुपयों का पारितोषिक देने का वचन दिया था तो व्यक्तिगत रूप से मितव्ययी होने और संगीत का पक्षधर नहीं होने के बावजूद भी औरंगजेब ने उसे उक्त राशि प्रेषित दिया। [57] आख़िर कितने हिंदू सम्राटों और राजाओं ने ऐसे उच्च कोटि के आदर्श प्रस्तुत किए हैं ? क्या आज का दक्षिण पंथी इतिहासकार उनकी गणना करवा सकता है ?

औरंगजेब पर आज यह भी आरोप लगाया जा रहा है कि उसकी न्यायिक व्यव्स्था एकांगी और मुस्लिम परस्त थी और उसके द्वारा प्रायोजित न्याय संहिता " फतवा ए आलमगिरी " पर आधारित थी परंतु वास्ताव में उसकी न्यायिक व्यव्स्था साम्राज्य परस्त थी। 1700 ईस्वी में मराठों के गढ़, सतारा के किले पर अभियान के समय मुग़ल सेना ने 9 हिंदूओं और 4 मुस्लिमों को बंदी बनाकर मुग़ल न्यायधीश के समक्ष प्रस्तुत किया जिसने उक्त न्याय संहिता का हवाला देते हुए मुस्लिम बंदियों को 3 वर्षों के कारावास की सजा और हिंदू बंदियों को , अगर वे इस्लाम कबूल कर लें तो , पूर्ण क्षमा दान का निर्णय सुनाया। औरंगजेब इस निर्णय से नाखुश होकर न्यायधीश को पुनर्विचार करने का आग्रह किया जिससे कि प्रजा पर साम्राज्य का नियंत्रण समाप्त नहीं हो सके। और इस आलोक में सभी बंदीयों को उनकी धार्मिक वृत्ति से निरपेक्ष सूर्यास्त के पूर्व ही मौत की सजा दे दी गई। [58] पर आज औरंगजेब की न्यायिक व्यव्स्था पर वहीं जनखंड प्रश्न कर रहा है जो हिन्दू स्मृतियों और न्यायिक संहिताओं के चातुर्वरणीय एकांगी न्याय का सदियों से लाभार्थी रहा है और आज भी उनकी महिमा की चाव से चर्चा करते रहता है।

अपनी न्याय परायणता की सीमाओं से औरंगजेब अपने परिवार के सदस्यों को भी बाहर नहीं रखा , बल्कि उनके लिए न्याय के प्रावधानों को और अधिक सख्त किया इसलिए उसने सूरत के राजकीय मार्ग पर डकैती रोकने में विफल रहने पर बिना किसी अनुसंधान के शहजादा आजम शाह के मनसब को घटाते हुए लिखा " यदि शहजादे के अलावा किसी अन्य अधिकारी ने ऐसी गलती की होती तो यह आदेश अनुसंधान के पश्चात पारित किया जाता पर एक शहजादे के लिए बिना अनुसंधान के ही सजा उपयुक्त होती है। " [59] पर आज औरंगजेब की न्यायिक व्यवस्था पर वहीं लोग प्रश्न खड़ा कर रहे हैं जो सार्वजनिक जीवन में अपने बच्चों और सगे संबंधियों के हित में नैतिकता को ताक पर रखे हुए हैं और 70 वर्षों में ही अपने परिवारवाद की रस्सी से देश के लोकतन्त्र की गला घोंटने में शर्म महसूस नहीं कर रहे हैं।

व्यक्तिगत स्तर पर भी औरंगजेब न्याय का इतना पक्षधर था कि वह सत्ता के संघर्ष में मारे गए अपने प्रतिद्वंद्वी भाई मुराद (जो उस समय गुजरात का शासक था) के द्वारा गुजरात के जैन व्यापारी शांति दास से लिए गए कर्ज का भी भुगतान किया [60]। पर आज का वह जन खण्ड भी औरंगजेब की निष्ठा और न्याय पर प्रश्न कर रहा है जो या तो देश की संपति लेकर विदेश भाग गया है या जो देश में ही रहकर वित्तीय घोटालों में आकंठ डूबा हुआ है और देश की अर्थव्यवस्था को दिन प्रतिदिन खोखला बनाते जा रहा है। पर क्या सचमुच उसे औरंगजेब की निष्ठा पर प्रश्न करने का कोई नैतिक अधिकार है ?

और न्याय के प्रति इसी निष्ठा से वह साम्राज्य को एक सूत्र में बांधकर रखना चाहता था न कि सामरिक क्षमता से। इसलिए बंगाल और दक्कन में सैन्य शिथिलता पर जब आगरा के किले में कैद बादशाह शाहजहां ने उसे पत्र लिखा तो औरंगजेब ने उसे उत्तर देते हुए लिखा " मैं आपको याद दिलाते हुए कहना चाहूंगा कि दुनिया के सबसे बड़े विजेता दुनिया के सबसे अच्छे शासक नहीं हुए हैं। दुनिया के देश मात्र असभ्य और बर्बर राजाओं द्वारा विजित किए गए हैं और अधिकतर सामरिक सफलताएं कुछ ही वर्षों में धराशाई हो गईं हैं। वास्ताव में सच्चा शासक वही है जिसके जीवन का उद्देश्य न्याय पूर्ण और निष्पक्ष

शासन करना है "। [61] इससे यह भी स्पष्ट होता है कि सत्ता के उस संक्रमण काल में भी पिता और पुत्र के बीच पत्राचार होता था और दोनों साम्राज्य की सुरक्षा और समेकन के लिए समान रूप से चिंतित थे पर साथ ही साथ बादशाहत की विवशताओं से भी दोनों अनभिज्ञ नहीं थे।

इन तथ्यों के बावजूद आधूनिक इतिहासकार उसे एक निरंकुश बादशाह कहते हैं और वर्तमान सत्ता उनके इस चित्रण का उपयोग कर जनता का धार्मिक धुव्रीकरण कर मत बटोरने को आतुर दिखती है। पर निरंकुशता के अर्थ क्या हैं ? जब राज्य में कोई लिखित संविधान नहीं हो और लोकतंत्र नहीं हो तो कोई भी शासक निरंकुश होगा। परंतु उस काल में भारत में ही नहीं दुनियां के अन्य देशों में भी न तो कोई लिखित संविधान था और न ही किसी प्रकार का लोकतन्त्र। पर इसकी भी आशा आज का इतिहासकर केवल औरंगजेब से कर रहा है न कि किसी राणा सांगा , राणा कुम्भा या किसी चौहान से। निरंकुश शासन व्यव्स्था की दूसरी पहचान है शक्तियों का किसी व्यक्ति या व्यक्तियों के किसी समूह में अतिकेंद्रित होना। पर जब हम तत्कालीन शासन व्यव्स्था को देखते हैं तो पाते हैं कि वह अति विकेंद्रित थी और बादशाह की गरिमा और महिमा का शासन में सर्वथा अभाव था। संपूर्ण सम्राज्य में व्यापारियों और यात्रियों को कदम - कदम पर स्थानीय दबंगों को राहदारी और पंडारी जैसे अवैध कर देने पड़ते थे। इस्लामिक शासन के पूर्व के ये कर चाहकर भी न तो औरंगजेब रोक पाया और न ही किसी अन्य मुस्लिम या मुग़ल बादशाह ने। यद्यपि औरंगजेब ने इसपर राजकीय निषेधाज्ञा भी जारी किया था। [62] साम्राज्य में चारों तरफ रिश्वतखोरी का प्रचलन था और उसके अधिकतर फरमान और आदेश इसके भेंट चढ़ जाते थे। जब ब्रिटिश राजनयिक , विलियम नॉरिस ने स्थानीय अधिकारियों से कहा कि उसे बादशाह से बिना उत्पाद - शुल्क के सामान ले जाने का अधिकार प्राप्त है तो फौजदार ने कहा " इस मामले में बादशाह का आदेश कोई मायने नहीं रखता है "। इसी प्रकार एक अन्य ब्रिटिश यात्री, पीटर मुंडी ने जब इलाहाबाद के निकट स्थानीय अधिकारियों से बादशाह और सूबेदार से पथ-कर से मुक्ति का अधिकार प्राप्त होने का दावा किया तो स्थानीय अधिकारियों ने न

केवल उसके इस दलील की उपेक्षा की बल्कि, बादशाह और सूबेदार दोनों को गंदी – गंदी गालियां भी सुनाई। एक उदाहरण में तो बादशाह एक महिला का राज्य द्वारा जब्त भू - खण्ड भी मुक्त कराने में असफल रहा क्योंकि उसके सात बार आदेश देने के बाद भी स्थानीय अधिकारियों ने तकनीकी कारणों का हवाला देकर बादशाह के आदेश का क्रियान्वयन करने में असमर्थता जताई। और जब उक्त महिला 8 वीं बार बादशाह के समक्ष गुहार लगाई तो बादशाह ने कहा कि वह अब कुछ नहीं कर सकता है क्योंकि वे लोग (स्थानीय अधिकारी) उसकी (बादशाह) नहीं सुन रहे हैं और इसलिए वह अब ईश्वर के समक्ष ही गुहार लगाए [63]। तत्कालीन मुग़ल अधिकारियों के लाल फिताशाही से औरंगजेब इतना त्रस्त था कि अपनी स्थिति पर अक्सर उसे रोना आता था क्योंकि उसके आदेशों का अक्सर अनुपालन नहीं होता था। और हो भी नहीं सकता था क्योंकि उसके लिए स्थापित प्रक्रियाएं थीं जिनका अनुपालन आवश्यक था। उदाहरण के लिए मुग़ल सेवा में किसी व्यक्ति की बादशाह की नियुक्ति का आदेश लगभग 19 स्तरों से गुजरता था जिस पर अनगिनत हस्ताक्षर और टिप्पणियां अंकित की जाती थीं और जब अंत में वेतन-विन्यास तैयार होता था तो उसपर 3 विभिन्न विभागों के 6 अधिकारियों के हस्ताक्षर अंकित होते थे तब यह राजकीय कोषागार में मान्य होता था [64]। पर इस लाल फिताशाही के बावजूद बादशाह अधिकारियों के महत्व को समझता था। इसलिए जब एक भूमि विवाद का मामला उसके समक्ष लाया गया तो वह इसे सुनने से इंकार कर दिया यह कहते हुए कि " भूमि विवाद के मामले भूमि पर ही निपटाए जाते हैं " [65]। तो हम कैसे कह सकते हैं कि औरंगजेब एक निरंकुश शासक था ?

साम्राज्य पर बादशाह का नियंत्रण कमजोर होने के कारण ही 1692 का पुरी के मन्दिर को ध्वस्त कर देने का बादशाह का फ़रमान रिश्वत खोरी का भेंट चढ़ गया। क्या किसी निरंकुश शासन में ऐसा हो सकता है ?

औरंगजेब के जीवन के अन्तिम दिनों में जब साम्राज्य की आर्थिक स्थिति बिगड़ गई तो बादशाह ने शाही शिविर में चल रहे साहूकारों के

समक्ष ब्याज रहित ऋण का प्रस्ताव रखा तो उन्होंने यह कहते हुए इंकार कर दिया कि इससे गलत परम्परा की शुरुआत होगी। [66] क्या एक निरंकुश शासन में कोई व्यापारी ऐसा करने का साहस कर सकता है ? पर औरंगजेब साम्राज्य की अर्थव्यवस्था में इन साहूकारों के महत्व को समझता था और उनकी नीति और नियमों की स्वायता का सम्मान भी करना जानता था और साहूकारों को भी इतनी स्वंतत्रता और साहस थी कि वे बादशाह को " नहीं " कह सकें। पर आज की सत्ता जो भारतीय रिजर्व बैंक से बिना पूछे ही उसके द्वारा जारी मुद्रा को अवैध घोषित कर देता है और बिना किसी वितीय आपात स्थिति के उसके अधिशेष निधि से जबरन उधार ले लेता है और ऐसा करने से मना करने पर बार-बार अल्पावधि में ही उसके गवर्नर को बदल देता है वह भी औरंगजेब को निरंकुश प्रमाणित करने को आतुर दिख रहा है। आख़िर क्यों।

जब औरंगजेब को अपनी व्यक्तिगत व्यय के लिए भू -खंड की अवश्यकता पड़ी तो उसे क्रय करना पड़ा क्योंकि उसका मानना था कि साम्राज्य किसी बादशाह की वंशानुगत संपति नहीं है। और केवल औरंगजेब ने ही ऐसा नहीं किया था बल्कि, जहांगीर को भी काबुल में बगीचा लगाने के लिए भू – खंड क्रय करना पड़ा था और शाहजहां को भी ताज महल बनाने के लिए जय सिंह को क्षतिपूर्ति देना पड़ा था यद्यपि राजा जय सिंह बादशाह को उसे उपहार स्वरूप देना चाहता था [67]। तो इस व्यव्स्था को निरंकुश कैसे कह सकते हैं ? पर वर्तमान की विडंबना है कि जो लोग बड़े पैमाने पर जबरन भूमि हड़पने के व्यवसाय में लगे हैं और जो सत्ता शहरों के सौंदर्यीकरण के नाम पर हजारों लोगों के घर और व्यासायिक भू – खंडों को बिना किसी उचित क्षतिपूर्ति के अधिग्रहण कर ले रही है वह भी औरंगजेब को निरंकुश प्रमाणित करने को आतुर दिख रही है।

प्रजा को त्वरित न्याय देने के लिए अपने नियमित दर्शन के अतिरिक्त औरंगजेब ने सप्ताह का एक दिन

न्यायिक दायित्वों के निर्वहन के लिए रखा था और अपने न्याय को समाज के अन्तिम छोर तक पहुंचाने के उद्देश्य से सप्ताह का एक दिन

समाज के निचले स्तर के लोगों की गुहार सुनने के लिए रखा था [68] और उसके न्याय संयम और विवेक से लिए गए निर्णय होते थे न कि आवेश में लिए गए तात्कालिक निर्णय। अकबर ने शाही सोफा के निकट सोने के अपराध में चिराग जलाने वाले एक व्यक्ति को दुर्ग के प्राचीर पर फेंकवा दिया। इसी प्रकार जहांगीर ने एक व्यक्ति को केवल इसलिए घटना स्थल पर फांसी दिलवा दिया क्योंकि शिकार करते समय वह शिकार और बादशाह के बीच आ गया जिससे कि बादशाह का निशाना चूक गया और शिकार भाग गया [69]। इनके विपरीत जब औरंगजेब जुम्मे की नमाज़ अदा करने जामा मस्जिद जा रहा था तो एक फ़कीर ने उसपर मानव मल प्रक्षेपित कर दिया तब भी उसने अपना संयम नहीं खोया और फ़कीर को क्षमा दान कर दिया। इसी क्रम में जब वह जामा मस्जिद में अस्वारोहन कर रहा था तो एक सिरफिरा उसपर तलवार से हमला करने का प्रयास किया और जब उसके सुरक्षा कर्मियों ने उस हमलावार को मौत के घाट उतारना चाहा तो उसने मना कर दिया और उसे प्रतिदिन आधे रुपए के निर्वहन के साथ रणथंभौर के कैदखाने में भेज दिया। [70]

आज भले ही सरकारी कर्मचारीयों / पदाधिकारियों की सेवानिवृतिका समाप्त कर दी गई हो और राजनितिक दबाओं के कारण वे स्वैच्छिक सेवा निवृत्ति और त्यागपत्र देने को विवश किए जा रहे हों पर औरंगजेब के काल में बादशाह सेवा निवृत्ति के पश्चात शेष जीवन निवृतिका देते रहता था और अगर कोई सक्षम पदाधिकारी सेवा निवृत्त होता था या सेवा से त्यागपत्र देता था तो बादशाह उसे सेवा में बने रहने के लिए समझाता था [71] और किसी पदाधिकरी की असामयिक मृत्यु होने पर उसके बच्चों को साम्राज्य की विशेष अनुकम्पा के प्रावधानों के तहत राजकीय सेवा में मेधा के आधार पर नियुक्ति भी करता था [72]। तो इन परंपराओं और प्रावधानों के रहते शासन को निरंकुश कैसे कहा जा सकता है।

वास्तव में औरंगजेब की शुद्धतावादी और अति आत्मसंयमी प्रकृति ने उसपर इतने अंकुश लगा दिए थे कि उसे किसी बाह्य लिखित या अलिखित अंकुश की अवश्यकता नहीं थी और चाह कर भी कोई उसे

इन स्वाधिरोपित अंकुशों से बाहर नहीं निकाल सकता था। तो हम कैसे कह सकते हैं कि औरंगजेब एक निरंकुश बादशाह था ?

अब प्रश्न उठता है कि इतिहास की इन वास्तविकताओं के बावजूद आज यह भ्रम की स्थिति कैसे उत्पन्न हो गई है ? आज कैसे यह सम्पूर्ण इस्लामिक कालखंड एक काला अध्याय बन गया है और हिंदू समुदाय की दासता का प्रतीक हो गया है जबकि उसके पूर्व का काल 'समता, समानता और परस्पर बंधुत्व' पर आधारित स्वर्णिम युग प्रतीत होने लगा है जहाँ हर डाल पर सोने की चिड़ियां बैठी होती थीं और जहाँ की नदियों में जल नहीं बल्कि अमृत का प्रवाह होता था ? इस भ्रम की शुरुआत होती है 19वीं शताब्दी के उत्तरार्द्ध में जब कुछ हिंदू मनीषी 'हिंदू, हिंदी और हिंदुस्तान' का नारा देने लगे। वे हिंदुस्तान के साथ-साथ हिंदी भाषा पर भी अपने धर्म-विशेष का विशेषाधिकार घोषित करने लगे यह जानते हुए भी कि हिंदी का जन्मदाता और आदिपुरुष अरबी – फारसी का एक तुर्की विद्वान् 'अमीर खुसरो' था जो अपनी इस नई खोज से पूरे हिंदुस्तान (आज का उत्तर भारत) को एक सूत्र में बांधने में सफल रहा और इसी के फलस्वरूप ब्रिटिश काल का भी अकुलीन हिंदू बौद्धिक-वर्ग बिना किसी साम्प्रदायिक-विभेद के हिंदी के साथ-साथ अरबी, फारसी और उर्दू में समान रूप से विद्वता हासिल किया। इसका एक कारण तो था - फारसी भाषा का 'राजकीय भाषा' होना और दूसरा महत्त्वपूर्ण कारण था - संस्कृत पर कुलीन हिंदू समुदाय का एकाधिकार होना। इसलिए जब सार्वजानिक शिक्षा की शुरुआत हुई तो अकुलीन हिंदू समुदाय संस्कृत की अपेक्षा अरबी-फारसी की तरफ ज्यादा आकर्षित हुआ। पर जब हिन्दी भाषा पर अब हिंदुओं के सर्वाधिकार का नारा लगने लगा तो उसके प्रत्युत्तर में मुस्लिम मनीषियों ने नारा दिया 'हिंदी हैं हम, वतन है हिंदोस्तां हमारा... हम बुलबुले हैं इसके, ये गुलिस्तां हमारा'! पर जब भाषा और भूगोल की लड़ाई तीव्र हो गई तो अंत में उन्हीं मुस्लिम मनीषियों ने पाकिस्तान का नारा दिया और हिंदुस्तान दो टुकड़ों में बँट गया - भारत और पाकिस्तान। और इसके साथ ही भारत की राष्ट्रभाषा हिन्दी हो गई और पाकिस्तान की उर्दू। पर हिन्दी के साथ समस्या यह थी कि यह न तो

अरबी या फारसी की तरह समृद्ध थी और न ही प्राचीन। इसमें गद्य का अभाव था जो इसे जन की भाषा बना पाती और इसकी तीन मुख्य धाराएं थीं - भक्ति, रीति और वीर रस। इन तीनों में ही अतिशयोक्तियां थी और वैज्ञानिकता व ऐतिहासिकता का घोर अभाव था (कुछ सूफीवाद से प्रभावित रचनाओं को छोड़कर)। इसलिए जब मध्य काल में अरब और अफ्रीका से आए घुमंतू भारत के इतिहास, भूगोल और संस्कृति को अरबी या फारसी भाषा में लिख रहे थे तब हिन्दी के तत्कालीन विद्वान् 'भक्ति और श्रृंगार-रस' की रचनाएं लिखने में और कुछ भांट अपने संरक्षकों का अलौकिक चरित्र-चित्रण हिंदी में करने में व्यस्त थे। कहीं किसी कवि ने सामन्य जन की समस्याओं का चित्रण नहीं किया और न ही उनके निराकरण के उपायों की चर्चा किया। कहीं कोई वास्तविकता नहीं और कहीं कोई वैज्ञानिकता नहीं। और तथाकथित आजादी के बाद जब हिन्दी राष्ट्रभाषा बन गई तो वैज्ञानिकता और ऐतिहासिकता से रहित, भक्ति , श्रृंगार और अलौकिक वीर रस से भरा यही अतिशयोक्तिपूर्ण साहित्य भारत की नई पीढ़ी पर राष्ट्रभाषा के रूप में अधिरोपित कर दी गई और उत्तर भारत के करोड़ों लोगों जिनकी माताएं कभी हिंदी न तो बोली थीं और न ही समझ सकती थीं के लिए मातृभाषा हिंदी घोषित कर दी गई और हिंदी के नए मनीषियों ने हिंदी को तथाकथित इस्लामिक दुष्प्रभावों से परिष्कृत करने के उद्देश्य से हिंदी से हिंदुस्तानी शब्दों का निष्कासन करना शुरू कर दिया एवं इसे कुलीन हिंदुओं की भाषा बनाने के लिए इसमें संस्कृत के तत्सम शब्दों का समावेशन करना शुरु किया जिससे कि इस भाषा के प्रयोजन को पाकिस्तान प्रवासन से इनकार किया तथाकथित स्वतंत्र भारत का शेष बचा मुस्लिम जनखन्ड समझ नहीं सके और अकुलीन हिंदू इसके निहितार्थ को समझने के लिए कुलीन हिंदू की गुरूता स्वीकार करे जबकि इतिहास और विज्ञान की भाषा होने के बावजूद अरबी को इस्लाम और फारसी को मुसलमान की भाषा मानकर पाठ्यक्रमों से विलोपित कर दिया गया। 1947 के बाद की हिन्दी के मनीषियों की इस पीढ़ी ने देश के विभाजन से प्रभावित होकर साम्प्रदायिक सोच के आधार पर अपने पात्रों की रचना की। उनमें आजादी के पूर्व के प्रेमचंद के 'ईदगाह' के 'हामिद' और 'पंच परमेश्वर'

के 'जुम्मन शेख' की तरह के मुस्लिम पात्रों का अभाव रहा। हिन्दी भाषा में जो इतिहास की पुस्तकें लिखी गईं उनमें उन्हीं संदर्भों को शामिल किया गया जो वृहत्तर जनखंड की साम्प्रदायिक सोच के अनुरूप हों। मध्यकाल के मुस्लिम शासकों के लिए एकवचन शब्दों के प्रयोग किए गए। उनकी वीरता के लिए क्रूरता के प्रयोग किए गए, भारत की एकता व अखंडता के लिए उनके दिए गए बलिदानों के लिए आक्रमण जैसे शब्दों के प्रयोग किए गए; जबकि इसी काल के हिंदू राजाओं के लिए विपरीत विशेषणों के प्रयोग किए गए। उनके लिए बहुवचन शब्दों के प्रयोग किए गए , उनके अलगाववाद को हिंदू-मुस्लिम संघर्षों की कहानी के रूप में चित्रित किया गया, उनकी कायरता को भी वीरता और कूटनीति के रूप में चित्रित किया गया और उन्हें वास्तविक जीवन से बड़ा बताया गया। उनकी लंबाई को 8 फुट से अधिक और वजन को 200 किलोग्राम से भी ज्यादा बताया गया। उनके हथियारों के आकार-प्रकार और भार को भी आवर्धित करके प्रस्तुत किया गया। इतना ही नहीं, उनके घोड़ों और तलवारों को भी तथाकथित राष्ट्रभक्ति से आवेशित बताते हुए उन्हें भी हिंदुत्व का रक्षक प्रमाणित किया गया। पर नई पीढ़ी के पास सबसे बड़ी विवशता यह थी कि उसके पास इन आख्यानों और आंकड़ों को सत्यापित करने के लिए कोई प्रामाणिक ऐतिहासिक साक्ष्य नहीं थे क्योंकि अरबी और फारसी के उपलब्ध श्रोत अपाठ्य हो गए थे और विदेशी शोधकर्ताओं द्वारा उनके अँग्रेजी अनुवाद आम बौद्धिक जन के लिए न तो उपलब्ध थे और न ही सहज-ग्राह्य थे। इसलिए विवश होकर वह बिना किसी विवेचना या विश्लेषण के ही पालतू पशु की तरह इन अधिरोपीत आख्यानों और आंकड़ों को सत्य मानने लगी। फलस्वरूप पीढ़ी-दर-पीढ़ी उसमें साम्प्रदायिक आवेश बढ़ते गया। और आज स्थिति इस बिंदु पर पहुंच गई है कि जो भी शोधकर्ता या रचनाकर्ता या कलाकार उसके इस ऐतिहासिक भ्रम को दूर करने का प्रयास करता है वह बिना किसी झिझक या भय के उसकी कृति को सार्वजानिक रूप से जला देती है, उसे भयाक्रांत करती है और उसका भयादोहन करती है। अब उसे वहीं देखना है और वहीं सुनना है जो आजादी के 75 वर्षों में वह सुनते या देखते आई है। इससे इतर न तो यह पीढ़ी कुछ सुनना चाहती है, न पढ़ना चाहती

है और न ही देखना चाहती है क्योंकि उसकी मनोवृत्ति अब साम्प्रदायिक विद्वेष से आवेशित हो चुकी है और देश को पुनर्विभाजन की अवस्था में ला दी है।

अब आते हैं ज्ञानवापी मस्जिद पर, ताजमहल के तहखानों पर और कुतुब मीनार की नींव पर जो आज के उन्मादी जनखंड के लक्ष्य पर हैं और जिनकी नीवें खोदने का आदेश न्यायालाय क्रमश: देते जा रहा है।

जब ज्ञानवापी मस्जिद में न्यायालय द्वारा नियुक्त अधिवक्ताओं के जाँच दल के प्रवेश पर मुस्लिम समुदाय ने आपत्ति की तो चहुँ ओर उनका विरोध हुआ। तथ्यों को छुपाने और चुराने के आरोप उनपर लगने लगे और प्रतिदिन न्यायालाय को आँखें दिखाने वाला जनखंड भी न्यायपालिका के अनादर का आरोप मुस्लिम समुदाय पर लगाने लगा। पर न्यायालय की अभूतपूर्व सख्ती और सरकार की सक्रियता अन्तत: जाँच दल को उस मस्जिद में प्रवेश दिलाने में सफल रहे हैं। इस संबंध में मैं पूर्व की कुछ घटनाओं का उदाहरण देना चाहूँगा। आजादी के 75 वर्षों के बाद भी देश में कुछ ऐसे मंदिर हैं जहाँ दलितों को प्रवेश दिलाने में न्यायालय आजतक असफल रहा है। इसी प्रकार केरल के सबरीमाला मंदिर में स्त्रियों को प्रवेश दिलाने में न्यायालय बुरी तरह असफल रहा है। उज्जैन के महाकाल मंदिर में और पुरी के पीठ में पूर्व प्रधानमंत्री श्रीमति इंदिरा गांधी को प्रवेश नहीं मिल पाया और काठमांडू के पशुपतिनाथ मंदिर में तत्कालीन प्रधानमंत्री श्री राजीव गांधी को प्रवेश नहीं मिला था। कारण यह बताया गया कि उनका हिंदुत्व क्रमशः अशुद्ध और संदिग्ध है इसलिए हिंदू धर्म की मान्यताओं एवं परंपराओं के अनुरूप हिंदू मंदिरों में उनका प्रवेश वर्जित है। अब जब हिंदू मन्दिरों में प्रवेश के लिए हिंदुत्व की परिशुद्धता और असंदिग्धता इतनी अनिवार्य है तो न्यायालय किसी मस्जिद में हिंदू जाँच दल को मुस्लिम समुदाय की मान्यताओं के विरुद्ध कैसे प्रवेश दिला सकता है? अगर वह जाँच कराना ही चाहता था तो मुस्लिम अधिवक्ताओं के जाँच दल को भी तो भेज सकता था! तब क्या यही नवजागृत प्रतिक्रियावादी इतिहासकारों की टोली उस जाँच दल का अनुमोदन करती और उसके तथ्यों को स्वीकार करती? अगर अधिवक्ता केवल पेशेवर अधिवक्ता

है और वह हिंदू या मुस्लिम नहीं है और न्यायालय केवल वैज्ञानिक तथ्यों पर निर्णय देता है तो इसमें तो किसी भी हिंदू-संगठन को आपत्ति नहीं होनी चाहिए थी और मुस्लिम समुदाय को भी विशेष आपत्ति नहीं होती। या कम-से-कम इस जाँच दल में हिंदू और मुस्लिम अधिवक्ताओं का अनुपात बराबर करके मुस्लिम समुदाय की आपत्तियों का शमन किया जा सकता था। पर न्यायालाय का उद्देश्य केवल आपत्तियों का शमन करना रहे तब न !

जहाँ तक ताजमहल के 24 कमरों के सार्वजनिक करने का प्रश्न है इस संबंध में मेरा मत है कि ये कमरे देश की ऐतिहासिक विरासत का अंग हैं और उनकी कोई धार्मिक अक्षुण्णता भी नहीं है। इसलिए इनमें क्या हैं उसे देश के प्रत्येक नागरिक को जानना चाहिए और उनमें सुरक्षित सामग्रियों का उपयोग अगर जनहित में हो सके तो करना भी चाहिए। पर इसपर मैं कुछ आख्यान साझा करना चाहूँगा। केरल के त्रिवेंद्रम में स्थित पद्मनाभन मंदिर के दरवाजों को खुलवाने में उच्चतम न्यायालय अभी तक असफल क्यों रहा है और सरकारें अन्यमस्क क्यों रही हैं और आज का खोजी इतिहासकार इसके विरोध में खड़ा क्यों हो जाता है? जनश्रुतियों पर विश्वास करें तो उनमें कम-से-कम देश की गरीबी और भुखमरी दूर करने की संभावित क्षमताएँ तो हैं! वहीं अगर ताजमहल के इन कमरों से कुछेक हिंदू प्रतीक निकल भी जाएँ तो उनसे किसका उत्थान हो जायेगा ? किसका कल्याण हो जायेगा ? क्या आज का उन्मादी जनखंड इसका उत्तर देगा?

इसी तरह प्रत्येक वर्ष 14 जनवरी को मकर संक्रांति के अवसर पर केरल के सबरीमाला मंदिर में एक किरण दिखती है जिसके दर्शन के लिए हजारों श्रद्धालु सशुल्क एकत्रित होते हैं। ऐसी मान्यता है कि यह किरण स्वर्ग से आती है और इसके दर्शन से मोक्ष की प्राप्ति होती है। कुछ वर्षों पूर्व कुछ हेतुवादी हिन्दुओं ने इसकी सत्यता की पुष्टि के लिए न्यायालाय में गुहार लगाई जिसका विरोध मंदिर समिति के साथ-साथ हिंदू संगठनों ने भी किया और सरकार जानबूझकर शून्यमनस्क बनी रही। अंत में न्यायालय ने इसे बहुसंख्यक समुदाय की आस्था का विषय मानकर कुछ कहने या करने से इंकार कर दिया। तो क्या आस्था पर

भी किसी समुदाय-विशेष का ही विशेषाधिकार है? अन्य समुदायों की कोई आस्था नहीं है? क्या न्यायालाय इसका उत्तर देगा? और उन्मादी जनखंड क्या 'आस्था' और 'अवैज्ञानिकता' का अंतर देश को समझा पाएगा?

कुतुब मीनार पर उठे विवाद के सम्बन्ध में मैं कहना चाहूँगा कि यह कोई मस्जिद नहीं है बल्कि प्रेक्षागृह है जिसपर खड़े होकर उस काल में दिल्ली की सुरक्षा की निगरानी की जाती थी। अब उसकी भी नींव खोदकर मंदिरों के अवशेष ढूँढ़े जा रहे हैं। यहाँ यह बताना उचित होगा कि यह प्रेक्षागृह मुस्लिम शासकों की दूरदर्शिता का प्रतीक है और इसके निर्माण की प्रेरणा और प्रतिस्पर्धा अफगानिस्तान के जाम की मीनार से मिली और इसका निर्माण विभिन्न राजवंशों ने विभिन्न कालखंडों में करवाया। एक राजवंश ने दूसरे राजवंश को युद्ध में पराजित कर दिल्ली पर अधिकार किया पर उसने अपने पूर्ववर्ती राजवंश की इस धरोहर को शत्रुता का प्रतीक मानकर तोड़ा नहीं बल्कि उसकी दूरदर्शिता का सम्मान करते हुए उसमें अपनी तरफ से कुछ मंजिलों को जोड़ा ही क्योंकि उनमें इतिहास बोध था। उन्हें अपनी सीमाओं का ज्ञान था। वे समझते थे कि वे भले ही अपनी सामरिक कुशलताओं से राजवंशों को मिटा देंगे पर इतिहास को वे नहीं मिटा पाएँगे। इसलिए वे ऐतिहासिक प्रतीकों में अपने वर्तमान को जोड़कर खुद भी निरंतर इतिहास का अंग बनते गए। इतिहास के प्रति इसी सम्मान के कारण मुहम्मद तुग़लक़ ने हरियाणा के टोपरा कलां और उत्तर प्रदेश के मेरठ से अशोक स्तंभों को अक्षुण्ण लाकर दिल्ली में पुनर्प्रतिष्ठापित करवाया और अकबर ने कौशांबी के अभिलेख को इलाहाबाद के किले में लाकर ससम्मान पुनर्स्थापित करवाया जो आज तक सुरक्षित है और जिसपर मौर्य शासक अशोक के काल से लेकर आधुनिक काल तक की महत्त्वपूर्ण घटनाओं का वर्णन अभिलिखित हैं। इतिहास के 2 सहस्त्राब्दियों से भी अधिक काल में ऐसा कोई उन्मत्त शासक भारत की गद्दी पर नहीं बैठा जो उन्हें शत्रुता का प्रतीक समझकर भंजित कर दे। पर आज क्या हो रहा है? आज उन्मादी जनखंड सत्ता के मद में सांप्रदायिकता के स्व-निर्मित प्रकाशपुंज से

इतिहास को आलोकित कर अपने शत्रुओं को ढूँढ़ रहा है और उनकी कृति स्तंभों को शत्रुता का प्रतीक मानकर भंजित करने का प्रयास कर रहा है। क्या भविष्य के इतिहास में योगदान के लिए उसके पास कुछ भी नहीं है? क्या उसकी सोच केवल पश्चगामी है? क्या इस देश के लिए और यहाँ के नागरिकों के लिए कोई अग्रगामी सोच उसके पास नहीं है? आखिर इतिहास बनाने के अवसर को उसने इतिहास मिटाने का अवसर क्यों समझ लिया है? क्या जनमानस इन प्रश्नों का उत्तर उससे पूछेगा?

प्रकरण को विराम देने के पूर्व ऐतिहासिक धरोहरों की नीवें खोदने को आतुर उन्मादी जनखंड और स्वघोषित इतिहासकारों और उनके पोषक सत्ता को कहना चाहूंगा कि पिछली शताब्दी के 80 के दशक के पूर्व दुनिया में " बड़ी चेचक " नाम की एक बहुत संक्रामक व्याधि थी जिसके संक्रमण से लाखों लोग हर वर्ष मृत्यु को प्राप्त होते थे और जो जीवित बच पाते थे वे शेष जीवन उसके उत्तर - प्रभावों की निशानियों को लेकर विरूपित चेहरे के साथ जीते थे। पर मानवता ने चिकित्सा विज्ञान की खोजों से उस व्याधि को सदा के लिए दुनिया से समाप्त कर दिया। यह मानव इतिहास में किसी व्याधि के उन्मूलन की पहली घटना थी। फिर भी इस रोग के विषाणु को संयुक्त राज्य अमेरिका के अटलांटा के " Centre for Disease Control and Prevention " और रूस के साइबेरिया के " Vector Lab " की प्रयोगशालों में सुरक्षित और संरक्षित कर रखा गया है जिससे आनेवाली पीढ़ियां भी इस विषाणु का परीक्षण और इसपर शोध कर सकें। तो जब मानव सभ्यता इतने घातक रोग के विषाणु को भी सुरक्षित और संरक्षित रख सकती है तो आख़िर हम मध्य काल के तथाकथित इस्लामी प्रतीकों को सुरक्षित और संरक्षित क्यों नहीं रख सकते हैं ? क्या ये प्रतीक आज हमारे लिए बड़ी चेचक के विषाणु से भी अधिक जानलेवा बन गए हैं ? क्या इसका उत्तर इन ऐतिहासिक धरोहरों की नीवें खोदने को आतुर उन्मादी जनखंड देगा ?या सांप्रदायिक ध्रुवीकरण की नींव पर टिकी सत्ता इसका उत्तर देगी ? या दशकों तक बड़े - बड़े नरसंहारों , जिनसे इस देश की नींव हिल गई हो , के मामलों

को अपनी नितम्बों के तल दबाए न्यायपलिका बता सकती है कि आज इन मध्यकालीन ऐतिहासिक धरोहरों की एक - एक ईंट का रातों रात परीक्षण पूर्ण कर अपना निर्णय अतिशीघ्र देने को वह आतुर क्यों है ? आख़िर इस अप्रत्याशित आतुरता के अर्थ क्या हैं और निहितार्थ क्या हैं ?

पर इतिहास मिटाने की अपनी इसी प्रवृत्ति के कारण आज उन्मादी जनखण्ड नगरों, गलियों, चौराहों और सड़कों का नाम शीघ्रता से बदल रहा है। इतिहास में घटित महत्त्वपूर्ण घटनाओं से संबंधित प्रस्तर-खंडों को भंजित कर नए प्रस्तर-खंड लगा रहा है, विद्यालय और विश्विद्यालय के पाठ्यक्रमों में संशोधन कर कपोलकल्पित महापुरुषों को जोड़ रहा है। पर क्या वह आज तक एक भी 'स्मार्ट सिटी' बना पाया है? कुछेक नगरों को छोड़कर देश के अधिकांश नगर मध्यकालीन मुस्लिम शासकों ने बसाए थे और जब कोई नगर बसता है तो वह तत्कालीन शासक या प्रशासक की जनकल्याणकारी सोच और संबंधित वास्तुकार की बौद्धिकता और शिल्पकार के अध्यवसाय का प्रतीक होता है। इसलिये उनका पुन: नामकरण कर वह केवल किसी व्यक्ति का ही अपमान नहीं कर रहा है बल्कि मानवीय बौद्धिकता, अध्यवसाय और दूरदृष्टि का भी अपमान कर रहा है और मानव-सभ्यता के विकास में मानव के ही योगदान को नकार रहा है। इन्हीं प्रवृत्तियों के कारण इतिहास के विभिन्न कालखंडों में निर्मित विशाल और विलक्षण वास्तुकृतियों या कलाकृतियों को यहाँ का वृहत्तर जनखण्ड दैवीय संयोग या दानवीय कृति मानता है। और इसी मानसिक प्रवृत्ति के कारण उसकी सोच में नवाचार का अभाव रहा है और वह क्रमश: जड़ होते गया है और दुनिया को देने के लिए उसके पास कुछ विशेष नहीं रहा है। पर अपनी इस कुंठा को दूर करने के लिए वह स्वयं को विश्व के ज्ञान का केंद्र मानता है। पर क्या दुनिया भी उसे ऐसा मानती है? यह विचारणीय विषय है! और अपने इस आत्माभिमान के कारण वह आज भी दुनिया से कुछ सीखने का प्रयास नहीं कर रहा है बल्कि अपनी पश्चगामी सोच के कारण हर आधुनिक समस्याओं का समाधान और हर आचरण की नैतिकता वह 3000 वर्षों पूर्व के कव्य वेदों और

2000 पूर्व की गव्य स्मृतियों में ढूँढ़ता है। पर काल-भ्रम से वह इतना ग्रसित है कि इन ग्रंथों को वह लाखों वर्ष प्राचीन मानता है। पर क्या उसकी इस मान्यता के कोई वैज्ञानिक आधार हैं?

पुनः इतिहास मिटाने की उसकी इसी प्रवृत्ति के कारण बौद्ध विहार विलुप्त हो गए , बुद्ध के अस्थि-अवशेष भूमिगत हो गए , चंद्रगुप्त मौर्य और अशोक जनमानस से स्मृतिलोप हो गए , इस देश की प्राचीनतम ब्राह्मणी एवं खरोष्ठी लिपियाँ अपाठ्य हो गईं और प्राकृत भाषा इस देश से सदा के लिए अकथ्य हो गई। पर सर अलेक्जेंडर कन्निंघम, जॉन मार्शल और फ्रांसिस बुकानन जैसे विदेशियों के कारण इतिहास के ये पात्र भूतल पर आए और जेम्स प्रिंसेप जैसे विदेशियों ने इन लिपियों और भाषाओं को पढ़कर इस देश के लोगों का अपने इतिहास से परिचय कराया। तो क्या पुन: एक बार यह मनोवृत्ति इतिहास को भूमिगत करना चाहती है और पौराणिकता को भूतल पर लाना चाहती है? आखिर उसकी मनसा क्या है? क्या इस देश का बौद्धिक समुदाय उससे पूछेगा?

पर इतिहास को भूमिगत करने को आतुर सत्ता और उसकी पोषित उन्मादी जनखण्ड को स्मृतिबोध कराने हेतु कहना चाहूंगा कि अंग्रेजों ने अन्तिम मुग़ल बादशाह बहादुर शाह ज़फ़र को रंगून की सीलन भरी कोठरी में डाल कर इस देश में मुगलों की सत्ता को और इस भूखंड से मुगलों के वंशजों को सदा के लिए मिटा दिया पंरतु जब लूटियन दिल्ली बनी तो उसकी सड़कों , इमारतों , गलियों और बागों का नामकरण उन्हीं मुगलों के नाम पर अंग्रेजों ने किया क्योंकि उन्हें यह अहसास था कि वे भले ही इस देश से मुगलों को मिटा देने में सफल रहे हैं पर वे न तो यहां के इतिहास से और न ही यहां के जनमानस से उन्हें मिटा सकते हैं। पर वर्तमान सत्ता उन्हें इतिहास से मिटा देने को दृढ़ संकल्पित लगती है इसलिए वह पाठ्यक्रमों से उन्हें विलोपित कर रही है और जनमानस से भी उन्हें स्मृतिलोप कराने को कृतसंकल्पित लगती है इसलिए वह लुटियन दिल्ली की सड़को, गलियों, बागों और इमारतों का पुन: नामकरण कर रही है। क्या वह अंग्रेजों से भी कुछ सीखने को

तैयार नहीं है या वह आज इस देश के इतिहास के लिए अंग्रेजों से भी बड़ा प्रतिद्वंदी अपने को प्रमाणित करने को आतुर है ?

अंत में मध्यकालीन इन ऐतिहासिक धरोहरों की नीवें खोदने का आदेश देने को आतुर न्यायालय को भी स्मृति बोध कराते हुए कहना चाहूंगा कि जब ब्रिटिश भारत में नग्नता और अश्लीलता के विरुद्ध कानून बन रहे थे तो खजुराहों और कोणार्क की सामुहिक रति क्रिया की तथाकथित चौरासी आसनों में लिप्त प्रतिमाओं का प्रश्न उठ खड़ा हुआ जिन्हें इस देश की ऐतिहासिक विरासत का अंग मानकर विशेष प्रावधानों के तहत अक्षुण्ण रखा गया। तो क्या न्यायालय के लिए आज ताजमहल , कुतुब मीनार या ज्ञानवापी मस्जिद खजुराहों और कोणार्क की प्रतिमाओं से भी अधिक नग्न और अश्लील हो गए हैं जिससे वह इनकी रक्षा वर्तमान प्रतिक्रियावादी सत्ता या उम्मादी जनखंड से करने की अपेक्षा स्वयं भी उसका हिस्सा बनने को आतुर है ? क्या न्यायालय इसका उत्तर देगा ?

पर क्या इस्लामिक शासनकाल के इन ऐतिहासिक धरोहरों की नींवें खोदने को आज आतुर उन्मादी जनखंड के लक्ष्य पर सचमुच इस्लाम है ? हमें इसपर गहनता से और गम्भीरता से विचार करना होगा। प्राचीन भारत में अध्यात्म की मुख्यत: दो धाराएँ थीं - ईश्वरवादी और अनीश्वरवादी। बौद्ध और जैन धर्म अनीश्वरवादी धर्में थीं। बाद में इस्लाम के आगमन से एक नई विचारधारा आई वह थी – एकेश्वरवाद की। इन विभिन्न विचारों का गहरा प्रभाव उद्विकासी हिंदू धर्म पर पड़ा और इस प्रकार हिंदू समुदाय विच्छिन धर्म बन गया जिसमें आस्तिक भी थे, नास्तिक भी थे; एकेश्वरवादी भी थे अनेकेश्वरवादी भी थे; मूर्ति पूजक भी थे और मूर्ति भंजक भी थे। इस्लाम के प्रभाव ने हिंदू धर्म की पारंपरिक वर्ण-व्यवस्था को चुनौती दिया जिससे धर्म के व्यापारीकरण और कुलीनीकरण में मंदी आई और परम्परा से हटकर निम्न वर्ण के लोगों ने भी धर्म की व्याख्याएँ शुरु कर दी। इसने हिंदू धर्म के भीतर वर्ण आधारित उत्पीड़न का विरोध करना शुरु कर दिया जिससे पुरोहित-वर्ग को आर्थिक और सामाजिक हानि हुई और अध्यात्म पर उसका एकाधिकार खतरे में पड़ गया। पुरोहित-वर्ग ने इन नए विचारों और

बदलाव की नई आवाजों को कभी आत्मसात किया तो कभी मुखर होकर विरोध किया। पर चूँकि मध्य काल की लंबी कालावधि में वह भारत की केंद्रीय सत्ता से दूर रहा इसलिए वह राजकीय-स्तर पर विरोध की इन आवाजों का दमन नहीं कर सका और कुछ अपवादों को छोड़कर अहिंसक बना रहा। उसकी यह विवशता अंग्रेजों के शासनकाल तक जारी रही पर पिछली शताब्दी के आगमन के साथ देश की राजनीति में उसका प्रभाव बढ़ा। 20वीं शताब्दी के पूर्वार्द्ध में भले ही वह सीधे सत्ता में नहीं था पर वह ब्रिटिश सत्ता के स्वरूप का निर्णायक अवश्य बन गया था और शताब्दी के उत्तरार्ध में इतिहास के लंबे कालखंड के बाद अंततः वह सत्ता में आ गया। पर इतिहास रातों रात नहीं बदलता है और लंबे कालखंड में विकसित अवधारणाएं दिनों या महीनों में नहीं बदलती हैं बल्कि दशकों लगती हैं। इसलिए उसने सत्ता के माध्यम से समाज और संप्रदाय पर पुन: अपनी कुलीनता स्थापित करने के लिए दशकों तक कभी संविधान की सीमाओं में रहकर तो कभी संविधान की सीमाओं से बाहर आकर संघर्ष किया। पर आज जब वह सत्ता में आ गया है तो संविधान की सारी सीमाओं से बाहर आकर वह समाज पर अपनी कुलीनता और प्रभुता पुनर्स्थापित स्थापित करने को आतुर है। आज उसके पास बौद्धिकता और सत्ता दोनों है जिससे वह निरंकुश होकर अपने सभी विपरीत विचारधाराओं का दमन और दलन करने को आतुर है। वह हिंदू धर्म को अविच्छिन्न बनाने को दृढ़-संकल्पित है और इसे वैचारिक विविधता और विभिन्नता रहित मूर्तिपूजकों का धर्म बनाने को कृत-संकल्पित है। वह इसे सनातन काल में ले जाने को आतुर है जहाँ वर्णों के बीच मोटी दीवारें होंगी और सार्वजनिक समता , समानता और भ्रातृत्व जैसी आधुनिक अवधारणाओं का कोई लेश नहीं होगा। पर इसके लिए सबसे बड़ी बाधा इस्लाम है क्योंकि बौद्ध और जैन धर्मों के पराभव के पश्चात शताब्दियों तक इसने यहाँ के लोगों को हिंदू धर्म से इतर एक वैकल्पिक और सुदृढ़ आध्यात्मिक विकल्प दिया है और भविष्य में भी देने की संभावनाएँ हैं इसलिए वह पहले इस विकल्प को मिटा देना चाहता है। इसके लिए वह चयनात्मक विधियां बना रहा है और विधान की चयनात्मक व्याख्याएँ कर रहा है। पीड़क को प्रोत्साहित कर रहा है

और पीड़ित का दमन कर रहा है। उत्पीड़क की स्वंतत्रता की रक्षा कर रहा है और उत्पीड़ित को जोर से चिल्लाकर आम लोगों की निद्रा और तंद्रा भंग करने के आरोप में करावासों में डाल रहा है और इस देश से इस्लाम को समाप्त करने के लिए मुसलमानों को उत्पीड़ित कर रहा है।

पर क्या मुसलमानों को उत्पीड़ित करना उसका उद्देश्य है ? शायद नहीं। वह तो इन्हें उत्पीड़ित कर और इन्हें दंडित और दमित कर हिंदुत्व के अंदर उठने वाली हर सुधारवादी विचारधारा को दमित और आतंकित करना चाहता है। वह न तो वर्तमान में और न ही भविष्य में किसी कबीर, रैदास, राजा राम मोहन राय या स्वामी दयानंद को पैदा होने देना चाहता है। वह किसी पेरियार या फूले को पुन: न तो इस देश में पैदा लेने देना चाहता है और न हिंदू धर्म में। मुस्लिमों का उत्पीड़न तो मात्र दिखावा है और मुसलमान तो उसके लिए मात्र प्रायोगिक पशु हैं। उसका मुख्य लक्ष्य तो हिंदू धर्म की गैर सनातनी विचारधाराएँ हैं इस्लाम नहीं और वास्तव में वह अकुलीन हिन्दुओं को आतंकित करना चाह रहा है मुस्लिमों को नहीं!

पर क्या कुलीन हिंदू समुदाय सचमुच इस उन्माद का जिम्मेवार है? यह विचारणीय विषय है। कुलीन हिंदू तो इस्लामिक शासन में भी शासन और सत्ता के करीब रहा और अपनी कुलीनता को बनाए रखा और आज भी अपनी कुलीनता को बचाए हुए है और उन्माद से भी अपनी दूरी बनाए हुए है क्योंकि ज्ञानवापी मस्जिद, ताजमहल या कुतुब मीनार जैसे विभेदकारी मामलों पर किसी शंकराचार्य का कोई वक्तव्य नहीं आ रहा है। वे सभी मौन हैं और हिंदू समुदाय के अन्य मठाधीश भी मौन ही हैं। राष्ट्रीय स्वयं संघ के प्रमुख भी मौन हैं। मुखर और प्रखर तो वे हैं जो हिंदू समुदाय में पारंपरिक रूप से उपेक्षित थे और अकुलीन थे। पूर्व में इस्लाम के और आधुनिक काल में समाजवाद के प्रभाव के कारण उनमें एकाएक शक्ति बोध हुआ है और लोकतंत्र की सीढ़ियों के सहारे वे सत्ता के शिखर तक पहुंचने में सफल रहे हैं। पर उन्हें सत्ता के बौनेपन और क्षणिकता का और धर्म के विस्तार और निरंतरता का बोध है इसलिए वे अब हिंदू धर्म के शिखर पर पहुंचने को आतुर हैं।

पर वे भूल रहे हैं कि भले ही वे अपनी राजनीतिक कौशल और समाजिक संयोजन-वियोजन से सत्ता के शिखर पर पहुंच गए हों पर हिंदुत्व के शिखर पर पहुंचने के लिए जो बौद्धिकता और विवेक की आवश्यकता है उसका उनमें सर्वथा अभाव है। अपनी बौद्धिक न्यूनता की क्षतिपूर्ति के लिए उक्त जनखण्ड बार-बार अपने को कुलीन हिंदू से अधिक आक्रामक हिंदू प्रमाणित करने में लगा है। इस आक्रामकता को प्रदर्शित करने के लिए वह कभी मस्जिदों की मीनारों से ध्वनि-विस्तारक यंत्र उखाड़ रहा है, कभी उनकी नीवें खोद रहा है तो कभी इस्लामिक शासनकाल की ऐतिहासिक धरोहरों पर हमला कर रहा है। इसलिए यह कहना कि इस प्रतिक्रियावादी हिंदुत्व का कारण और कर्ता केवल कुलीन हिंदू जनखन्ड है सत्य से परे होगा।

पर क्या अकुलीन हिंदू इतना अदूरदर्शी हो गया है कि उसे न तो अपना भविष्य दिख रहा है और न ही अपने धर्म का ? या वह कुलीन हिंदुत्व के क्षद्म और क्षणिक समाजवाद से सम्मोहित हो गया है? या वह संप्रदायवाद की सीमाओं में ही रहकर अपने समाजवाद की स्थापना करना चाहता है? या उसके समाजवाद को संप्रदायवाद पूरी तरह निगल चुका है? क्या इन प्रश्नों का उत्तर अकुलीन हिंदुत्व देगा? क्या भविष्य की इन आशंकाओं का निराकरण सांप्रदायिकता की गोद में बैठा आज का समाजवादी करेगा ?

और आज का कुलीन हिंदू हिंदुत्व के इस दैत्यीकरण पर चुप क्यों है? क्या राजनीतिक में नवसमाजवाद के कारण आज पृथक पड़ा कुलीन हिंदू अब धर्म में भी हाशिये पर जाना अपनी नियति समझ बैठा है या कुछ दशकों से नेपथ्य से राजनीति का रसास्वादन करने का आदी हो चुका कुलीन हिंदू अब हिंदुत्व का प्रह्लादीकरण कर हिंदुत्व का रसास्वादन करना चाहता है ? या साम्प्रदायिक ध्रुवीकरण ने कुलीन और अकुलीन हिंदुत्व के बीच की समाजिक खाई को पाट दिया है और गैर-हिंदुओं को लक्ष्य करने के लिए उनमें एक कृत्रिम समता बोध ला दिया है? या अकुलीन हिंदू का अर्ध-बौद्धिक और अकुशल बेरोजगार जनखंड कुलीन हिंदू का अस्त्र बन गया है और दोनों मिलकर गैर-हिंदुओं का भयादोहन कर अपनी जीविका और राजनीति चलाने का

प्रयास कर रहे हैं? इसके लिए वे कभी पशुओं के व्यापारी की हत्या कर रहे हैं, तो कभी मांस के व्यापारी की और कभी सड़कों पर तो कभी निजी मॉल में और अब तो अपने घरों में भी मुस्लिमों के नमाज़ अदा अदा करने पर बवाल काट रहे हैं ? पर क्या यह उन्मादी गठजोड़ बता सकता है कि वह सावन या कार्तिक के महीनों में सड़कों को खोदकर उनका उपयोग अपनी धार्मिक-यात्रा या अनुष्ठानों हेतु क्यों करता है ? आख़िर बात-बात पर मुस्लिमों के विरुद्ध दंडात्मक कार्रवाई करने को आतुर सरकारें इन टूटे हुए सड़कों और बाधित आवागमन का हिसाब इनसे क्यों नहीं मांगती हैं ? आख़िर यह दोहरी मानसिकता क्यों ? यह तुष्टिकरण क्यों ? क्या कानून और शासन के समक्ष खरा उतरना केवल मुस्लिम समुदाय का ही कर्त्तव्य है ? क्या हिंदू समुदाय कानून से परे है ? देश का जनमानस इन प्रश्नों के उत्तर की अपेक्षा वृहत हिंदू जनखंड और सरकार दोनों से रखता है।

पर इन घटनाओं पर देश का मुस्लिम समुदाय भी मौन है। वह अपना मौन केवल तब तोड़ता है जब उसके मृत पैगंबर पर हमला होता है क्योंकि उसे केवल इस्लाम चाहिए मुसलमान नहीं। उसे न शासन में भागीदारी चाहिए, न प्रशासन में और न ही उसे सामाजिक सुरक्षा चाहिए। उसे तो बस इस्लाम की सुरक्षा चाहिए ! शायद इसलिए वह इन दमनात्मक कार्रवाइयों और उन्मादी हिंदुत्व का मुखर विरोध नहीं कर रहा है। या कहीं उसे पिछली सदी के पूर्वार्द्ध में जर्मनी के यहूदियों की भाँति सामूहिक दमन और दलन या 2002 में गुजरात में हुए राज्यव्यापी दहन का भय तो नहीं है ? या उन्मादी हिंदुत्व और सांप्रदायिक-सत्ता के समक्ष वह पूरी तरह समर्पण तो नहीं कर चुका है? आने वाली उसकी पीढियां अवश्य इन प्रश्नों का उत्तर उससे पूछेंगी।

और क्या मध्यकालीन इन ऐतिहासिक धरोहरों की रक्षा का दायित्व केवल मुस्लिम-जनखंड का ही है? क्या देश के बौद्धिक-वर्ग का इन धरोहरों की रक्षा का कोई दायित्व नहीं है? या मुस्लिम समुदाय के हो रहे दमन और दलन को देखकर वह भी आशंकित और आतंकित हो गया है? या वह भी मुस्लिम-समुदाय की तरह अपना आत्मबल खोकर उन्मादी-हिंदुत्व के समक्ष नत्मस्तक हो चुका है? या उसका भी पूरी

तरह से सांप्रदायीकरण हो चुका है? क्या अपनी भावी पीढ़ियों को इन प्रश्नों का उत्तर वह दे पाएगा?

अब आते हैं न्यायिक सक्रियता पर और न्यायालय के दोहरे चरित्र पर। 90 के दशक के शुरुआती वर्षों के साम्प्रदायिक ध्रुवीकरण के भयंकर परिणामों को देखकर तत्कालीन सरकार ने कानून बनाया कि 15 अगस्त, 1947 तक जो उपासना-स्थल थे उनमें कोई भी बदलाव की मांग नहीं की जा सकती है। इसके बावजूद आज न्यायालय इसमें अवांछित सक्रियता प्रदर्शित कर रहा है। मुझे तो प्रतीत होता है कि न्याय दिलाने के लिए न्यायालय पूरे देश की खुदवाई करवा देगा क्योंकि पता नहीं किस नदी और किस तालाब के नीचे देवताओं के अवशेष और महापुरुषों के भस्मावशेष मिल जाएँ। पर इस प्रकार भूत की खोज में वर्तमान और भविष्य को विकृत करना क्या लोगों को न्याय दिलाना है या देश के वर्तमान और भविष्य को विकृत करना और दुनिया की नजरों में देश को हास्य का पात्र बनाना है? क्या न्यायपालिका इसपर विचार करेगी? क्या मामलों से दबी होने का रोना रोने वाली न्यायपालिका आज आत्मावलोकन करेगी कि वह इस देश की आम जनता की आकांक्षाओं के अनुरूप कितना खरा उतर पाई है? क्या वह गणना करवा पाएगी कि आज तक कितने लोग उसके "न्याय" की प्रतीक्षा में काल कवलित हो गए, कितने लोग उसके "न्याय" से निराश होकर आत्म हत्या कर लिए, कितने लोग न्याय की प्रतीक्षा में खुद "न्यायधीश" बन कर "अन्याय" कर बैठे और कितने लोगों की आत्मा दशकों से उसके "न्याय" की प्रतीक्षा में परलोक से आज भी इहलोक की ओर अपलक देख रही हैं ?या बस कुछ विकृत मानसिकता के लोगों की सांप्रदायिक-क्षुधा की पूर्ति ही उसका कर्त्तव्य रह गया है? क्या न्यायपालिका इसपर विचार करेगी? या राजनीति को अपनी लपटों में लेने वाली सांप्रदायिकता न्यायपालिका को भी अपनी लपटों में ले चुकी है? क्या जनमानस इसपर विचार करेगा ? और क्या न्यायपालिक इसका रहस्योद्‌घाटन करेगी ?

और क्या न्यायालय के निर्णय स्थिर होते हैं और अपरिवर्तनीय होते हैं या बच्चों की मनोदशा की भांति चंचल होते हैं? कुछ उदाहरणों से इसे

समझा जा सकता है। न्यायालय एक बार निर्णय देता है कि 12 वर्षों तक लगातार अगर कोई अचल संपत्ति किसी के अधिकार में रहती है तो उस संपत्ति पर उसका वैध-स्वामित्व माना जायेगा। इसी आधार पर, जब मुग़ल वंश की एक महिला लाल क़िले पर अपने स्वामित्व के लिए मुक़दमा दर्ज कराती है तो न्यायालय विलंब का दृष्टांत देकर उसके मुकदमे को निरस्त कर देता है। वहीं न्यायालय में जब ज्ञानवापी मस्जिद, ताजमहल और कुतुब मीनार की नीवें खोदने का मामला आता है तो वह त्वरित सुनवाई करता है और त्वरित कार्रवाई भी करता है। 150 वर्षों के पूर्व का मामला उसे विलंब लगता है पर 300 वर्षों और 700 वर्षों के पूर्व के मामले उसे अविलंब नज़र आते हैं। पर प्रदर्शित दोहरे मानदंड के बावजूद भी न्यायालय नागरिकों से सम्मान की अपेक्षा रखता है और बार-बार अपने निर्णयों पर संदेह की हर आवाज़ को वह अपनी अवमानना मानकर कुचलने का प्रयास करता है।

और क्या न्यायालय के निर्णय हमेशा 'अक्षुण्ण और परम पुनीत न्याय' ही होते हैं? सुकरात को मृत्युदण्ड की सजा मिली वह भी तो न्यायालय का निर्णय था ! गैलीलियो की फाँसी भी तो न्यायालय का निर्णय था! तो क्या सुकरात दोषी थे और गैलीलियो गुनाहगार थे? आज का तथाकथित अतिसहिष्णु इतिहासकार औरंगज़ेब को जिस कारण से असहिष्णु प्रमाणित करता है वह है दारा शिकोह की हत्या का। पर क्या वह औरंगज़ेब का व्यक्तिगत निर्णय था? वह भी तो काजी का निर्णय था बादशाह का नहीं! तो आज उस निर्णय के विरुद्ध इतना उतावलापन क्यों? ब्रिटिश काल में भगत सिंह और खुदी राम बोस और ऐसे अन्य लोगों को जो फाँसी की सजाएँ हुईं वे क्या सरकार के निर्णय थे? वे भी तो न्यायालय के निर्णय थे और न्यायालय उस दौर में भी स्वतंत्र थे और आज भी स्वतंत्र हैं। पाठक तो यह भी कह सकते हैं कि उस काल में भारत स्वतंत्र नहीं था और न्यायालय ब्रिटिश कानून द्वारा संचालित होते थे इसलिए उस काल के निर्णय को हम आज के संदर्भ में न्याय नहीं कह सकते हैं। पर क्या संविधान के 'स्व' या 'पर' होने से वैज्ञानिक तथ्य अपनी वैज्ञानिकता खो देते हैं और नैसर्गिक न्याय अन्याय बन जाते हैं ? शायद हाँ! क्योंकि 26 जनवरी, 1950 को जब संविधान लागू हुआ

तो वैसे लोगों की भी सजाएँ कम की गईं जो लूट, कत्लेआम, बलात्कार, हत्या और नरसंहार जैसे जघन्य अपराधों में शामिल थे; जो केवल ब्रिटिश-समुदाय के साथ ही इस तरह के अपराधों के दोषी नहीं थे बल्कि 1946/47 के संक्रमण-काल में पलायन कर रहे समुदाय के विरुद्ध भी इन जघन्य अपराधों के दोषी थे। सरकार ने कहा कि वे घटनाएँ ब्रिटिश काल में घटित हुईं इसलिए इनमें न्याय दिलाना हमारा कर्त्तव्य नहीं है , न्यायालय ने कहा कि वे घटनाएँ वर्तमान संविधान के अंगीकार के पूर्व की हैं इसलिए मेरे अधिकार-क्षेत्र से बाहर हैं और जनता ने कहा कि नृशंशता और अमानवीयता की घटनाओं के शिकार गोरी नस्ल के विदेशी या पाकिस्तान की ओर पलायन करते मुस्लिम थे इसलिए उनके साथ नृशंश्ता हमारा पुनीत कर्त्तव्य था और हमारी राष्ट्रभक्ति का पैमाना था इसलिए हमें यथोचित पारितोषिक मिलना चाहिए। इसलिए सरकार ने भी जनता के प्रति अपने कर्त्तव्यों का निर्वहन करते हुए उन सभी अपराधियों की सजाएँ माफ कर दीं। इतना ही नहीं , इन अपराधियों में से कुछ को तो पुरुष की श्रेणी में रखा गया और कुछ को महापुरुष की श्रेणी में; कुछ को पेंशन दिया गया और कुछ को पेंशन के साथ पदवी भी। और जो इन घटनाओं को अंजाम देते हुए नृशंशता की पराकाष्ठाओं को पार करने के क्रम में शहादत को प्राप्त हुए उनकी निर्जीव मूर्तियों में प्राण प्रतिष्ठा की गईं और इसके लिए तथ्यों को ताक पर रख दिया गया, नैतिकता को नाले में फेंक दिया गया और नैसर्गिक न्याय का गला घोंट दिया गया।

तो जब हाल में घटित इन घटनाओं के साथ नैसर्गिक न्याय की इतनी उपेक्षा की गई तो मध्य काल में घटित घटनाओं के लिए आज न्याय की गुहार के कारण आख़िर क्या हैं? आज के उन्मादी और प्रतिक्रियावादी जनखन्ड को पश्चगामी न्याय दिलाने को और मध्यकालीन तथाकथित शत्रुओं को प्रतिगामी सजा दिलाने को आतुर सरकार की मंशा आख़िर क्या है? और न्यायालय की अभूतपूर्व सक्रियता के कारण आख़िर क्या हैं? और क्या भारत का संविधान पूर्व प्रभावी है? क्या इसे मध्य काल या प्राचीन काल में घटित घटनाओं पर निर्णय देने का संवैधानिक या नैतिक अधिकार है? जो न्यायपालिका वर्तमान पीढ़ी को न्याय नहीं

दिला पा रही है क्या उसे शताब्दियों पूर्व घटित घटनाओं पर न्याय करने का अधिकार है? क्या जनमानस इसपर गंभीरता से विचार करेगा? और क्या न्यायालय इन प्रश्नों का उत्तर देगा ?

या न्यायालाय की अभूतपूर्व सक्रियता की पृष्ठभूमि में 2017 में उत्तर प्रदेश विधानसभा चुनाव के समय देश के प्रधान सेवक द्वारा दी गई अभूतपूर्व क्षद्मोक्ति "यहाँ भी खुदा, वहाँ भी खुदा और जहाँ नहीं खुदा, वहाँ कल खुदेगा" तो नहीं है? यह हम सबके लिए विचारणीय प्रश्न है!

धन्यवाद!

यह आलेख सत्ता के संरक्षण में देश में पनप रहे सांप्रदायिक उन्माद के आलोक में लिखा गया है।

♦♦♦♦♦

संदर्भ

1.0 डेलरिंपल विलियम, द अनारकी , द ईयर इंडिया कंपनी, कॉरपोरेट वायलेंस एंड द पिलेज ऑफ एन एंपायर , ब्लूमबरी पब्लिशिंग संस्करण 2022 , पृष्ठ संख्या 268

2.0 डफ जेम्स ग्रांट, ए हिस्ट्री ऑफ द मराठाज , लंदन 1826 , पृष्ठ संख्या 560

3.0 डेलरिंपल विलियम, द अनारकी , द ईस्ट इंडिया कंपनी, कॉरपोरेट वायलेंस एंड द पिलेज ऑफ एन एंपायर , ब्लूमबरी पब्लिशिंग , संस्करण 2022 , पृष्ठ संख्या 208

4.0 डेलरिंपल विलियम, द अनारकी , द ईस्ट इंडिया कंपनी , कॉरपोरेट वायलेंस एंड द पिलेज ऑफ एन एंपायर, ब्लूमबरी पब्लिशिंग , संस्करण , 2022 पृष्ठ संख्या 164-165

5.0 डफ जेम्स ग्रांट, ए हिस्ट्री ऑफ द मराठाज, लंदन 1826 , पृष्ठ संख्या 873

6.0 "द हिंदू" , 14 अगस्त 2018

7.0 " बांग्लादेश प्रतिदिन " , 29 सितंबर 2019

8.0 " डेली इंडस्ट्री " , 25 अक्तूबर 2023

9.0 " डेली स्टार " , 27 जून 2021

10. अर्ली अब्राहम, द लास्ट स्प्रिंग, लाईफ इन इंडियाज लास्ट गोल्डेन एज, भाग 2 , पेंगुइन रेंडम हाउस इंडिया, संस्करण 2015 , पृष्ट संख्या 354

11.0 मोरलैंड. डब्लू. एच, ए स्टडी इन इंडियन इकनॉमिक हिस्ट्री, मैक मिलन एंड कंपनी लिमिटेड, संत मार्टिन स्ट्रीट लंदन 1923 , ज्ञान पब्लिशिंग हाउस , नई दिल्ली , संस्करण 2021 पृष्ठ संख्या 195-196

12.0 अर्ली अब्राहम, द लास्ट स्प्रिंग, लाईफ इन इंडियाज लास्ट गोल्डेन एज, भाग 2 , पेंगुइन रेंडम हाउस इंडिया, संस्करण 2015, पृष्ट संख्या 280

13.0 नमित, इंडियंस: ए ब्रीफ हिस्टरी ऑफ ए सिविलाइजेशन , अल्बरूनिज इण्डिया,पेंगुइन रेंडम हाउस इण्डिया , संस्करण 2021,पृष्ठ संख्या 131

14.0 डेलरिंपल विलियम, द अनारकी , द ईयर इंडिया कंपनी, कॉरपोरेट वायलेंस एंड द पिलेज ऑफ एन एंपायर , ब्लूमबरी पब्लिशिंग 2022 पृष्ठ संख्या 72-73 और आईवर्मी राबर्ट हुगली: द ग्लोबल हिस्ट्री ऑफ ए रिवर , हार्पर कोलिंस पब्लिशर्स उतर प्रदेश इंडिया , संस्करण 2021 पृष्ठ 57

15.0 अर्ली अब्राहम, द लास्ट स्प्रिंग, लाईफ इन इंडियाज लास्ट गोल्डेन एज, भाग 2 , पेंगुइन रेंडम हाउस इंडिया, संस्करण 2015, पृष्ट संख्या 324 -325

16.0 शास्त्री ए के , श्रृंगेरी धर्मस्थान के अभिलेख, श्रृंगेरी मठ, श्रृंगेरी 2009

17.0 जेम्स ग्रांट, ए हिस्ट्री ऑफ द मराठाज , लंदन 1826 पृष्ठ संख्या 541- 542

18.0 जेम्स ग्रांट, ए हिस्ट्री ऑफ द मराठाज , लंदन 1826 , पृष्ठ संख्या पृष्ठ संख्या 1004

19.0 नमित, इंडियंस: ए ब्रीफ हिस्टरी ऑफ ए सिविलाइजेशन , अल्बरूनिज इण्डिया,पेंगुइन रेंडम हाउस , संस्करण 2021, पृष्ठ संख्या 133

20. अर्ली अब्राहम, द लास्ट स्प्रिंग, लाईफ इन इंडियाज लास्ट गोल्डेन एज, भाग 2 , पेंगुइन रेंडम हाउस इंडिया, संस्करण 2015, पृष्ट संख्या 284

21.0 अर्ली अब्राहम, लास्ट स्प्रिंग, लाईफ इन इंडियाज लास्ट गोल्डेन एज, भाग 2 , पेंगुइन रेंडम हाउस इंडिया , संस्करण 2015 ,पृष्ट संख्या 227

22.0 अरोरा नमित, इंडियंस: ए ब्रीफ हिस्टरी ऑफ ए सिविलाइजेशन , अल्बरूनिज इण्डिया,पेंगुइन रेंडम हाउस इण्डिया , संस्करण 2021 , पृष्ठ संख्या 132

23.0 अर्ली अब्राहम, द लास्ट स्प्रिंग, लाईफ इन इंडियाज लास्ट गोल्डेन एज, भाग 2 , पेंगुइन रेंडम हाउस इंडिया, संस्करण 2015 , पृष्ट संख्या 285

24.0 नमित, इंडियंस: ए ब्रीफ हिस्टरी ऑफ ए सिविलाइजेशन , अल्बरूनिज इण्डिया,पेंगुइन रेंडम हाउस इण्डिया , संस्करण 2021 , पृष्ठ संख्या 133

25.0 मोरलैंड डब्लू. एच, ए स्टडी इन इंडियन इकनॉमिक हिस्ट्री, मैक मिलन एंड कंपनी लिमिटेड, संत मार्टिन स्ट्रीट लंदन 1923 , ज्ञान पब्लिशिंग हाउस , नई दिल्ली , संस्करण 2021 पृष्ठ संख्या 189

26.0 अर्ली अब्राहम, द लास्ट स्प्रिंग, लाईफ इन इंडियाज लास्ट गोल्डेन एज, भाग 2 , पेंगुइन रेंडम हाउस इण्डिया , संस्करण 2015 , पृष्ट संख्या 284-285

27.0 अर्ली अब्राहम, द लास्ट स्प्रिंग, लाईफ इन इंडियाज लास्ट गोल्डेन एज, भाग 2 , पेंगुइन रेंडम हाउस इंडिया, संस्करण 2015, पृष्ट संख्या 201

28.0 नमित, इंडियंस: ए ब्रीफ हिस्टरी ऑफ ए सिविलाइजेशन , द मिस्ट्रीज ऑफ धोलावीरा और फ्रैंकोइस बर्नियर्स इण्डिया , पेंगुइन रेंडम हाउस , क्रमशः पृष्ठ संख्या 36-37 और 223

29.0 अर्ली अब्राहम, द लास्ट स्प्रिंग, लाईफ इन इंडियाज लास्ट गोल्डेन एज, भाग 2 , पेंगुइन रेंडम हाउस इंडिया, संस्करण 2015 , पृष्ट संख्या 159 -161

30.0 अरोरा नमित, इंडियंस: ए ब्रीफ हिस्टरी ऑफ ए सिविलाइजेशन , फ्रैंकोइस बर्नियर्स इण्डिया,पेंगुइन रेंडम हाउस इण्डिया , संस्करण 2021 , पृष्ठ संख्या 222 -223

31.0 डेलरिंपल विलियम, व्हाइट मुगल्स, लव एंड बेट्रेयल इन एटींथ सेंचुरी इंडिया , पेंगुइन रेंडम हाउस इंडिया , संस्करण 2021 , पृष्ट संख्या 110

32.0 ट्रस्की ऑड्रे, औरंगजेब: द मैन एंड द मिथ , पेंग्विन रेंडम हाउस इण्डिया , संस्करण 2017 पृष्ठ संख्या 73 -74

33.0 ट्रस्की ऑड्रे ट्रस्कि औरंगजेब: द मैन एंड द मिथ , पेंग्विन रेंडम हाउस इण्डिया , संस्करण 2017 पृष्ठ संख्या 74

34.0 ट्रस्की ऑड्रे , औरंगजेब : द मैन एंड द मिथ, पेंगुइन रेंडम हाउस इंडिया, संस्करण 2017, पृष्ट संख्या 76

35.0 अर्ली अब्राहम, द लास्ट स्प्रिंग, लाईफ इन इंडियाज लास्ट गोल्डेन एज, भाग 2 , संस्करण 2015 , पृष्ट संख्या 239

36.0 अर्ली अब्राहम, द लास्ट स्प्रिंग, लाईफ इन इंडियाज लास्ट गोल्डेन एज, भाग 2 , पेंगुइन रेंडम हाउस इंडिया, संस्करण 2015 , पृष्ट संख्या 30

37.0 वेब सीरीज ताज: डिवाइडेड बाय ब्लड

38.0 अर्ली अब्राहम, द लास्ट स्प्रिंग, लाईफ इन इंडियाज लास्ट गोल्डेन एज , भाग 2 , पेंगुइन रेंडम हाउस इंडिया, संस्करण 2015 , पृष्ट संख्या 102

39.0 ट्रस्की ऑड्रे , औरंगजेब: द मैन एंड द मिथ , पेंग्विन रेंडम हाउस इण्डिया , संस्करण 2017 पृष्ठ संख्या 112

40.0 ट्रस्की ऑड्रे, औरंगजेब: द मैन एंड द मिथ , पेंग्विन रेंडम हाउस इण्डिया , संस्करण 2017 पृष्ठ संख्या 60

41.0 ट्रस्की ऑड्रे, औरंगजेब: द मैन एंड द मिथ , पेंग्विन रेंडम हाउस इण्डिया , संस्करण 2017 पृष्ठ संख्या 71

42.0 ट्रस्की ऑड्रे औरंगजेब: द मैन एंड द मिथ , पेंग्विन रेंडम हाउस इण्डिया , संस्करण 2017 पृष्ठ संख्या 99

43.0 ट्रस्की ऑड्रे, औरंगजेब: द मैन एंड द मिथ , पेंग्विन रेंडम हाउस इण्डिया , संस्करण 2017 पृष्ठ संख्या 102 -103

44.0 नमित, इंडियंस: ए ब्रीफ हिस्टरी ऑफ ए सिविलाइजेशन , फ्रैंकोइस बर्नियर्स इंडिया , पेंगुइन रेंडम हाउस इण्डिया , संस्करण 2021 , पृष्ठ संख्या 222

45.0 ट्रस्की ऑड्रे, औरंगजेब: द मैन एंड द मिथ , पेंग्विन रेंडम हाउस इण्डिया , संस्करण 2017 पृष्ठ संख्या 93

46.0 अर्ली अब्राहम, द लास्ट स्प्रिंग, लाईफ इन इंडियाज लास्ट गोल्डेन एज , भाग 2, पेंगुइन रेंडम हाउस इंडिया, संस्करण 2015 , पृष्ट संख्या 287

47.0 अर्ली अब्राहम, द लास्ट स्प्रिंग, लाईफ इन इंडियाज लास्ट गोल्डेन एज , भाग 2 , संस्करण 2015 , पृष्ट संख्या 285

48.0 अर्ली अब्राहम, द लास्ट स्प्रिंग, लाईफ इन इंडियाज लास्ट गोल्डेन एज , भाग 2, पेंगुइन रेंडम हाउस इंडिया, संस्करण 2015 , पृष्ट संख्या 228

49.0 अर्ली अब्राहम, द लास्ट स्प्रिंग , लाईफ इन इंडियाज लास्ट गोल्डेन एज , भाग 2 , पेंगुइन रेंडम हाउस इंडिया, संस्करण 2015 , पृष्ट संख्या 317

50.0 ट्रस्की ऑड्रे, औरंगजेब: द मैन एंड द मिथ , पेंग्विन रेंडम हाउस इण्डिया , संस्करण 2017 पृष्ठ सं 41

51.0 अर्ली अब्राहम, द लास्ट स्प्रिंग , लाईफ इन इंडियाज लास्ट गोल्डेन एज, भाग 2 , पेंगुइन रेंडम हाउस इंडिया, संस्करण 2015 , पृष्ट संख्या 121

52.0 ट्रस्की ऑड्रे, औरंगजेब: द मैन एंड द मिथ , पेंग्विन रेंडम हाउस इण्डिया , संस्करण 2017 पृष्ठ सं 42

53.0 नमित, इंडियंस: ए ब्रीफ हिस्टरी ऑफ ए सिविलाइजेशन , फ्रेंकोइस बर्नियर्स इण्डिया,पेंगुइन रेंडम हाउस इण्डिया , पृष्ठ संख्या 223

54.0 ट्रस्की ऑड्रे, औरंगजेब: द मैन एंड द मिथ , पेंग्विन रेंडम हाउस इण्डिया , संस्करण 2017 पृष्ठ संख्या 97

55.0 अर्ली अब्राहम, द लास्ट स्प्रिंग, लाईफ इन इंडियाज लास्ट गोल्डेन एज, भाग 2 , पेंगुइन रेंडम हाउस इंडिया, संस्करण 2015 , पृष्ट संख्या 228

56.0 जेम्स ग्रांट, ए हिस्ट्री ऑफ द मराठाज , लंदन 1826 , पृष्ठ संख्या 333 -334

57.0 अर्ली अब्राहम, द लास्ट स्प्रिंग, लाईफ इन इंडियाज लास्ट गोल्डेन एज, भाग 2 , पेंगुइन रेंडम हाउस इंडिया, संस्करण 2015 , पृष्ट संख्या 359 -360

58.0 ट्रस्की ऑड्रे, औरंगजेब: द मैन एंड द मिथ , पेंग्विन रेंडम हाउस इण्डिया , संस्करण 2017 पृष्ठ संख्या 87

59.0 ट्रस्की ऑड्रे, औरंगजेब: द मैन एंड द मिथ , पेंग्विन रेंडम हाउस इण्डिया , संस्करण 2017 पृष्ठ संख्या 67

60.0 ट्रस्की ऑड्रे, औरंगजेब: द मैन एंड द मिथ , पेंग्विन रेंडम हाउस इण्डिया , संस्करण 2017 पृष्ठ संख्या 42

61.0 ट्रस्की ऑड्रे, औरंगजेब: द मैन एंड द मिथ , पेंग्विन रेंडम हाउस इण्डिया , संस्करण 2017 पृष्ठ संख्या 47

62.0 अर्ली अब्राहम, द लास्ट स्प्रिंग, लाईफ इन इंडियाज लास्ट गोल्डेन एज, भाग 2 , पेंगुइन रेंडम हाउस इंडिया, संस्करण 2015 , पृष्ट संख्या 203

63.0 अर्ली अब्राहम, द लास्ट स्प्रिंग, लाईफ इन इंडियाज लास्ट गोल्डेन एज, भाग 2 , पेंगुइन रेंडम हाउस इंडिया, संकरण 2015 , पृष्ट संख्या 234

64.0 अर्ली अब्राहम, द लास्ट स्प्रिंग, लाईफ इन इंडियाज लास्ट गोल्डेन एज, भाग 2, पेंगुइन रेंडम हाउस इंडिया, संस्करण 2015 , पृष्ट संख्या 251-252

65.0 अर्ली अब्राहम, द लास्ट स्प्रिंग, लाईफ इन इंडियाज लास्ट गोल्डेन एज, भाग 2, पेंगुइन रेंडम हाउस इंडिया ,संस्करण 2015 , पृष्ट संख्या 263

66.0 अर्ली अब्राहम, द लास्ट स्प्रिंग, लाईफ इन इंडियाज लास्ट गोल्डेन एज, भाग 2 , पेंगुइन रेंडम हाउस इंडिया ,संस्करण 2015 , पृष्ट संख्या 201

67.0 अर्ली अब्राहम, द लास्ट स्प्रिंग , लाईफ इन इंडियाज लास्ट गोल्डेन एज, भाग 2 , पेंगुइन रेंडम हाउस इंडिया ,, संस्करण 2015 , पृष्ट संख्या 269 – 270

68.0 अर्ली अब्राहम, द लास्ट स्प्रिंग , लाईफ इन इंडियाज लास्ट गोल्डेन एज, भाग 2 , पेंगुइन रेंडम हाउस इंडिया, संस्करण 2015 , पृष्ट संख्या 263

69.0 अर्ली अब्राहम, द लास्ट स्प्रिंग, लाईफ इन इंडियाज लास्ट गोल्डेन एज, भाग 2, पेंगुइन रेंडम हाउस इंडिया, संस्करण 2015 , पृष्ट संख्या 269

70.0 अर्ली अब्राहम, द लास्ट स्प्रिंग, लाईफ इन इंडियाज लास्ट गोल्डेन एज, भाग 2, पेंगुइन रेंडम हाउस इंडिया, संस्करण 2015 , पृष्ट संख्या 76

71.0 अर्ली अब्राहम , द लास्ट स्प्रिंग , लाईफ इन इंडियाज लास्ट गोल्डेन एज , भाग 2 , पेंगुइन रेंडम हाउस इंडिया , संस्करण 2015 , पृष्ट संख्या 241

72.0 अर्ली अब्राहम , द लास्ट स्प्रिंग , लाईफ इन इंडियाज लास्ट गोल्डेन एज, भाग 2 , पेंगुइन रेंडम हाउस इंडिया , संस्करण 2015 , पृष्ट संख्या 249

www.ingramcontent.com/pod-product-compliance
Lightning Source LLC
La Vergne TN
LVHW091629070526
838199LV00044B/997